안중근의거 100주년기념 연구논문집 4

안중근과 동양평화론

안중근의거 100주년기념
연구논문집 4

안중근과
동양평화론

안중근의사기념사업회 편

채륜
CHAE RYUN

안중근의사 순국 100주년인 올해는 국치 100년이기도 합니다.

한일 시민사회공동모임은 식민주의를 청산하고 인류가 공존하는 미래를 위하여 '진실과 미래'라는 주제로 동아시아선언대회를 함께 기획하였습니다.

일본이 저지른 만행에 대한 진실 규명과 피해자들을 지원하기 위해 이들은 헌신적 노력을 기울이고 있습니다. 물론 이분들은 일본 사회 내의 작은 모임이지만 큰 뜻을 지니고 있습니다. 저는 이 행사를 지켜보면서 많은 생각을 했습니다.

역사학자 강만길 선생은 일제 강점기 일본은 동일한 문화권 안에 그것도 과거 자신들보다 우월한 문화를 형성하였던 조선을 식민지로 만들면서 서양과 달리 역사상 가장 잔혹한 식민 통치를 했고 이 때문에 해방 이후 우리는 그 역사를 청산하기 위해 가혹할 정도로 철저하게 일본의 잔재를 털어내기 위해 노력했어야 했음에도 불구하고 부끄럽게도 우리는 그러한 역사청산의 기회를 실현하지 못했다고 술회하고 있습니다.

만일 안중근의사께서 지금 이 땅에 살아 계신다면 과연 우리에게 뭐라고 말씀하실까 하고 저는 생각해봅니다. 안중근의사 하얼빈 의거와 순국 100주년을 기억하면서 끊임없이 반복하여 제 자신에게 던진 질문이었습니다. 그 대답은 남북 분단을 해소하고 민족통일을 이루라는 것이었습니다.

한반도의 평화적 공존은 안중근의사께서 끝까지 고민하시고 해답을 찾으려 하셨던 동양평화와 세계평화의 바탕이며 남북분단으로 야기된 우리 내부의 상처를 치유하고 갈등을 해소할 수 있는 원천이기 때문입니다.

그러나 한반도의 평화정착과 통일은 남과 북의 정치 지도자들의 정치적 결단이나 정치적 협상만으로는 결코 이룰 수 없습니다. 사실 지난 민주정부 10년간 이룩한 민간교류와 경제협력의 활성화는 분단을 극복할 수 있는 훌륭한 방안이었습니다. 그러나 지금 남북의 정치 관계는 냉전시대의 긴장 관계를 재현하고 있습니다. 우리 모두의 책임입니다.

안중근의사 하얼빈의거와 순국 100주년 준비를 위한 10회에 걸친 학술대회는 이러한 문제를 직시하고 평화와 통일을 위해 적절한 대안을 찾기 위해 개최하여 왔습니다.

2009년 안중근의사 순국 99주년 행사에서 우리는 『안중근과 그 시대』, 『안중근 연구의 기초』라는 제목으로 이전의 학술대회 논문들을 이미 출판하였습니다.

안중근의사 하얼빈의거 100주년과 순국 100주년에 개최한 두 번의 국제 학술대회는 "안중근 동양평화 어떻게 실현할 것인가?"라는 주제로 서울과 대련에서 여러 분야의 연구자들이 모여 발표와 토론을 하였습니다. 오늘 발간하는 두 권의 논문집은 그 성과를 엮은 것입니다.

이번에 출판되는 논문집에는 안중근의사의거 100주년을 기념하여 2009년11월3일 개성에서 개최한 남·북공동행사와 안중근의사 순국 100주년기념 여순 남·북 공동행사에서 발표한 자료와 논문을 함께 실었습니다.

남·북이 안중근의사를 함께 기억하며 서로 하나가 될 수 있다는 귀중한 체험과 논문의 공유와 출간은 참으로 큰 의미가 있습니다.

'안중근'을 사랑하고 존경하는 것은 역사적 '안중근'을 닮고 재현하고 '안중근'을 통해 역사적 진실을 깨우치고 시대적 소명을 확인하고 실천하는 것입니다.

아직 축적된 성과가 미흡하지만 그러함에도 불구하고 <안중근의사기념사업회>는 우리 모두가 바라고 꿈꾸는 아름다운 인류공동체 실현을 위하여 많은 분들과 함께 계속 노력할 것입니다.

무더운 여름에, 힘 있고 알찬 글들을 써주신 연구자들, 학술대회를 통해 깊은 내용을 집약하신 조광 교수님과 신운용 박사, 그리고 책 출간을 맡아주신 채륜의 임직원 모든 분들께 감사드리며 안중근의사를 새롭게 마음속에 모십니다.

건투를 빕니다. 감사합니다.

2010년 8월
안중근의사기념사업회 이사장 함세웅

　　우리는 대한민국임시정부의 대통령을 역임했던 백암(白巖) 박은식(朴殷植)을 기억하고 있다. 또한 우리는 가장 선명하게 독립의지를 천명했던 단재(丹齋) 신채호(申采浩)를 알고 있다. 그리고 일제 강점기에 독립을 위해 노력했던 그 밖의 많은 인물들을 기록을 통해서 알고 있다. 이들은 태어난 시간과 지역이 달랐고, 활동의 무대도 각기 달랐다. 그리고 사상적으로 나뉘었고 서로 갈등하기도 했다. 그러나 이들에게 있어서 공통된 특징은 1909년 하얼빈에서 이토 히로부미를 제거했던 안중근을 존경하고 그를 본받고자 했다는 점이다.

　　안중근은 의거 직후부터 의사로 불리었으며, 순국한 이후 영웅으로 재탄생했다. 그의 의거 이후 올바른 판단력을 가지고 있던 많은 사람들은 그를 기리기 시작했다. 일본제국주의의 침략 앞에 놓여 있던 중국에서도 안중근은 동양의 영웅으로 늘 탄생되어 가고 있었다. 그러나 의거 직후부터 일본에서는 안중근에 대한 부정적 인식이 지배하고 있었다. 물론, 한국과 중국에서 전개된 안중근에 대한 추모의 열기에 따를 수는 없었지만, 일본의 극히 일부 인사들도 안중근의 비범함을 알아보았다.

　　안중근은 의거 직후부터 이처럼 많은 이들의 사표가 되었다. 오늘에 이르러서도 역사연구자들에게 있어서 안중근의 깊은 사상과 결연한 행동은 주요한 연구대상이 되고 있다. 그러나 안중근 연구는 최근에 이르러 불붙기 시작한 현상이었고, 오랫동안 그에 대한 연구가 진행되지를 못했다. 이는 안중근에 대한 대중적 관심에 견주어 볼 때 뜻밖의 현상이기도 했다.

안중근연구소는 안중근의사기념사업회의 산하 연구기관으로 2005년도에 발족했다. 발족한 직후부터 꾸준히 연구발표회를 개최해 왔고, 그 결과를 모아서 이미 2009년에 『안중근 연구의 기초』와 『안중근과 그 시대』라는 두 권의 책자를 간행한 바 있다. 이 연구논문집에는 모두 31편의 안중근에 관한 새로운 논문들이 정리 제시되었다. 이 작업에 이어서 안중근연구소에서는 2009년 10월 "안중근의사 의거100주년 기념심포지엄"을 고려대학교 국제회의장에서 개최한 바 있다. 그리고 2010년 3월에도 "안중근순국 100주년 기념심포지엄"을 중국의 따리엔(大連)에서 개최했다. 이 학술회의를 통해서 다시 26편의 논문들이 모여졌다.

이에 안중근연구소에서는 2009년에 간행된 두 권의 논문집에 이어서 "안중근의거 100주년기념 연구논문집 3"으로 『안중근 연구의 성과와 과제』를 간행하게 되었다. 이 책에서는 안중근에 관한 연구사적 정리를 기초로 하여 안중근을 기리려는 여러 사업들에 대한 학문적 검토가 있었다. 그리고 안중근과 그의 의거에 관한 심도 깊은 논문들이 수록되었으며, 안중근의 사상에서 드러나는 가톨릭 신학적 특성에 관한 연구도 진행되었다. 이러한 내용의 논문 12편을 모아서 연구논문집 제3책을 마련해 보았다.

한편, 안중근 사상의 궁극적 관심사는 그의 동양평화론에서 찾을 수 있을 것이다. 그러므로 "안중근의거 100주년기념 연구논문집 4"로 『안중근과 동양평화론』을 엮게 되었다. 여기에서는 안중근의 동양평화론에 대한 본격적 검토작업이 수행되었다. 그리하여 안중근의 동양평화론이 가지고 있는 국제정세적 배경 및 그 동양평화론을 오늘의 사회에서도 계승하는 과제들이 연구되었다. 이렇게 하여 모두 14개의 주제가 이 책에는 수록되기에 이르렀다.

안중근연구소가 최근에 전개한 안중근에 대한 연구작업에서 보완의 여지를 도처에서 찾을 수 있을 것이다. 그러나 이 일련의 연구들은 연구사에 남을 만한 중요한 업적들로 기록될 것이다. 연구자들은 이 업적을 내기 위해서 각고의 노력을 전개했다. 그러므로 우선 연구에 참여해 준 모든 연구자들에게 깊은 감사를 드린다. 또한 심포지엄에서 토론을 통해서 논문의 완성도를 높여준 토론자들에게도 고마움을 전한다. 그러나 무엇보다도 안중근연구에 특별한 사명감을 갖고 이를 지원해 준 함세웅 신부 이하 안중근의사기념사업회의 관계자들에게 감사드린다. 그리고 사무총장 윤원일 선생의 활달한 움직임과 채륜을 운영하고 있는 서채윤 선생의 노력이 있었기에 이 책은 빛을 볼 수 있었다. 이 모든 분들에게 진심으로 감사드린다.

2010년 8월 15일 광복의 날에
안암의 서실(書室)에서
안중근연구소 소장 조광

02부
안중근 정신의 실천을 위한 과제

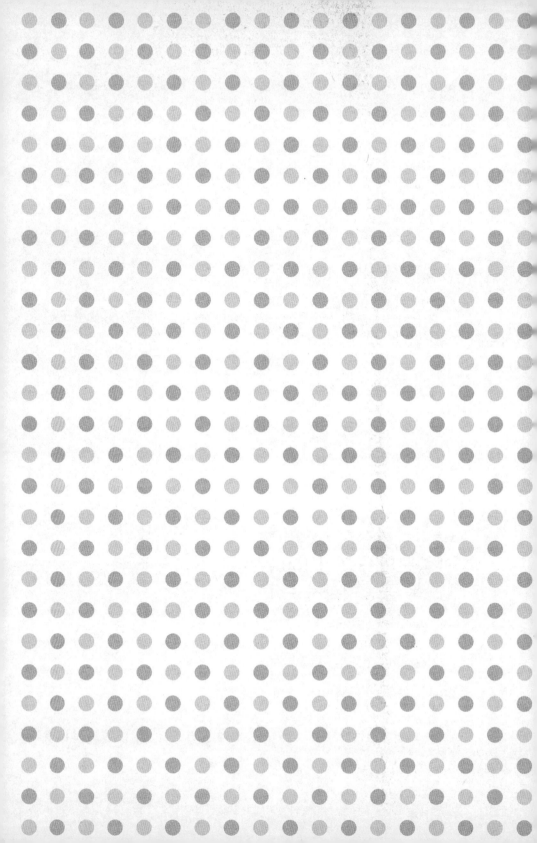

01

유럽통합 사상과 역사에 비추어 본 안중근 동양평화론의 세계사적 의의

안중근의 동양평화론은 초국가주의 지역공동체 창설 제안?*

노명환

한국외국어대학교 인문대학 사학과/대학원 정보기록관리학과 교수

* 이 논문은 2009년 10월 22일 안중근의사기념사업회/민족문제연구소에 의해 개최된 "안중근의사 하얼빈의거 100주년 기념 국제학술대회"에서 발표된 원고를 수정·보완한 것임.

1. 머리말

유럽통합사를 연구하고 있는 필자는 안중근의 동양평화론과 제 1차 세계대전 및 제 2차 세계대전 사이에 전개된 유럽통합 사상들과 많은 공통점이 존재함을 발견하고 동양평화론 연구의 폭과 인식의 지평을 넓히는 데 조금이라도 도움이 될까하여 본 연구를 수행하게 되었다.

안중근의 활동과 저술 및 진술을 볼 때 그는 투철한 민족주의자인가 하면 또한 동시에 그렇지 않은 측면들이 인지되어 그 모순적인 측면들이 집중적으로 논의되어 왔다. 그런데 관점에 따라서는 이렇게 모순으로 보이는 측면들이 모순이 아닌 어떠한 새로운 일관된 체계를 의미하는 것일지 모른다. 필자는 제 1차 세계대전 후 유럽에서 정립되어 간 초국가주의 유럽통합 사상과 제 2차 세계대전 후 실현되어 가는 유럽통합사를 반추해 보면서 안중근이 이들보다 더욱 선구적으로 초국가주의 지역통합 사상을 발전시키지 않았나 생각해 본다. 이러한 관점에서 보면 위에서 언급한 모순들이 더 이상 모순이 아니고 필연적인 논리적 연계 사항들이 된다. 이러한 연구를 시도하면서 양자를 비교하여 동양평화론을 더욱 넓은 시각에서 조명할 수 있으면 하지만 혹여라도 끼워 맞추기 식 해석이 되는 측면을 노정할 수 있어서 큰 두려움을 갖게 된다. 그러나 이 연구에 대한 호된 질책과 대안의 사고들을 통해 짜맞추기 가능성들을 극복하고 진정한 연구의 폭을 넓힐 수 있기를 기대한다. 국가 독립과 인류 사회의 평화라는 문제를 가지고 고민하고 대안을 제시하며 현실 속에서 투쟁했던 선구자들은 서로 영향을 주고받지 않고도 동서고금을 막론해서 유사한 관점을 그리고 사상을 발전시킬 수 있다고 생각한다. 서로 고심하고 해결하는 방책들이 유사성을 가질 수 있는 것이다. 즉, 인식체계와 가치관 그리고 실행방식에서 유사성을 보일 수 있는 것이다. 이러한 측면에서 안중근의 동양평화론과 유럽통합론자들의 초국가주의 지역통합 사상을 비교하고 각각의 본질을 더욱 효과적으로 규명할 수 있다고 생각한다.

이 연구를 위해 필자는 처음에 안중근의 동양평화론의 연구 쟁점들을 살펴보고 그 다음으로 유럽통합 사상 및 역사를 개괄하고 이와의 맥락에서 안중근 동양평화론의 세계사적 의미와 의의를 규명하고 자 한다. 그런데 안중근의 동양평화론을 유럽통합의 사상과 현실 역사에 비추어 이해하고자 하는 생각에 이르는 것은 비단 필자만의 경우가 아닌 것 같다. 예를 들어, 최서면은 "오늘날 유럽에 EU가 생기고 또 최근에는 APEC이 생기고 있는데 안중근 의사는 이미 80여 년 전 이런 구상을 했던 것이다. 안중근 의사의 이 논리는 안중근 의사가 일개의 군인이라기보다는 대정치 사상가로 보여지는 일면이다."[1] 라고 언급하였다. 김영호는 안중근의 동양평화론을 'EU 모델과 닮은 선구적 주장' 이라고 평가했다.[2]

현재 동아시아 지역의 평화정착을 위해 그리고 한국의 통일을 위해 유럽의 지역통합과 평화정착 및 독일통일 과정을 참고하고 있는 시점에서 유럽통합 사상들과의 비교 측면에서 조명되는 안중근의 동양평화론은 시의적절한 의미를 갖는다고 생각된다.

2. 안중근의 동양평화론에 대한 연구 쟁점과 초국가주의 지역공동체 개념

1) 안중근의 동양평화론 내용

---

[1] 최서면, 『새로 쓴 안중근 의사』, 집문당 (서울) 1994, 193쪽.
[2] 김영호, "북유럽에서 본 안중근", 『경향신문』2009년 8월 4일자 오피니언 칼럼.

안중근은 동양평화를 위한 구체적인 정책 내용을 1910년 2월 14일 일본인 히라이시 우지히토(平石氏人) 여순(旅順) 고등법원 원장과 행한 면담에서 제시하였다.[3] "새로운 정책은 旅順을 개방한 일본, 청국 그리고 한국이 공동으로 관리하는 군항으로 만들어 세 나라에서 대표를 파견해 평화회의를 조직한 뒤 이를 공표하는 것이다. … 여순은 일단 청국에 돌려주고 그것을 평화의 근거지로 삼는 것이 가장 현명한 방법이라고 생각한다. … 재정확보에 대해 말하자면 旅順에 동양평화회의를 조직하여 회원을 모집하고 회원 한 명당 회비로 1원씩 모금하는 것이다. … 은행을 설립하고 각국이 공용하는 화폐를 발행하면 신용이 생기므로 금융은 자연히 원만해 질 것이다. 그리고 중요한 곳에 평화회의 지부를 두고 은행의 지점도 병설하면 일본의 금융은 원만해지고 재정은 완전해질 것이다. 旅順의 유지를 위해서 일본은 군함 5, 6척만 계류해 두면 된다. … 이상의 방법으로 동양의 평화는 지켜지나 일본을 노리는 열강에 대응하기 위해서는 무장을 하지 않을 수 없다. … 세 나라의 청년들로 군단을 편성하고 이들에게는 2개국 이상의 어학을 배우게 하여 우방 또는 형제의 관념이 높아지도록 지도한다. … 청과 한국 두 나라는 일본의 지도아래 상공업의 발전을 도모하게 될 것이다. 따라서 패권이라는 말부터 의미가 없어지고 滿鐵(만주철도) 문제로 파생되고 있는 분쟁 같은 것은 꿈에도 나타날 수 없게 된다. … 이렇게 함으로써 印度, 泰國, 베트남 등 아시아 각국이 스스로 이 회의에 가맹하게 되어 일본은 싸움 없이도 동양의 주인공이 되는 것이다. … 日, 淸, 韓 세 나라의 황제가 로마교황을 만나 맹세하고 관을 쓴다면 세계는 이 소식에 놀랄 것이다. 오늘날 존재하는 종교 가운데 3분의 2는 천주교이다. 로마교황을 통해 세계 3분의 2의 민중으로

---

3 안중근의사는 동양평화론을 완성하지 못하고 순국하였다. 그러나 불행 중 다행하게도 그의 동양평화를 위한 구체적인 정책제안들을 이 면담 내용인 청취서를 통해 우리는 알 수 있다.

부터 신용을 얻게 된다면 그것은 대단한 힘이 된다."[4]

2) 해석과 쟁점 그리고 초국가주의 지역공동체 개념

이러한 안중근의 제안들은 어떠한 의미를 갖는 것인가? 어떠한 사상적 또는 시대사적 맥락위에서 이러한 제안들을 하게 되었을까? 지금까지 많은 안중근 연구자들은 동양평화라는 그의 개념이 당시의 '문명개화론자'들이 전개한 삼국공영론과 삼국제휴론 등에서 영향을 받았을 것이라는 결론을 내리고 있다.[5] 칸트의 영구평화론의 핵심 논지인 세계정부 개념과 국제평화군의 개념 등도 문명개화론자들에 의해 한성순보와 독립신문 등에서 소개되었는데 이러한 개념들이 또한 안중근의 동양평화론에 영향을 주었을 것으로 보고 있다.[6] 필자의 미천한 지식으로 볼 때도 안중근은 이러한 시대의 담론들을 듣고 토론하면서 자신의 동양평화 사상을 정립해 갔을 것으로 생각된다.

그런데 그의 위에서와 같은 정책 제안들은 당시의 시대상에서는 대단히 독특한 측면을 갖는다고 보아진다. 이 독특성이 무엇인지 보다 폭넓고 구체적으로 규명해 볼 필요를 느낀다.

강동국의 연구는 당시의 논점들과 이론들이 안중근에게 전달되었을 정보소통 경로를 설득력 있게 잘 설명해 주고 있다.[7] 그러면서 그는 또한

---

4 「청취서」, 국가보훈처 편, 『21세기와 동양평화론』, 55~56쪽.

5 삼국제휴론에 대해서는 예를 들어, 김도형, 「대한제국기 계몽주의계열 지식층의 '삼국제휴론'. '인종적 제휴론을 중심으로'」, 『한국근현대사연구』 2000년 여름호 제13집, 7~33쪽; 삼국공영론에 대해서는 김신재, 「〈獨立新聞〉에 나타난 '三國共榮論'의 性格」, 『경주사학』 제9집, 113~138쪽.

6 김현철, 「20세기초 한국인의 대외관과 안중근의 동양평화론」, 안중근기념사업회 편, 『안중근과 그 시대』, 경인문화사 2009, 460~461쪽.

7 강동국, 「동아시아의 관점에서 본 안중근의 동양평화론」, 안중근기념사업회 편, 『안중근과 그 시대』, 경인문화사 2009, 419~430.

안중근의 사상이 그 시대에서 독특하다는 점을 설득력 있게 제시해 주고 있다. 강동국은 3종류로 동아시아의 국가와 지역관계 인식을 구분하였다.

첫째, 당시 일본이 전개했던 제국주의와 지역주의를 결합시킨 동아시아 침략을 정당화하기 위한 동아시아 지역주의.

둘째, 중국과 한국에서 많이 전개되었던 것으로서 제국주의와 결합된 동아시아 지역주의에 투쟁하는 의미의 민족주의 혹은 제국주의와 결합된 지역주의에 투항하는 의미의 지역주의.

셋째, 안중근이 개진한 것으로서 일본의 제국주의와 지역주의가 결합한 현실에 대항해서 민족주의와 지역주의를 결합시키면서 투쟁하고 제국주의와 지역주의가 잘못 결합된 현상을 교정하려 함.[8]

강동국은 "이로 인해 안중근의 동양평화론은 중국 등에서 비슷한 구조의 사상을 발견할 수 있는 신채호류의 민족주의와는 달리 동아시아 전체에서 유일하다는 의미에서 역사적 의의를 가지게 되었다."[9] 고 평가하였다. 이 유일성의 근원을 규명해 보고자 하는 관심 속에서 필자는 안중근이 지역의 평등한 회원국들로 이루어진 초국가주의 지역공동체(supranational regional community) 혹은 연방체(regional federation)를 구상하지 않았는가 하는 사유의 관점에 이르게 되었다. 그 이유는 안중근의 구체적 제안들이 오늘날의 유럽통합의 시발점에 해당하는 사상들과 많은 공통점을 갖는다고 생각되기 때문이다.[10]

안중근이 추구한 민족주의와 지역주의의 결합이라는 것이 어떠한 것일까? 그것은 독립된 국가를 이룬 민족들이 지역의 평화를 위해 평등하

---

8 강동국, 「동아시아의 관점에서 본 안중근의 동양평화론」, 412쪽.
9 강동국, 「동아시아의 관점에서 본 안중근의 동양평화론」, 412쪽.
10 이에 대해서는 제 4장에서 자세히 논할 것임.

게 결합하는 형태라고 말할 수 있을 것 같다. 이러한 지역결합체는 대외적으로는 방위력과 경쟁력을 갖추고 대내적으로는 갈등관계를 극복하고 상호 협력하는 지역통합체의 창설을 의미할 것이다. 이러한 지역통합체 구상에서 주요 적은 제국주의적 지역통합론이며 이를 실현하고자 하는 세력일 것이다. 안중근에 있어서는 이등박문으로 대표되는 일본 제국주의 세력이 주적이었다. 그에게 있어서는 한국과 일본이 대립되는 것이 아니라 평등한 민족국가들의 지역통합체 지지자들과 제국주의 통합체 지지자들의 관계가 대립되는 것이었다. 평등한 민족국가들의 지역통합체론에 찬성한다면 민족과 국가의 차이를 넘어 동지가 되고 그 반대의 경우 같은 국가에 속하는 국민이더라도 적이 되는 것이다. 이러한 관점에서 본다면 그가 동양의 지역공동체 내에서 일본의 리더십을 인정하는 것은 현실을 고려한 방책이고 그의 민족주의 관점과 대립되는 모순을 일으키는 것이 아니라고 할 수 있다. 그가 이등박문을 저격하면서도 천황과 일본 민중에게는 신뢰를 주는 측면도 이러한 맥락에서 이해할 수 있을 것이다. 그에게 중요한 것은 전쟁이 없는 평화로운 상태에서 사람들이 도덕을 갖추고 각자 주체적인 삶을 사는 것이었다.[11] 이 목표를 실현하는 수단으로서 지역공동체 그리고 나아가 세계공동체를 창설하는 것이었다. 안중근이 추구한 것으로 추정할 수 있는 민족주의와 지역주의의 결합에 있어서 평화로운 지역공동체 속에서 민족이 잘 살 수 있으면 그것은 민족주의에 반한 것이 아니다. 그 지역 각자의 민족주의들이 충돌하여 전쟁을 일으키고 그 결과 지역의 공멸을 초래한다면 이는 민족주의의 뜻을 이루는 과정과 방법이 아닐 것이다.

그러면 이러한 지역통합체가 어떠한 성격의 어떠한 체제를 갖추어야

---

11 강동국은 안중근의 민중적 입장을 강조하는데 이는 위의 관점과 관련해서 매우 중요한 것이라고 생각된다. 강동국, 「동아시아의 관점에서 본 안중근의 동양평화론」, 431~433쪽.

하는 것으로 안중근은 생각하였을까? 이에 대한 답을 위해 우리는 위에서 인용한 안중근이 제안한 구체적 정책들이 갖는 함의들을 보다 면밀히 분석해 볼 필요가 있다. 그것은 결론적으로 말해 평등한 민족국가들로 이루어진 초국가주의 지역공동체였다. 공동의 항구, 공동화폐, 공동은행, 공동군대, 공동의 언어·문화 교육, 경제공동체를 실현하고 자 한 것은 국가들의 단순한 협의체 차원을 벗어나는 것을 의미한다. 그런데 이러한 지역공동체는 인도, 태국 그리고 베트남 등 다른 아시아 지역으로 확대될 것을 전제하고 있고 세계 민중의 3분의 2를 차지하는 가톨릭교의 수장인 로마교황의 승인을 받는 것을 상정함으로써 닫힌 지역공동체가 아니라 세계를 향해 열린 지역공동체로 구상되고 있는 것이다. 이는 동양공동체가 서양으로부터의 방위를 그 목적으로 하고 있어서 양 지역의 대결을 상정하고 있지만 그것은 서양이 제국주의 정책을 취하고 있기 때문이다. 그렇지 않다면 얼마든지 동양과 서양 사이에 연대가 가능함을 말한다고 하겠다. 이러한 관점에서 안중근의 동양평화론은 단기적으로는 민족주의와 지역주의를 결합시켜 지역공동체 창설을 추구하지만 장기적으로는 세계공동체를 지향하고 있다고 보아야 할 것이다. 이리하여 안중근의 사상과 그의 사상을 담는 언어가 그 시대의 담론에 영향을 받았으나 그 담론들과는 뚜렷한 차이를 보이는 독특함을 보이는 것이다. 이러한 맥락에서 안중근이 그 시대의 담론인 인종론에 의거하여 폐쇄적인 지역공동체를 구상했다고 보는 관점에 대해 동의하기 어렵다.[12] 이러한 점들을 그의 동양평화론의 한계로 지적하는 것은 타당하지 않

---

12 강동국, 「동아시아의 관점에서 본 안중근의 동양평화론」, 416~419쪽. 그러나 강동국은 "천주교라는 보편적인 종교의 가치를 매개로" 동서양을 넘어설 수 없는 이분법으로 보는 상황을 어느 정도 극복하고 있다고 본다. 위의 글, 431쪽. 최기영은 안중근의 동양평화론의 기본 출발점을 인종론에 입각해서 이해하고 있다. 최기영, 「안중근의 『동양평화론』」, 최기영 편, 『한국 근대 계몽사상 연구』, 서울 (일조각), 2003년, 92~113쪽.

다. 안중근이 인종에 의해서 동양과 서양을 구분하고 있지만 그것은 그가 당시의 담론들을 구성하는 언어에서 차용한 어휘와 개념들일 뿐인 것이다. 이로 인해 그의 관점이 인종주의 사상을 내포한다거나 인종론에 귀착된다고 할 수는 없는 것이다. 안중근은 일찍 가톨릭 신자가 되었고 죽음의 순간까지 무엇보다도 가톨릭에 충실했으며 서양인 가톨릭 신부들과 깊은 교류를 나누고 함께 계몽운동 활동을 펴기도 하였다. 이 어찌 인종론에 의거하여 서양을 파악하는 사람이 할 수 있는 일이겠는가? 그가 서양을 적으로 규정한 것은 인종론에 의거해서 한 것이 아니라 제국주의 전쟁을 일으키고 식민지 지배를 하며 이를 위해 전쟁에 필요한 무기와 물질문명을 끊임없이 발전시키는 지역이기 때문이었다. 이러한 서양과는 달리 동양은 정신문화의 요람인 학문을 중시하는 지역이었다. "지금 세계는 동서(東西)로 나뉘어져 있고 인종도 각각 달라 서로 경쟁하고 있다. 일상생활에 있어서 이기(利器) 연구 같은 것을 보더라도 농업이나 상업보다 대단하며 새발명인 전기포(電氣砲), 비행선(飛行船), 침수정(浸水艇)은 모두 사람을 상하게 하고 물(物)을 해치는 기계이다. … 예로부터 동양민족은 다만 학문에 힘쓰고 제나라만 조심해 지켰을 뿐이고 도무지 구주(歐洲)의 한치의 땅이라도 침입해 뺏지 않았음은 5대주 위의 사람이나 짐승 초목까지 다 알고 있는 바이다. 그런데 가까이 수백년 이래로 구주의 여러 나라들은 도덕(道德)을 까맣게 잊고 날로 무력을 일삼으며 경쟁하는 마음을 양성해서 조금도 기탄하는 바가 없는데 …"[13] 그는 서양이 끊임없이 도발하는 전쟁에 대해 다음과 같이 전율했다. "청년들을 훈련하여 전쟁터로 몰아넣어 수많은 귀중한 생명들을 희생(犧牲)처럼 버리고 피가 냇물을 이루고 고기가 질펀히 널려짐이 날마다 그치질 않는다.

---

13 안중근, 「동양평화론」, 국가보훈처 편, 『21세기와 동양평화론』, 48쪽.

삶을 좋아하고 죽음을 싫어하는 것은 모든 사람의 상정이거늘 밝은 세계에 이 무슨 광경이란 말인가. 말과 생각이 이에 미치면 뼈가 시리고 마음이 서늘해진다."[14]

그가 전쟁의 비극에 대해서 정면으로 문제의식을 제기하면서 평화를 모색했을 정황을 확실하게 엿보게 하는 언급들이다. 그의 지역통합체 사상은 전쟁을 막고 평화를 지키며 도덕적인 삶을 영위하는데 근원적인 목적을 두고 있지 대외적인 방위에 궁극적인 역점을 두지 않는다고 할 수 있다. 대외 방위 그것은 임시적이고 현실적인 과제일 따름이다. 장기적으로는 지역내에 그리고 세계에 근원적으로 평화를 정착시킴으로써 그 방위체의 필요성이 사라지게 만드는 것이다. 안중근은 제국주의 정책을 통한 패권추구의 무망함을 다음과 같이 지적하고 패권을 잡을 수 있는 새로운 방법을 권한다. "覇權을 잡으려면 비상한 방법을 써야하는데 일본이 취해 온 정책은 20세기에서는 모자라기 짝이 없는 것이다. 다시 말해서 종래에 외국에서 써오던 수법을 흉내 내고 있는 것으로 약한 나라를 병탄하는 수법이다. 이런 생각으로는 패권을 잡지 못한다. 아직 다른 강한 나라가 하지 않은 것을 하지 않으면 안된다."[15]

그 비상한 수단이라는 것이 여순을 청국에 돌려주고 여순을 공동의 항구로 만들고 이곳에 평화회의를 조직하고 여순을 평화의 근거지로 삼는 것을 의미한다고 했다.[16] 이는 제국주의가 아닌 평등한 국가들의 지역공동체를 창립하는 것을 의미한다고 할 수 있다. 그가 말하는 지역공동체를 이해하기 위하여 여순에 공동항을 만들고 평화회의를 조직하고 이를 평화의 근거지로 만드는 것이 무엇을 말하는지 면밀하게 분석해 볼 필

---

14 안중근, 「동양평화론」, 48쪽.

15 안중근, 「동양평화론」, 54쪽.

16 안중근, 「동양평화론」, 55쪽.

요가 있다. 안중근은 이러한 지역공동체의 방식으로만 일본은 진정한 패권을 가질 수 있다고 했다. 다른 강한 나라들이 아직 갖지 못한 정책이라고 했다. 이는 안중근 스스로 그의 제안이 세계적으로 독창적인 것을 인정하고 있음을 말한다. 그는 이러한 과정을 위해 '가톨릭의 보편적 진리 그리고 보편교회'가 실질적 역할을 할 수 있다고 본 것 같다. 이는 안중근의 사상이 당시 시대 담론에 영향을 받은 것으로 보는데 있어서 대단히 조심해야 함을 일깨워 주는 측면이다. 그 시대에 존재하지 않은 새로운 사상으로서의 규명이 필요한 것이다. 필자는 이것이 유럽통합에서 보는 것과 같은 초국가주의 지역공동체 통합론과 유사한 형태의 어느 것이 아닐까 하고 추론해 본다.

전쟁을 방지하기 위한 수단으로서 지역공동체를 형성하며 세계공동체를 지향하는 그의 구상들이 당시의 평화담론들에서 영향을 받을 수 있었다. 그러나 이들은 다만 안중근의 평화사상 정립에 자극제가 될 수 있을 뿐 사상의 차입은 될 수 없었던 것이다. 앞에서 인용한 그의 구체적인 정책 제안들은 당시로서는 독특하게 독창적이고 구체적이다. 이는 그의 고유 사상체계와 직관력이 크게 작용했을 것으로 생각하게 하는 측면이다. 안중근이 동양평화론을 집필한 것은 1909년이지만 그 이전부터 오랫동안 구상해 온 것으로 보인다. "내 의견을 愚見이라고 비웃을지 모르나 이것은 어제 오늘 생각한 것이 아니고 몇해동안 가지고 있던 것이다."[17]

그런데 문제는 안중근의 지역공동체 구상이 당시에 현실적으로 실현 가능했는가 하는 점이다. 일본의 제국주의가 이등박문 등 몇 사람의 잘못된 지도자들의 문제가 아니라 구조적인 것이었기 때문에 일본의 제국

---

[17] 「청취서」, 54쪽.

주의를 실질적으로 견제할 수 있는 힘이 없는 상태에서 또 이러한 지역 공동체 구상에 대해 많은 일본인들이 적극적으로 찬성하지 않았을 것으로 추정되는 관점에서 실현불가능 한 것이었다. 그런데 이러한 문제점은 안중근 사상의 결함에 있었던 것이 아니라 그의 사상을 뒷받침해 줄 수 없는 상태의 당시 현실에 있었다고 보아야 할 것이다.[18]

안중근은 일본 제국주주의의 본질을 인식하지 못하였는가? 그는 사람들의 본질의 이해에 있어서 성선설의 입장에 있었는가? 하는 점들이 앞으로 보다 더 구체적으로 규명되어야 할 사안들이다. 필자는 이 의문들에 답하기 위하여 유럽통합의 역사적 경험과 비교하면서 많은 도움을 얻을 수 있다고 생각한다. 이를 위해 다음 장에서 안중근의 동양평화론에 대한 논점과 관련될 수 있는 유럽통합사상과 유럽통합사를 개괄하기로 한다.

3. 비교의 관점으로서 연방주의 유럽통합론과 유럽통합의 역사 특징

1) 대외 방위에 역점을 둔 제 1차 세계대전 이전의 유럽통합 사상

기존의 많은 연구들에 의하면 유럽인의 정체성은 711년 이슬람세력이 이베리아 반도에 침입해 오고 732년에는 피레네 산맥을 넘어 프랑크왕국으로 쳐들어오면서 이에 대항하는 가운데 형성되었다. 중세를 지나 근세에 이르러 유럽통합 주장은 바로 이슬람세력에 대항한 생존과 안녕을 위

---

18 바로 이 점 때문에 안중근의 동양평화론은 그 때와는 상황이 다른 동아시아의 오늘에 있어서 큰 의미를 갖는다고 하겠다. 이에 대해서는 본고의 제 4장에서 보다 구체적으로 논의하겠다.

한 것이었다. 십자군전쟁, 오스만터키의 콘스탄티노플 점령, 발칸반도 유린, 신성로마제국의 수도인 비엔나를 세 번씩이나 포위하는 상황을 겪으면서 이슬람의 위협은 크게 느껴지는 것이었다. 따라서 유럽통합 사상은 이슬람에 대항한 대자적인 관점에서 촉발된 것이었다고 할 수 있다.[19]

황화사상이 또한 유럽통합의 필요성을 제기하기도 하였다. 훈족의 침입, 몽고족의 침입 등을 겪었고 1904년에 러일전쟁에서 러시아가 일본에 패했을 때 유럽을 통합해야 한다는 주장들의 목소리가 높았던 것으로 알려지고 있다. 러일전쟁이 진행되던 시기에 동양 삼국의 제휴필요성이 크게 대두되었던 점을 고려할 때 이는 매우 흥미로운 현상이라고 할 수 있다.

유럽통합론자들은 또한 공산화된 소련에 대항하기 위해서 또는 강력해지는 미국에 대항해서 유럽통합을 해야 할 필요성을 제기하기도 했다. 1898년 미국과 스페인간의 전쟁이 또한 유럽인들이 단결을 부르짖게 만드는 한 계기가 되었다. 지금까지 서술한 측면에서 유럽통합론들은 적을 상정한 유럽의 단결을 호소하는 것으로서 아시아연대론, 삼국공영론, 삼국제휴론 과 유사한 것이라고 할 수 있다.

그런가 하면 세계의 중심으로서 유럽을 유지하기 위해 유럽통합의 필요성을 제기하기도 하였다. 즉, 유럽통합을 유럽의 제국주의를 유지할 수 있는 수단으로서 달리 말해 해외 식민지를 계속 확보하고 유지할 수 있는 원천으로 보았다. 그런데 이렇게 통합될 유럽에서 저마다 패권을 잡고자 하였다. 경우에 따라서는 자신의 국가가 유럽의 패권을 잡도록 이 유럽통합론을 이용하려 하였다. 통합되는 유럽에서 패권을 잡으면 그것은 피 흘리지 않고 얻는 유럽 정복이었다. 이러한 맥락에서 비스마르크는 유

---

19 노명환, 『역사와 문화의 차원에서 본 유럽통합의 제문제』, 한국외대출판부 2001, 2~4쪽.

럽국가들이 유럽의 이름을 빌려 자국의 이해를 꾀한다고 언급한 바 있다. 나폴레옹은 일찍이 정복을 통해 프랑스의 지배아래 유럽을 통합하고자 하였다.

다른 측면에서는 평화와 인권을 위해 유럽통합을 주창하였다. 대표적인 인사들이 생시몽(Comte de Saint-Simon), 빅토르 위고(Victor Marie Hugo) 등이다. 장발장이 주인공으로 나오는 레미제라블의 저자 빅토르 위고는 19세기 중반 유럽합중국 창설을 제안했고 전쟁을 방지하고 전쟁준비를 위한 재원을 사회와 인권을 위해 사용할 것을 제안했다.[20] 칸트의 영구평화론이 유럽통합 사상에 또한 큰 영향을 미쳤다.[21] 그러나 민족주의 대세가 강한 시대에 이러한 유럽통합 사상은 극소수 선각자들의 극히 이상적인 이념일 뿐 현실에서 실현될 가능성을 갖지 못했다.

2) 제1차 세계대전 후 유럽통합 사상의 변천

제1차 세계대전은 당시에 전대미문의 대량파괴 전쟁이었다. 이 전쟁의 파괴력은 어떠한 민족주의의 성취도 단 한 번의 전쟁으로 완전 폐허로 만들 수 있음을 보여주는 것이었다. 유럽인들은 다시 한번 전쟁이 일어나면 모든 것이 끝장날 것이라는 절박한 인식을 갖게 되었다. 이러한 절박한 인식이 전후 유럽통합 운동을 위한 강력한 추진력으로 작용했다. 왜냐하면 전쟁의 원인으로서 민족주의에 대한 반성과 유럽통합을 목표로 하는 반전운동이 크게 진작되었기 때문이다.

---

20 노명환, 같은 책, 6~7쪽.

21 칸트는 이것으로서 초국가주의 세계시민사회를 의미하지는 않았다. 그는 국가들의 연합을 제안한 것이었다. Immanuel Kant (이한구 옮김), 『하나의 철학적 기획. 영구평화론』, 서울 (서광사) 2008 (개정판).

예를 들어 반전운동가인 레마르크는 "서부전선 이상 없다"와 "개선문" 과 같은 소설들을 통해 젊은이들이 애국이라는 이름으로 무가치하게 죽어가는 전장을 신랄하게 고발하였다.[22] 이러한 반전운동은 민족주의와 제국주의를 반성하고 초국가주의 유럽통합을 달성하는데 초점을 모았다. 이때부터 유럽인들에게 평화는 더 이상 이상적인 추구의 대상이 아니라 현실 실존의 문제가 되었다. 따라서 제 1차 세계대전 후부터 전개된 유럽통합 운동의 핵심은 어느 외부 세력을 견제하기 위해서 유럽의 단결을 꾀하는 것이 아니라 반전 평화 운동에 기반하고 있음을 의미한다. 이는 이전의 유럽통합 운동의 목표와 크게 차이나는 점이라고 할 수 있다. 제 1차 세계대전 후 칸트의 영구평화론에 의거하여 국가들의 연맹체인 국제연맹(League of Nations)이 창설되었으나 초국가주의 유럽통합 운동이 활발히 전개되었다. 쿠덴호브-칼레르기가 조직한 범유럽 연합(Pan-Europa)이 그 대표적인 유럽통합 운동이었다.

그러나 유럽통합운동은 결실을 맺지 못하고 이탈리아의 파시즘 그리고 독일의 나치즘이 정권을 잡고 제 2차 세계대전을 일으키게 되었다. 독일 나치는 "유럽의 신질서(New Order in Europe)"[23]를 선전하고 인종에 의거한 유럽의 재편성을 강조하면서 그 실현방법으로 전쟁을 채택했다.[24]

이에 대해 대대적인 저항운동이 전개되었으며 저항운동가들 중에는 파시즘과 나치즘 체제에 대한 근본적인 반성과 전쟁의 방지를 위한 대안으로서 유럽연방주의를 전개하였다. 이탈리아의 저항운동가이며 연방

---

22 이러한 유럽의 반전 사상가들의 입장은 앞에서 언급한 안중근의 전쟁의 비극에 대한 고발과 많은 유사점을 보인다.

23 Karl Albrecht: Gustav Schlotter's view on the 'New Order in Europe', 19 July 1940, in: Walter Lipgens (ed.), *Documents on the History of European Integration,* Bd 1, Walter de Gruyter/Berlin/New York 1985, 59~60쪽.

24 Joseph Goebbels: The Europe of the Future, 11 September 1940, in: Walter Lipgens (ed.), *Documents on the History of European Integration,* Bd 1, Walter de Gruyter/Berlin/New York 1985, 73~76쪽.

주의자들인 스피넬리(Altiero Spinelli)와 로시(Ernesto Rossi)는 벤토테네 선언문을 통해 파시즘을 민족주의, 제국주의, 자본주의, 물질만능에 기초한 인류문명 위기의 징후로 진단하고 그 대안으로 연방주의 유럽통합과 사회개혁을 주창했다.[25] 이 연방주의에 대한 다른 예로서 독일의 몰트케(Helmuth von Moltke)를 들 수 있는데, 그는 영국을 포함하는 대서양에서 우랄까지 그리고 북유럽에서 지중해에 이르는 단일 주권 하에 놓이는 유럽연방의 창설을 설파했다. 그는 또한 유럽 각 국가들은 연방내의 주(州)가 되어 연방에 주권을 양도하고 경제정책 등에서 자치를 수행하는 유럽연방에 편입되어야 한다고 했다. 그에 따르면 이러한 유럽의 체제만이 독일 나치가 보여주는 유럽의 민족주의 그리고 제국주의의 폐해를 시정하고 유럽을 진정한 평화의 공동체로 전환시키고 세계 평화체제의 한 단계를 달성할 수 있다는 것이었다.[26]이탈리아의 저항운동가 이며 연방주의자인 에이나우디(Luigi Einaudi)는 단일화폐의 창출과 중앙은행 그리고 연방경찰과 연방군대의 창설 필요성을 강조했다. 그는 또한 공동의 문화정책과 산업정책을 구상했다.[27] 당시 프랑스의 저항운동 단체였던 '유럽연방을 위한 프랑스 위원회'는 유럽시민권의 창출 필요성을 강조했다.[28]

　　저항운동에 헌신하면서 유럽통합의 전후 질서를 수립하고자 했던 독

25 The 'Ventotene Manifesto', August 1941, in: Walter Lipgens (edt.), *Documents on the History of European Integration*, Vol. 1, Walter de Gruyter/Berlin/New York 1985, 471~484쪽.

26 Helmuth von Moltke: 'Assumptions and Problems' (9 June 1941), in: Walter Lipgens (edt.), *Documents on the History of European Integration*, Vol., Walter de Gruyter/Berlin/New York 1985, 388~391쪽. 노명환, 「제 2차 세계대전 후 독일의 초국가주의와 민족·영토·역사에 대한 새로운 개념. 독일 민족 경계의 축소를 전제로 한 유럽통합과 이웃 국가들과의 화해과정」, 문형진/김지영/권오중/노명환 편, 『다민족국가의 통합정책과 평화정착의 문제. 독일과 유럽의 역사가 동북공정으로 야기된 동북아의 현 상황에 주는 시사점』, 동북아역사재단 연구총서 34 (2008), 133쪽.

27 Luigi Einaudi: 'For an economic federation of Europe', in: Walter Lipgens (edt.), *Documents on the History of European Integration*, Vol. 1, Walter de Gruyter/Berlin/New York 1985, 520~528쪽.

28 Comité Français pour la Fédération Européenne: Declaration, in: Walter Lipgens (edt.), *Documents on the History of European Integration*, Vol. I, Walter de Gruyter/Berlin/New York 1985, 347~350쪽.

일인 괴르델러(Carl Goerdeler)는 유럽통합안으로서 영구대표위원회(영구연방위원회)에 의한 통치,[29] 통일된 법률, 관세동맹, 통합 운송제도, 공동화폐와 상호 예산통제 , 강제 중재(유럽 법원), 유럽방위군, 유럽경제이사회, 유럽연방의회를 제안했다.[30] 그런데 괴르델러는 "유럽은 세계질서에 통합되어야 한다."[31] 고 했다. 그 이유를 그는 다음과 같이 제시했다. "국가 자체가 궁극의 목표가 아니다. 국가는 다만 국민들의 삶과 복지를 조직하는 수단일 따름이다. 국제관계에서 도덕에 관한 이중의 잣대가 적용되어서는 안 된다. 외교정책은 다른 민족들의 이익과 서로 다른 자질들을 존중해 주고 그들을 기꺼이 도와주려는데 초점을 맞추어야 한다."[32]

3) 제 2차 세계대전 후 유럽통합의 발전

유럽통합을 추구하던 저항 운동가들은 제 2차 세계대전이 종식되자 이를 실현하기 위해 심혈을 기울였다. 그런데 전쟁 영웅이 된 영국의 수상 윈스턴 처칠(Winston Churchill)이 1946년 9월 쮜리히(Zurich University)에서 프랑스와 독일을 중심으로 한 유럽합중국 창설을 제안하였다.[33] 처

---

29 Carl Goerdeler: 'Practical Steps towards the Reorganization of Europe', early 1944, in: Walter Lipgens (edt.), *Documents on the History of European Integration*, Vol. 1, Walter de Gruyter/Berlin/New York 1985, 440~441쪽.

30 Carl Goerdeler: 'Germany's future tasks' 1-8 August 1944, in: Walter Lipgens (edt.), *Documents on the History of European Integration*, Vol. 1, Walter de Gruyter/Berlin/New York 1985, p. 445~446; 노명환, 「제 2차 세계대전 후 독일의 초국가주의와 민족·영토·역사에 대한 새로운 개념. 독일 민족 경계의 축소를 전제로 한 유럽통합과 이웃 국가들과의 화해과정」, 문형진/김지영/권오중/노명환 편, 앞의 책, 134~135쪽.

31 Carl Goerdeler: 'Germany's future tasks' 1-8 August 1944, in: Walter Lipgens (edt.), *Documents on the History of European Integration*, Vol. 1, Walter de Gruyter/Berlin/New York 1985, 446쪽.

32 위의 글, 446쪽. 이는 안중근의 사상과 매우 유사한 측면을 보여주는 것이라고 하겠다.

33 Bernt F. Nelsen and Alexander Stubb (ed.), The European Union. Readings on the Theory and Practice of European Integration, (third edition), Boulder / London, 2003, 7쪽.

칠의 지지자를 비롯한 유럽통합론자들은 1948년 네덜란드의 헤이그(Hague)에 모여 유럽의회를 조직하고자 하였다. 그러나 이것이 여의치 않아 그 이듬해에 유럽평의회를(Council of Europe) 조직하고 그 본부를 알자스-로렌의 중심 도시 스트라스부르에 설치하였다. 냉전이 시작되고 미국과 소련이 세계의 운명을 주도하는 현실에서 이들의 사상이 쉽게 현실에서 실현될 수는 없었다. 전후 처리 과정에서 유럽평화의 파괴 원인으로 규명된 독일이 처음에는 4개 지역으로 분할되고 나중에는 서독과 동독의 2개 지역으로 분단되었다. 그 결과 유럽이 또한 동·서로 분단되었다. 서유럽에서는 프랑스의 장 모네(Jean Monnet)와 로베르 슈망(Robert Shuman)의 지도 아래 서독을 포함한 6개국이 유럽공동체를 조직하기 시작하였다.[34] 이들은 이러한 공동체를 형성하여 독일이 다시는 독자적으로 전쟁을 일으키지 못하게 하고 자 했다. 즉, 이러한 조치는 유럽내부에서 제기될 전쟁 가능성을 차단하고 평화를 정착시키고자 한 의도에 기인했다. 1950~1952년 사이에는 유럽석탄철강공동체(European Coal and Steel Community: ECSC)가 창설되었다. 이는 당시 전쟁 무기를 위해 중요한 원자재인 석탄과 철강을 공동으로 관리함으로써 전쟁을 방지하고 이 공동체를 기반으로 운송공동체, 경제공동체, 정치공동체 등으로 파급효과를 일으키고자 하는 의도를 담고 있었다.[35]

이러한 공동체가 형성될 수 있었던 데에는 분단된 독일 중 서독이 나

---

34 장 모네와 로베르 슈망은 석탄철강공동체를 형성하여 각국이 무기 제조하는 것을 감시하고 이를 유럽 공동의 산업 기반으로 삼고자 하였다. 그들은 이를 확대하여 유럽경제공동체, 유럽재정공동체, 유럽방위공동체, 유럽정치공동체, 그리고 최종적으로 유럽연방을 이루려고 하였는데, 이러한 생각은 안중근의 동양평화론과 청취서의 내용들과 깊은 유사점을 보인다. 김영호, "북유럽에서 본 안중근",『경향신문』2009년 8월 4일자 오피니언 칼럼.

35 Wilfried Loth,『Der Weg nach Europa』, Göttingen 1990; Ernst Haas,『The Uniting of Europe: Political, Social, and Economic Forces, 1950~1957』, Stanford University Press, 1958; 노명환/이선필,『유럽통합사』, 높이 깊이 2009.

치즘 과거에 대한 철저한 반성과 민주화 그리고 유럽통합의 대의에 헌신하고자 하는 의지를 강하게 관철시켰기 때문이다. 이 지역공동체 내에는 프랑스, 서독, 이탈리아, 베네룩스 3국이 서로 견제와 균형을 이루었다.

알자스-로렌 지역을 갈등의 원인으로부터 화해와 평화의 공동 상징 지역으로 전환시키는 것은 유럽인들에게는 국가주의에서 초국가주의로 (또는 민족주의에서 초민족주의로) 이행하고자 하는 의지를 함축적으로 보여주는 의미를 담고 있었다.[36] 독일과 프랑스에게 국가주의와 민족주의의 차원에서 알자스-로렌 지역의 소유는 대단히 중요한 상징적 의미를 가졌다. 그래서 그것의 소유를 위해 양 국가는 지속적으로 쟁탈전을 펼쳤다. 그런데 초국가주의 사상에 의거하여 유럽통합을 수행하면서 알자스-로렌 지역은 유럽의 상징지역으로 설정되었다. 그에 따라 이곳의 중심도시 스트라스부르(Strasbourg)에 유럽의 평화와 인권을 위한 상설회의 기구를 설치하고 자 하였는데 그것이 앞에서 언급한 바 1949년 유럽평의회 (Council of Europe) 건립으로 나타났다. 유럽석탄철강공동체(European Coal and Steel Community: ECSC)의 자문의회가 스트라스부르에 자리 잡고 이는 후에 유럽의회로 발전했다.

한국전쟁 이후 1950년 9월부터 1954년 8월에 이르기 까지 유럽방위공

---

36 알자스 지역은 독일계 주민들이 주로 거주하는 독일 지역이었으나 1681년 프랑스가 그 중심도시인 스트라스부르를 군사적으로 점령하면서 프랑스에 귀속되었다. 알자스 지역은 언어 종족 문화적으로 독일계인데 정치적으로 프랑스 영토에 속했다. 그리하여 1870년 보불전쟁에서 독일이 승리하자 민족주의 상징의 정책으로 알자스를 독일영토로 귀속 시켰다. 1918년 제 1차 세계대전에서 독일이 패하자 알자스 지역은 다시 프랑스로 넘어갔다. 제 2차 대전당시 독일의 히틀러가 프랑스를 점령하고 알자스를 독일 영토로 편입시켰다. 알자스 지역은 역사적으로 독일과 프랑스간의 그리고 결과적으로 유럽차원의 끊임없는 갈등과 전쟁의 원인 지역이 되었던 것이다. 권오중, 「1945년 이전 시기까지 중부유럽에서의 영토갈등. 독일 민족의 연고권에 따른 주변민족과의 영토문제와 국경의 변화 그리고 독일제국과 제3제국 시기의 소수민 정책 (1917~1945)」, 문형진/김지영/권오중/노명환 편, 앞의 책, 109~113쪽; 김승렬, 「유럽역사 분쟁지: 알자스로렌」, 『내일을 여는 역사』, (2004년 봄호, 15호), 149쪽.

동체(European Defence Community: EDC)와 유럽정치공동체(European Political Community: EPC)를 창설하고자 하는 열정적인 노력이 있었다. 결국 실패하였지만 이들이 실현되면 초국가주의 유럽연방이 창설되는 것이기에 이때에 많은 연방주의 통합론자들이 기대감을 크게 가졌다. 1957~58년에는 유럽경제공동체(EEC)와 유럽원자력공동체(EURATOM)가 설립되었다. 1965~1967년에는 유럽석탄철강공동체, 유럽경제공동체, 유럽원자력공동체가 통합되어 유럽공동체(European Communities: EC)가 탄생했다. EC는 공동의 기금을 마련하여 공동의 산업정책, 공동의 농업정책, 공동의 어업정책, 공동의 지역정책을 실시하기 시작하였다. 1986년 단일유럽의정서(Single European Act)가 성립되어 단일시장을 설립할 것을 규정하였다. 단일시장은 상품, 노동, 자본, 서비스가 자유로이 국경을 넘어 왕래하는 것을 의미했다. 그리하여 이때부터 공동의 시민권 창출을 위하여 공동의 교육정책 및 공동의 언어·문화정책을 의욕적으로 추진해 오고 있다. 유럽 공동의 시민권 창출을 목표로 하였다. 1989년 베를린 장벽이 붕괴되고 일 년 후 독일통일이 이루어졌다. 사회주의 동유럽 국가체제들이 붕괴되고 냉전이 종식되고 이와 더불어 서유럽을 넘어선 유럽 전체의 통합이 추진되었다. 1991~93년에는 마스트리히트 조약을 통해 유럽연합이 창설되었다. 단일시장이 이루어지고 중앙은행이 설립되고 단일화폐가 도입되었다. 현재의 유럽연합을 넘어서 유럽연방을 달성해야 한다는 견해와 이에 반대하는 의견들이 팽팽히 맞서 있다.

지금까지의 유럽통합사 개괄에서 다시 한 번 강조한다면 제 1차 세계대전 이후의 유럽통합에서 주 관심은 외부로부터 방어를 위한 내부 단결이 아니라 유럽 내부의 전쟁 요인들로부터 평화를 지키는 것이었다. 제2차 세계대전 중에는 보다 치열하게 이 문제에 집중했다. 무엇보다도 독일과 프랑스의 역사적인 적대 관계를 청산하는 것, 특히 독일이 다시는 나치 범죄와 같은 것을 반복하지 않고 전쟁을 일으킬 수 없도록 하는 것에 역점을 두었다.

이러한 통합의 역사를 통해 유럽은 제 2차 세계대전 이전 평균 25년에 한 번씩 큰 전쟁을 치렀으나 전후인 1945년 이후부터는 전쟁을 경험하지 않고 앞으로도 그러할 가능성이 없어 보인다.[37]

4. 초국가주의 지역공동체 사상으로서 안중근 동양평화론의 세계사적 의의

지금까지의 서술에서 볼 때 안중근의 동양평화론은 양차대전 사이, 특히 제 2차 세계대전 중에 형성되기 시작한 연방주의 유럽통합사상과 그 이후 실질적인 통합과정에서 나타나는 특징들과 많은 공통점을 가진다. 그런데 안중근의 동양평화론은 연방주의 유럽통합사상들 보다 30년 정도 먼저 정립되었다는 측면에서 세계사적인 의의를 가진다고 할 수 있겠다.

세계인들은 오랜 동안 민족주의 체제에 적응되어 왔던 까닭에 현대사에서 진행되어 오는 초국가주의 또는 초민족주의 유럽통합의 역사에 대해 일종의 경이로움을 가지고 지켜보고 있다. 그런데 이러한 유럽통합을 위한 구체적 주요 방책들이 1909년 이미 안중근이 제안한 동양평화론 속에 들어 있음은 매우 놀라운 일이다.

본고의 제 2장에서 보았듯이 안중근은 무엇보다도 우선적으로 일본

---

37 유고슬라비아 내전은 냉전체제 이후 유고슬라비아 내부의 민족별 강력한 민족주의 대두로 발생한 것으로 유럽통합의 영향력 밖에 있었으며 현재는 과거에 유고연방에 속해 있던 나라들 중에 슬로베니아가 현재 유럽연합에 가입되어 있다.

이 점령한 旅順을 청에게 돌려주고 이를 공동의 군항으로 만들 것과 그곳에 삼국 대표를 파견하여 평화회의를 조직할 것을 제안하였다. 이는 앞의 3장에서 설명하였듯이 프랑스와 독일을 비롯 유럽인들이 알자스-로렌 지역을 두고 한 그러한 발상과 매우 유사하다. 프랑스와 독일 사이에 있는 알자스-로렌 지역은 민족적 갈등 지역이면서 전략적 요충지로서 프랑스와 독일 사이에 전쟁을 그리고 결과적으로 유럽전쟁을 유발하는 그러한 지역이었는데 이를 통합유럽의 중심지로 만들고자 하여 제 2차 세계대전 후 이를 실현하였다.

기록에 의하면 여순항은 명대로부터 전략적 기지로 인식되어 동양최대의 부동항으로 개발되었다. 이곳에 군항이 건설되었다. 청조는 이곳에 중국 최대의 북양함대를 건조하였다.[38] 그런데 이를 일본이 호시탐탐 노렸으며 1894년 청일전쟁에서 승리한 후 이를 점령하고 일본의 군항으로 개편하였다. 그런데 이 여순항을 어느 나라보다도 러시아가 그들의 남하정책을 위한 부동항의 필요성에서 또한 탐내고 있었다. 청일전쟁 이후 독일과 프랑스를 앞세운 3국간섭을 통해 여순항이 일본으로부터 다시 청에게 귀속되게 하고 이를 청으로부터 조차하였다. 러시아는 이 부동항의 군항을 극동 해군함대의 기지로 개발했다. 그런데 1904년 2월에 수행된 러일 전쟁에서 승자가 된 일본이 다시 여순항을 차지하였다. 이번에 여순항은 일본 관동군의 기지가 되고 이곳에 관동도독부가 들어섰다.[39] 이처럼 여순항은 지속적으로 지역 각국의 각축장이 되고 분쟁을 유발하는 지역으로 존재해왔다. 안중근은 이 국제 분쟁지역을 평화의 중심지로 탈

---

38 윤병석, 「안중근 의사의 하얼빈 의거와 '동양평화론'」, 안중근의사기념사업회 편, 『안중근과 그 시대』, 393쪽.

39 윤병석, 「안중근 의사의 하얼빈 의거와 '동양평화론'」, 383~385쪽.

바꿈 시키려 하였던 것이다.[40] 이러한 안중근의 제안은 유럽인들이 30년
쯤 이후부터 유럽통합 사상과 실현과정을 통해 알자스-로렌 문제를 해
결하려 한 방식과 참으로 유사하다.

안중근은 여순항에 설립한 이 상설회의의 지부를 각 회원국의 주요
지역에 설치할 것을 제안하였다. 이 평화회의를 점차 인도, 태국, 미얀마
등의 동양 제국이 다 참여하는 회의로 발전시켜 범 동양공동체를 창설
하자는 것을 또한 제안하였다. 유럽통합 사상가들도 이러한 방식의 지부
설립을 제안하였고 유럽통합 운동 및 실현 과정에서 이러한 지부들이 설
치되었다. 또한 이들 유럽통합주의자들도 점진적인 유럽공동체 창출을
생각하였다. 처음에 뜻을 함께 하는 국가들이 유럽공동체(유럽연방)를 시
작하고 점차 다른 유럽 국가들이 참여할 수 있게 하는 것이었다. 앞장에
서 언급한 유럽석탄철강공동체를 창설할 때 초창기 회원국들은 바로 이
러한 뜻을 명시하였다. 유럽공동체는 처음에 6개국으로 시작하였지만
수차례의 회원국 확대 과정을 거쳐 현재 27개 회원국에 이르게 되었다.

안중근은 공동의 기금 조성을 주창했다. 이러한 공동기금 조성 정책
이 지역공동체 형성과 운영에 얼마나 지대한 역할을 할 수 있는지 유럽
통합의 역사를 통해 인식할 수 있다. 안중근의 이 제안은 얼마나 그가 지
역공동체를 투철하게 구상했는지를 말해 준다고 하겠다. 유럽공동체의
운영을 위해 유럽인들은 공동의 기금을 마련하여 공동의 예산을 편성하
고 집행하였다. 특히, 공동농업기금 그리고 공동지역기금 정책을 실시하
여 공동으로 농업지역을 후원하고 상대적으로 미개발지역을 지원하여
유럽공동의 균형발전을 꾀하여 오고 있다. 그런데 이러한 정책들이 민족
주의를 극복하고 유럽 공동의 의식을 함양하는데 크게 기여하는 것으로

---

40 최서면, 『새로쓴 안중근 의사』, 192쪽; 윤병석, 「안중근 의사의 하얼빈 의거와 '동양평화론'」,
393~394쪽.

밝혀지고 있다. 공동기금 마련 정책은 초국가주의 지역공동체를 구상한 그리고 이를 실현한 유럽인들에게 매우 중요한 수단이었던 것이다.

안중근은 공동의 은행을 설립하고 공동통화를 발행할 것을 제안하였다. 그리고 회원국의 주요 지역에 공동은행 지점을 설립할 것을 주창하였다. 이것은 서로간의 신용을 두텁게 하고 동양평화가 돈독해지는 효과를 거둘 수 있게 한다는 것이다.[41] 유럽통합을 구상함에 있어서 많은 유럽인들은 공동의 은행 설립과 공동의 화폐 창출을 필수적인 사항으로 보았다.[42] 현재 유럽연합은 프랑크푸르트에 중앙은행을 가지고 있고 유로(Euro)라는 단일통화를 가지고 있다. 이러한 과정이 초국가주의적 유럽통합에 얼마나 결정적인 기여를 하고 있는지는 새삼 강조할 필요가 없을 것이다. 공동의 은행과 단일통화 이것은 공동의 시장을 전제로 하는 것이고 또한 역으로 효율적인 단일시장의 전제 조건 이기도 하다. 이러한 관점에서 볼 때 안중근의 공동은행 설립 및 공동통화 창출의 제안은 확실히 어떤 형태의 초국가주의적 지역공동체를 구상한 것으로 판단된다.

안중근은 동양 삼국의 청년들로 편성된 공동 군대 창설을 주장했다. 1950년에 제안된 유럽 공동군대 개념은 유럽방위공동체(European Defence Community: EDC) 수립이라는 정책으로 구체화되었는데 1954년에 실패하였다. 이때에 공동의 군대와 함께 이 군대를 효율적으로 통솔하기 위해 정치공동체(European Political Community: EPC)를 또한 설립하고 자 하였으며 많은 찬성자들은 공동의 군대를 창설하는 것이 유럽연방을 실현하는 결정적인 지름길이라고 했다. 지금은 서유럽연합(WEU) 내에서 공동의 군대가 형성되어 가고 있다.

유럽통합사에서 유럽방위공동체(EDC)와 유럽정치공동체(EPC)의 실

---

41 윤병석, 「안중근 의사의 하얼빈 의거와 '동양평화론'」, 394쪽.

42 앞 장의 에이나우디 (Luigi Einaudi)와 괴르델러 (Carl Goerdeler)의 연방주의 참조.

패는 최대의 위기에 해당하는 시기였다. 당시 연방주의 유럽통합론자들은 유럽공동의 군대가 창설되고 이를 통제하는 정치공동체가 형성되면 연방주의 유럽이 실현되는 것으로 생각했다 그렇기에 이 실패는 이들에게 더없이 큰 좌절을 안겨주었다. 이만큼 공동의 군대 창설은 초국가주의 지역공동체 설립을 상징하는 사건이 될 수 있었다.

안중근은 공동 군대의 구성원들이 2개 국어를 구사할 수 있도록 해야 한다고 했다. 이는 매우 중요한 제안으로 어느 한 언어가 지배적으로 사용되지 않는 것을 의미하며 공동의 언어 및 공동의 문화를 존중하는 것을 의미하는 것으로 판단된다. 유럽통합에서 모든 회원국 언어를 인정하는 것은 매우 중요한 개념이다. 이는 민주적 통합의 상징으로서 회원국의 모든 문화를 서로 인정하는 것을 상징하기도 한다. 유럽공동체(현재 유럽연합) 내의 가장 큰 문제가 회원국의 모든 언어를 사용하고 통역해야 하기 때문에 발생하는 불편함이 큰 문제로 대두되어 오고 있다. 그러나 이는 민주적 통합을 상징하면서 "다양성 속의 통일"이라는 목표를 견인하는 것이기 때문에 신성불가침의 정책영역으로 되어 있다. 2개의 회원국 언어를 구사할 수 있게 한다는 것은 공동의 언어교육 및 문화교육을 실시하는 것을 전제한다. 유럽공동체에서 공동의 교육정책은 유럽 공동의 의식을 함양하는데 있어서 대단히 중요한 역할을 수행해 오고 있다. 유럽 각국의 정체성을 넘어 유럽 공동의 정체성을 함양하고 그 바탕 위에서 유럽시민사회 실현을 꾀하는 것이다. 안중근은 공동의 군대에 편성된 청년들이 2개 이상의 어학을 배우는 동안 우방 또는 형제의 관념이 높아져 그만큼 더 우의를 다지게 해야 한다는 관점을 가졌던 것으로 파악된다.[43] 이는 유럽통합론자들이 공동의 언어 및 문화정책을 통해 공동체 의

---

43 윤병석, 「안중근 의사의 하얼빈 의거와 '동양평화론'」, 393~394쪽.

식을 함양하고자 했는데 유럽통합사에서 실현해 온 것과 일맥상통한 논리를 담고 있다. 이러한 관점에서 안중근의 구체적 제안들은 초국가주의 지역공동체 형성을 추구한 결과들이라는 점을 다시금 생각하게 된다.

그는 위와 같은 정책을 통해 일본이 여순항 유지비 축소 등 군비 부담을 줄일 수 있고 동시에 지역공동체 기금 정책을 통해 재정확충을 할 수 있어서 큰 이익을 보게 된다는 점을 들어 일본을 설득하고 있다. 유럽통합에서 공동의 정책이 개발되는 과정들을 살펴보면 각 회원국들에게 이익이 되는 정책들을 개발하는데 역점을 둔다. 이러한 관점에서도 공통점을 발견할 수 있다.

안중근은 일본의 지도아래 한국과 중국이 산업을 발전시키는 것을 제안하고 있다. 이는 동북아의 경제공동체 창설과 운영방식을 의미한다고 하겠다. 그런데 이는 안중근이 평등한 회원국들로 구성된 지역공동체 내에서 일본의 리더십을 인정한 것이지 추호도 제국주의적 개념을 수용하는 것을 의미하지 않는다. 이러한 안중근의 구상은 일본 맹주론을 수용하는 것과는 근본적인 차이가 있음을 강조해야 할 것이다. 유럽통합의 초기 과정에서도 프랑스와 서독의 정치·경제적 지도력이 인정되었다. 이두 국가는 유럽통합을 위한 두 기관차로 불렸다.

유럽통합을 추구하는 사람들이 유럽지역통합을 세계통합을 위한 하나의 단계로 보았다. 세계통합은 초국가주의 세계정부에 기초한 세계시민사회를 형성하는 것을 말한다.

안중근이 그가 인지한 '세계보편' 교회인 가톨릭교황으로부터 동양삼국의 황제들이 대관을 받는 것을 상정한 것은 동양평화를 넘어서는 세계보편성의 추구라고 볼 수 있겠다. 즉 세계시민사회를 추구하는 사상이 자신의 인지 속에 있는 가톨릭으로 정립된 것으로 추정된다. 그의 종

교관과 세계관의 조우라고 볼 수 있겠다.[44]

그런데 유럽에서 이러한 초국가주의 공동체가 실현되어 오는 과정에는 회원국 간에 견제와 균형이 작용할 수 있기 때문에 가능했다. 이러한 견제와 균형을 이룰 수 있는 시스템을 갖추지 못하고 창설되는 지역공동체 내에서 힘의 불균형문제를 어찌할 것인가? 이러한 공동체는 약소 회원국을 강대 회원국에게 제도적으로 종속시키는 결과를 초래하지 않겠는가? 안중근의 구체적인 제안들에는 지역공동체 회원국 상호간에 견제와 균형에 대한 필요성과 방책은 언급되고 있지 않다. 그는 일본을 설득하여 동양평화론을 실현하려 한 것 같다.

제 1차 세계대전 이후 유럽통합의 목표가 내부의 전쟁원인을 제거하는데 있었던 것처럼 안중근은 이미 동아시아 내부의 전쟁과 갈등에 대한 해결책으로서 동양평화론을 제기한 것 같다. 유럽인들이 독일문제를 해결해야 했듯이 동아시아에서는 일본문제를 해결해야 했다. 그런데 그는 일본문제를 해결하는 데 있어서 견제와 균형정책을 통해서가 아니라 일본을 설득하는 데 역점을 두었다. 제국주의를 한다면 결국 망하게 되고 재정파탄을 겪고 세계의 신뢰를 잃고 한국과 청국으로부터 저항을 받게 될 것임을 경고했다. 그와는 달리 일본은 이웃 국가들의 독립과 평등권을 진심으로 인정하는 동양의 지역공동체를 운영함으로써 풍요를 누리고 리더의 위치를 갖게 된다는 점을 강조하였던 것으로 보인다. "내가 이제부터 말하는 정책을 만일 일본이 실행만 한다면 일본은 태산같이 안정되고 세계 각국으로부터 큰 명예를 얻게 될 것이다."[45]

---

44 신운용은 안중근의 동양평화론이 가톨릭의 '천명론'에 근거한 것으로 본다. 신운용, 「안중근의 동양평화론 연구와 실천을 위한 방안」, 안중근의사기념사업회 편, 『안중근과 그 시대』, 506쪽; 신운용, 「안중근의 민족운동연구」, 한국외국어대학교 박사학위 논문 2007, 110~115쪽.

45 「청취서」, 54쪽.

안중근은 지역민들이 일반적으로 선의를 가진 것으로 파악한 것 같다. 즉, 지역 내의 사람들이 국가와 민족을 넘어 평화를 추구하고 서로에 대한 애정을 가지고 있는 것으로 파악한 것 같다. 지도자들 중에 잘못된 사람들이 지배와 탐욕을 위해 공동체의 방향을 왜곡하는 것인데, 이러한 분자들을 제거하면 되는 것이다. 이러한 사상은 당시로서는 실현되기 힘든 것이었다. 이러한 점이 당시 안중근의 동양평화론이 갖는 한계점이라고 볼 수 있겠다. 그런데 견제와 균형을 위한 방책은 제안을 통해서 이루어지는 것이 아니라 힘의 현실이 뒷받침해줄 때 가능하다. 이는 동양평화론의 한계점이 아니라 이러한 사상을 실현하기에는 당시 시대가 성숙되어 있지 않다고 보아야 할 것이다.

그런데 안중근이 반전 평화에 기초한 동양평화론을 폈고 이는 초국가주의 지역통합을 통해 영구한 평화정착을 실현하는 것이라면 그가 한국 민족주의의 대의를 위해 군인이 되어 싸운 점은 어떻게 설명할 것인가? 그것은 평화를 저해하는 전쟁의 근원, 즉 일본 제국주의를 없애기 위해서라고 보아야 할 것이다. 그러면서 평화를 지향하는 일본인들과 지역공동체를 창설하는 것이다.

나치 독일에 의해 점령된 프랑스에서 저항운동가들이 조국의 해방을 위해서 그리고 유럽의 평화와 인권을 위해서 싸웠다. 그들은 초국가주의 유럽통합의 청사진을 그리며 민족주의 정신에 입각하여 점령세력인 나치에 대항해서 싸웠다. 승리를 통해 평화를 지향하는 독일인들과 화해하고 초국가주의 유럽통합을 실현하여 영구평화를 달성하고 자 하였다.[46]

---

46 예를 들어, Claude Bourdet: 'The Future of Germany?', March 1944, in: Walter Lipgens (ed.), Documents on the History of European Integration, Bd 1, Walter de Gruyter/Berlin/New York 1985, 342~343쪽; La Marseillaise: 'Our Europe', 14 July 1944, in: Walter Lipgens (ed.), Documents on the History of European Integration, Bd 1, Walter de Gruyter/Berlin/New York 1985, 351~352쪽.

유럽에서는 평등하고 주체적인 회원국들로 이루어진 지역공동체 창출을 위한 형세가 제 2차 세계대전 후 어느 정도 갖추어졌다고 볼 수 있다. 21세기 벽두인 현재 동아시아에서도 이러한 현실이 어느 정도 갖추어졌다고 본다. 오늘의 동아시아에 안중근의 동양평화 사상이 절실히 필요하고 적실성을 갖는다고 말할 수 있는 근거가 바로 여기에 있다.

5. 맺음말 (안중근 동양평화론의 현 시대를 위한 시사점)

안중근의 동양평화론은 현 시대에 대단히 큰 실효성을 가진다. 왜냐하면 그 당시에는 견제와 균형의 개념과 방책이 없는 것이 큰 단점이었지만 이 문제가 어느 정도 해소된 현재에는 그 실효성이 대단히 크기 때문이다. 이와 관련 필자는 다음과 같은 견해에 적극적으로 동의한다. "안중근이 살았던 제국주의의 시대와 오늘날의 세계화의 시대라고 하는 국제정치의 현실은 물론, 근대국가의 체제도 완비하지 못했던 20세기 초의 대한제국의 역량과 민주화와 경제발전을 이루어 낸 21세기 초의 대한민국의 역량도 너무나 다르다."[47]

그런데 안중근의 동양평화론이 이 21세기에 진정으로 실현되기 위해서는 다음과 같은 공동의 인식이 전제되어야 한다. 동아시아 지역민들이 공히 민족주의가 가질 수 있는 폐해에 대해 진정으로 인식하고 제국주의 과거사에 대해 투철하게 반성하고 민주주의와 평화의 절실한 가치를 깨달을 수 있어야 한다. 무엇보다도 전쟁에 대한 절박한 문제인식이 공유되어야 한다. 유럽의 전체적인 역사와 유럽통합사의 경험은 이러한 공동의

---

47 강동국, 「동아시아의 관점에서 본 안중근의 동양평화론」, 403쪽.

인식의 필요불가분성을 역설해 준다. 동아시아에서는 아직 유럽과 같은 전쟁에 대한 절실한 문제인식을 공유하지 못하고 있으며 각국의 민족주의가 큰 대세로 작용하고 있다.

연방주의 유럽통합 사상은 동아시아 지역의 불안정성과 위험이 증대되고 있는 현 상황에서 평화정착을 위한 지역공동체 모색을 위하여 많은 시사점을 줄 수 있다. 궁극적으로 동북아 지역에서 국가 간의 갈등문제에 대해 유럽인들이 경험했던 역사가 절실한 타산지석이 될 수 있는 것이다. 우리는 유럽 연방주의자들이 제기한 정치, 경제, 군사 부분에 걸친 지역공동체 창설의 필요성, 연방을 통한 소수민족 차별문제 해결, 국경분쟁 해결, 지역문화 특성의 보존방식, 평화 민주 체제의 구축 등에 대해 특별히 세심하게 주의를 기울일 필요가 있다. 그런데 이러한 연방주의 유럽통합 사상이 포괄하고 있는 내용들을 이미 안중근의 동양평화론이 담고 있음을 인식해야 한다. 그의 이러한 사상은 당시 현실에 비해 매우 진보적인 것이어서 현실에서 실현은 고사하고 당대인들이 거의 이해하기도 어려운 정도였을 것으로 생각된다. 그러나 지금은 조건들이 많이 성숙되어 있다. 따라서 현재 동아시아 공동체를 위하여 안중근의 동양평화론이 적실성을 갖는다고 말할 수 있겠다.

현재 한국은 분단되어 있다. 안중근시대에는 한국이 약소국이어서 문제였지만 현재는 분단 상황이 드리워져 있다. 한국의 분단 상황을 어떻게 극복해내고 동아시아 평화를 이룩하고 이를 세계평화의 초석으로 삼을 것인가? 안중근의 동양평화 사상으로부터 그 해결책을 이끌어낼 수 있다고 본다. 민족의 독립과 평등한 구성원들의 관계가 보장되는 국가들의 연합체 혹은 초국가주의 지역공동체 실현에서 가능할 것이다. 안중근 사상의 핵심이 그것이었다. 유럽도 이와 유사한 사상과 정책을 통해 평화를 일구어 내고 독일의 분단문제와 냉전문제를 해결했다. 동아시아는 현재 유럽통합사상보다 먼저 정립된 안중근의 사상을 가지고 현재의 문제를 해결할 수 있어야 할 것이다.

이러한 측면에서 안중근은 한국만의 인물이 아니고 동양의 그리고 세계의 인물이다. 한국의 민족주의자로서 이등박문을 제거한 것이 아니라 그러한 차원을 훨씬 넘어 동양공동체, 세계공동체를 위해 그렇게 한 것이다. 따라서 안중근 사상은 동아시아 공동체를 지향하는 오늘 공동의 정체성의 원천이고 상징적 인물이 될 수 있다. 이러한 가능성은 최서면의 연구가 잘 보여준다. 당시에 중국에서 안중근 의사에 대한 기념행사들이 활발하게 이루어졌고, 대학에서 안중근 의거에 대한 연극이 상연될 정도였다. 일본의 도쿄 세다가야에 위치한 당시 여순 형무소 소장이었던 사람의 딸집에는 안중근 의사를 모신 사당이 있다.[48] 이러한 측면에서 안중근과 안중근의 사상을 동아시아 지역민들이 친근하게 공유할 수 있는 때가 올 수 있을 것이다. 사형언도를 받은 1909년 2월 안중근은 "일본은 이제 나에게 사형을 언도했지만 머지않아 '안중근의 날'을 크게 외칠 날이 올 것이다."[49] 고 했다.

현재 요청되고 있는 동아시아 지역의 평화정착을 위해 안중근이 구체적으로 제안했던 지역공동체 내용들을 오늘의 상황에 맞게 면밀히 살펴보고 계승하여 실현시켜 가야 할 것이다.

---

48 최서면, 『새로 쓴 안중근 의사』, 195~200쪽.
49 최서면, 『새로 쓴 안중근 의사』, 205쪽에서 재인용.

02

안중근의 동양평화론의 역사적 의의

서용

북경대학교

1. 들어가는 말

안중근의 평화론은 여순 옥중에서 쓴 소고로서 비록 그 분량은 많지 않지만 줄곧 각 방면 연구자들의 관심을 모아왔다. 본문에서 동양평화론에서 안중근의 사상이념과 안중근이 이토 히로부미(伊藤博文)를 격살하게 된 동기를 알 수 있을 뿐만 아니라, 또한 당시 동아시아지역 중대한 정치관계의 심각한 변동을 반영한 것이라고 본다. 그 중에 두 개의 시대적 배경이 있다. 첫째는 동아시아 정치질서의 붕괴가 그 전통정치문화 위기의 출현을 초래한 것이고, 둘째는 근대 일본 군국주의의 출현 및 동아시아지역에 대한 침략확장은 직접 조선의 국가정치와 민중생활과 사회동향에 끼친 영향으로 안중근의 사상과 행동이 결정되었던 것이다. 안중근에 대하여, 특히 그의 동양평화론에 관한 연구에 있어서 이러한 두 가지 배경을 반드시 주목할 필요가 있다. 본문은 이 문제에 대한 기초적인 탐구를 진행함으로써 여러 분들과 교류하기를 기대해본다.

2. 동아시아 질서의 붕괴 및 그 전통정치문화 위기

학계에서 연구가 비교적 많이 이루어지고 또한 비교적 공인된 관점에 따르면 동양 국가관계의 전통적인 특징은 "화이질서(華夷秩序)" 혹은 "조공체계(朝貢體系)"(The Imperial tributary system)라고 귀납할 수 있다. 이러한 전통 국가관계의 역사적 작용을 어떻게 인식하고 평가할 것인가에 대한 연구는 현재에 이르기까지 이미 많은 연구 성과가 있는데, 어떤 연구 성과는 또한 서방의 "조약체계(條約體系)"(The Treaty system)와 비교연구를 진

행하기도 한다.[1]

허신(許愼)의 『설문해자(說文解字)』의 주해에 따르면 화이(華夷)라는 "이(夷)"자의 옛 뜻은 동방의 활을 지닌 사람을 의미하는 동방의 종족 무리(族群)에 대한 대칭어로서 본래 비난의 뜻은 없었다. 그러나 그 후에 사용방법이 점차 변하여 "화이(華夷)"라는 말은 고대 동방국가관계의 존재를 표상함과 동시에 예의제도로서 관방문서 용어 등 방면을 포함하여 존비상하의 불대등한 계층관계를 표현하기도 했다. 동방 국제관계의 역사전통에 대하여 안중근은 『동양평화론』에서 뚜렷한 두 가지 판단을 드러내고 있다. 즉, 하나는 그는 "自古로 청국인은 중화대국으로 자칭하고 外邦은 夷狄이라 부르면서 교만이 극심했고 또한 權臣戚族들이 국권을 남용하고 臣民이 경찰과 결합하여 상하가 불화한 탓으로 이러한 치욕을 만나게 된 것이다"라고 했다. 이것은 전통적인 국가관계 속의 불평등 요소에 대한 서술과 비판이었다. 그러나 다른 한 편으로는 그는 "自古로 동양민족은 문학에 힘쓰면서 공손하게 自邦을 지키는데 지나지 않았고 모두 유럽의 촌토척지(寸土尺地)도 침탈하지 않았음은 오대주 위의 인수초목도 모두 아는 바이다"[2]라고 했다. 안중근은 명확하게 수천 년 이래의 동양국가관계 즉 이른바 화이질서의 평화공존의 기본성격을 확인하였으며, 또한 그가 "동양평화론"의 핵심인 "평화"에도 역사 전통적인 평화원칙이 내포되었던 것이다.

동아시아 국가 간의 상호 교류관계는 수천 년을 존속해왔으므로 조선민족의 독립국가가 존재한 5천년의 사실(史實)과 경험을 포함하여 총괄

---

1 화이질서 연구에 관한 견해에 대하여 何芳川, 「"華夷秩序"論」, 『何芳川敎授史學論文集』, 北京大學出版社, 2007年; 信夫淸三郞, 『日本政治史』第1卷, 上海譯文出版社, 1982年;(日)浜下武志, 『近代中國的國际契机——朝貢贸易與系与近代亚洲经济圈』, 中國社科出版社, 1999年版;陳文壽, 『近世初期日本與華夷秩序研究』, 香港社会科學出版有限公司 등 참조.

2 [韓]安重根遺著, 「東洋平和論」, 國民倫理硏究』第8集, 서울: 1979, 143~144쪽.

적으로 연구하는 것은 대단히 필요한 일이다. 안중근이 제시한 동양 민족 간의 "자고로 문학에 힘쓰면서 공손하게 자국을 지키는데 지나지 않았다." 그 구체적 표현은 곧 동양 전통정치문화인 '문치주의(文治主義)'이다. 그것은 '후왕박래(厚往薄來)'의 경제관계, '불치주의(不治主義)'의 정치관계 및 '불정주의(不征主義)'의 비전인소(非戰因素)를 담고 있다. 그러나 근대 국제관계의 변화는 끝내 '문치'전통의 단절을 초래하여 무력지상의 풍기가 성행하기에 이르렀다. 이러한 역사적 변화의 인식과 연구는 응당 안중근의 연구에 있어서, 특히 그의 '동양평화론'에 대한 연구의 중요한 측면이라고 하겠다.

'조공(朝貢)'과 '책봉(冊封)' 등 형식으로 구성된 화이질서의 그 확립은 선진시대(先秦時代)까지 거슬러 올라가고 명왕조에 이르러 정성기에 달하여 동아시아지역 수천 년의 평화와 발전의 구도를 유지해왔다. 화이질서의 주도국가로서 명성조(明成祖) 주체(朱棣)는 일찍 "짐이 천하에 군림하여 화이(華夷)를 돕고 다스림은 一視同仁하고 피차간의 틈이 없다. …먼 나라와 다른 지역으로 하여금 모두 각기 그 위치를 얻도록 함으로서, 소문을 듣고 따르려는 자가 앞다툴 것이리라!"[3] 라고 강조했다. 정치적 "책봉" 형식 밑에서 소위 "오는 자는 막지 않고 가는 자는 잡지 않는다"(역자주: 何休, 동한시기 경학가)는 것, 즉 각 나라가 떠나고 머무는 것을 강요하지 않고 역시 그 내정에 간섭하지 않는 것이 바로 정치적 "불치주의"이다.[4]

'화이'질서는 천년을 유지했고 그 경제적 의의는 '조공'의 밑에서 국가와 민중들의 상호 이익과 교류를 보장했을 뿐만 아니라, 동시에 (통상적인 인식으로 비춰진) 약소한 속국에 대한 복리 성격의 수입교류를 보장하였다. 종주국은 4방의 夷에 대해 '후왕박래(厚往薄來)'원칙을 견지하였는데, 그

---

3 『明史·柯枝列傳』

4 信夫淸三郞, 『日本政治史』第1卷, 上海譯文出版社, 1982, 7쪽

표현은 '교화'를 넓히면서 중국 황제는 은혜로서 조공품 가격에 몇 배에 달하는 하사품을 주었다.[5] 18세기 말엽 이후 조공은 이미 중요한 무역수단으로 변했던 것이다.[6]

물론 종주국은 주변 국가에 대하여 전혀 무력을 동원하지 않은 것은 아니었지만, 명청에 이르러서 "화이"질서의 전성기에 군사적 '불정주의(不征主義)'가 확립되었다. 1369년(홍무 2년)에 명태조는 『황조명훈(皇朝明訓)』을 제정함에 "諸國은 만약 그들이 스스로 힘을 헤아리지 못하고 우리 변방을 해친다면 그것은 그들이 상서롭지 못함이다. 그들이 중국에 근심을 주지 않는데 우리가 군대를 일으켜 가볍게 해친다면 역시 상서롭지 못함이다. 후세 자손들이 중국 부강에 의지하여 일시 전공을 탐내서 이유 없이 군대를 일으켜 인명을 헤치는 것은 불가함을 절대 기억해야 한다"[7]라고 함과 동시에 구체적으로 조선, 일본 등 주변 대부분 국가를 '불정제이국(不征諸夷國)'으로 열거했다.

갑오전쟁 전의 청 왕조의 대외정책에 대하여 모리모토 후지요시(森本藤吉)의 설법에 따르면 (청) "태조는 재차 조선을 습격하여 함락했지만 그 나라를 멸망시키지 않은 것은 무엇 때문인가.…당시 조선은 신하로서 명나라를 섬기므로 배후의 근심을 단절하려고 한 것이고 멸망시키지 않은 것은 조선이 나태하고 연약한 것을 알고 얻어도 무익했기 때문이다"[8]라고 했다. 모리모토(森本)가 청국의 정치 외교 방침을 곡해했지만 청나라가 동아시아 인접 국가에 대해 실시한 "불정주의(不征主義)"의 비군사적 외교로서 공존을 추구하는 원칙이 실제로 존재했음을 부정할 수 없었다.

5 川勝守, 『日本近世與東アジア世界』, 吉川弘文館, 2000, 23쪽

6 [日]信夫淸三郞, 『日本政治史』第1卷, 上海譯文出版社, 1982, 30쪽.

7 『明太祖實錄』卷六十七.

8 [日]森本藤吉, 『大東合邦論』, 明治26年 8月版, 近藤圭造印刷, 137쪽.

상술한 내용에 기초하여 일부 선도적인 논자들은 "평화, 우호, 적극은 '화이질서'의 주류"로 인식하고 있다.[9] 이러한 질서는 동아시아 역사에서 천년의 안정된 국면을 유지했다. 그러나 서세동점으로 19세기에 이르러 이러한 국면은 끝내 동서양의 다양한 요소들의 작용으로 위기에 직면하게 되었다.

전통적인 '화이질서'는 개방성을 지니고 있으며 자고로부터 유럽의 국가들을 포함하는 대외적 교류를 배척하지 않았다. 그러나 청왕조의 건륭 중기부터 시작된 '해금(海禁)'정책은 당시 중국의 한 단락의 특수한 쇄국시기를 형성하였다. 쇄국은 중외 교류를 제한했을 뿐만 아니라, 또한 당시 중국인의 대응 능력의 발전을 제한했다. 19세기에 이르러 청왕조는 종주국의 선진실력을 상실하여 자주적으로 전통질서를 갱신할 수 없었다. 서방의 공업화국가를 대응하는 이른바 '서방문명'과의 도전과정 속에서 청왕조 말기의 중국은 줄곧 엄중한 피동적인 위치에 처해있었다.

영국은 공업화를 실현함과 동시에 해외로 확장하는 과정에 식민지 인도에서 아편을 재배하여 대량으로 중국에 판매하면서 비인도적인 '비단방직품-아편-차·명주실'의 삼각무역을 시행함으로써 '아편은 19세기 전 세계적으로 가장 귀중한 단일 상품무역이 되었다.'[10] 18세기 말에 아편의 중국 수입이 급증됨에 따라 1800년에 가경(嘉慶)황제는 조서를 내려 엄금했다. 1883년 12월 호광총독 임측서(林則徐, 1785~1850)는 흠차대신으로 임명되어 광동수군을 통솔하게 되었으며, 1839년 3월에 광주에 이르러 아편을 차압하고 그해 6월에 호문에서 대량의 아편을 소각했다. 그 후 임측서는 계속 아편수입을 금지함과 동시에 령을 내려 영국 간의 정상적인 무역을 회복하였지만 영국은 청조정을 향해 개전했다. 청조정

9 何芳川, 「"華夷秩序"論」, 『何芳川敎授史學論文集』, 北京大學出版社, 2007, 212쪽.
10 [美]費正淸 編, 『劍橋中國晩淸史』, 中國社會科學出版社, 1985, 184쪽.

은 일련의 패배를 당하고 1842년 8월 29일 시모노세키(下關)의 영국군 고화려호(皐華麗號) 군함에서 핍박에 의해 중영『강녕조약(江寧條約)』(『南京條約』)을 체결하고 영국에 배상을 함과 동시에 홍콩을 할양하고 연해 항구시장을 개방했다. 영국·프랑스 등의 나라들은 잇따라 19세기 60년대의 제2차 아편전쟁을 도발하여 청조정을 핍박하여 일련의 새로운 불평등조약을 체결했다.

아편전쟁에서 실패한 뒤에 내외로 곤경에 빠진 청조정의 대외정책도 상응된 변화가 발생하여 점차 공친왕 혁흔(奕訢)과 증국번(曾國蕃)·좌종당(左宗棠)·이홍장(李鴻章) 등 신흥세력집단이 형성되어 '자강(自强)' '구부(求富)'를 목표로 하는 양무운동을 추진했다. 19세기 60년대에 서양의 군사와 기술을 배우고 70년대 이후에 이르러 서양의 민용기술이 확대되었다. 30여 년에 걸친 양무운동의 기간에 청조 말엽의 문화와 과학기술 및 교육 사업이 크게 발전했고 또한 해상방위를 수축하고 현대 해군을 편성·훈련하는 것이 양무운동의 중점이었다.

아편전쟁의 실패는 청조 운명의 전환점이었을 뿐만 아니라 또한 동양 각국에 거대한 충격을 주었다. 일본의 막부(幕府)정권은 중국의 형세를 고찰하고 국내 정치개혁을 추동했고, 그 후에 국내 정치충돌로 인해 "왕정복고(王政復古)"가 출현하여 천황제 신정권은 메이지유신개혁을 시행하였다. 일본의 신정권은 1871년 9월 13일에 청조와『수호조약(修好條約)』(모두 18조) 등 조약을 체결했다.『수호조약』의 첫 머리에는 "대청국, 대일본국은 평소 우의를 돈독하게 지낸 역사가 있으므로 아래 함께 옛적의 좋은 것을 닦고 나라 간의 서로 사귐을 더욱 굳게 하고자 한다"라고 강조했다. 그 제1조에는 쌍방은 "두 나라에 소속된 영토는 또한 각기 서로 예도로 대하고 조금도 침략하지 않으며 영원한 안전을 얻도록 한다"[11]라고 규정했다.

청일 양국 간에 성립된 이 조약은 전통적인 동아시아 국제관계의 기본준칙, 즉 평화의 기본이념 및 기존의 동아시아 정치질서의 유지원칙을 확인했다. 이것은 청일 양국 간에 체결된 하나의 쌍방 조약일 뿐만 아니라, 또한 전체 동아시아 지역 국가관계를 안정시키는 데 중요한 의미를 갖는 근대 조약이었다.

그러나 이것은 새롭게 일어난 일본군국주의 무력정책에 의해 타파되었다. 1874년 2월 6일, 일본정부는 류쿠 표류민 사건(琉球漂流民事件)을 빌미로 대만을 무력으로 침략했다. 오쿠보 토시미찌(大久保利通) 등이 작성한 『대만번지처분요략(臺灣番地處分要略)』에서는 일본의 목표를 "우리 제국이 완전히 류쿠(琉球)의 실권을 공제하고 또한 그로 하여금 청국에 대한 사절을 파견하고 납공하는 비예(非禮)를 중지하도록 하는 것은 청국정부와 부질없이 논쟁할 수 없다"라고 확정했다.[12] 1874년 4월 4일, 일본정부는 육군대보 사이고 스쿠미치(西鄕從道)를 육군중장(陸軍中將), 대만번지사무도독(臺灣番地事務都督)으로 임명했다. 5월 17일 사이고는 "타카사마루(高砂丸)"를 기함(旗艦)으로 군대를 거느리고 대만으로 향했다. 5월 22일 사료항(社寮港)에 이르러 곧바로 목단사(牧丹社)에 대한 공격을 개시했고 목단사의 두목 부자(父子)는 모두 피살되었으나 번인(番人)들은 여전히 굴복하지 않았다. 6월 2일, 일본군대는 세 길로 나눠서 함께 목단사를 공격함으로써 "생존한 번인(番人)들은 모두 가옥을 버리고 산골짜기로 도망하자 한 개 사(社)를 불을 놓아 태워버렸다."[13] 이 사이에 오쿠보는 영·프 주화공사(駐華公使)의 힘을 빌어 중국총서대신(中國總署大臣)과 일본의

---

11 본 조약은 「同治條約」 卷20, 21~25쪽. 王鐵巖, 『中外舊約章匯編』, 第1冊, 三聯書店, 1957年版.

12 『日本外交文書』第7卷 第1號文書에 근거함; 東亞同文會 編, 『對華回憶錄』(中譯本), 38~40쪽; 또한 『巖倉公實記』下卷, 127~129쪽.

13 『巖倉公實記』下卷, 154쪽.

오쿠보(大久保利通), 야나기 모토(柳原前光)는 『대사전조(臺事專條)』를 체결했다. 청조는 신흥의 일본군국주의를 억제하는 태도를 취했다.

일본군국주의는 대만을 침략함과 동시에 류쿠(琉球)를 병탄하는 정책을 실시했다. 류쿠는 오랜 역사를 갖고 있으며 비록 중국대륙의 영향을 깊게 받았지만 "스스로 하나의 국가"로 자칭했다.[14] 1609년 2월 사마번(薩摩蕃)의 번주(藩主) 스마즈 히에히사(島津家久)는 류쿠(琉球)를 공격하고 그해 7월에 막부(幕府)의 승인을 얻음과 동시에 시마즈는 류쿠를 관할함으로써 류쿠국(琉球國)은 한때 중국과 일본 양쪽에 속했다. 비록 시마즈의 영향력은 무시할 수 없지만, 1879년에 이르러서야 정식으로 병탄함으로써 류쿠는 일본에 대한 독립국의 지위를 보존했다. 도쿠가와 막부(德川幕府) 후기의 병학자 하야시 시헤이(林子平)가 저술한 『삼국통람(三國通覽)』, 『해국병담(海國兵談)』에서는 조선(朝鮮)·류쿠(琉球)·하이지(虾夷地, 지금의 北海島)를 "일본의 세 개 인접한 나라"로서 일본 본토의 3개 큰 섬과 서로 다른 색깔로 지도에 표시했다. 마카도 아츠도쇼 미치로(信夫淸三郎)의 결론에 따르면 일본과 류쿠의 관계는 "일본과 조선의 관계처럼 일종의 공식적인 나라 간 교류의 의미를 갖는 '통교(通交)' 관계이며, 동시에 '통신지국(通信之國)'에 속한다."[15]

1872년에 일본은 번(蕃)을 폐지하고 현(縣)을 설치하는 것을 통해 "류쿠처분(琉球處分)"에 착수했지만, 류쿠정부의 반대에 부딪혔다. 8월 20일, 류쿠섭정(琉球攝政)·삼사관(三司官) 등은 또한 마츠다(松田)와 직접 교섭을 통해 일본 측의 이른바 류쿠는 "황국의 판도이며 소위 지리상의 관할에 속한다"는 섭법을 반박했다. 1875년 11월 사이에 동경에 도착한 이케시

---

14 1878년 류쿠(琉球)의 삼사관(三司官) 모봉래(毛鳳來)와 마겸재(馬兼才)는 동경(東京)에서 서방 각국의 주일공사(駐日公使)에 고소서를 제출할 때 류쿠(琉球)는 "스스로 하나의 나라"라고 강조했다.

15 [日]信夫淸三郎, 『日本外交史』上册, 商務印刷館, 1992年版, 22~25쪽.

루(池城親方) 등 류쿠 관원은 일본정부에 청원서를 제출했다. 총괄적으로 보면 류쿠왕국은 중국과 류쿠의 관계를 단절하는 것을 원하지 않았을 뿐만 아니라, 또한 본국의 국체와 정체를 개변하는 것을 원하지 않았다.

류쿠왕 상태(尚泰)는 적극적으로 국제원조를 얻으려고 했다. 1878년 동경에 도착한 류쿠 삼사관 모봉래(毛鳳來)와 마겸재(馬兼才)는 일본에 주재하는 각국 공사에 기소(投訴)하는 글에서 "현재 나라가 위급한 상황에 처했으므로 오직 대국(大國)들이 일본을 권유하여 류쿠국(琉球國)로 하여금 모든 것이 예전대로 되도록 해야 한다"[16]고 했다. 류쿠왕국의 호소는 국제적 반응을 일으켰다. 미국공사는 본국 정부에 보고하여 지시를 청구할 것이라고 하였다.[17]

중국의 초대 주일공사(駐日公使) 하여장(何如璋)도 일본과 교섭하기 시작했다. 그러나 일본정부는 무력에 의해 강제로 류쿠를 '처분'하는 것을 고집함과 더불어 군대와 함대를 파견하여 류쿠를 향해 진입했다. 4월 4일, 일본정부는 류쿠(琉球)를 오키나와현(沖縄縣)으로 고치고 나베시마(鍋島直彬)가 초대 현령이 되었다. 5월 27일 류쿠왕 상태(尚泰)도 핍박을 받고 동경에 거주했다.

1879년 6월 류쿠안(琉球案)의 변화가 고조에 이를 때 이홍장(李鴻章)은 미국 대통령 그랜트(Ulysses Simpson Grant)를 만나 류쿠왕이 중국에 대하여 "공물을 바친 일의 유무는 따질 바가 없다. 오직 류쿠왕이 일찍부터 중국의 분봉을 받았지만 지금 일본은 터무니없이 그를 폐멸한 것은 공법에 위배되며 또한 각국에 없는 일이다"라고 설명했다. 그랜트 역시 "류쿠는 스스로 하나의 국가라고 했지만 일본은 여전히 그것을 삼켜버리고 자기를 넓히려 하며, 중국이 다투는 땅은 단지 조공을 위한 것이 아니므로

---

16 『明治文化資料叢書』第四卷 外交編, 178~179쪽.

17 喜舍場朝賢, 『琉球見聞錄』, 142쪽.

이건 매우 도리가 있기 때문에 장차 따로 전문적인 조항을 정하는 것이 좋다"[18]라고 하였다. 류쿠왕실 측에서는 시종 일본의 합병을 승인하는 것을 거절했고, 또한 줄곧 일본과 국가주권에 관한 조약을 체결하지 않았다. 류쿠에서 일본의 무력침략을 반대하는 활동은 근대에도 줄곧 지속되었다. 일부 왕실 인사들은 복건, 북경에 넘어와서 지속적으로 원조를 요청했다. 일본은 『마관조약』을 통해 대만을 점령함으로써 최종적으로 류쿠군도에 대한 통치를 공고히 했다.

청일 쌍방이 『수호조규(修好條規)』를 체결하여 동아시아 평화질서의 유지를 확인한 다음 1년 뒤에 일본은 곧 당시 그다지 완비되지 못한 무력을 사용하여 선후로 대만에 출병하고, 잇따라 "류쿠처분"을 진행함으로써 이 조규에서 규정한 "화목과 우의를 더욱더 돈독히 하며 및 양국에 속하는 영토는 예도로서 대한다"는 등의 원칙은 큰 충격을 받았다. 수천년을 보존해왔던 동아시아의 전통질서는 서방열강들의 견고한 함대와 예리한 대포의 공격 밑에서 큰 충격을 받았다. 특히 후에 일어난 일본군국주의는 "탈아론"(福澤渝吉이 제출함)을 실행하면서 열강들의 침략행렬에 끼어들어서 근본적으로 동아시아의 전통적인 평화관계를 뒤집었다. 전통적인 동아시아의 평화국면은 끝내 동서양의 폭력이라는 충격으로 점차 와해되는 추세를 보이기 시작했다.

여기서 알 수 있듯이, 안중근이 옥중에서 제출한 동양평화론은 위에서 서술한 동아시아 국제관계의 동향에 대하여 정확하고 뚜렷한 분석을 함으로써 비범한 국면의 인식 및 걸출한 통찰과 분석능력을 보여주었다. 때문에 상술한 동아시아 국면의 변화 및 안중근의 논술분석은 안중근 연구에 있어서 매우 중요한 의미를 갖는다.

---

18 『李文忠公全集·譯書函稿』卷八, 41~44쪽.

3. 일본군국주의의 조선 침략 및 그 '평화' 구호

일본은 견고한 군함과 예리한 대포를 사용하여 동진하던 서방열강 보다 상대적으로 후에 일어선 군국주의 국가였다. 그러나 일본군국주의 체제가 확립된 후 평균 5~10년을 주기로 한 차례씩 대규모의 대외 침략전쟁을 함으로써 세계 국가들 중에서 대외 전쟁을 가장 많이 하고 가장 호전적 군국주의 국가로 되었다. 일본의 빈번한 대규모의 대외용병은 특히 완전히 조선을 병탄하는 과정에서 기만적 "동양평화" 구호를 내걸고 침략전쟁을 일으켰다. 이러한 역사과정을 이해하는 것은 매우 중요한 의의를 지닌다.

1868년 4월 6일, 일본 메이지(明治)천황은 『신한(宸翰)』(御親筆)을 반포하여 "만리 파도를 개척하고 국위(國威)를 사방에 펼 것"이라고 하였다. 메이지 정부가 추진한 '부국강병' '식산흥업' '문명개화' 등의 유신정책 중에서 부국강병은 여러 정책중 우선순위였다. 1879년부터 1880년까지 일본군 참모본부에서는 카츠라 후토시(桂太郎) 등 10여 명의 군관들을 중국, 조선 및 러시아 원동지역에 파견하여 각종 정보를 수집함과 동시에 종합하여 『인방병비략(隣邦兵備略)』이란 책을 썼다. '일본 군국의 아버지'로 불리던 초대 참모총장 야마카다 아리토모(山縣有朋)는 일찍 이 책을 빌려 일본 천황에게 상주하여 "강병(强兵)"이 "부국(富國)"의 근본임을 강조하면서 우선 군사 발전 방침을 확립했다.

일본이 군국주의 체제를 확립하고 또한 대륙침략 정책을 시행하는 과정에서 청·한 두 나라는 침략의 주요 대상으로 되었다. 한반도는 그 독특한 지리적 위치로 말미암아 먼저 일본의 침략을 받았다. 때문에 일본의 대외 침략의 초점은 조선에 있었다. 또한 조선의 피침략은 근대 동아시아 정치질서가 뒤집어지는 핵심문제였다.

1869년 1월 23일, 메이지 정부는 조선에 사절을 파견할 때 그 국서에서는 "우리 황제가 즉위하여 강기(綱紀)를 다시 다잡는다"는 등의 용어를 사용함으로써 전의 문서격식과 맞지 않는다는 이유로 조선으로부터 거절당했다. 일본정부는 이것을 빌미로 키토 타카요시(木戸孝允) 등은 "정한론(征韓論)"을 주장했고 혹은 다만 50일 내에 30개 대대 병력으로 조선을 정복할 수 있으며 그 전리품을 이용하여 군비를 보충할 것을 강조했다.[19] 그리하여 '정한론'은 일본 정계에서 더욱 확대되었고, 1875년에 일본은 군함을 파견하여 한강 어구의 강화도 및 부산 등을 침략하여 점령했으며, 1876년 2월 26일 조선을 강박하여 『대일본국대조선국수호조규(大日本國大朝鮮國修好條規)』(강화도조약)를 체결함으로써 조선과 청국의 번속관계를 부정, 일본이 서울에 영사관의 설립, 부산·원산·인천 등 여러 항구의 개방, 각 항구에 영사 파견 및 영사재판권 향유 등을 규정했다. 그리고 개항권익의 연장으로 그 이듬해에 또한 부산 등에 조차지를 개설했다.[20]

1879년에 "류쿠처분"에서 단 맛을 본 일본은 80년대에 들어서서 조선에 대한 확장행동을 가속화하면서 선후하여 "임오교변"(1882), 조선을 강요하여 일본군이 영사관에 주둔 및 조선이 배상금 지불 등 사항이 포함된 『제물포조약』을 체결했고, 또한 이른바 개화당의 "갑신정변"(1884)을 지지했으며, 정사를 주관하는 명성황후파 요인들을 살해했다. 소위 조선사변을 동인(動因)으로 하여 일본 육군은 메이지 18년(1885)에 실시한 10년 군비계획을 제정했다.[21] 1888년에 야마카다(山縣有朋)는 군사 의견서를 제출할 때 만약 청국이 "유사(有事)"의 기회를 타서 천진조약에 의거하여 조선에 출병하면 우리나라는 이에 단연히 묵시하기 어렵다면서 감정

---

19 [日] 信夫清三郎, 『日本外交史』 上册, 商務印刷館, 1992年版, 131쪽.

20 위의 책, 159~162쪽.

21 [日] 日本防衛廳防衛研修所戰史部, 『大本營陸軍部』(1), 東京: 朝雲新聞社, 昭和49年, 18쪽.

적으로 부득이 할 때 지나(支那)에 대해 선전(宣戰)이 필요하다[22]고 강조했다. 그리고 정신동원을 강화하기 위해 1890년 2월 야마카다(山縣有朋) 내각은 황기 2550년을 기념하면서 금치훈장(金鵄勳章)을 발급하여 무공이 뛰어난 군인·군속을 격려하기도 했다.

이러한 대규모적인 침략행동에 상응하여 일본에서는 허다한 선동적인 이론이 나타났다. 후쿠자와유카치(福澤渝吉)는 1885년에 『탈아론(脫亞論)』을 발표하여 서방열강의 확장수단을 이용하여 아시아의 이웃나라들에 대해 강경한 조치를 취할 것을 주장했다. 같은 해에 모리모토 후지요시(森本藤吉)는 『대동합방론(大東合邦論)』을 저술하여 직접 조선을 병탄할 것을 요구했는데, 이 책은 1893년 갑오전쟁 발발 전야에 정식으로 출판되었다. 그는 "일한합방의 일은 가령 금일(今日)에 이루어지지 않는다면 타일(他日)에 어찌 합동될 기회가 없으랴. 세계의 대세를 살피건대 두 나라가 각기 독립하는 것은 천세의 장구한 계략이 아니며, 하물며 피차간에 대치하면서 서로 용납하지 못하니 혹은 합방지설이 실로 옳은 것이다"[23]라고 했다.

1889년 12월에 야마카다(山縣) 내각이 수립되고 그 이듬해 3월 야마카다가 제출한 『외교정략론』에는 첫째로 국가 강역이 소재하는 주권선을 지키는 것이고 둘째는 주권선과 관계가 밀접한 지역, 즉 이익선을 보호하는 것이므로 "우리나라 이익선의 초점은 실로 조선에 있다"라고 역설했다.[24] 일본 외상 오오키 슈죠(靑木周藏)도 그해 5월에 『동아열국지권형(東亞列國之權衡)』을 제출하여 러시아를 시베리아에서 쫓아내고 장차 조선·만주 및 늑나하(勒拿河)이동 지역을 일본에 편입하기 위해 조선에 대

---

22 [日]大山梓, 『山縣有朋意見書』, 原書房, 昭和41年版, 179쪽.

23 [日]森本藤吉, 『大東合邦論』, 明治26年 8月版, 近藤圭造印刷.

24 [日]大山梓, 『山縣有朋意見書』, 原書房, 昭和41年版, 196~197쪽.

해 "강경한 수단을 취하여 간섭정책을 시행할 것"[25]을 주장했다. 야마모토 수상은 상술한 의견을 종합하여 그해 12월 6일 국회에서 『시정방침연설』을 발표할 때 주권선과 이익선을 보위하는 중요성을 강조했다.[26] 수상인 야마모토가 제출한 이익과 주권에 대한 "이선설(二線說)" 및 공제해야 할 "초점"이 조선이라는 등의 논술은 일본이 조선과 대륙지역을 주지(主旨)로 하는 대륙침략정책이 정식으로 형성되었음을 의미한다.

1891년 5월 야마모토 내각은 총사직했지만 야마모토 내각의 대외 확장정책은 고정되었다. 1892년 8월 제2차 이토 히로부미(伊藤博文)내각이 수립됨에 따라 대외확장은 전면적으로 실시되었다. 1893년 2월 새로운 조선계획(造船計劃)이 추진되었는데, 일본천황은 칙어(勅語)에서 "국방 사업은 진실로 하루라도 미루면 장차 백년의 한으로 남는다"[27]라고 했다.

1893년 4월~7월에 참모차장 카와카미조(川上操六)는 친히 청국과 조선을 3개월 동안 시찰했다. 동년 5월 19일 일본천황은 『전시대본영조례(戰時大本營條例)』와 『해군군령부조례(海軍軍令部條例)』를 비준함으로써 기본적으로 전시체제 준비사업을 완성했다. 1894년 일본은 조선국내의 정치문제를 빌미로 삼아 침략을 했고, 일본천황 메이지는 대본영을 이끌고 9월 15일에 히로시마(廣島)에 진주하여 가까운 곳에서 청국 및 조선을 병탄하는 전쟁을 통솔했다. 이 과정에서 더 나아가 야마모토(山縣)는 『조선정책상주(朝鮮政策上奏)』(1894.11.7) 등을 통해 조선이 전반적인 전략목표 중에서의 지위를 강조하면서 "일본이 장구하게 동양을 제패(制覇)하고 열국 사이에 웅시(雄視)하려면 반드시 부산·의주 사이를 통제하고 동아시아 대륙 및 중국을 횡단하여 곧게 인도의 대도(大道)까지 도달하는 것

---

25 [日]信夫淸三郎, 『日本外交史』上册, 商務印刷館, 1992年版, 237쪽.

26 [日]大山梓, 『山縣有朋意見書』, 原書房, 昭和41年版, 203쪽.

27 大吉林社 編, 『皇室皇族聖鑑』-明治篇, 大吉林社, 1936, 51쪽.

을 실현해야 한다"고 제출했다.[28]

갑오전쟁 이후, 러시아는 프랑스·독일과 연합하여 일본의 대외확장을 간섭했다. 일본은 조정(調停)을 접수하고 요동반도를 포기하면서 일청 양국은 『마관조약(馬關條約)』을 체결했다. 그러나 일본이 토해낸 전과는 중국의 품으로 돌아오지 못했다. 러시아는 잇따라 연약한 청을 강박하여 1898년 3월 27일에 중러 『여대조차지협정(旅大租地協定)』을 체결했다. 더 나아가 전면적으로 동북지구를 통제하고 전면적으로 조선경내로 깊이 들어가려고 시도했다. 이것을 위해 러시아는 시베리아 철도의 부설을 가속화했다. 그 뒤에 쌍방은 조선에서 전면적인 암투를 벌였으나 세력은 엇비슷했다. 그 사이에 1895년 10월 8일 일본 주조선공사 미우라고로(三浦梧樓)는 서울에서 "을미사변"을 조작했다. 그는 조선에 주둔한 일본군을 거느리고 왕궁인 경복궁을 공격하여 러시아의 지지를 시도하던 명성황후와 시녀들을 살해했다. 이어서 서울·부산·원산 등의 전략요지에 대한 군사적 통제를 강화함과 동시에 조선 조정의 침투와 전면적인 경제적 약탈을 강화했다. 1896년 2월, 경성에 머물던 고종은 일본의 압력과 핍박으로 인해 러시아 공사관에 약 1년 동안 피난했는데, 이를 "아관파천"이라 부른다. 이듬해 2월에 러시아 공사관을 떠난 후, 8월 15일에 연호를 "광무"로 고치고 10월 12일에 국호를 대한제국이라 고치고 광무황제가 즉위했다. 한국의 광무황제는 개혁 추진을 시도했으나 일러 양국의 침략 세력, 특히 일본군이 더욱 강하게 핍박했기 때문에 큰 좌절을 당했다.

1895년 5월 삼국간섭으로 요동반도를 돌려줄 때, 일본 메이지천황은 칙어를 반포하여 국민들에게 와신상담(臥薪嘗膽)[29]하며 러시아를 가상의 적국으로 할 것을 호소했다. 그해 12월 국회에서는 10년 내에 러시아에

---

28 [日]大山梓,『山縣有朋意見書』, 原書房, 昭和41年版, 224쪽.

29 日本防衛廳防衛硏究所戰史室,『陸軍軍戰備』, 朝雲新聞社, 1979年版, 33쪽.

대한 전쟁준비의 확군 계획의 완성을 통과시켰다.[30] 일본은 이미 제정된 대륙확장정책을 견지함과 동시에 조선을 대륙정책의 초점으로 삼았다. 일본 육군에서는 일찍이 "만주는 러시아에 주고 일본은 한국을 취한다"는 이른바 "만한교환(滿韓交換)"방침을 제출함으로써 일러 쌍방의 충돌을 조절하려고 했다. 일본의 군정당국은 1903년 6월 23일 어전회의(御前會議)에서 "우리 측은 이 시기를 이용하여 다년간 해결하지 못한 한국문제를 해결함과 더불어 조선의 일부분이라도 절대로 러시아에 양보할 수 없다"[31]는 것을 결정했다. 일본은 영국과 러시아의 모순을 이용하여 일찍 1902년 1월에 제1차 영일동맹을 결성했는데, "만약 동맹국의 일방이 다른 국가와 전쟁이 발생했을 때 체약국의 다른 일방은 원조를 제공한다"[32]라고 규정했다. 1903년 6월 23일, 일본 어전회의에서는 러시아와 직접 교섭을 진행하여 쌍방이 원동에서의 세력범위 분할문제를 해결할 것을 결정했다. 내각은 또한 만약 교섭이 목적에 도달하지 못하면 곧 러시아에 대하여 전쟁 불사를 결정했다.[33]

일본의 조선 병탄은 중국과 러시아에 대한 전쟁 와중에서 점차 실현되었다. 그 침략음모를 감추고 또한 국제외교에 대응하기 위해 일본의 최고 당국은 '동양평화'라는 구호를 내걸었다. 1904년 2월 4일 어전회의에서는 개전할 것을 결정했고, 5일 일본천황은 육해군 대신에게 칙어를 내려 "짐은 동양평화를 진심으로 衷心으로 추구하는 바이다"라고 강조하면서, 이것을 위해 러시아에 대하여 자유행동을 취할 것을 결정했다.[34] 6

30 위의 책, 35~36쪽.
31 [日]日本防衛廳防衛硏修所戰史部, 『大本營陸軍部』(1), 東京: 朝雲新聞社, 昭和49年, 90쪽.
32 『國際條約集(1872~1916)』, 世界智識出版社, 1986, 216쪽.
33 [日]鹿島守之助, 『日本外交史(7):日俄戰爭』, 鹿島硏究所出版社, 1960, 15쪽.
34 [日]日本防衛廳防衛硏修所戰史部, 『大本營陸軍部』(1), 東京: 朝雲新聞社, 昭和49年, 96~97쪽.

일에 양국의 외교관계를 단절할 것을 선포하고[35], 8일 일본 함대는 인천 항에 있는 러시아 군함과 여순의 태평양함대를 돌연 습격했다. 2월 10일에 러시아에 대한 선전조서(宣戰詔書)를 반포하여 동아시아 평화를 실현하고 청한 양국을 보존하기 위해 러시아에 선전(宣戰)하는 것임을 강조했다. 잇따라 2월 23일 일본은 한국을 핍박하여 『한일의정서(韓日議定書)』를 체결했다. 그중에 "제1조 한일 두 제국정부는 확실히 영구히 변하지 않는 친교를 보존하기 위해 동양평화를 확립하며…. 제3조 대일본제국정부는 확실히 대한제국의 독립 및 영토보전을 보장한다"[36] 등을 규정했다. 일본군은 이러한 기만적인 구호 아래에서 3월 11일 한국 주둔군을 편성하고 4월에 경성을 점령했다.

여기에서 볼 수 있듯이, 일본의 전쟁 목표의 하나는 곧 조선을 완전히 통제하는데 있었지만 전면적으로 침략정책을 실시하는 과정 속에서도 '동양평화'라는 구호를 내걸었던 것이다. 이것은 하나의 극히 기만적인 뜻이 담긴 외교선전이었고 또한 역시 전쟁 구호였다.

러시아를 격파한 후에 일본은 1905년 11월 15일 한국을 강박하여 『을사늑약』을 체결하고 소위 한국통감부를 설치했으며 12월에 이토히로부미(伊藤博文)를 초대 통감으로 임명했다. 1907년 7월 이토 통감은 조선 총리대신 이완용(李完用)을 핍박하여 『정미7약』을 체결하여 조선군대를 해산시키고 각지에서 저항하는 의병을 진압했다. 1907년 7월 6일, 일본 내 각회의에서는 정식으로 적당한 시기를 선택하여 조선을 병탄하는 방안을 통과시켰다. 그리하여 조선민족의 망국위기는 눈앞에 다가왔던 것이다. 1909년 10월 26일, 의병장령 안중근이 이토히로부미(伊藤博文)를 격살하는 사건이 발생했고, 반년 뒤인 1910년 8월 22일에 일본은 조선국호

---

35 王蕓生 編, 『六十年來中國與日本』第4卷, 三聯書店, 2005年版, 174쪽.

36 위의 책, 187쪽.

를 폐지하고 총독부를 설치함으로써 조선을 일본판도에 편입시키고 육군대신 데라우치 마사다케(寺內正毅)가 제1임 조선총독으로 임명되었다. 이때에 이르러 일본군국주의는 이미 그 소망을 이루어 이익선의 "초첨"으로서 조선을 실질적으로 손아귀에 넣었던 것이다. 독립적으로 수천 년을 존립해오던 조선은 끝내 한 때 나라가 망하여 근 40년의 식민지시대에 빠져들었다.

4. 안중근의 동양평화론과 그 기본내용

안중근이 이토 히로부미(伊藤博文)를 격살한 사실(史實)은 바로 위에서 상술한 바와 같이 일본이 정식으로 병탄방침을 확정하고 조선의 망국의 최후 시점에서 발생했다. 안중근은 1879년에 황해도 해주부의 관이세가(官宦世家)에서 태어났고, 고려의 대유(大儒)인 안향(安珦)의 제26대 후손으로서 그의 부친 안태훈(安泰勳)은 조선의 진사였으며, 안중근은 어릴 때부터 가문의 사풍(仕風)과 유풍(儒風)의 훈도를 깊게 받았다. 또한 19세기 격렬하고 심각한 사회정치적 변동에서 안중근은 많은 계발과 교훈을 얻었다.

1907년 "정미조약"이 체결된 후, 그는 북간도를 거쳐 러시아 블라디보스톡(海蔘葳)에 이르러 국권회복운동을 추진하기 위해 노력했다. 그는 당지 한인 의병장 이범윤(李範允)을 설복했고 또한 한인의 국권회복단체를 이끌던 최재형(崔在亨) 등의 재정지원을 받으면서 의병을 조직하여 무장투쟁을 진행했다. 안중근은 일찍 의병부대를 이끌고 1908년 6월(음력)에 조선 국내에 진입하였지만 쌍방의 역량 차이가 현저했기 때문에 실패하고 다시 블라디보스톡으로 귀환했다. 잇따라 '대한독립'를 종지로 하여

'단지동맹'을 조직하고 유격전 성격을 띤 무장투쟁을 전개했다. 단지동맹은 안중근을 맹주(盟主)로 하여 단지동맹의 규칙에 따라 그 구성원들은 비록 공동행동을 하지 않지만 오직 국가를 위해 모든 자기 능력을 다 바치기로 하였다.[37]

이 시기에 안중근은 또한 블라디보스톡에 있었던 『대동공보(大東公報)』의 기자를 맡으면서(역자주: 안중근은 기자로 있었던 적이 없었음) 선전 및 이론적인 영역에서 항일투쟁을 전개했다. 이러한 어려운 투쟁실천에서 안중근은 조선항일민중들 속에서 상당한 위신을 갖게 되었다. 일본의 『오사카조일신문(大阪朝日新聞)』은 후에 그에 대해 "이범진(李範晉) 등과 상통하면서 하얼빈 및 자르비노항(烏港)사이를 왕래했는데 그곳 한인들은 그를 매우 환영했고 동료들은 안씨를 영수로 받들었으며 안씨는 아청한(俄淸韓)삼국회(三國會)를 설립하여 일본에 저항했다"[38]라고 소개했다.

조국의 망국이 눈앞에 다가오고 의병항쟁이 완전히 좌절된 것을 감안하여 조선의 애국인사들은 부득불 새로운 더 많은 투쟁수단으로서 일본의 가혹한 폭력통치에 대한 대응을 추구하지 않을 수 없었다. 1909년 10월 26일, 즉 일본 내각회의에서 조선을 병탄하기로 한 3개월 후에 안중근은 하얼빈 역두에서 이토 히로부미(伊藤博文)를 격살했다. 이것은 동아시아 각국을 진동시킨 중대한 사건이었다.

하얼빈 역은 중동철도의 중추였기 때문에 국제사회의 깊은 주목을 받았다. 일본 군정당국은 부득불 국제법을 준수하는 자태를 보이면서 안중근 재판을 진행했다. 10월 30일 제1차 검찰관의 심문에서 안중근은 이

---

37 이상의 안중근 활동에 대하여 다음과 같은 글들을 참조. [韓] 尹慶老, 「사상가 안중의 생활과 활동」, 徐德根 等主編, 『安重根與中韓抗日愛國研究文集』, 北京大學學術會議論文集(非賣品), 1998, 25쪽; 金宇鐘 主編, 『安重根和哈爾濱』, 黑龍江朝鮮民族出版社, 2005, 52쪽.

38 『東方雜誌』第6卷 第11期, 宣統元年(1909)10月 25日, 391쪽.

토(伊藤)를 격살한 15개 조항의 이유를 열거했다. 그 중 제12조에서는 "이토(伊藤)는 동양평화를 교란했다. 러일전쟁 때부터 그는 한국의 독립을 수호한다고 양언(揚言)했지만, 그는 한국 황제를 내쫓았고 결과로 당초의 선언과 전혀 반대된 것이므로 이천만 한국국민은 이에 분개해 마지 않았다"[39]라고 밝혔다.

안중근은 "목적은 한국의 독립과 동양평화를 수호하는데 있으며 이토를 살해한 것도 개인의 원한에서 나온 것이 아니다"고 하면서 그는 의병참모중장으로서 독립전쟁을 하였으므로 만국공법에 따라 자기를 전쟁포로로 취급해 줄 것을 요구했다.[40] 그러나 일본은 안중근이 조선인이라는 사실에도 불구하고 일본 법률에 근거하여 그에 대해 편면적이고 불공정한 심판을 진행함과 동시에 재빠르게 안중근에 사형을 선고했다.[41] 1910년 3월 26일 오전 10시, 안중근은 여순 일본감옥에서 순국했다.

안중근은 일본의 허구적인 심판의 최후 마지막 시각까지 충분히 이용하여 법정에서 태연하게 자기의 이념을 밝혔을 뿐만 아니라, 또한 동아시아 역사를 통관하여 종합적으로 논증하는 방식으로 『동양평화론』을 저술하였다. 이른바 '동양평화론'은 당시 동양의 국가들에서 보편적으로 인정되던 원칙이었으며 또한 일본 군정당국은 선전구호로 사용했던 것이다. 안중근은 이 구호를 논제로 삼고 자기의 이상적 이념을 밝히면서 『동양평화론』을 저술했는데, 이것은 옥중문답(역자주: 안응칠역사)과 각종 저술의 대표적 논술이었다. 『동양평화론』의 전문(全文)을 종합적으로 보면 그 결구가 엄밀하고 논리는 정연하며 기세는 방대한데 아래와 같은 주요

---

39 李東源 譯註, 『安重根審問記錄』, 金宇鐘 等主編, 『安重根』, 遼寧民族出版社, 1994, 271쪽.

40 위의 책, 432쪽과 449쪽.

41 일본학자 시카노 다쿠미루(鹿野琢見)는 「안중근 무죄론」이란 글에서 "이러한 심판은 완전히 불공정하고 비법이며, 안중근은 응당 무죄로 판결되어야 한다"(金宇鐘 等主編, 『安重根』, 遼寧民族出版社, 1994)라고 지적했다.

논점들을 주목해야 한다.

안중근은 일본이 자신의 선전을 위배한 사실을 주장하면서 일본정부는 응당 자신이 내세운 평화구호, 즉 "러일(日露) 개전할 때 일본 천황은 선전서(宣戰書)에서 동양평화를 유지하고 대한독립을 공고히 한다"라는 것을 지켜야 한다고 지적했다. 안중근은 동양평화는 마음대로 유린할 수 없는 것이며 "이러한 사상은 비록 천신의 능력과 군사도 멸하기 어렵다"[42]라고 강조했다.

안중근은 동양평화사상과 전통적인 동아시아 정치문화의 특징을 서로 결합시켜 비교 연구를 진행했다. 그는 서양의 무력숭상 문화는 "근세 수백년내 구주의 열강은 갑자기 도덕의 마음을 잊고 날마다 무력을 일로 삼으면서 경쟁의 마음을 양성했다"라고 비판했다. 서양 폭력의 결과로 "청년들을 훈련시켜 전쟁의 마당으로 내몰아 수많은 귀중한 생명을 짐승의 죽음처럼 버림으로써 피가 강물을 이루고 살이 땅에 떨어지는 것이 끊기는 날이 없으니, 삶을 좋아하고 죽음을 싫어하는 것은 사람의 불변의 본성이며, 맑고 밝은 세계는 어떠한 광경이랴, 글과 생각이 이에 이르니 뼈가 얼어들고 마음이 차갑다." 이에 대비하여 안중근은 동양정치문화의 기본특징은 "自古로 동양 민족은 문학에 힘쓰면서 공손하게 자기 나라(自邦)를 지키는데 지나지 않았고 모두 유럽의 촌토척지(寸土尺地)도 침탈하지 않았으니 오대주 위의 인수초목도 다 아는 바이다"[43]라고 했다. 때문에 안중근은 전통적인 평화원칙을 긍정함과 더불어 일본이 동양의 기본전통을 위배했음을 비판했다.

또한 안중근은 전략적인 각도에서 일본의 침략행위가 국제관계의 연쇄반응을 초래할 것과 및 열강의 동침과 일본의 관계를 분석했다. 일본

---

42 [韓]安重根遺著, 「東洋平和論」, 『國民倫理硏究』第8集, 서울: 1979, 143쪽.

43 위와 같음.

군이 주장한 이른바 중국에서 러시아에 항거하는 침략행위의 구실에 대하여 안중근은 독특하고도 정확하게 폭로하면서 그 원인은 역시 일본의 침략에 있다면서 "그러나 그 이유를 궁구할진대 이것은 모두 일본의 과실이거니, 이는 소위 구멍이 있으면 바람이 일고 스스로 남을 치면 다른 사람도 그를 치게 됨으로 만약 일본이 먼저 청국을 침범하지 않았다면 러시아(露國)도 어찌 감히 이렇게 행동할 수 있으랴! 소위 자기 스스로 도끼로 발을 이지러지게 하는 것이리라"[44]고 지적했다.

안중근은 도의적인 높이에 서서 청한 양국이 일본의 허다한 침략행위를 따지지 않고 그전의 불만스러움을 캐지 않고 러일전쟁 기간에 일본이 승리를 획득할 수 있도록 원조했던 상황을 기술했다. 청한 두 나라가 지지하게 된 근원은 "하물며 러일(日露)의 개전은 이른바 황백인종(黃白人種)의 경쟁이거니, 때문에 전일(前日)의 복수의 심정은 하루아침에 사라지고 반대로 일대 애종당(愛種黨)을 이루었으며, 이 역시 인정의 순리라"고 했다. 안중근은 반복적으로 도리를 설명하면서 사실(史實)의 진상을 심각하게 밝히면서 러일전쟁 때 실력이 약소한 일본군이 러시아에 대하여 "소위 낭전(浪戰)"에 처했지만, 만약 "한국 명성황후가 무고하게 살해된 원한을 그때 보복할 수 있다는 격문이 사방에 날아들었고", 또한 청국도 역시 "갑오년의 옛 놀라움을 보복하지 않을 수 없다"면 과연 "동양 전국(全局)의 백년풍운은 당연히 어찌 이러했으랴!" 그러나 "이때 한청 두 나라는 반대로 약장(約章)을 준수했을 뿐만 아니라 티끌만치도 움직임이 없었던 것은 역시 일본의 위대한 공훈이 만주 위에 세워지도록 했다. 이로 볼 때 한청 두 나라 인사들의 개명정도는 동양평화의 희망적 정신을 베풀었음을 여기서 족히 알 수 있으리!"[45]

---

44 위의 책, 145쪽.
45 위의 책, 145~146쪽.

안중근은 이로서 일본이 동양인의 입장으로 되돌아오기를 시도하면서 "현재 서세동점의 화환(禍患)은 동양 인종이 일치단결하여 극력 방어하는 것은 가히 제1 상책임을 비록 삼척동자라도 알고 있는 바이다. 그러나 무엇 때문에 일본은 이러한 순연한 형세에도 불구하고 동종린방(同種隣邦)을 빼앗음으로서 우의와 겸손은 삽시에 끊어지고 마치 스스로 방합과 도요새의 모습으로 고기 잡는 사람을 기다리니, 한청 두 나라 사람들이 바라는 희망은 크게 가로막히고 또한 절단되었다."⁴⁶라고 했다.

그러나 일본은 완고하게 사리(私利)를 견지했고 또한 이미 결정한 조선·청국에 대한 침략정책을 고집했다. 러일전쟁 후에 일본은 즉각 조선에 대한 병탄에 착수했다. 안중근은 일본은 이미 열강들의 대열에 들어갔으나 "한국에 대하여 큰 욕망이 있는 일본은 왜 자기 수단을 자유롭게 행하지 않고 만약 유럽 백인종의 약장 중에 들어간다면 영세의 문제가 되거니 모두 책략이 없는 일이다"라고 지적했다. 안중근은 일본을 표면상 기치를 높이 평가하고 있으나 실질적으로는 청한 두 나라 인민들의 희망을 저버리고 침략에 가담하여 전쟁의 화근을 만드는 일제의 내외정책에 대하여 명확히 경고하면서 일본이 "자연의 형세에도 불구하고 동일한 종족인 이웃나라를 빼앗고 해친다면 결국 독부(獨夫)의 근심을 절대 면하지 못할 것이다"⁴⁷라고 지적했다.

상술한 내용을 종합해 볼 때 안중근이 옥중에서 쓴 『동양평화론』은 동·서양의 정치문화현상에 대하여 비교 분석했을 뿐만 아니라, 서양의 폭력주의를 부정했으며, 더욱이 다방면에 걸쳐 일본군국주의가 열강들의 침략행렬에 가입한 것을 폭로했고, 또한 동양 국가들이 전통적인 평화원칙을 견지하면서 거듭되는 양해와 원조에도 불구하고 양육강식의

---

46 위의 책, 143~144쪽.
47 위의 책, 147쪽.

침략입장을 고집하는 것을 비판했다.

여기서 지적하고 싶은 것은 안중근이 일본군국주의에 대해 심각한 비판도 있었지만 또한 진정하고 내심(耐心)적인 권유도 있었다는 점이다. 그러나 최후의 사실은 여전히 안중근의 평화에 대한 희망은 당시 이미 침략노선을 확정한 일본군국주의에 있어서 분명히 실현될 수 없었던 하나의 꿈에 지나지 않았던 것이다. 하지만 안중근의 평화의 희망에 대한 역사적 의미는 과소평가될 수 없다. 그것은 동아시아 국가관계 속에서 일종의 대표적인 정치이념으로서 안중근이 순국한 15년 후, 손중산(孫中山)은 1924년 말의 연설에서 "대아세아주의"를 제기하면서 일본은 동아평화의 간성방패와 성벽이 되고 열강침략의 매와 개가 되지 않기를 희망한다고 강조했다. 안중근으로부터 손중산에 이르기까지의 설득과 경고는 일본군국주의의 침략적 발걸음을 돌려세우지 못했다. 일본군국주의는 완고성과 야만성을 드러냈을 뿐만 아니라, 또한 동아시아 각국 인민들은 일본의 평화민중들을 포함하여 더 많은 투쟁을 진행할 필요성을 시사해주었다.

5. 맺음말

동아시아 국가관계는 수천 년의 변화를 거치면서 고대와 중세에 비록 서로 간에 전쟁도 있었지만 국가 간의 공존은 역사적 주체태세였다. 근대에 이르러 동아시아에서 이른바 일본의 "백년전쟁"[48]이 출현함으로써 5천년의 발전사를 갖고 있던 조선이라는 국가는 끝내 멸망하였다. 동아시

---

48 일본의 "백년전쟁"설은 우익작가 하야시 후사오(林房雄)의 "大東亞戰爭肯定論"에서 나왔는데, 이것은 우익세력들이 매우 자랑스럽게 생각하는 하나의 설법이다.

아 국가는 평화와 진정한 이해·협력을 해야하며, 그 중에서 관건은 일본이 그 군국주의적 정체 및 그 침략적 국책을 포기하느냐 하지 않느냐에 달려 있다. 이것은 근대 동아시아 역사의 심각한 교훈이다. 안중근은 동양평화를 위해 망국형세의 밑에서 부득불 결사투쟁과 설유투쟁의 두 가지 방식을 취했다. 이것은 동아시아 역사에서 또한 근대 세계사에서 극히 비장하고 극히 계시적 의미가 있는 한 페이지였다.

안중근은 한국인들 사이에서 민족영웅으로 추앙되고 있을 뿐만 아니라 그의 사상과 행동은 동아시아 역사에서 무시할 수 없는 광범위한 영향을 끼쳤다. 근대 중국의 가장 중요한 사상가, 혁명가인 진독수(陳獨秀)는 "대저 우리나라 풍속은 배우는 것은 소홀히 한다"라고 지적했고, 또한 그는 "나는 바라건대 청년들이 톨스토이와 타고르(R. Tagore)가 되기보다 콜럼버스와 안중근이 되기를 원한다!"[49]라고 강조했다. 역사적 시각에서 우리가 중시해야 할 것은 이토 히로부미(伊藤博文)를 격살한 구체사건 혹은 당시 국제관계에 대한 영향과 작용뿐만 아니라, 더욱 필요한 것은 종합적으로 안중근의 사상을 고찰함으로서, 특히 동양평화론을 포함한 여러 방면의 정수적인 내용을 연구해야만 비로소 진정으로 동아시아 학술을 추진함과 동시에 동아시아 평화와 발전의 대업을 이룰 수 있다.

---

49 『靑年雜誌』第1卷1號, 1915年9月15日; 『陳獨秀文存』卷1에도 수록됨.

03

안중근의
한중일 인식

현광호

前 고려대학교 연구교수

1. 머리말

올해는 안중근의사(1879~1910)가 하얼빈 의거를 결행한지 100주년이 되는 해이다. 하얼빈의거 이후 안중근은 한국 민족의 숭모의 대상이 됐고, 현재는 남, 북한이 모두 존경하는 인물이라고 평가된다. 그러므로 남북한의 협력으로 통일을 이룩하고자 할 때 안중근에 관한 깊이 있는 이해가 필수적이라고 생각된다. 최근 들어 안중근을 민족운동가는 물론 동아시아 평화를 주창한 사상가로 재조명하려는 흐름이 이어지고 있다. 그런 측면에서 그가 설파했던 동양평화론은 세간의 주목을 받고 있다.

안중근은 유년시절에는 유학을 수학하였고, 1897년 경 천주교에 입교하여 천주교의 전도에 열중했다. 그는 1905년 '을사조약' 체결을 계기로 애국계몽운동에 참여했고, 1907년 '정미칠조약'체결 이후에는 의병전쟁에 참여했다.

안중근의 사상과 활동에 대해서는 많은 연구가 축적되었다. 그 연구는 대체로 애국계몽운동, 의병운동, 하얼빈 의거, 정치체제 구상, 가톨릭 신앙, 동양평화론 등에 집중되었다.[1] 최근에는 그 중 안중근의 동양평화론에 대해 많은 관심이 집중되는 경향이다.[2] 안중근의 동양평화론은 유럽의 EU와 같은 형태의 동아시아 협력을 추구하는 사람들에게 더욱 주목의 대상이 될 것으로 여겨진다.

안중근은 개화기 동아시아담론을 계승한 위에서 나름대로의 동양평화론을 제시했다. 따라서 안중근의 동양평화론을 이해한다는 것은 개화

---

1 안중근의 사상과 활동에 대한 연구 동향에 관해서는 안중근의사 기념사업회 편, 『안중근 연구의 기초』, 경인문화사, 2009 참조.
2 최근에 간행된 『안중근과 그 시대』(안중근의사 기념사업회 편, 경인문화사, 2009)는 안중근의 동양평화론을 집중적으로 분석했다.

기 정점에 도달한 동아시아담론을 이해하는 것이라 할 수 있다. 그런데 안중근의 동양평화론은 한국, 중국, 일본에 대한 인식을 바탕으로 성립된 것이다. 그러므로 안중근의 동양평화론을 이해하기 위해서는 안중근의 한, 중, 일 인식을 파악하는 것이 중요하다고 생각된다. 안중근의 한국 인식은 많은 논문에서 간헐적으로 언급되기는 했지만 본격적인 연구는 드문 형편이다. 일본 인식에 대해서는 정미칠조약을 전후하여 변화한 안중근의 대일 인식을 분석한 연구가 있고[3], 중국 인식에 대해서는 연구 성과가 거의 없는 실정이다. 이같이 안중근의 한, 중, 일 인식에 관한 연구가 부진한 것은 안중근이 한, 중, 일 인식에 관해 체계적인 저술을 남겨 놓지 않았기 때문으로 여겨진다. 따라서 안중근의 한, 중, 일 인식을 추적하려면 안중근이 자서전과 동양평화론, 그리고 일본 검찰관의 신문 과정에서 토로한 한, 중, 일 인식을 면밀히 분석할 필요가 있다.

본 연구는 안중근의 한, 중, 일 인식을 분석하고자 한다. 더불어 안중근의 한, 중, 일 인식과 동양평화론은 어떤 연관이 있는지를 검토하고자 한다. 먼저 안중근의 한국 인식에 대해서는 안중근이 파악한 한국 독립의 문제, 그가 지향한 정치체제를 구명하고자 한다. 안중근의 일본 인식에 대해서는 일본 문명화 이해, 일본 사회 인식을 분석하고자 한다. 중국 인식에 대해서는 중국의 문명화 수준, 중국의 대일정책을 구명하고자 한다. 본 연구는 안중근의 한·중·일 인식을 검토해보고, 그의 '동아시아 협력론'에 대한 입장은 어떠했는지를 분석하고자 한다. 본 연구가 안중근의 동양평화론을 이해하는데 조금이나마 기여하기를 기대한다.

---

3 장석흥, 「안중근의 대일본 인식과 하얼빈 의거」, 『교회사연구』16, 교회사연구소, 2001.

2. 한국 인식

일본 정부는 1904년 5월 대한제국[4]에 대한 보호권 확립을 내용으로
하는 대한방침을 각의로 결정했다. 이후 일본은 1905년 4월 각의 결정으
로 보호의 실권을 장악하기로 하고, 10월 한국을 보호국으로 만들 것을
결의했다. 11월 9일 서울에 도착한 이토 히로부미는 무력을 앞세워 11월
17일 5개항의 '을사조약'을 강제 체결했다. 통감 이토는 한국인이 개혁할
의지가 없으며, 행정 능력을 결여하여 독립국을 운영할 자격이 없다고 단
정했다. 이러한 그의 한국관은 한국의 자주적인 근대화를 부정하고, 한
국 병합을 합리화하는 방향으로 작용했다.[5] 이토는 고종 황제가 황제권
축소에 대해 강력히 저항하자 헤이그사건을 계기로 강제 퇴위시켰다. 그
리고 한국민의 반발에 대비하기 위해 한국주차군사령관의 예하부대를
출동시키고, 별도로 일본 정부에 1개 사단의 한국 파병을 요청했다. 또
한국의 내정을 완전 장악하기 위해 1907년 7월 이완용내각과 '정미칠조
약'을 체결하였다. 그에 따라 통감은 한국의 행정·사법·행형·경찰·군사
등 내정의 전권을 장악하게 되었다. 나아가 8월에는 군대의 해산을 단행
했고[6], 1909년에는 '기유각서'를 강요하여 사법권을 박탈했다.

안중근은 러일전쟁 발발 이후 한국의 현상을 어떻게 인식했을까. 안
중근은 일본이 러일전쟁에서 승리한 것을 계기로 한국의 국권을 박탈했
다고 인식했다.[7] 안중근은 특히 '을사조약'을 합병 방침의 첫 단계라고 인
식했다. 그는 '을사조약'은 이토가 고종 황제를 협박하여 강제 체결한 것

---

4 이하 대한제국을 한국으로 약칭.
5 이토의 한국 침략에 대해서는 강창석, 「조선통감부 연구」, 『국사관논총』53, 1994 참조.
6 일본의 병합 과정에 대해서는 한명근, 『한말 한일합방론 연구』, 국학자료원, 2002 참조.
7 안중근, 최순희 역, 「동양평화론」, 『나라사랑』34, 외솔회, 1979, 133~134쪽.

으로 인식했다. 나아가 안중근은 '을사조약'은 황제의 옥쇄와 부서가 기재되지 않았기 때문에 합법성이 없다고 판단했다.[8]

안중근은 일본이 외부, 법부, 통신기관을 탈취했다고 인식했다.[9] 그는 세계의 독립국가 중에서 한국과 같이 법부, 외부의 권한이 없는 국가는 없다고 인식했다.[10] 이에 안중근은 이토가 한국을 보호·독립시키려 하기는커녕 급격히 합병을 추진하고 있다고 파악했다.[11] 그에 따라 안중근은 한국은 비경(비극적인 상태)에 빠졌다고 규정했다.[12] 이와 같이 안중근은 '을사조약'으로 인한 외교권 박탈, '정미칠조약'으로 인한 군사권 박탈, '기유각서'로 인한 사법권 박탈을 합병으로 가는 단계라고 인식했다.

안중근은 필생의 목적이 한국의 독립을 공고히 하는데 있다고 술회했다.[13] 그렇다면 안중근은 왜 한국의 독립을 그토록 희구했을까. 안중근은 근본적으로 인명이 가장 귀중하다고 인식했으므로[14] 죄없는 사람을 투옥시키는 것을 강력히 비판했다. 동시에 그는 당당한 문명독립국을 이룩하여 민권의 자유를 얻을 것인가를 고민하곤 했다.[15] 그에게 있어 국가는 국민의 권리를 보호해주는 도구였다. 그는 국가가 멸망한 폴란드인이 잔혹하게 학살된 사실을 강조했다.[16] 그는 국가의 독립이 상실되면 국민의 권리는 물론 국민의 생명도 보호할 수 없다고 인식한 것을 보여준다. 이상을 통해 안중근이 한국의 독립을 열망한 이유는 한국이라는 국가

---

8 국사편찬위원회, 『한국독립운동사자료』6, 1976(이하 『자료』6으로 약칭), 393쪽; 같은 책, 176쪽.

9 『자료』6, 385쪽.

10 『자료』6, 236쪽.

11 『자료』6, 244쪽.

12 『자료』6, 386쪽.

13 『자료』6, 386쪽.

14 「동양평화론」, 48쪽.

15 「안응칠 역사」, 『나라사랑』34, 외솔회, 1979, 90~91쪽.

16 「안응칠 역사」, 105쪽.

가 한민족을 보호할 장치라고 인식했기 때문으로 볼 수 있다.

안중근은 한국의 독립에 대해 어떻게 인식했을까. 안중근은 한국은 본래 무력에 의지하지 않고 문필로 세운 나라이며[17], '을사조약'은 한국 인민의 나태로 인해 초래한 측면도 있다고 인식했다.[18] 안중근은 한국의 독립이 위태로운 것은 한국인들이 무예보다 학문을 중시했고, 현실에 안주하여 국제 정세 파악에 어두웠기 때문으로 판단한 것이다. 안중근은 《조선역사》를 열독하는 등 한국사에 대해 일정한 주관을 가지고 있었다. 그는 조선왕조가 중국의 속박을 받다가 대한국국제 반포로 중국의 간섭을 벗어나 독립을 했다고 인식했다.[19] 그리고 조선시대는 외척의 권력 장악, 당쟁, 동서분쟁 등으로 정치가 문란해져 인민의 지능 계발을 등한시했다고 이해했다. 특히 재판의 불공정, 매관매직, 수탈 등으로 국력이 쇠약해졌으므로 군사, 사법, 내정 등의 개혁이 필요함을 강조했다.[20] 이같이 그는 조선시대의 정치에 대해 부정적 인식을 표출했다. 또 안중근은 국민의 진보가 지체된 것은 지도층의 실책에 있다고 지적했다. 그러므로 그는 국권을 회복하려면 지도층이 각성하여 국민을 진보시켜야 한다고 주장한 것이라 할 수 있다.

안중근은 민족의 노력으로 진보가 가능하다고 인식했다. 그는 한국이 진보에 성공하면 미국, 포르투갈과 같이 독립이 가능하다고 인식했다.[21] 안중근은 일본은 메이지 시대 초반에는 문명과 진보가 아니었다고 지적했다. 그는 일본이 메이지유신 이후 문명, 진보한 것 같이 한국 역시 스스

17 『자료』6, 311쪽.

18 『한국독립운동사자료』7, (이하 『자료』7로 약칭), 404~405쪽.

19 『자료』6, 236쪽.

20 『자료』6, 238~239쪽.

21 『자료』6, 175~176쪽.

로 진보가 가능하다고 주장했다. 그는 한국도 상당히 발달했다고 강조
했다. 그러면서 그는 일본이 한국의 진보를 지원하지 않고 있다고 판단했
다. 그러므로 그는 일본의 대한정책은 모두 일본인을 위한 것이라고 비판
했다.[22] 안중근은 이후에도 수차 한국은 지금까지 개명, 진보하고 있다고
주장함으로써[23] 한국이 진보하고 있다고 인식했다. 따라서 그는 일본측
의 한국사회정체론을 반박하면서 한국인들은 지속적으로 진보를 해왔
고, 또 진보해나갈 것이라고 낙관한 것이다.

　안중근이 한국이 진보하고 있음을 확신한 이유는 당시 활발히 전개되
고 있던 애국계몽운동이 성과를 거두고 있다고 판단했기 때문으로 보여
진다. 안중근 자신도 애국계몽운동에 적극 가담했다. 안중근은 1907년
6월 서우학회에 가입하였고, 1907년 봄에는 평양에서 서북학회에 입회
했다. 또 그는 대한자강회에 입회하지는 않았지만 대한자강회 회보를 항
시 열람했다.[24] 그는 1907년 대구에서 국채보상운동이 시작되자 국채보
상기성회의 관서지부를 설치하고 지부장이 되는 등 적극적으로 참여했
다. 이러한 안중근의 활동은 실력양성운동만을 전개했던 애국계몽운동
단체와는 달리 실력양성운동과 무장항쟁을 병행한 신민회의 노선과 유
사했다. 또 안중근은 신민회의 별동대원이었으므로[25] 기본적으로 신민
회 계열의 운동노선을 지지했다고 생각된다. 그렇지만 안중근은 의병전
쟁보다 애국계몽운동에 더 많은 기대를 한 것으로 보여진다. 그는 1907
년 간도서 국권회복을 기도했을 때 처음부터 의병전쟁에 가담하려 하지
는 않았다고 술회했다. 그는 의병으로서 일본에 대적하는 것은 마치 작

---

22 『자료』6, 178쪽; 같은 책, 234~235쪽.

23 『자료』6, 171쪽; 같은 책, 198쪽.

24 『자료』7, 398쪽.

25 이재순, 「한말 신민회에 관한 연구」, 『이대사원』14, 이대사학회, 1977, 22쪽.

은 추로 큰 산을 파는 것과 같이 도저히 무익한 것이라 토로한 바 있었다. 그가 의병전쟁에 참여한 이유는 이토의 정책에 승복하지 않음을 세계에 공표하려 했기 때문이었다.[26]

안중근은 한국인의 문명, 진보를 위하여 교육사업에 매진했다. 그는 서울에 천주교 대학교를 설립하여 문명개화를 추진한다는 구상을 하기도 했다.[27] 이후 그는 돈의학교와 삼흥학교를 설립했고, 하얼빈의 동흥학교와 간도의 서전서숙을 방문하는 등[28] 교육에 많은 관심을 보였다. 그는 교육에 한국민족의 장래를 낙관했다. 그는 두만강 좌안에 있는 강동 거주 한국인들이 몽매, 완고하고 이기적이어서 국가의식이 없다고 지적했다. 그렇지만 그는 이들에 대한 교육이 순조롭게 실시되고 있고, 그 결과 이들이 성년이 되면 일본과 대적할 수 있다고 확신했다. 그러므로 그는 강동의 100만 한인은 모두가 결사대라고 강조한 것이다.[29]

한편 안중근은 신문의 중요성을 깊이 인식했다. 그는 신문사는 한국 인민을 문명으로 인도하는 기관이라고 인식했다.[30] 안중근은 대한매일신보, 황성신문, 제국신문, 공립신문, 대동공보 등을 열독하는 한편[31] 대동공보사의 지국을 열어 신문 보급에 노력했다. 또 그는 해조신문에 기서했고, 대동공보에 논설을 투고했다.[32] 이같이 그는 교육, 신문 등을 통한 계몽운동을 중시했다. 그러므로 그가 이토의 죄악상으로 한국 학교의 교과서 소각, 신문구독 금지, 외국유학 금지를 열거한 것은 한국의 진보를

---

26 『자료』7, 443~445쪽.
27 「안응칠 역사」, 83쪽.
28 『자료』7, 394쪽.
29 『자료』7, 436쪽; 같은 책, 443~445쪽.
30 『자료』7, 428쪽.
31 『자료』6, 5~6쪽.
32 『자료』6, 204쪽.

저지하려는 술책으로 인식했기 때문으로 보여진다.

　다음으로 안중근은 국민들이 국가의식을 소유해야 한다고 주장했다. 그는 국민으로서 국민된 의무를 행하지 않는다면 어찌 민권과 자유를 얻을 수 있겠는가라고 강조했다.[33] 그러므로 그는 계몽운동을 통해 인민에게 국가사상을 심어주려 했다. 그는 단합하면 성공하고 흩어지면 패한다는 것이 만고의 이치라고 주장했다.[34] 그는 국가는 국민 상하의 단결에 의해서 보존된다고 강조하면서 한국이 비경에 빠진 것은 단결이 안됐기 때문이라고 지적했다. 이에 그는 국권 회복을 위하여 국민의 단결이 절실함을 강조했다.[35] 그러므로 그는 연설할 때마다 국가사상을 고취했고, 1909년 1월 12인과 단지할 때 대한독립이라 쓰고 대한독립만세를 불렀다.[36]

　그렇다면 안중근이 지향한 정치체제는 어떤 형태였는지를 구명하기로 한다. 안중근이 선호한 정치체제를 전제군주제로 보는 시각이 있다. 그리고 그 근거로서 안중근이 존경한 이상설 등이 근왕주의자였다는 사실을 지적하기도 한다.[37] 이에 비해 안중근이 지향한 정치체제를 공화제로 규정하는 주장도 있다.[38] 이같이 안중근이 지향한 정치체제에 대해서 다양한 주장이 나오는 이유는 안중근이 정치체제에 대해 명확한 주장을 하지 않았기 때문으로 여겨진다. 안중근이 지향한 정치체제는 안중근의 정치적 주장을 면밀히 분석하는 과정에서 도출될 수 있다고 여겨진다.

　안중근은 한국의 진보가 급진적이지 못하다고 인식했다. 그리고 한국의 진보가 급진적이지 못함으로써 한국의 독립과 자위가 곤란하다고 판

---

33 「안응칠 역사」, 97쪽.

34 「동양평화론」, 48쪽.

35 『해조신문』, 1908년 3월 21일.

36 『자료』6, 312쪽; 「안응칠 역사」, 117쪽.

37 오영섭, 「안중근의 정치사상」, 『안중근과 그 시대』, 경인문화사, 2009.

38 한상권, 「안중근의 국권회복운동과 정치사상」, 『한국독립운동사연구』21, 2003.

단했다. 그는 한국의 독립과 자위가 곤란한 것은 군주국이기 때문이라고 인식했다.[39] 여기서 말한 군주국은 전제군주국으로 보여진다. 이는 그가 한국의 전제군주제에 대해 비판적이었음을 의미한다. 한국의 전제군주제를 지지한 인물은 대표적인 의병장 유인석이었다. 유인석은 동양의 단결을 주장했지만 안중근과 같이 일본맹주론을 지지하지 않았다. 유인석은 '동양 삼국은 하나로 뭉쳐서 강해져야 하며, 중국을 종주로 해야 할 것이다. 중국은 삼국의 종주이자 세계의 종주이다. 이 같이 하면 서양은 반드시 물러갈 생각을 할 것이고, 동양도 영원히 존립할 수 있다'고 주장하는 등 중국맹주론을 지지했다.[40] 유인석이 동양평화론에 관심을 가진 이유는 서양의 침략을 저지하고, 중화문명을 수호하려 했기 때문이었다. 안중근은 유인석에 대해 세계와 동양의 대세에 어둡다고 지적하는 등 부정적 인식을 표출했다.[41] 이는 안중근이 유인석의 전제군주제 옹호와 중국맹주론에 동의하지 않았음을 의미한다.

안중근이 존중한 일본의 국왕은 입헌군주이지 전제군주가 아니었다. 후술하듯이 안중근은 일본은 이미 개명의 경지에 도달했고, 한, 중은 개명의 과정에 있다고 주장했다. 그런데 중국은 러일전쟁에서 입헌군주국인 일본이 전제군주국인 러시아에 승리하자 자극을 받았다. 이에 중국은 1906년 7월 경 1908년부터 입헌제를 실시하겠다고 예고하면서 정치개혁을 선언했다. 중국은 외국의 입헌제를 연구하고자 공식 사절단을 미국, 독일, 영국, 프랑스, 일본 등에 파견했다. 또 중국은 1908년 8월 입헌정체를 준비하기 위한 9개년 계획을 이끌 헌법적 원칙을 선포했다. 이에 따라서 자문기구인 성의회, 즉 자의국이 1909년 개설되었고, 1910년에는

---

39 『자료』6, 171쪽.

40 이상익, 『서구의 충격과 근대 한국사상』, 한울 아카데미, 1997, 167~169쪽.

41 『자료』7, 402쪽.

자문기구인 전국의회, 즉 자정원이 개설될 예정이었다. 그 이전인 1907년
에는 지방자치기구인 현의회가 설립되었다.[42] 안중근은 이 같은 중국의
정치 개혁을 언론 보도 등을 통해 잘 알고 있었다고 여겨진다. 후술하듯
이 그는 중국이 개명하고 있다고 평가를 내렸기 때문이다.

　한편 이 시기 애국계몽운동가들은 국권상실의 원인이 전제정치에 있
다고 지적하고, 전제정치를 유지하면 국권 회복은 어렵다고 판단했다.[43]
이들이 문명국이라고 인식한 국가의 정체는 입헌군주제와 공화제였다.
앞서 언급했듯이 안중근은 평생 목표가 한국의 독립이라고 술회한 바
있었다. 그리고 독립은 문명화에 있다고 인식하여 서구식 교육을 추진했
다. 그리고 그가 문명국이라고 인식한 국가는 영국, 프랑스, 미국 등이었
고, 이들 국가의 정체는 입헌군주제와 공화제였다. 따라서 안중근이 지
향한 정치체제는 입헌군주제와 공화제 중 어느 하나였을 개연성이 크다
고 보아야 할 것이다.

　한편 안중근은 사회에서 가장 존귀한 것이 황제라고 주장했고, '한·
중·일 세나라 황제가 로마 교황을 방문하여 협력을 맹세하고 왕관을 받
는다면 세계 민중의 신용을 얻을 수 있을 것이다'고 언급하는 등[44] 황제
를 부정하지는 않았다. 그는 고종 황제를 총명하다고 인식했고, 하얼빈
의거는 한국 2천만 인민과 한국 황제에게 충성하고자 한 것이었다고 토
로함으로써[45] 황제와 국민을 모두 존중했음을 보여줬다. 이런 측면에서
안중근은 황제를 축출하고 공화정을 수립하려 한 입장은 아니었을 것으
로 판단된다.

---

42 존 킹 페어뱅크·멀 골드만 저, 김형종·신성곤 역, 『신중국사』, 까치글방, 2002, 299~301, 305쪽.

43 김도형, 『大韓帝國期의 政治思想研究』, 지식산업사, 1994, 96~98.

44 『자료』6, 385쪽;「청취서」,『21세기 동양평화론』, 국가보훈처, 1996, 55~57쪽.

45 「동양평화론」, 52쪽;『자료』6, 386쪽.

그런데 안중근은 국가는 국민의 국가이므로 세상에 백성 없는 국가는 없다고 강조했다.[46] 그는 '백성이 없다면 나라가 어디에 있겠는가. 나라는 몇몇 대관들의 나라가 아니요, 2천만 민족의 나라이다. 국민으로서 국민된 의무를 행하지 않는다면 어찌 민권과 자유를 얻을 수 있겠는가'라고 주장했다.[47] 이같이 그는 국민을 국가의 주체로서 자유와 민권을 보유해야 할 존재로 인식했다. 그가 인간의 평등과 존엄성에 바탕을 둔 근대적 민권의식을 가지게 된 것은 천주교와 개화사상의 영향이 컸다.[48]

여기서 주목할 것은 그가 황제보다는 국민에 비중을 두었다는 사실이다. 안중근은 수차 2천만 민족, 2천만 인민, 2천만 국민이라는 말을 사용했다. 이같이 그는 민족을 인민·국민과 같은 의미로 사용했다. 이를 통해 그는 민족의 동질성에 입각한 근대국민국가를 지향한 것을 알 수 있다. 그는 자신은 국가와 동포를 위하여 희생하려는 것이지 황실을 위하여 희생하려는 것은 아니라고 강조했고[49], 국민이 황실에 대해 의견을 말하는 것은 정당한 것이라고 주장했다.[50]

안중근은 국민의 여론을 수렴하지 않고 자의적으로 행정하는 정부의 문제점을 지적했다. 그는 국민은 정부에 대해 의견을 진술할 권리가 있다고 지적하면서 나쁜 정부를 타파해야 한국의 자위가 가능하다고 강조했다.[51] 안중근은 '문명시대에 죄없는 사람을 투옥시키는 것은 야만스럽게 법률을 사사로이 시행하는 것이다. 나쁜 정부를 단숨에 쳐부수고 이를

---

46 「안응칠 역사」, 90~91쪽; 『자료』7, 410쪽.

47 「안응칠 역사」, 97쪽.

48 車基眞, 「安重根의 천주교 신앙과 그 영향」, 『교회사연구』16, 31~32쪽.

49 『자료』7, 443쪽.

50 『자료』6, 173쪽.

51 『자료』6, 173쪽

개혁하여 난신적자들을 숙청하고 당당한 문명독립국을 이룩하여 민권의 자유를 얻을 것인가를 자주 고민했다'고 술회한 바 있다.[52] 여기서 안중근이 말한 '나쁜 정부'는 국민의 권리 보호에 소홀하고 사익을 추구하는 내각을 의미한 것으로 볼 수 있다. 그리고 그는 이같이 '나쁜 정부'는 문명의 법률에 의해 통제되어야 한다고 강조했다. 이 같은 사실을 감안해볼 때 안중근이 지향한 정치체제는 입헌군주제라고 보여진다.

한편 안중근은 당시 국제사회를 민족세계라 표현하면서 민족경쟁에서 뒤떨어지면 멸망할 것이라고 강조했다. 이어 그는 프랑스어를 사용하면 프랑스의 종복, 일본어를 사용하면 일본의 종복이 된다고 지적하며 외국어를 배우려하지 않았다. 아울러 그는 한국의 국력이 강해지면 세계인들은 한국어를 사용할 것이라고 지적하는 등[53] 강한 민족의식을 표출했다. 그러므로 그는 일진회 등 친일 무리들을 멸시했다.[54] 이처럼 그는 민족을 중시했기 때문에 일부 계몽운동가들이 일제와 타협한 것과는 다른 길을 걸을 수 있었다. 따라서 신채호는 계몽운동가들이 일본 국왕이나 이토 통감에게 동양평화의 맹주라고 인식한 일본의 실책을 비판하지만 안중근과 같이 일본의 포악에 도전하는 의분을 가지지 못했다고 비교했다.[55]

이상과 같이 안중근은 한국의 문명화가 진척되고 있다고 인식했고, 국가의식의 고취를 중시했다. 이 시기 박은식, 신채호 등 다른 사상가들은 한국인의 독립정신을 한국 역사에서 추구하는 경향이 강했다.[56] 그런

---

52 「안응칠 역사」, 90~91쪽.

53 「안응칠 역사」, 83쪽.

54 「안응칠 역사」, 116쪽.

55 「利害」, 『신채호전집』7, 621~622쪽.

56 박은식과 신채호의 민족 인식에 대해서는 배용일, 『박은식과 신채호 사상의 비교 연구』, 경인문화사, 2002 참조.

데 안중근은 한국사에서 한민족의 독립정신을 찾으려는 측면은 약했다고 판단된다. 그는 한국사보다는 천주교의 인간 평등, 개화사상의 천부인권설 등에서 한국인의 존엄성, 독립정신을 추구한 것으로 판단된다.

3. 일본 인식

안중근은 일본의 문명 수준을 높이 평가했다. 특히 그는 일본은 백만의 정병을 가졌고, 천만 문의 대포를 구비했다고 지적함으로써 일본의 군사력을 높이 평가했다.[57] 그는 일본의 문명화에 대해 '일본은 유신 이후로 민족이 화목하지 못하고 전쟁이 계속됐다. 그러나 외교상의 전쟁이 일어나자 동족간의 불화를 중지하고 연합하여 애국당을 만들어 이 같은 개가를 올렸다'고 언급했다.[58] 그는 일본의 부국강병은 일본 국민의 일치 단결에 기인한다고 인식한 것을 보여준다.

그렇다면 안중근은 일본의 문명 수준을 어느 정도라고 인식했을까. 그는 재판 당시 일본 측이 영국인, 러시아인 변호사를 허가했다는 소문을 듣자 일본의 문명 정도가 이 정도인가라고 하며 감탄했다. 그리고 이 조치가 사실일 경우 일본의 문명은 세계 1등국 수준이라고 평가할 수 있다고 언급했다. 그렇지만 일본은 끝내 영국인, 러시아인 변호사를 허가하지 않았다.[59] 결국 안중근은 일본의 문명을 세계 1등국 수준은 아니라고 인식했을 개연성이 크다고 보여진다.

안중근은 일본의 근세사를 일독한 결과 이토가 일본에서 차지하는

---

57 「안응칠 역사」, 125쪽.
58 「동양평화론」, 135쪽.
59 「안응칠 역사」, 124쪽.

비중과 이토의 공과를 모두 인지했다. 그는 이토가 한 때 강경한 배외사상을 소유했지만 서양을 여행한 뒤 배외사상에서 탈피했고, 미국을 다녀온 뒤에는 단발을 제창했다는 사실도 인지했다.[60] 그는 이토의 보호정책이 잘되면 한국의 발전도 가능할 것으로 기대한 바 있었고, 그에 따라 '정미칠조약' 체결 때까지는 통감정치에 일정 정도 기대했다.[61] 이같이 안중근은 한국의 진보를 위해 일본의 문명화 지도를 수용하려는 입장이었다.[62] 안중근은 한국이 독자적 개혁으로 진보가 가능하다고 판단했지만, 보다 신속한 진보를 위해 근대적 개혁을 성공적으로 수행한 바 있는 일본의 지원을 기대했던 것이다.

안중근은 이토가 통감으로 부임한 뒤에 한국의 문명화는 실천하지 않고 도리어 한국의 유용한 인물을 속속 숙청하고 있다고 판단했다. 이에 안중근은 이토의 목적은 한국의 독립이 아니라 다른데 있다고 확신했다.[63] 통감부 설치기 일제가 취한 정책이란 시정개선이란 허울을 쓴 침략의 조치에 불과한 것이었다. 그들이 취한 조치들은 자신의 이권을 획득하기에 급급한 것이었고, 일본인 위주의 정책으로서 일본인들에게 열매가 돌아가는 것에 불과했다.[64] 안중근은 한국의 내정을 장악한 이토가 한국의 진보에 기여하지 못했다고 평가했다. 그러므로 이토가 한국의 부조를 목적으로 했다는 일본 검찰관의 주장을 강하게 반박했다. 즉 안중근은 이토가 한국에 대해 보호한 실적이 없으며 교통의 설치, 학교 설립

---

61 『자료』7, 404~405쪽.

62 『자료』6, 173쪽.

63 『자료』6, 235쪽; 같은 책, 239쪽.

64 권태억, 「1904~1910년 일제의 한국 침략 구상과 '시정개선'」, 『한국사론』31, 서울대 국사학과, 1994, 254~255쪽.

등에 대해서도 모두 일본인을 위한 시책이었다고 반박했다.[65]

안중근은 한국인은 러일전쟁 이전까지는 배일사상이 없었다고 인식했다. 그는 한국인은 일본을 친구로 둔 것을 한국의 행복으로 여겼다고 주장했다.[66] 그러했던 그가 한국 인민은 일본과 교전을 희망한다고 천명하면서 스스로 한국 2천만 동포의 대표로 거사했다고 주장했다.[67] 그렇다면 안중근은 러일전쟁 발발 이후 일본의 대한 정책을 어떻게 인식했을까.

안중근은 한국인이 일본을 지원한 것은 일본 국왕의 선전조칙을 신뢰했기 때문이라고 피력했다.[68] 그는 하얼빈 의거도 한국 황제는 물론 일본 국왕에게 충성하고자 한 것이라고 주장했다.[69] 이같이 안중근은 일본 국왕의 선전조칙을 신뢰했으므로 '을사조약', '정미칠조약'은 일왕의 지시가 아니라고 판단했다.[70]

안중근은 일본의 대한 침략이 '간웅'인 이토의 간계에 기인했다고 인식했다. 즉 이토가 일본 국왕의 뜻에 반대되는 정책을 시행했다고 판단한 것이다.[71] 안중근은 이토가 강화조약 과정에서 분쟁이 생기자 한국을 탈취하자고 주장했고, 일본이 그 방침을 채택했다고 판단했다.[72] 안중근은 '정미칠조약'도 이토가 황제를 협박하여 성립된 것으로 인식했다.[73] 이같이 안중근은 '을사조약'과 정미7조약이 일본 국왕의 의사가 아닌 이토의 간계에 기인한 것으로 인식했다. 그리고 그는 이토가 협약이 체결될

---

65 『자료』6, 178쪽; 같은 책, 234~235쪽.

66 『자료』6, 9쪽; 『자료』6, 244쪽.

67 『자료』6, 224쪽; 같은 책, 175쪽.

68 「동양평화론」, 133쪽.

69 『자료』7, 394쪽. 『자료』6, 386쪽.

70 『자료』6, 312쪽.

71 「청취서」, 53쪽.

72 『자료』6, 244쪽.

73 『자료』6, 393쪽.

때마다 일본 국왕에게 한·일협약을 한국민의 희망이라고 기만했다고 파악했다. 그 때문에 안중근은 이토의 행위는 일본 국왕을 기만한 것이라고 비판했다.[74] 안중근은 청일전쟁과 러일전쟁도 이토 등 일본 지도층의 강경한 대외정책으로 인해 자행된 것으로 인식했고, 그에 따라 수많은 일본 청년들이 생명을 잃었다고 지적했다.[75] 이상과 같이 안중근은 일본의 한국 병합정책이 이토의 간계에 기인한 것이라고 파악했고, 이토가 일본 국왕의 뜻과 달리 동양평화를 파괴하고 있다고 인식한 것이다.

안중근은 일본 지도층의 침략정책은 일본 국민에게 피해를 주고 있다고 인식했다. 즉 이토가 일본 국왕은 물론 일본국민에 대해서 보호정치가 원만히 진행되어 한국이 나날이 진보한다고 선전했고, 일본 인민은 철저히 기만당했다고 인식했다.[76] 그 결과 이토의 선전에 속아 한국에 건너 온 일본의 상인·농민·군인·야소교 전도사들은 의병들로부터 생명에 위협을 받게 되어 이토를 증오하고 있다고 판단했다. 안중근은 일본 농민들은 일본 정부가 전쟁비용을 충당하려고 국민에게 중과세하는 것을 반대한다고 지적하면서 일본 인민들의 다수는 평화를 희망한다고 확신했다.[77] 따라서 그는 이토를 제거하면 일본이 자각하게 될 것이고, 일본 국왕도 시정방침의 오류를 개선하게 되어 한·일간의 전쟁은 종식되고, 평화가 도래할 것이라고 기대했다.[78] 안중근은 일본 검찰관이 이토 이후에도 제2, 제3의 이토가 나타날 수 있다고 질문하자 이를 시인하면서 국권회복에 수십 년이 소요될 수도 있음을 인정했다. 이처럼 안중근은 이

---

74 『자료』 6, 312쪽; 같은 책, 338쪽.
75 『자료』 6, 241쪽; 「동양평화론」, 53쪽.
76 『자료』 6, 175쪽; 같은 책, 385~387쪽; 『자료』 6, 176쪽.
77 『안중근의사자료집』, 176~178쪽.
78 『자료』 6, 176~177쪽; 같은 책, 396쪽.

토 한 사람의 제거로 일거에 한국의 국권이 회복되고 동양에 평화가 찾아올 것으로 판단하지 않았다.[79] 안중근은 이토의 후임으로 내한한 소네 통감도 이토와 같은 정책을 추진할 경우 제거될 것이라고 단언했다.[80] 이를 통해 안중근은 일본의 제국주의 정책은 일본 지도층의 일부에 의해 자행되고 있는 것으로 판단한 것을 보여준다. 안중근은 이토만을 비판한 것이 아니라 일본 제국주의를 비판한 것이다.

이상과 같이 안중근은 일본의 지도층과 인민을 분리하여 사고했다. 그리고 일본 인민도 충의지사와 난신적자로 구분했다.[81] 안중근은 한국을 내왕하는 일본인은 포악한데 비해 여순구를 내왕하는 일본인은 인후하다고 평가했다. 그리고 이 같은 일본 인민의 차이는 지도층의 자세에 달린 것으로 추정했다.[82] 그 때문에 안중근은 부하 의병에게 일본인이라도 양민을 살해하여 서로 감정을 해쳐서는 안 된다고 지시했다.[83] 실제로 그는 의병부대 지휘관으로서 활약했던 1908년 7월 교전 끝에 생포된 일본군 포로들을 석방했다. 여기에는 일본군 포로들이 이토를 강력히 비난한 것도 일정 부분 작용했다.[84]

---

79 그는 "만약 우리가 왜적을 쳐서 목적을 달성하지 못하면 아들대에 가서, 또 손자대에 가서라도 기어이 대한국의 독립사상권을 되찾고, 그런 다음에야 그렇게 될 것이다. 그때가서 진정한 우리의 동양평화는 정착되지 않겠느냐"라고 개진한 바 있었다. 「안응칠 역사」, 107쪽.

80 『자료』6, 8쪽.

81 「안응칠 역사」, 107~108쪽.

82 「안응칠 역사」, 124쪽.

83 『자료』7, 406쪽.

84 「안응칠 역사」, 108쪽.

4. 중국 인식

일본 정부는 1905년 중국에 청일협약을 강요하여 남만주 전체에 대한 독점권 양도를 요구했다.[85] 일본은 군사적 위협을 통해 중국 동삼성에 있던 러시아 조차지를 차지했다. 일본은 1906년에는 여순·장춘 간의 동청철도를 러시아로부터 양도받아 남만주철도주식회사를 설립하여 중국에 대한 자본 수출의 최대 거점을 확보했다. 그리고 여순·대련 조차권을 이용하여 동삼성 무역 시장에서 일본 상품이 압도적 점유율을 차지하게 했고, 만철 등을 이용하여 석탄, 철 채굴권을 탈취했다. 이 같은 일본의 조치는 중국의 대일위기감을 고조시켰다.[86]

안중근은 국권회복운동을 전개하는 과정에서 중국의 각지를 여행했다. 안중근은 중국의 산동, 상해 등지에 한국인이 많이 살고 있다고 인지했고, '을사조약' 체결 직후에는 외국인을 상대로 국권회복운동을 전개하려고 중국의 상해에 가기도 했다.[87]

안중근은 「동양평화론」 서문에서 중국 근대사에 대한 인식을 피력했다. 그는 중국은 물자가 많고 땅이 큰 나라로서 일본의 수십 배가 넘는다고 언급하는 등 중국을 대국으로 인식했다. 그러나 안중근은 '예로부터 중국인은 중화대국으로 자칭하고, 외방을 이적이라 부르는 등 교만하고 오만하기 이를 데가 없었다. 더구나 권신, 척족들이 제멋대로 국권을 농간하여 백성들의 원한을 맺고 상하가 불화하여 봉변을 당했다'고 언급하는 등 중국의 문제점을 지적했다. 그리고 중국은 삼국간섭 이후 러시아가 여순, 대련, 우장 등 부동항을 점령하려고 기도하자 관동 각진을 신

---

85 최문형, 『러시아의 남하와 일본의 한국 침략』, 지식산업사, 2007, 346~351쪽.
86 佐伯有一·野村浩一 외 저/ 吳相勳 역, 『중국현대사』, 한길사, 1984, 180쪽.
87 「안응칠 역사」, 96쪽.

식 군대로 설치하여 대비했지만 실패했다고 언급했다. 또 안중근은 의화
단 봉기를 계기로 8개국 연합군이 천진을 함락시키고 북경에 침입하자
중국 황제는 서안부로 파천하고 군민간에 상해된 자가 수백만에 이르렀
다고 언급했다. 그리고 이 같은 참화는 세계 역사상 드문 일이요, 동양의
일대 수치였다고 규정했다.[88] 안중근은 중국이 과거의 중화사상에서 탈
피하지 못하고, 국민의 단결력을 결여하여 부국강병에 실패했다고 인식
했다. 그 결과 열강의 각축장이 되고, 국민들이 희생되는 등 동양의 약소
국으로 전락했다고 평가했다.

　한편 안중근은 중국은 사회 언론들이 비등해져 무술정변이 일어났다
고 지적함으로써 중국이 외세의 침략에 자극을 받아 개혁을 추진했다고
인식했다. 그리고 그는 중국이 개혁에 성공을 거둬 점차 개명국으로 전
환했다고 평가했다.[89] 안중근은 중국이 개명한 증거로서 약장을 준수하
는 한편 동양 평화를 추구하여 러일전쟁 때 일본을 지원한 사실을 지적
했다. 그는 중국인들은 일본 국왕의 동양평화 유지 조칙에 공감한 결과
일본군을 환영하는 한편 일본군을 위하여 물건을 운반하고 도로를 닦
고, 정탐 등의 방식으로 적극 협력했다고 주장했다. 중국 유지들도 일본
의 동서양 진출을 천지가 시작한 이후 제일가는 대사업으로 인식하여 이
를 기뻐했다고 언급했다.[90] 안중근은 중국인들이 청일전쟁 때의 구원을
갚으려 했다면 일치단결하여 일본을 물리치고 러시아에 협조했을 것이
라고 주장했다. 즉 그는 '중국이 상하가 협동하여 의화단 때처럼 행동했
다면 청일전쟁 때 당한 숙원을 갚았을 것이다. 북청 일대 인민 폭동과 허
실을 엿보아 무비한 시설을 공격하고, 개평, 요양 방면에 유격대를 파견

---

88 「동양평화론」, 135쪽.
89 「안응칠 역사」, 138쪽.
90 「동양평화론」, 133~134쪽.

급습케 하여 정세에 따라 나아가 싸우고 물러나 지키게 한다면, 일본군의 대세는 남북으로 분열되고 앞뒤로 적의 공세를 받게 되고 협공에 몰려 곤경을 치렀을 것이다. 중국의 정부 주권자들이 야심을 가졌다면 좋은 기회였다. 이 때 서구 열강은 중국과 조약을 체결하고 중국은 만주, 산동, 하남, 형양 등 사방에 격문을 보내, 군대, 의용군을 소집했을 것이다'라고 강조했다.[91] 이상과 같이 안중근은 중국 지도층과 인민은 일본을 전폭적으로 지원했다고 인식했고, 러일전쟁 당시의 중국인의 행동을 개명의 증거로 제시했다.

안중근은 러일전쟁이 끝나고 강화조약이 성립되자 중국의 소망은 크게 좌절됐다고 언급함으로써[92] 러일전쟁 이후 중, 일관계가 적대적이 되었음을 인식했다. 그는 재차 '러일전쟁 뒤에 일본은 중국의 장춘 이남을 조차 평계로 점거했고, 중국인의 소망은 하루아침에 끊겼다. 중국에서는 의론이 크게 일어나 상하가 스스로 백인의 전구(앞잡이)가 될 것은 명확관화하다'고 주장했다.[93] 안중근은 중국민은 일본과 감정이 손상된 상태이며 일본에 대해 원성이 크다고 지적했다. 그는 흑룡강에서 중국인들이 폴란드인처럼 학살됐다고 언급했다.[94] 안중근은 중국을 순회하는 도정에서 중국의 반일감정을 분명히 지득했다고 주장하면서 중국인들은 청일전쟁의 원수를 갚으려 한다고 언급했다.[95] 그는 중국이 비록 약자이지만 일본과 전쟁하려는 형세가 있다고 단언했다.[96]

안중근은 한, 중은 모두 개명의 도상에 있지만 약자라고 인식했다. 그

---

91 「동양평화론」, 135~138쪽.

92 「동양평화론」, 135~138쪽.

93 「동양평화론」, 133~134쪽.

94 「안응칠 역사」, 105쪽.

95 『자료』6, 174쪽.

96 『자료』6, 175쪽; 같은 책, 202쪽; 『자료』7, 421쪽.

러므로 그는 중국과의 긴밀한 협력을 추구한 것으로 보여진다. 안중근은 중국에 대해 부정적인 시기도 있었다. 그는 한국이 러일전쟁 이전에 간도 영유권문제로 중국군과 수차 교전한 사실을 잘 알고 있었고, 그 자신이 한국에 거주하고 있던 중국인들과 다툰 적도 있었다.[97] 그렇지만 안중근은 한, 중간의 긴밀한 협력의 필요성을 역설했다. 이는 중국의 상황이 한국과 유사하다고 판단했기 때문으로 생각된다. 안중근은 중국 역시 일본의 침략정책의 피해자라고 인식했다. 이에 그는 일본은 한국에 대해 국권을 반환해야 하며, 중국에 대해서는 여순을 반환해야 한다고 촉구했다.[98] 또 그는 일본이 한·중에 대해 침략을 계속한다면 한·중은 서양과 맹약을 체결할 것이라고 경고했다.[99] 당시 한국은 일제로부터 외교권이 박탈되어 다른 국가와 동맹을 체결할 수 없는 상황이었다. 그러므로 그는 중국과의 협력을 전제로 중국을 통한 서구 열강과의 협력을 추구했다고 판단된다.

5. '동아시아 협력론' 인식

끝으로 안중근은 한, 중, 일 삼국의 상호 협력에 대해 어떤 입장을 보였는지를 검토하기로 한다. 한, 중, 일 삼국의 상호 협력을 강조했던 '동아시아 협력론'은 1890년대 후반 경 한국사회에서 활발하게 거론되었다.[100] '동아시아 협력론'자들은 '삼국은 같은 대륙, 같은 인종, 같은 문자로서

---

97 「안응칠 역사」, 102쪽.

98 「청취서」, 55~57쪽.

99 「동양평화론」, 133~134쪽.

100 '동아시아 협력론'은 논자에 따라 '삼국공영론', '동양주의', '동양평화론' 등으로 불리고 있다. 그 동안의 연구에서는 대한제국기 한·중·일 삼국의 협력을 통한 서구 열강의 침략을 저지하는 논의에

연대가 가능하다. 중국의 4억, 한국의 2천만, 일본의 4천만 국민이 힘을 합치면 황인종은 백인종에 대적할 수 있다. 지금부터 동양 삼국이 연합해야 동아문명과 황인종 보호가 가능하다'고 강조했다.[101] '동아시아 협력론'자들은 동아시아 삼국이 지리적, 인종적, 문화적으로 비슷하기 때문에 연대가 가능하다고 보았다. 그러므로 이들은 백인종인 서구 열강의 진출에 대항하기 위해서는 황인종인 한, 중, 일 삼국의 동맹이 필요하다고 주장했다.

안중근은 세계는 동서로 구분되고, 인종도 달라 서로 경쟁하고 있다고 인식했다. 그는 서양 국가들은 전기포, 비행선, 침수정 등 인명을 살상하는 기계들을 발명하고, 청년들을 훈련시켜 전쟁터로 투입, 귀중한 인명을 희생시키고 있다고 파악했다. 그는 동양 민족이 문학에 힘쓰고 자국 방어에만 주력하여 유럽의 영토를 한 치도 뺏지 않은데 비해, 유럽 국가들은 도덕을 망각하고 무력을 일삼고 있다고 비판했다.[102] 그는 강자인 백인종이 약자인 황인종을 침략하고 있다고 판단했고, 러일전쟁을 백인종과 황인종간의 인종전쟁으로 규정했다.[103] 이 같은 그의 대외 인식은 미국이 포츠머드조약이 체결될 무렵 같은 백인종인 러시아에 유리하게 중재했다고 주장하는 과정에서도 표출되었다.[104] 안중근은 서양세력의

대해 다양한 용어를 사용하였다. 즉 삼국제휴론(金度亨, 2000, 「대한제국기 계몽주의계열 지식층의'삼국제휴론'」, 『한국근현대사연구』13, 한국근현대사학회; 趙宰坤, 2000, 「한말 조선 지식인의 동아시아 삼국제휴 인식과 논리」, 『역사와 현실』37; 玄光浩. 2000, 「大韓帝國의삼국제휴방안과그성격」, 『한국근현대사연구』14), 三國共榮論(金珉煥,1988,『開化期民族紙의社會思想』, 나남; 金信在, 1990, 「독립신문에 나타난'三國共榮論'의 性格」, 『慶州史學』9; 鄭洛根, 1993, 「개화지식인의 대외관의 이론적 기초」, 『韓國政治學會報』27집 1호), 東洋平和論(이상익, 1997, 『서구의 충격과 근대 한국사상』, 한울 아카데미; 柳永烈, 2000, 「韓日關係의 미래 지향적 인식」, 국학자료원), 東洋主義(백동현, 2001, 「대한제국기 언론에 나타난 동양주의 논리와 그 극복」, 『韓國思想史學』17) 등이 있다.

101 『황성신문』1899년 5월 24일, 「논설」.
102 「동양평화론」, 48쪽.
103 「동양평화론」, 49쪽.

침략을 저지하려면 동양 인종이 일치단결해서 방어하는 것이 상책이라고 주장했다. 이어 그는 5억의 인구를 가진 동양이 힘을 합치면 어떤 나라도 대적할 수 있다고 강조했다.[105] 이상과 같이 안중근도 '동아시아 협력론'자들의 주장에 공감을 표시했다.

안중근이 '동아시아 협력론'에 공감한 것은 삼국이 문화적으로 비슷하다고 인식했기 때문으로 여겨진다. 특히 삼국이 유교문화권이라는 것을 중시한 것으로 보여진다. 안중근은 사서오경과 통감을 수학하여 유교적 소양을 가지고 있었다. 그는 사람이 만물보다 귀한 것은 삼강오륜을 알기 때문이라고 지적했고[106], '하늘의 뜻을 따르는 자는 일어나고 거스르는 자는 망한다'는 구절을 인용하는 등 빈번하게 천명사상을 피력하곤 했다.[107] 그가 백성 없는 국가는 없다고 주장한 것은[108] 유교의 '민유방본'을 연상케 한다. 또 그가 충군애국지사, 난신적자, 간신 등의 용어를 자주 사용한 것도 유교적 사고방식을 견지한 증거로 여겨진다. 그리고 그는 이 같은 유교 용어를 한국인은 물론 일본인에 대해서도 적용했다. 이는 안중근이 일본을 형제국같이 인식했던 이유를 보여준다. 이 때문에 안중근은 한, 일국민은 동국인의 관념을 갖도록 진력해야 하며 서로 격하는 곳이 없어야 한다고 강조했다. 그리고 한·중·일 삼국의 동맹으로 평화를 유지해야 한다고 주장했다.[109]

이상과 같이 안중근은 '동아시아 협력론'의 필요성을 인정했다. 안중근이 이토를 저격한 것은 일본 국왕과 일본 정부에 이토의 실정을 알리

---

104 「동양평화론」, 140쪽.

105 「동양평화론」, 49쪽; 『자료』6, 175쪽.

106 『해조신문』, 1908년 3월 21일.

107 「동양평화론」, 53쪽; 「안응칠 역사」, 112쪽~114쪽; 『자료』6, 55쪽.

108 「안응칠 역사」, 91쪽.

109 『자료』6, 386쪽.

고 세계에 한국의 참상을 호소하고자 함에 있었다. 그리고 일찍부터 구상했던 동양의 정략을 천명할 기회를 얻으려고 했기 때문이었다.[110]

앞서 언급했듯이 안중근은 삼국 중에서 일본이 가장 진보했고, 한·중은 점차 개명하고 있다고 인식했다. 그는 삼국은 세계에서 형제국과 같은 사이라고 지적하면서 서로 화합하여 점차 문명개화를 완성해 나갈 것을 제안했다. 특히 일본이 맹주가 되어 한국·중국과 정립하여 평화를 유지하지 않는다면 백년의 대계를 그르칠 수 있다고 경고했다.[111] 그는 일본을 인체상의 머리에 비유하면서 일본맹주론에 긍정적인 입장을 보였다.[112] 그가 일본맹주론에 긍정적이었던 것은 일본의 문명개화를 높이 평가했기 때문으로 생각된다. 안중근은 서구 열강이 일본보다 문명 수준이 높다고 인정했다. 안중근이 문명화를 매우 중시했음에도 서구 열강보다 문명 수준이 낮다고 인식한 일본에 접근한 이유는 같은 유교 문화권 국가로서 신뢰했기 때문으로 판단된다. 그에게 유교문화는 서구 문명과 같이 보존해야 할 중요한 가치였을 것으로 보여진다.

안중근은 일본이 대한, 대중정책을 수정할 가능성을 배제하지 않았다. 대한매일신보도 동양 평화의 전제조건으로 일본이 한국의 독립을 지원하고, 만주를 중국에 반환할 것을 촉구했다.[113] 한국 사회 일각에서 일본의 대한정책의 전환 가능성을 기대했던 것을 보여준다. 안중근은 일본 정부가 정책을 수정하면 세계의 신용을 얻을 수 있을 것이라 주장했다.[114]그러므로 그는 일본 정부에 대해 한국에 대해 국권을 반환해야 하며,

---

110 『자료』7, 410쪽.
111 「동양평화론」, 55쪽; 『자료』6, 387쪽; 『자료』7, 421쪽.
112 「동양평화론」, 54쪽.
113 『대한매일신보』1907년 1월 13일, 「상항보의 논설」.
114 「동양평화론」, 55쪽.

중국에 대해서는 여순을 반환할 것을 제의했다. 아울러 그는 일본이 대외정책을 전환하여 평화회의에 참여한다면 일본은 전쟁을 통하지 않고도 동양의 주인공이 될 것이라고 설득했다.[115]

한편 안중근은 일본의 지도층과 인민을 분리하여 사고했고, 특히 일본 인민들의 다수는 평화를 희망한다고 확신했다. 그는 이같이 인식했기에 '동아시아 협력론'에 대한 구상을 하게 된 것으로 보여진다. 또 안중근은 중국이 개명국으로 전환하고 있다고 인정했다. 안중근은 한국과 중국의 상황이 유사하다고 판단했으므로 한, 중 사이의 긴밀한 협력을 촉구했다. 한편 안중근은 한국 민족의 진보 가능성을 확신했고, 이러한 민족에 대한 신뢰가 일본의 보호정책 등을 비판하는 기반이 됐다. 아울러 한국이 동양평화의 한 축이 될 수 있음을 확신하게 하여 동양평화론을 강력히 제창하게 할 수 있게 한 것으로 볼 수 있다.

6. 맺음말

안중근은 필생의 목적이 한국의 독립을 공고히 하는데 있다고 토로했다. 안중근은 근본적으로 인명이 가장 귀중하다고 인식했고, 국가를 인민의 생명을 보호해주는 도구로 인식했다. 안중근은 국가의 독립이 상실되면 국민의 권리는 물론 국민의 생명도 보호할 수 없다고 인식했다. 안중근이 한국의 독립을 열망한 이유는 한국이라는 국가가 한민족을 보호해줄 수단이라고 인식했기 때문으로 볼 수 있다.

그렇다면 안중근은 한국의 독립에 대해 어떻게 인식했는가. 안중근은

---

115 「청취서」, 55~57쪽.

한국이 진보에 성공하면 독립이 가능하다고 인식했다. 안중근은 일본측의 한국사회정체론을 반박하면서 한국인들은 지속적으로 진보를 해왔고, 또 진보해나갈 것이라고 낙관했다. 안중근이 한국이 진보하고 있음을 확신한 이유는 당시 활발히 전개되고 있던 애국계몽운동이 성과를 거두고 있다고 판단했기 때문이었다. 안중근은 의병운동보다 애국계몽운동에 더 많은 기대를 한 것으로 보여지며 그 스스로도 애국계몽운동에 적극 가담했다.

안중근은 전제군주제를 시대에 뒤떨어진 정체라고 인식했다. 그가 문명국이라고 인식한 국가는 영국, 프랑스, 미국 등이었고, 이들 국가의 정체는 입헌군주제와 공화제였다. 따라서 안중근이 지향한 정치체제는 입헌군주제와 공화제 중 어느 하나였을 개연성이 크다. 그런데 안중근은 사회에서 가장 존귀한 것이 황제라고 주장하는 등 황제를 부정하지 않았다. 그렇지만 그는 황제보다는 국민에 비중을 두었다. 안중근은 수차 2천만 민족, 2천만 인민, 2천만 국민이라는 말을 사용했고, 스스로의 거사에 대해 국가와 동포를 위하여 희생하려는 것이지 황실을 위하여 희생하려는 것은 아니라고 강조했다. 이 같은 사실을 감안해볼 때 안중근이 지향한 정치체제는 입헌군주제라고 보여진다.

안중근은 일본의 문명 수준을 높이 평가했고, 특히 일본의 군사력을 높이 평가했다. 그는 일본의 부국강병은 일본 국민의 일치단결에 기인한다고 인식했다. 그런데 안중근은 일본의 문명이 세계 최고 수준은 아니라고 인식했다. 안중근은 한국이 독자적 개혁으로 진보가 가능하다고 판단했지만, 보다 신속한 진보를 위해 근대적 개혁을 성공적으로 수행한 바 있는 일본의 지원을 기대했다. 그러나 안중근은 이토가 통감으로 부임한 뒤에 한국의 문명화는 실천하지 않고 도리어 한국의 유용한 인물을 속속 숙청하고 있다고 판단했다. 안중근은 일본의 제국주의 정책은 일본 지도층의 일부에 의해 자행되고 있는 것으로 판단한 것을 보여준다. 안중근은 일본의 지도층과 인민을 분리하여 사고했다

안중근은 중국은 중화사상에서 탈피하지 못하고, 국민의 단결력이 결여되어 부국강병에 실패했다고 인식했다. 안중근은 중국이 외세의 침략에 자극을 받아 개혁을 추진했고, 개혁에 성과를 거둬 점차 개명국으로 전환하고 했다고 평가했다. 안중근은 한, 중은 일본 침략정책의 피해국이며 모두 개명의 도상에 있는 약자라고 인식했다. 이같이 안중근은 한국과 중국의 상황이 유사하다고 판단했으므로 한, 중의 긴밀한 협력을 촉구했다.

안중근은 '동아시아 협력론'의 필요성을 인정했다. 안중근이 '동아시아 협력론'에 공감한 것은 한, 중, 일 삼국을 유교문화권이라고 인식했기 때문이었다. 그는 삼국을 세계에서 형제국과 같은 사이라고 지적하면서 삼국이 서로 화합하여 점차 문명개화를 완성해 나갈 것을 제안했다. 안중근은 서구 열강이 일본보다 문명 수준이 높다고 인정했다. 안중근이 문명화를 매우 중시했음에도 서구 열강보다 일본에 접근한 이유는 같은 유교 문화권 국가로서 신뢰했기 때문으로 판단된다. 그에게 유교문화는 서구 문명과 같이 보존해야 할 중요한 가치였을 것으로 보여진다.

안중근은 일본이 대한, 대중정책을 수정할 가능성을 배제하지 않았다. 안중근은 일본의 지도층과 인민을 분리하여 사고했고, 특히 일본 인민들의 다수는 평화를 희망한다고 확신했다. 그는 이같이 인식했기에 '동아시아 협력론'에 대한 구상을 하게 된 것으로 보여진다. 또 안중근은 중국이 개명국으로 전환하고 있다고 인정했다. 안중근은 한국과 중국의 상황이 유사하다고 판단했으므로 한, 중 사이의 긴밀한 협력을 촉구했다. 한편 안중근은 한국 민족의 진보 가능성을 확신했고, 이러한 민족에 대한 신뢰가 일본의 보호정책 등을 비판하는 기반이 됐다. 아울러 한국

이 동양평화의 한 축이 될 수 있음을 확신하게 하여 동양평화론을 강력히 제창하게 할 수 있게 한 것으로 볼 수 있다.

04

안중근 의거를 둘러싼
일본의 인식과 대한정책

이규태

아세아역사문화연구소 소장

1. 들어가는 말

올해 2009년 10월 26일은 안중근(安重根) 의거 100주년, 내년 2010년 3월 26일은 안중근 순국 100주년, 그리고 8월은 망국 100주년이 되는 해이다. 국내외에서는 100주년을 기념하여 학술대회나 안중근 자료집 발간 등 여러 행사가 준비되고 있다. 안중근 의거와 순국은 망국의 역사와 연결되어 있어 당시부터 중요한 관심사 중의 하나였다. 왜냐하면 안중근이 저격한 사람이 일본의 근대국민국가를 설계하고 추진했던 핵심인물로서 당시 추밀원(樞密院) 의장이며 '메이지(明治)의 원훈(元勳)'으로 추앙받던 이토 히로부미(伊藤博文)였기 때문이었다.[1] 일본사회는 일찍이 경험하지 못한 충격과 놀라움에 휩싸였다. 일본의 언론은 '흉보(凶報)' 또는 '비보(悲報)'라는 제목으로 일제히 속보를 내보내면서 사건의 정황을 면밀히 보도했고, 안중근을 '미친개(狂犬)'로 비유하며 폄하했고 의병을 '폭도(暴徒)'로 규정했다. 나아가 일본정부와 통감부에 이토의 죽음에 대한 '복수'를 요구하면서 의병의 철저한 '소탕'과 한국의 강제 합병을 주장했다.

안중근 의거를 둘러싼 연구는 여러 방면에서 활발히 이루어지고 있다. 그 배경에는 안중근 공판기록 관련 자료와 방대한 일본정부 및 관헌 자료, 그리고 안중근이 남긴 자전적 기록과 신문자료 등 관련된 1차 사료의 공개 및 접근이 가능했기 때문이다.[2] 최근에 이루어진 연구와 사료에

---

1 1888년 설치된 추밀원은 천황(天皇)의 최고 고문기관으로 이토는 초대의장에 임명된 이후 4차례나 연속으로 의장직을 연임했다. 또한 4차례나 내각총리대신을 역임했으며 그의 총리재임기간 중에는 청일전쟁과 러일전쟁을 일으켜 일본의 대외확장과 '한국병합'에 결정적 역할을 담당했던 인물이었다. 이토는 에도시대(江戸時代) 존왕양이(尊王攘夷) 사상을 주장했던 대표적인 사상가이며 교육가인 요시다 쇼인(吉田松陰)으로부터 많은 영향을 받았다. 요시다는 1857년 소카손주쿠(松下村塾)를 열어 이토를 비롯하여 다카스기 신사쿠(高杉晉作), 구사카 겐즈이(久坂玄瑞), 이노우에 분타(井上聞多) 등 메이지유신(明治維新)의 주역들을 많이 배출한 인물이다.

2 안중근 관련 기존연구 현황과 사료에 대해서는 조광, 「안중근 연구의 현황과 과제」, 『한국근현대사

대해서만 언급하면, 안중근 의거 100주년 기념 연구논문집으로 안중근 의사기념사업회가 발간한 두 권이 있고, 연세국학총서로 발간된 자료집 등이 있다.[3] 안중근 연구와 관련하여 최근 주목받고 있는 것은 한국의 '한국역사정보시스템'과 일본의 '아시아역사자료센터'를 비롯한 통합정보 서버이다. 기존의 여러 자료관의 자료를 통합하여 온라인으로 공개하고 있는 것이 특징이다. 이들 자료 속에는 그동안 알려지지 않았던 일부 미간행 자료도 다수 포함되어 있어 세심하게 사료분석을 통해 활용할 필요가 있다.[4]

본고에서는 안중근 의거를 일본측에서는 어떻게 인식하고 반응했는가, 그리고 일본정부의 정책은 어떤 것이었는가를 분석하는 것이 목표이다. 그런데 이 과제를 전면적으로 분석한 선행연구는 거의 찾아보기 힘들다.[5] 그 이유는 여러 가지가 있겠지만 우선 그동안 일본의 내부 사료에 접근하기 어려웠다는 것과 동시에 최근 공개되고 있는 1차 사료가 너무 방대하여 짧은 시간 내에 체계적으로 사료정리를 할 수 없었던 것이

연구』제12집, 2000년을 참조.

3 안중근의사기념사업회 편, 『안중근과 그 시대』, 경인문화사, 2009년; 안중근의사기념사업회 편, 『안중근 연구의 기초』, 경인문화사, 2009년; 김도형 편, 『대한국인 안중근 자료집』, 선인, 2008년. 안중근의사기념사업회 논문집에는 안중근의 독립운동, 집안내력, 사상, 동양평화론, 의거에 대한 국내외의 반응 등 24편의 논문, 연세국학총서 자료집에는 『만주일일신문(滿洲日日新聞)』과 『경성신보(京城新報)』, 그리고 『안태훈서간자료(安泰勳書簡資料)』가 수록되어 있다. 이미 공개된 신문자료로는 『대동공보(大東共報)』, 『신한민보(新韓民報)』, 『신한국보(新韓國報)』 등이 있으며, 신문자료를 활용한 연구로는 『안중근 연구의 기초』에 수록되어 있는 신운용, 「안중근에 관한 新聞자료의 연구-『滿洲日日新聞』을 중심으로-」, 한상권, 「안중근 의거에 대한 재미동포의 반응-『신한민보』를 중심으로-」, 박 보리스 드미트라예비치/박 벨라 보리소브나, 「안중근 의사의 위업에 대한 러시아 신문들의 반응」 등이 있다.

4 일본의 아시아역사자료센터(アジア歴史資料センター)는 국립공문서관, 외무성 외교사료관, 방위청 방위연구소의 소장 자료를 통합하여 사진파일로 공개하고 있는데 현재도 계속하여 자료를 올리고 있다. '安重根'을 키워드로 검색하면 4,283의 문건이 검색되는데 분량은 수 만 쪽에 달한다.

5 최근 「안중근 의거의 국제적 영향」이란 주제로 독립기념관에서 주최한 광복64주년 및 개관 22주년 기념 학술심포지엄(2009년 8월 7일)에서 발표된 이규수, 「안중근 의거에 대한 일본 언론계의 인식」 참조.

그 이유라고 생각된다. 본고 역시 그런 한계로부터 자유스럽지 못하지만, 이하 본론에서는 이토가 '만주시찰'을 떠나게 된 배경과 목적, 그리고 안중근 의거에 대한 일본사회의 반응, 나아가 안중근 의거에 대한 일본정부의 사후처리 과정 등을 순차로 분석하면서 안중근 의거를 둘러싼 일본정부의 대한정책을 규명해 보기로 하겠다.

2. 이토 히로부미(伊藤博文)의 '만주시찰'의 배경 및 목적

1905년 '을사조약(乙巳條約)'의 핵심주체로서 조선통감부 초대 통감이었던 이토 히로부미(伊藤博文)는 1909년 3월 통감 사임을 결심했다. 이토가 통감 사임을 결심한 것은 갑작스러운 일이 아니었다. 이미 1907년 9월 발포된 통감부 관제에서 새롭게 부통감 제도가 신설되었고, 러일전쟁 때 대장성(大藏省) 대신으로 이름을 날렸던 소네 아라스케(曾禰荒助)가 부통감으로 임명된 것은 이토가 언젠가 통감의 자리를 소네에게 물려주려는 생각을 가지고 있었기 때문이었다.[6] 이토의 정식 사임발표는 1909년 6월이었으며, 통감의 사무인계는 7월 1일~15일 사이에 이루어졌지만, 한국에서의 이토의 영향력은 여전히 절대적이었다.[7] 실제로 이토는 1909년

---

6 小松綠, 『朝鮮倂合之裏面』, 中外新論社, 東京, 1920年, 57쪽.

7 소네가 통감이 되는 과정을 당시 일본의 대한정책의 실무 최고책임자라 할 수 있는 구라치 테츠키치(倉知鐵吉)는 다음과 같이 설명하고 있다. "종래 대한정책은 모든 것을 통감에게 일임하고 정부는 별로 간섭하지 않았지만 이것이 이토였기 때문이었다. 그러나 이번에 소네 자작이 통감이 되었다고는 하지만 과거와 같이 간섭하지 않을 수 있는 상황이 아니었다. 오히려 소네를 통감으로 했기 때문에 정부의 훈령대로 하지 않으면 안 된다는 의견이 있었다. 그래서 소네가 부통감에서 통감으로 승진하는 결정을 내리는 데에는 우선 정부의 대한방침을 결정해서 소네에게 지시하고, 소네가 그것에 동의한 경우에 통감으로 임명한다는 내용이었다." 倉知鐵吉, 『韓國倂合ノ經緯』, 外務大臣官房文書課, 東京, 1950年, 1쪽. 이 자료는 1939년 11월 구라치가 사료를 보존하기 위하여 구술한 것을 외무성 조사과 제4과가 기록한 등사본을 정식 인쇄한 것으로, 『朝鮮倂合之裏面』(小松綠)과 『李王朝秘史』(權

사무인계를 위해 서울에 머물렀던 짧은 기간 중에 한국정부와 협의하여 사법사무와 감옥사무를 일본에 위임한다는 각서를 받아냈는데, 표면상으로 이 각서에는 소네 신임 통감이 서명했지만 실제로는 이토가 한국 수상 이완용(李完用)과 담판하여 결정한 것이었다.[8]

이토는 1909년 7월 15일 인천에서 군함을 타고 일본으로 귀국했다. 귀국 직후 이토는 구라치 테즈키치(倉知鐵吉)가 작성한 한국병합안에 대해 구체적인 검토를 했으며, 만주시찰을 떠나기 전까지 일본 전국을 돌면서 한국문제에 대한 연설을 행했다.[9] 사실 일본 외무성은 이토가 피살되기 7개월 전에 이미 한국병합에 관한 초안을 준비하고 있었다. 1909년 3월 고무라 쥬타로(小村壽太郎) 외상은 외무성 정무국장 구라치에게 한국병합에 관한 초안을 작성하도록 지시했고, 구라치가 작성한 초안을 고무라가 약간 수정하여 확정초안을 만들었다. 그 확정초안의 내용은 다음과 같다.

제국의 한국에 대한 정책은 우리 실력을 반도에 확립하고 엄밀하게 장악하는 것에 있다는 것은 두말할 필요가 없다. 러일전쟁 이후 한국에 대한 우리 권력은 점차 증대되고 있고 특히 재작년(1907년) 한일협약의 체결과 함께 한국에서의 시설은 크게 그 면목을 새롭게 하고 있다. 그러나 한국에서의 우리 권력은 아직 충분히 충실한 단계에 이르지 못하고 있다. 한국 관민들의 우리들에 대한 관계도 역시 아직 만족할 만한 것이 아니다. 따라서 제국은 앞으로 한국에서의 실력을 증진하고 그 근저를 깊게 하여 내외에서 넘볼 수 없는 세력을

藤四郎介) 등과 함께 묶여 영인본으로 출판되어 있다. 伊藤隆・滝沢誠 監修, 『明治人による近代朝鮮論 : 第16巻 李王朝』, ぺりかん社, 東京, 1997年.

8 小松綠, 위의 책, 59쪽.

9 小松綠, 위의 책, 60~61쪽. 구라치에 대해서는 뒤에서 자세히 검토한다.

수립하는데 노력할 필요가 있다. 이 목적을 달성하기 위해 제국정부는 다음과 같은 대방침을 확정하여 이것에 기초한 제반 계획을 실행할 필요가 있다.

제1, 적당한 시기에 한국의 병합을 단행할 것.

한국을 병합하여 이것을 제국판도(帝國版圖)의 일부로 만드는 것이 반도에서의 우리 실력을 확립하기 위한 가장 확실한 방법이다. 제국이 내외의 형세에 비추어 적당한 시기에 단연 병합을 실행하여 반도를 명실상부하게 우리 통치하에 두고 또한 한국과 제 외국과의 조약관계를 소멸시키는 것은 제국 100년의 장계(長計)로 한다.

제2, 병합의 시기가 도래할 때까지는 병합의 방침에 근거해 충분히 보호의 실권을 장악하는데 노력하고 실력의 부식을 꾀할 것.

전항과 같이 병합의 대방침이 확정되었지만 적당한 시기가 도래할 때까지는 병합의 방침에 기초해 우리들 제반의 경영을 진척시켜 반도에서 우리들 실력의 확립을 기하는 것이 필요하다.[10]

이 초안은 1909년 3월 30일 외무대신 고무라가 카츠라 타로(桂太郎) 수상에게 제시한 것으로서, 아직 기타 원로들이나 각료들에게는 보이지 않았던 것이다. 그 이유는 이토가 이에 관해 어떠한 의견을 가지고 있는지 분명하지 않았기 때문이었다. 구라치에 의하면, "나는 겸임 서기관으로서 사실 이토 통감의 비서관이었기 때문에 공이 경성에서 동경으로 왔을 때 매일 만나는 관계상 공의 동정이나 의견은 가장 잘 알 수 있는 입장에 있었지만, 한국처분에 관하여 어떠한 의견을 가지고 있는지 그것만은 나도 몰랐다"고 한다.[11] 즉 한국병합에 관한 초안에 대해 이토의 진의가 어디에 있는지 카츠라 수상도 고무라 외상도 모르고 있었고, 만약 이

10　倉知鐵吉, 앞의 책, 2-3쪽; 中塚明, 『近代日本と朝鮮』, 三省堂, 東京, 1977年, 101쪽.
11　倉知鐵吉, 위의 책, 3쪽.

토가 한국병합안에 대해 반대를 표명하여 의견의 대립이 발생하면 곤란하기 때문에 카츠라와 고무라는 극히 신중한 태도를 취하지 않을 수 없었던 것이다.

그래서 카츠라 수상과 고무라 외상은 이토를 은밀히 만나 그의 의향을 타진해 보기로 했다. 1909년 4월초 어느 모임에서 두 사람은 이토에게 회담을 신청했고, 그 결과 4월 10일 두 사람은 이토가 머물고 있는 아카사카(赤坂) 레이난자카(靈南坂)에 있는 추상(樞相) 관저를 방문해 한국병합에 관한 초안을 제시했다. 그러자 이토는 즉각 이에 대해 완전히 동감한다고 명확하게 의사를 표시했고, 두 사람은 이토의 분명한 대응에 놀랐다고 하는데 이것이 소위 일본정부 수뇌부가 한국병합에 대한 기본방침과 그 절차에 대해 합의했다는 '레이난자카 회견'이다. 이토의 찬성에 안심한 두 사람은 비로소 다른 원로들과 각료들에게 초안을 보이고 동의를 얻어냈으며, 그 후 7월까지 극비로 취급하다가 7월 6일 각의에서 결정하고, 같은 날 천황의 재가를 얻어 확정되었다.[12]

이렇게 한국병합에 관한 기본방침이 확정되자 일본 외무성은 병합의 순서 및 방법 등에 관한 구체적인 세부사항을 결정할 필요가 있었다. 1909년 7월 중순 구라치는 고무라의 지시에 의해 한국병합에 관한 '세목요강기초안(細目要綱基礎案)'을 작성했다. 이것은 "상당한 장문(長文)"으로 고무라 외상으로부터 카츠라 수상에게 보고되었고 물론 이토에게도 제시되었다.[13] 이와 같이 일본정부는 이토가 피살되기 수개월 전에 한국병합에 관한 기본방침을 각의결정과 천황의 재가를 받아 확정했고, 그 구체적인 세부사항까지도 입안되어 있었다. 다만 대내외적으로 비밀로 하고 있었을 뿐 언제라도 한국을 병합할 수 있는 준비를 갖추고 있었던 것

---

12 倉知鐵吉, 위의 책, 4-5쪽.
13 倉知鐵吉, 위의 책, 6쪽.

이다.[14]

그런데 일본정부는 한국병합에 대한 기본방침을 결정해 두고 있었음에도 불구하고 그 실행 시기에 대해서는 아직 결정하지 못하고 있었다. 그 이유 중의 하나는 서구 각국과의 조약개정(條約改正) 문제였다. 주지하는 바와 같이 일본은 막부시대(幕府時代)에 체결된 서구 각국과의 불평등 조약에 의해 법권(法權)과 세권(稅權) 모두 크게 속박을 받아 독립국으로서의 권리 행사에 커다란 제약을 받고 있었기 때문에, 이 불평등 조약을 조속히 개정하여 진정한 독립국으로서의 내실을 확립하는 것이 명치유신 이래 일본정부의 가장 긴요한 과제였다. 이 과제를 달성하기 위하여 일본정부는 모든 분야에서 개혁을 실행했고, 그 결과 법권은 회복할 수 있었지만 세권은 아직도 불평등한 상태로 남아있었다. 당시 카츠라 내각으로서는 한국병합은 물론 중요한 문제였음에 분명하지만, 그렇기 때문에 명치유신 이래 일본의 최대의 과제인 세권회복과 국권회복의 목적에 방해가 되어서는 안 된다고 생각했고, 따라서 한국병합의 단행은 조약개정에 지장을 주지 않는 시기를 선택하지 않으면 안 되었다. 경우에 따라서는 조약개정이 실현된 이후까지 한국병합을 연기하는 것도 어쩔 수 없는 일이라고 생각하는 사람들조차 있었다고 한다.[15] 이러한 상황에 있었기 때문에 병합 단행의 시기가 결정되지 못한 것도 무리가 아니었는데, 이런 상황에서 이토 저격사건이 발생했던 것이다.

그럼 왜 이런 미묘한 시기에 이토는 통감을 사임하고 '만주시찰'을 결심하게 되었을까. 이토가 통감을 사임한 것은 앞에서 검토한 바와 같이 그 시기를 결정하지는 못했지만 이미 한국병합에 관한 일본의 기본정책이 완성되었기 때문에 한국에서의 이토의 기본적인 역할은 끝났으며, 이

---

14 김우종·리동원 편저, 『안중근 의사』, 흑룡강조선민족출판사, 1998년, 34쪽.

15 倉知鐵吉, 앞의 책, 9~10쪽.

제 남은 것은 한국병합을 외교적으로 순조롭게 완성시킴과 동시에 다음 단계로 '만주경영'에 대한 야심을 실현하기 위함이었다. 이토에 대해 고마츠 미도리(小松綠)는 "음양으로 한국병합에 힘을 쏟은 것은 의심할 여지가 없다. 특히 공(公)의 성격으로서 외교방면에 많은 주의를 기울이고 있었기 때문에 한국병합에 앞서 러시아, 청국과 의사소통을 기할 필요를 느끼고 있었음에 틀림없다"고 주장하고 있다.[16] 즉 이토는 과거의 경험 속에서 국제 외교정책의 중요성을 실감하고 있었다. 특히 청일전쟁에서 승리한 일본은 1895년 4월 청국과 시모노세키조약(下關條約)을 체결하고 요동반도(遼東半島)를 할양받았으나, 러시아·프랑스·독일 3국의 간섭으로 요동반도를 청국에 다시 반환하지 않을 수 없었던 과거가 있었다.[17] 이토는 이 경험을 통해 "청국과 조선에서 시행되는 우리 일본의 장래의 외교정책은 서구열강의 교섭을 통한 것"이어야 한다는 교훈을 얻었으며, 특히 러시아를 무시하고 단독으로 '만주경영'을 감행한다는 것은 불가능에 가깝다는 것을 철저히 인식했다.[18]

---

16 小松綠, 앞의 책, 60~61쪽. 고마츠는 1865년 태어나 1887년 게이오(慶應)대학을 졸업한 후 미국에 건너가 1894년 예일대학에서 법학사를 취득하고 1895년에는 프린스턴대학교에서 석사학위를 취득했다. 귀국 후 외무성 관료를 거쳐 1905년 러일전쟁 때 중국의 요동반도로 파견되어 요동수비군 사령부에서 근무했다. 고마츠는 1906년 이토 히로부미가 초대 조선통감이 되어 부임했을 때부터 통감부 서기관으로 근무하기 시작해 1916년까지 외무부장, 외사국장 등 통감부와 총독부의 주요요직을 경험하면서 구라치와 함께 '한국병합' 정책에 깊게 관여한 인물이었다. 그는 『伊藤公直話』, 『伊藤公全集』을 편찬할 정도로 이토에 대해 애정을 가지고 있었다. 伊藤隆·瀧澤誠 編, 『明治人による近代朝鮮論 : 李王朝』第16卷, ぺりかん社, 東京, 1997년, 767~768쪽.

17 3국간섭은 러시아가 주도를 했는데, 그 취지는 "요동반도를 일본이 소유하는 것은 단순히 청국의 수도를 위태롭게 할 우려가 있을 뿐만 아니라, 그와 동시에 조선국의 독립까지도 유명무실하게 하는 결과가 되어, 이는 장래 극동의 영구적인 평화에 대한 장애를 주는 것"이라고 압박을 가했다. 청일전쟁의 승리에 취해 있던 일본은 이 사건으로 커다란 충격을 받았으며, 중국은 서구열강에게 조차지(租借地)를 내주는 계기가 되었다. 3국간섭의 '공로'로 1898년 3월 러시아는 '여대조차지조약'으로 만주에서의 철도부설권과 요동반도를 확보해 만주진출의 기반을 강화했다. 러시아는 의도적으로 이 지역을 '관동주'라 명명하고, 대련을 자유무역항으로 열국에 개방했으며 여순에는 견고하고 영구적인 요새를 구축하여 태평양함대의 거점으로 삼았다.

18 山邊健太郎, 『日本の韓國倂合』, 太平出版社, 東京, 1966年, 239~240쪽.

한편 러일전쟁의 결과 포츠머스조약을 통해 한국에서의 일본의 우월권과 요동반도의 조차권, 그리고 장춘(長春)-여순(旅順)간 철도를 러시아로부터 양도받은 일본은 '요동수비군'을 폐지하고 그 대신 '만주군총병참감부'를 신설했다. 총병참감에는 고다마 겐타로(兒玉源太郎)가 임명되고 그 밑에 '관동주군정서'를 두었다. 1905년 10월에는 천황 직속의 '관동총독부'를 요양(遼陽)에 설치하고 육군대장 오시마 요시마사(大島義昌)를 초대총독으로 임명했다. 총독의 임무는 군대를 통솔하여 관동주를 수비하고 민정을 감독하며 병참사무를 통괄하는 것이었지만, 남만주를 제압한 일본군은 자유항이었던 대련을 폐쇄하고 서구 열강의 상인들을 축출해 노골적으로 대련무역을 독점했다. 군부와 결탁한 일본상사가 이권을 독차지하자 미국, 영국으로부터 남만주의 군정에 대한 항의가 빗발치자 국제적 외교관계를 중시했던 이토는 어떤 조치를 취하지 않으면 안 되었다.

그 결과 우선 1906년 9월 총독부를 대신하여 여순에 본부를 둔 '관동도독부(關東都督府)'가 발족되었다.[19] 초대 도독에는 오시마 요시마사가 임명되었는데 도독은 군대를 통솔하고 외무성의 감독하에 정무를 행하며, 남만주철도를 보호하고 회사업무를 감독하는 것이었다. 이 임무는 복잡하기는 했지만 이전과 같은 '군정'은 아니었다. 그리고 1906년 12월에는 일본육군으로부터 '야전철도'를 인수하여 대련(大連)에 본사를 둔 남만주철도주식회사(만철)가 설립되었다. 이렇게 하여 만주에서의 일본의 조차지는 관동도독부가 통치하고, 철도경영은 만철이 담당하는 형식을 갖추게 되었다. 특히 초대 만철 총재로 부임한 고토 신페이(後藤新平)는 이토의 절대적인 신임을 등에 업고 광대한 철도 부속지를 포함한 만주 침략의 국책회사로서 만철을 성공적으로 운영해 나갔다. 만철의 영업은 1907

---

19 1908년 9월 칙령에 의해 '관동주재판령'이 제정되어 관동도독부 산하에 2심제인 지방법원과 고등법원이 설치되었다. 초대 고등법원장은 대법원 판사였던 히라이시 우지도(平石氏人)가 부임했다.

년 4월 개시되었는데, 고토는 '관동도독부'의 고문이 되어 행정을 일원화하고 철도개량과 항만확장 등 기반시설을 확충하면서 '대련중심주의' 정책을 펼쳐나갔다.[20]

그리고 1907년 7월 일본과 러시아는 한국·만주·몽골에서의 양국의 이권과 관련해 '제1차 러일협약'을 체결해 불안정하지만 나름대로 균형을 유지하고 있었다.[21] 이에 대해 서구 열강 특히 미국은 불만이 많았다. 러일전쟁 직후 철도왕 해리만(W. Averell Harriman)은 일본경제가 피폐해 있음을 알고 1억 엔의 자금을 제공하는 대가로 남만주철도를 공동 경영한다는 내용의 각서를 맺었는데 이를 일본이 파기했고, 이후 미국은 지속해서 만주의 문호개방과 기회균등을 주장해 왔다. 1909년 1월 미국은 "만주에 있어서 일본과 러시아의 철도를 중립화하여 열국이 공동 경영한다"는 내용을 일본에 정식으로 제안했다. 그리고 미국에 이어 영국이나 독일도 만주의 문호개방과 기회균등을 주장했다. 그러나 일본과 러시아는 이러한 제안에 대해 아무런 회답도 하지 않고 있었기 때문에 세계 각국은 미국의 제안에 대한 일본과 러시아의 대응을 주목하고 있는 상황이었다. 이토는 만주와 관련하여 이러한 여러 당면한 문제들을 해결할

---

20 고토가 주장한 만철 '대련중심주의'란 예를 들면 영국과 미국이 주로 이용하고 있던 상업항으로 요하(遼河)의 하구에 위치한 영구(營口)에 대항하기 위해 다음과 같은 정책을 실시했다. 영구는 겨울에 얼지만 만주 중심에서 가깝고, 대련은 부동항이지만 중심에서 멀다는 약점이 있었다. 즉 장춘-대련 간선은 도중 대석교(大石橋)에서 갈라져 대석교-영구는 22킬로, 대석교-대련은 240킬로였다. 즉 장춘에서 대련은 영구보다 218킬로가 더 멀었지만 고토는 운임을 같게 해 버림으로써 일거에 영구를 능가하는 무역액을 달성했다. 왜냐하면 영구에서 물자를 나르는 것보다 황해에 면한 대련에서 출하하는 것이 훨씬 싸고 편리했기 때문이었다. 고토는 또한 이런 '대련중심주의'와 더불어 '문장적 무비(文裝的武備)'라 하여 문화시설을 확충·강화하여 그 파급효과로 전쟁에 대비한다는 정책을 전개해 여순에 대규모 병원을 짓고 공학당(여순공과대학)을 세웠다.

21 이 협약은 "만주, 한국 및 몽골에 관한 일체의 분쟁 또는 오해의 원인을 제거한다"는 것으로, ⑴ 북만주와 남만주의 경계선을 정하고 양국의 특수이익을 서로 존중한다, ⑵ 러시아는 일본과 한국 양국 간의 조약·협약에 의한 이해관계를 승인하고 어떤 간섭도 하지 않을 것을 약속한다, ⑶ 일본은 외몽골에 있어서의 러시아의 특수한 이익을 승인하고 아무런 간섭도 하지 않을 것을 약속한다는 내용을 담고 있었다.

필요가 있었고, 그러기 위해서는 러시아와의 이해관계도 조정해야만 했다. 그래서 10월 초순 이토는 당시 러시아의 동청철도를 관할하고 있었던 재무성의 수장이며 러시아 정부 내에서 유력자로 알려진 코코프체프가 하얼빈에 올 수 있다는 정보를 확보하고 그와 회담하기 위해 만주행을 결심했던 것이다.[22]

그런데 여기에서 주목해야 하는 것은, 이토가 단순히 당면한 현안문제들의 타결만을 위해서 만주행을 결심한 것이 아니라는 것이다. 이토는 커다란 그림을 그리고 있었다. 외무성 정무국장으로 사실상 이토의 비서관이었던 구라치는 다음과 같이 기록하고 있다.

> 이토 공의 '하얼빈'행은 표면상으로는 고토 신페이의 제안 정책에 의해 코코프체프와 회담하는 것이 목적이었다고 알려져 있다. 물론 그것은 틀림이 없는데 다만 그것과 전혀 관계가 없는 하나의 사정이 있었고, 이것을 포함해 이토 공은 '하얼빈'행을 결행했던 것이다. 이것에 관해서 아는 자는 많지 않지만 나는 이토 공과의 내밀 이야기를 통해 이와 같이 단정하는 것이다. 다만 이것은 병합문제와 직접적으로 관계가 없기 때문에 다른 기회로 넘기겠다.[23]

구라치가 지적하고 있는 "관계가 없는 하나의 사정"이란 러시아와 협상하여 만주를 확실히 일본의 세력권으로 장악한 후, 북경으로 건너가 청국의 재정을 감독하여 장래 중국을 한국과 같이 보호국으로 만들겠다

---

22 小松綠, 앞의 책, 61쪽.

23 倉知鐵吉, 앞의 책, 10쪽;『滿洲日日新聞』, 1909년 10월 9일. 이토의 渡滿 이유 : "이전부터 노력해온 일본의 외교 기초를 만주 본위로 진전시키기 위해 최고의 원로로서 일단 시찰해 둘 필요가 있고, 또한 장래는 시세의 진운(進運)이 만한척식(滿韓拓植)의 통일적 제도 창설을 촉진하는 것",『滿洲日日新聞』, 1909년 10월 11일자도 참조. 10월 12자에는 일청협약에 대한 외국의 항의에 대해 변명을 위한 재료연구라고 보도했다.

는 원대한 꿈을 가지고 '만주시찰'을 결단했던 것이다. 아무튼 이런 꿈은 그의 죽음으로 '사화(死花)'가 되어 그의 계승자들에 의해 후일을 기약하게 되었다.[24] 1914년 박은식(朴殷植)은 자신이 쓴 『안중근전』 속에서 다음과 같이 지적했다.

길을 떠나면서 그는 이번 여행은 정치적 성격을 띠지 않는 한가한 여행이라고 선언했다. 그러나 일본의 신문은 공작의 이번 여행은 만주경영의 시찰과 실시의 첫걸음을 떼게 하는 것이라고 했으며 세계 각국의 여론은 미국이 '만주신협약'(1907년의 제1차 러일협약 : 필자)을 반대할까 두려워서 이토가 이번 여행을 떠났는데 그는 조사를 통하여 변명할 구실을 얻으려는 것이라고 했다. 그러나 이런 논평은 아직도 그의 진면모를 알지 못하고 한 것들이었다. 이토가 죽은 다음 세상이 떠들썩하게 전해진데 따르면 그의 목적은 관동도독부를 철폐하고 한국통감의 권력을 만주에까지 확장하려는 것이었다. 이토는 만주의 일을 다 처리하고서는 중국의 내정을 감독하기 위해 중국에 통감을 두어 중국의 재정사무를 감독해야 한다고 주장했다 한다. 이를 미루어 볼 때 이토의 이번 여행목적은 러시아 대신과 만주문제를 상론한 다음 각국의 밀사들과 함께 세계 각국의 대표들을 모아놓고 중국의 재정감독에 관한 담판을 하여 이토 자신이 그 통감을 담당하려는 것이었으니 그의 야심이란 그야말로 크나큰 것이었다.[25]

---

24 당시의 상황에서 한국이 일본의 보호국으로 되자 가장 크게 위협을 느낀 나라는 청국과 러시아였다. 동북지방 즉 만주의 한국화가 목전에 다가왔고 러시아로서는 시베리아의 만주화를 걱정하지 않을 수 없게 된 것이다. 동시에 이토의 만주시찰과 하얼빈에서의 러시아 실력자 코코프체프와의 회담은 이런 소용돌이 속에서 동양에 관계되는 각국에 큰 의문을 던졌던 것이다. 미국, 영국, 독일, 프랑스도 예외는 아니었다. 미국은 해리만 철도왕을 통한 세계일주 철도계획안의 좌절을 걱정하고 영국, 독일, 프랑스는 러시아의 남하정책이 자기들의 이익을 침해할까 우려하고 있을 때였다. 따라서 러시아와 일본의 실력자끼리의 회담은 세계열강의 관심사가 아닐 수 없는 상황에서 사건이 발생, 일본과 러시아의 양 거두가 하얼빈에서 만난다는 것은 국제적 관심사였다. 김우종·리동원 편저, 앞의 책, 33쪽.
25 창해로방, 『안중근전』, 상해대동편집국, 1914년, 김우종·리동원 편저, 앞의 책, 105~106쪽. '창해로

1914년 당시에 박은식이 복잡한 국제정세를 간파하고 이러한 판단을 할 수 있었다는 것은 한마디로 놀라운 일이라고밖에 말할 수 없지만, 그것은 역사적 진실을 추구하면서 조국의 광복을 꿈꾸었던 학자적 양심에서 보면 필연적인 인식이었다고 할 수 있다. 즉 이토가 저격당하는 계기가 되었던 그의 '만주시찰'은 한국병합의 모든 준비가 완료된 상태에서 청일전쟁과 러일전쟁의 당사자인 청국과 러시아를 압박하고 국제적 현안 문제를 타결하면서 외교적으로 부드럽게 한국병합을 추진하기 위함이었다. 또한 한국병합이 이루어진 후 다음 단계로 '만주경영'을 구체화시키고, 나아가 한국을 보호국화한 것처럼 동북아의 안정을 위해 청국을 돕는다는 명분으로 우선 청국의 재정을 감독하는 권리를 국제적으로 인정받아 청국을 보호국으로 만들 큰 꿈을 키우고 실천해 보려는 야심에 찬 시찰이었던 것이다.

3. 이토의 만주에서의 행적과 안중근 의거에 대한 반응

1909년 10월 9일 이토는 천황을 만나 칙허를 받음으로써 '만주시찰'

방(滄海老紡)'은 박은식의 필명이다. 『안중근전』은 1914년경 상해(上海)에서 중국어로 출판되었다. 박은식은 안중근과 같은 황해도 사람으로 안중근의 부친 안태훈(安泰勳)과 매우 친한 사이였기 때문에 안중근의 출생에서부터 그의 성장과정과 애국운동에 종사한 모든 과정을 잘 알고 있었다. 또한 민족적 역사학자로서의 박은식의 역사적 혜안(慧眼)이 가미되어 당시의 국제정세뿐만 아니라 안중근 의거가 가지는 역사적 의미를 정확히 파악하여 서술하고 있다. 여기에는 또한 양계초(梁啓超), 장태염(章太炎=章炳麟), 한염(韓炎), 고관오(高冠吾), 황계강(黃季剛), 정선지(程善之) 등 약 30여명의 중국의 정계요인과 석학들이 쓴 서문과 시문이 있으며, 이 책이 출판되면서 중국인들은 안중근을 올바로 이해하게 되었으며, 이 전기를 중국의 『세계위인전』에 수록했다. 이것을 보아도 당시 중국인들이 안중근을 얼마나 높이 평가했는지를 이해할 수 있는데, 한염이 쓴 서문에는 "한국의 문인(文人) 창해로방 선생이 안중근의 뜻이 제대로 알려지지 않을까 걱정되어 견문을 수집하여 책 한권을 쓴 것"이라고 밝히고 있다. 박은식의 『안중근전』은 한글로 번역되어 김우종·리동원 편저, 앞의 책 『안중근 의사 : 론문·전기·자료』에 수록되어 있다.

의 구체적인 준비에 착수했다.[26] 우선 고무라 외상을 통해 영국주재 일본 대사와 청나라 공사에게 전보를 쳐서, 이토가 일찍이 만주여행을 희망하고 있었는데 이번에 휴가를 얻어 16일 일본에서 배를 타고 대련(大連)에 도착하여 하얼빈을 거쳐 남쪽을 순방한 후 돌아올 것이라는 사실을 알렸다. 그리고 이 '시찰'은 약 3~4주간을 예정하고 있으며 이것은 완전히 개인자격으로서의 여행으로 어떠한 사명을 가지고 움직이는 것이 아니라는 사실을 영국주재 일본대사를 통해 각국 대사들에게 전하라고 특별히 강조했다.[27] 이토 일행의 하얼빈까지의 여행 스케줄은 18일 대련에 도착하여 20일 여순(旅順)으로 가서 하루 체재한 뒤 22일부터 25일 아침까지 봉천(奉天=심양)에서 체재하기로 되어있었다. 그리고 25일 아침 봉천을 출발하여 26일 오전에 하얼빈에 도착하는 일정이었다.[28]

이토는 '만주시찰'을 떠나는 전인 1909년 6월 통감을 그만두면서 추밀원 의장의 연임이 결정되어 4번 연속 의장이 되었는데 그의 공식적인 직함은 추밀원 의장이었다. 드디어 이토는 10월 13일 도쿄(東京)를 출발하여 14일 오이소(大磯) 역에서 시모노세키(下關)행 급행열차를 탑승해 16일 모지(門司)항에서 '테츠레이마루(鐵嶺丸)'로 대련을 향해 출발했다. 18일 오후 2시경 비가 내리는 가운데 화려한 폭죽과 수많은 환영인파의 물결 속에서 대련항에 도착한 후 즉각 요동(遼東)호텔 신관 3층에 투숙했다. [29]

---

26 『滿洲日日新聞』, 1909년 10월 10일. 이토는 10월 11일 야마가타(山縣)와 만나 만주문제에 대해 환담, 『滿洲日日新聞』, 10월 13일.

27 「電報第110號(英), 第368號(清)」(1909년 10월 9일), 국사편찬위원회 편, 『韓國獨立運動史』資料7, 1978년, 1쪽. 같은 날 코무라 외상은 봉천(奉天) 주재 총영사 고이케 조우조우(小池張造)에게 전보를 보내 수행들의 이름을 알림과 동시에 여행 중 이토 일행에게 충분한 편의를 제공할 것을 만주 각 영사들에게 알리라고 지시했다. 「電報第106號」(1909년 10월 9일), 『韓國獨立運動史』資料7, 1쪽.

28 「電報」(1909년 10월 16일), 『韓國獨立運動史』資料7, 1~2쪽; 『滿洲日日新聞』, 1909년 10월 10일. 이토는 10월 5일 갑자기 쓰러져 건강상 여행할 수 없는 상황이었지만, 그에게는 죽음보다도 더 중요한 일이 계획되어 있었기 때문에 '만주시찰'을 강행했다. 『滿洲日日新聞』, 1909년 10월 7일.

29 『滿洲日日新聞』, 1909년 10월 13일, 10월 17일, 10월 20일.

이토는 19일 계획대로 대련에서의 일정을 무사히 소화했고,[30] 오후 6시 후시미다이(伏見臺) 공회당에서 열린 환영회에서 다음과 같은 내용의 연설을 했다.

"이번 여행은 어떤 공무를 가지고 온 것이 아니라 단순히 만유(漫遊)에 불과하다"고 다시 한번 강조한 후, "자신은 항상 극동의 평화를 열심히 희망하는 자이며, 만약의 경우 극동의 평화는 직접 우리 일본제국에 지대한 관계를 가지기 때문에, 따라서 일본은 이 평화를 유지함에 있어 중대한 책임을 가진다는 것은 말할 필요가 없다. 더구나 만주는 이 평화에 가장 밀접한 관계에 있으며 이 지방에서의 일본의 방침은 원래부터 문호개방과 상공업상의 기회균등이었다. 문호개방과 기회균등은 문자대로 명료하지만 이것을 실제로 행함에 있어서는 다소 비난도 있고 또한 열강으로부터 약간의 의혹을 제기하기도 하지만" 일본은 성심성의를 가지고 노력해야 한다고 주장했다. "특히 청국인에 대해서는 항상 친목(親睦)의 뜻으로 서로 협력하여 지방의 발달을 도모하고 이익을 증진하여 함께 문명의 은택(恩澤)을 누리자"고 강조하면서, "청국은 최근 점차 이목(耳目)을 새롭게 하여 예의문명(銳意文明)의 통치를 꾀하려고 하고 있으며, 자신은

---

30 이토의 만주에서의 일정은 구체적으로 계획되었는데, 하나의 예로 대련에서의 하루 일정은 다음과 같이 준비되었다.

"18일 대련도착, 즉각 요동호텔 투숙하여 휴식, 19일 대련시 순람, 오전 9시 요동호텔에서 信濃町을 우회하여 시장을 거쳐 常盤橋를 건너 伏見臺 中央試驗場으로, 中央試驗場에서 兒島氷室 부근 공원입구 環翠門에서 공원도로 일직선에 있는 永樂門을 나와 오른쪽으로 돌아 越後町을 거쳐 西廣場에서 岩代町-磐城町-浪速町을 돌아 나와 奧町에서 大廣場의 正金銀行으로, 正金銀行에서 大山路로 들어가 좌측의 愛岩町에서 駿河町 工學堂에 도착, 工學堂에서 駿河町 大山路로 나와 民政署 앞을 통과하여 東公園町 제1소학교로, 제1소학교에서 東公園町에 있는 만철회사로 이동하여 오찬, 만철회사를 나와 東公園町 關東倉庫 앞에서 좌회전하여 山縣路를 나와 東廣場을 거쳐 三泰油房에 도착, 三泰油房에서 東廣場을 거쳐 부두로, 부두에서 승선해 해로로 築港사무소로, 築港사무소에서 川崎조선소에 와서 상륙, 川崎조선소를 나와 발전소에 들러 六角堂을 거쳐 北公園에서 大和호텔 앞으로 나와 兒玉町 日本橋를 거쳐 南廣場에서 요동호텔로, 오후 6시 伏見臺공회당 연회장에 참석."『滿洲日日新聞』, 1909년 10월 20일. 모든 지역에서의 이토의 일정은 이와 같이 구체적으로 계획되었다.

열심히 각종 개혁이 성공하기를 희망하는 자이며, 그 이유는 만약 불행하게도 성공하지 못하면 단순히 청국 혼자만의 문제가 아니라 극동의 평화에 영향을 주기 때문이다. 따라서 나의 소견에 의하면 일본정부는 청국의 개혁을 성공시키는데 있어 만약 직접 원조의 여지가 없다면 간접적으로 원조해야만 한다고 믿는다"고 청국에 대한 자신의 '야망'의 단면을 내비쳤다. 그리고 러시아와의 관계에 대해서는 "러시아의 이익과 일본의 이익은 서로 충돌하지 않을 뿐만 아니라 각자의 이익을 증진함에 의해 이 지방의 발달을 가져오며, 청국인들에게 물질적 문명의 은택을 누리게 할 수 있음을 믿어 의심하지 않는다"고 강조했다. 이토는 마지막으로 "만주의 발달은 청국인과 일본인, 러시아인, 기타 이 지방에 이익관계를 가지는 제국민이 서로 협력하여 공통의 이익을 증진하는 것에 의해 이것을 도모할 수 있다고 믿어 의심하지 않는다"고 기대감을 표명했다.[31]

이 내용이 1주일 후 이토가 저격당해 사망하자 일본은 이를 근거로 이토의 '극동평화론(極東平和論)'을 대대적으로 선전했으며, '평화주의자' 이토를 죽인 한국인 안중근은 '흉한(凶漢)·흉적(凶賊)'으로 묘사되어 복수를 주장했던 것이다.[32] 대련에서의 일정을 마치고 10월 20일 오전에 이토 일행은 여순으로 향했다. 만철은 건강이 좋지 않았던 이토의 '만주시찰'을 위해 최고급의 편의시설을 갖춘 임시특별열차를 편성해 두고 있었다.[33] 여순역에 도착한 이토는 야마토(大和)호텔에 들어와 여장을 풀고 민정부와 백옥산(白玉山) 납골당을 참배하는 등 대련에서와 같이 이미 구체적으로 정해진 일정에 따라 주요 기관과 시설을 방문하고 오후 6시에는

---

31 『滿洲日日新聞』, 1909년 10월 21일.

32 『滿洲日日新聞』, 1909년 11월 4일. 안중근의 '동양평화론'과 이토의 '극동평화론'을 비교분석한 논문으로는 신운용, 「安重根의 '東洋平和論'과 伊藤博文의 '極東平和論'」, 안중근의사기념사업회 편, 『안중근과 그 시대』 참조.

33 『滿洲日日新聞』, 1909년 10월 20일.

'여순관민연합환영회'에 참석했다.[34] 환영회에서 이토는 "여순은 두 차례의 대전을 거쳐 마침내 오늘날 우리 일본제국이 관리하는 곳"으로 되었다고 하면서, 러일전쟁 때 난공불락의 요새를 함락시키는데 "우리 제국 국민, 특히 육해군에 종사하는 사람들의 진력(盡力)에 의해 성공을 이룬 것도 폐하의 위덕(威德)과 국민 모두의 힘이 하나로 뭉쳐 가능했던 것으로 결코 우연의 사건"이 아님을 강조했다. 그리고 "명치유신 이래 여러 어려움이 있었지만 오늘날 회고하면 정말로 감개무량하다"고 회고하면서 극동의 정세와 세계정세에 유의해야 함을 강조했다.[35] 다음날 21일에는 러일전쟁의 최대 격전지였던 203고지와 이룡산(二龍山) 등을 순시하면서 희생된 일본군 전사자들을 위로했다.[36]

---

34 『滿洲日日新聞』, 1909년 10월 22일. 여순은 청일전쟁과 러일전쟁의 격전지로서 백옥산 북쪽 기슭에 '백옥신사 납골당'이라고 불렸던 사당이 있었으며 이곳에 일본군 병사 유골함 2만여 개가 보관되어 있었다. 러일전쟁 후 노기 마레스케(乃木希典)와 도고 헤이하치로(東鄕平八郎)는 전사한 일본군을 위로하기 위하여 수천 명의 중국인을 강제 노역시켜 1907년 6월부터 '표충탑(表忠塔)'을 건설하기 시작하여 1909년 11월에 완성했는데 이탑을 현재 중국에서는 '백옥산탑'이라 부른다.

35 『滿洲日日新聞』, 1909년 10월 22일. 『東京朝日新聞』 1909년 10월 20일자에는 「진보당 모씨의 담화」를 게재하고 이토의 '만주시찰'이 미국의 간섭을 견제하기 위한 만주방문임을 시사했다. "이토공의 만주시찰에 대해 외국인들은 매우 주목하고 있다. 『Japan Gazette』 등은 일찍이 기사화하고 있다. 그럼에도 불구하고 일본의 신문은 냉담하기 그지없다. 도대체 무슨 이유인지 모르겠다. 우리나라가 만주의 문호개방, 기회균등을 주창한다는 데에 관해서는 아무런 이의도 없다. 그럼에도 불구하고 정부의 정책이 열국의 의심을 받고 있고, 심지어 모 나라는 청일관계를 중상 모략하는 자료로 삼고 있다. 우리 땅도 아닌 만주에 대해, 일본국내에서 '자원조사'라든가 '만주개발'이라는 식으로 목소리를 높이고 신문도 이에 호응하는 것은 청국의 주권에 무례를 범하는 것이다. 그것 때문에 러시아는 한층 일본에 대해 회의적이고, 야심을 품고 있는 모 나라는 그것을 이용하여 우리나라를 중상하고 있다. 안봉선(安奉線) 문제의 해결은 만주를 상업무역의 중추로 삼기 위한 것이다. 우리나라로서는 열국의 자본을 유치하여 경제관계를 다원화함으로써 평화를 보장하려는 노력인 것이다. 만주에 대한 열국의 투자가 평화를 보증할 것이므로 우리나라는 무리하게 군대를 파견할 필요도 없을 것이며, 상공업과 무역상의 이익을 얻을 수 있다. 우리나라가 만주의 이익을 독점하고 타국을 배척하는 일 따위는 있어서는 안 된다. 이번에 이토 공의 만주행은 모모 나라의 중상이 아무런 근거도 없는 일이라는 것을 세계 각국에 알리기 위한 유효한 방법을 구할 목적으로 이루어진 것이다."

36 해발 203m에 위치한 203고지를 일본군이 점령하는데 무려 4개월 이상이 걸렸으며, 일본군 17,000여명, 러시아군 6,000여명의 사상자를 냈다. 승리 아닌 승리로 여순공략을 담당한 노기(乃木希典)는 두 아들을 잃었음에도 불구하고 자책감으로 천황에게 할복 요청을 했는데, 천황이 허락하지 않자 생존해 있다가 명치천황이 사망한 날 자살할 정도로 203고지 전투에서 일본군의 희생이 컸다. 노

10월 22일 오전 여순을 출발한 이토는 오후 4시에 요양(遼陽)에 도착하여 관민의 접대를 받고 봉천으로 향했다. 그리고 오후 6시 현지 일본 관민들 뿐만 아니라 석양(錫良) 총독과 정덕전(程德全) 순무(巡撫) 등 청국 관원들의 열렬한 환영 속에 봉천(심양)에 도착했다.[37] 이토의 '만주시찰'은 북경의 청국정부에서도 상당히 신경이 쓰인 문제로서 이토의 숙소 등 여행과 관련된 편의를 제공하겠다고 제의했는데, 일본측은 이를 정중히 거절했다. 그러나 청국측은 제삼 이토에 대한 접대를 요구했고 이토는 어쩔 수 없이 이를 받아들였다. 그래서 봉천에 도착한 다음날인 10월 23일 오후 6시 이토는 총독공서(總督公署)를 방문해 총독이 주최하는 만찬회에 참석했다. 이곳에서 이토는 총독과 순무 등 청국관리들과 약 3시간의 회담이 이루어졌다. 청국측은 우선 이토에게 철도부속지의 과세문제와 경찰권 집행문제 등에 관한 불만을 제기했고, 이에 대해 이토는 그런 문제들에 대해 의견을 진술할 지위에 있지 않다고 즉답을 회피했다. 그리고 "청국에서는 요즈음 빈번히 이권회수를 운운한다고 하나 이쪽에서 이권을 회수하여 저쪽에서 잃어버린다면 이권회수도 아무런 효과가 없을 것이다. 이권을 지키기 위해서는 국가에 실력이 있어야 한다. 실력이라 함은 병력을 말함이 아니다. 재력과 국가의 조직을 말하는 것이다. 국가의 조직이 충실하고 재력이 확고치 않으면 여하히 하여 이권을 지킬 수 있겠는가. 청국은 치외법권과 관세, 그리고 기타 중요한 사항에 있어 이권을 잃어버린 것이 많다"고 충고한 후, "우선 이것들을 회수하지 않고 구구한 문제에 대하여 이권의 회수를 운위하여도 아무런 효과가 없을 것"이라고 지적하고 청국측의 불만을 무시해버렸다.[38]

기는 203의 중국어 발음을 본따 "얼령산-그대 영혼의 산"으로 불렀다.

37 「電報第170號」(1909년 10월 22일), 『韓國獨立運動史』資料7, 2쪽; 『滿洲日日新聞』, 1909년 10월 24일.

38 「機密號外」(1909년 10월 25일), 『韓國獨立運動史』資料7, 3~5쪽. 그러나 이 문제에 대해 이토는 내부

다음날 10월 24일 이토는 예정대로 만철이 경영하는 무순탄광을 시찰하는 것으로 시작하여 중요 시설과 기관을 돌아보고 봉천으로 돌아왔다. 그런데 과로에 의한 건강상의 문제인지는 몰라도 저녁에 예정되어 있었던 '거주민환영회'는 취소되었다. 그리고 다음날 약간 늦은 오전 11시에 봉천을 출발하여 오후 7시에 장춘에 도착했다.[39] 그리고 러시아 동청철도회사가 제공한 특별열차로 갈아타고 저녁 11시 정각에 장춘을 출발하여 하얼빈으로 향했다. 하얼빈에는 10월 26일 오전 9시에 도착하도록 계획되어 있었다. 이토를 태운 특별열차는 열차속도를 조절하면서 정확하게 오전 9시에 하얼빈에 도착했고, 코코프체프가 직접 열차 안으로 들어가 하얼빈 총영사 가와카미 토시히코(川上俊彦)가 통역하는 가운데 약 20분간 이토와 면담했다. 그리고 이토는 열차에서 내려와 환영객들에게 인사하고 러시아 의장대를 사열하는 과정에서 안중근(安重根)으로부터 총격을 받고 그 자리에 쓰러져 다시 열차 안으로 옮겨졌으나 15분 만에 절명했다.[40]

이토가 저격당한 직후 만철총재 나카무라 제코(中村是公)는 즉각 러시아 동청철도측과 교섭을 벌여 같은 차량으로 장춘으로 돌아갈 수 있도록 조처를 취했고, 이윽고 귀빈차로 관이 운반되어 비교적 작은 체구의 이

적으로는 "철도부속지 행정권문제에 대해서는 우선 러시아의 태도를 연구할 필요가 있다. 일본에서 아무리 강경한 주장을 유지해도 러시아가 청국에 대해 우호적인 태도로 나온다면 일본의 행동은 다만 세상의 웃음거리가 될 뿐이다. 따라서 이번에 하얼빈에서 러시아 재무상과 회견하여 관계를 돈독히 하고, 동시에 러시아의 태도도 탐지한 후 우리 의견을 정하고 싶다"고 부하에게 전했다. 그리고 "관동도독부가 관동주 외에 행정권을 집행하고 있는 것은 부당한 제도라고 생각되나 그 개정을 자기가 말하는 것이 득책이냐 아니냐는 것은 심히 의문이다. 단연 속히 금지하지 않으면 안 된다. 귀국 후 당국자에게 충고를 하겠다"고 하면서 "고압적 협박수단으로써 청국에 임할 시대"는 이미 지났기 때문에 일본만이 그런 태도를 취한다면 "중대한 실패를 초래하게 될 것"이라고 주장했다.

39 『滿洲日日新聞』, 1909년 10월 25일.

40 이토 수행원이었던 궁내부 비서관 모리 야스지로(森泰二郎), 만철 이사 다나카 세타로(田中淸太郎), 하얼빈 총영사 가와카미 토시히코(川上俊彦)도 총격을 받고 중경상을 입었다.

토의 사체가 거두어졌다. 이때 러시아 관헌으로부터 검시요청이 있었지만 나카무라는 거부했다. 이토의 시신을 실은 특별열차가 출발하기 직전 코코프체프가 귀빈차로 올라와 조의를 표했고 오전 11시경 특별열차는 장춘을 향해 하얼빈을 출발했다. 이토 유해는 오후 5시경 장춘에 도착하여 만철 소유의 특별열차로 갈아타고 6시에 장춘을 출발해 오후 12시에 봉천을 거쳐 27일 오전 10시경에 대련에 도착했다. 이토의 시신은 대련 야마토(大和)호텔 별관에 임시로 안치되었다.[41] 일본 국내에서는 사세보(佐世保)에 있던 군함 '이와테(磐手)'를 대련으로 급파하여 이토 시신을 실어오려 했으나, 일단 출항한 군함 '아키즈시마(秋津洲)'가 날씨 때문에 대련으로 되돌아갔기 때문에 10월 28일 오전 10시 군함 '아키즈시마'가 이토 시신을 싣고 일본 요코스카(橫須賀)를 향해 출발했다.[42] 10월 31일 밤 요코스카항에 도착한 이토 시신은 11월 1일 오전 11시 특별열차로 도쿄 신바시(新橋)를 향해 출발해 11월 2일 오후 1시 신바시역에 도착하여 오후 2시 40분 아카사카 레이난자카의 추상(樞相) 관저에 도착했다. 이토의 장례는 임시 각의에서 국장으로 할 것을 결정하고, 11월 4일 국장(國葬)으로 치러졌는데 당일은 전국 모든 학교에 휴교령이 내려졌고 가무음곡(歌舞音曲)도 금지되었다.[43]

그럼 여기에서 이토의 사망에 대해 일본은 어떻게 반응했는지 검토해 보기로 하자. 이토의 사망 소식은 너무나 갑작스러운 사건이었기 때문에 일본정부는 물론 일본사회에 커다란 충격을 주었다. 뿐만 아니라 국제적

---

41 수행의사 고야마 젠은 특별열차가 장춘에 도착하자 비로소 시신에 조치를 취했는데 시신을 훼손하지 않기 위해서 총탄은 그대로 체내에 둔 채 세 곳의 창상을 깁고 반창고를 붙였다. 대련에 도착해서 만철병원의 가와니시 병원장과 오미 외과부장, 그리고 수행의사 고야마 등 의료진은 부패를 막기 위해 시신에 포르말린액을 주입했다.

42 「電報第157號(暗號)」(1909년 10월 27일), 『韓國獨立運動史』資料7, 22~24쪽; 『滿洲日日新聞』, 1909년 10월 28일.

43 『滿洲日日新聞』, 1909년 10월 29일, 10월 30일.

으로도 큰 반향을 불러일으켰다. 이것은 이토가 지금까지 담당하고 있었던 일본정부 내에서의 역할이 그만큼 중요했다는 것을 반증하는 것이기도 하지만, 반응의 흐름은 '이토 영웅화'와 한국·한국인에 대한 증오와 멸시로 나타났다. 일본의 신문은 이토에 대한 애도 기사를 연이어 게재했고, 잡지는 임시증간호를 발행하여 여론을 선도했다. 대표적인 논조를 보면, 이토는 통감 시절 폭도(의병) 소탕과 처분을 하지 않고 은혜를 베풀었는데 도리어 그 폭도들에 의해 살해되고 말았다고 하면서, "다시 한번 한국 폭도들을 빨리 소탕해야 함을 통감부에 말하지 않을 수 없다"고 강조했다. 그리고 한국이 보호국이 된 것은 "스스로 초래한 결과로서 우리 제국을 원망할 이유가 하나도 없다"고 전제한 후, "원래부터 몽매(蒙昧)한 한국인의 이해는 얻을 필요조차 없다"고 주장했다.[44] 그리고 잡지『조선(朝鮮)』의 발행인 샤쿠오 이쿠오(釋尾旭邦)는 이토의 죽음을 "공은 마침내 기르던 개에게 물렸다"고 비유하면서 이토를 죽인 한국을 멸망시켜야 한다고 주장했다.[45] 서울에 있던 러시아 총영사 소모브가 본국에 보고한 바에 의하면, "일본인들은 복수심에 휩싸였다"고 하며 "일본신문들은 장례식을 지내고 3일간 조선인들을 죽이게 허락하는 것을 노골적으로 요청했다"고 한다.[46]

이토의 죽음과 함께 '이토 영웅화' 작업은 언론계를 중심으로 활발히 전개되었다. 이토는 50년 이상 일본의 국가 대사를 주도하며 나라 발전에 지대한 공헌을 한 '일본문명의 대표자'이며 '영걸(英傑)'로서 비록 '횡사

44「伊藤公の遭難」,『東京經濟雜誌』, 1909년 10월 30일, 琴秉洞 編,『資料 雜誌にみる近代日本の朝鮮認識 : 韓國倂合期前後』第3卷, 綠蔭書房, 東京, 1999년, 217~219쪽.

45「噫伊藤公」,『朝鮮』3-8, 1909년 10월호, 琴秉洞 編, 위의 자료집, 220~226쪽. 한국을 '기르던 개(飼犬)'로 비유하는 것이 당시 일본 지식인들의 일반적인 인식이었는데, 일본의 역사인식은 오늘날에 이르기까지 기본적으로 변하지 않고 있다고 말할 수 있다.

46 박 벨라 보리소브나,「안중근 의거에 대한 조선과 해외의 반응 : 러시아, 조선 및 일본 사료를 중심으로」, 안중근의사기념사업회 편,『안중근 연구의 기초』, 경인문화사, 2009년, 338쪽.

(橫死)'는 애석한 것이지만 이토와 같은 영걸이 죽기에 걸맞은 자리(死處)를 찾은 것이라며 그의 죽음까지도 영웅시했다. 그리고 일본이 근대국민국가를 완성해 가는 과정에서 보여준 이토의 '탁월한 지도력'은 독일의 비스마르크와 비유된다고 주장했다.[47] 『실업세계(實業之世界)』사 사장 노요리 슈이치(野依秀一)는 이토의 죽음을 애석해 하면서도 "이토 공과 같은 국가의 원훈(元勳), 대권위(大權威)의 죽음은 꼭 사회에 일신(一新)의 시기를 가져오는 것으로서 국가를 위해서는 조금도 슬퍼할 일"이 아니라고 주장했다. 그 이유는 이와쿠라 토모미(岩倉具視), 기도 타카요시(木戶孝允), 오쿠보 토시미치(大久保利通) 등 여러 원로들의 죽음에 의해 이토가 새로운 활동의 장을 얻은 것과 같이, 이토의 죽음은 "새로운 신진 정치가를 꼭 만들어낼 것"임에 틀림없기 때문이며, "만일 이토 공이 기생집(茶屋)을 갔다 오다 졸도하여 그대로 죽고 말았다면 어땠을까"라고 묻고, "이방(異邦)의 흙을 물들인 이토 공의 피는 정말로 훌륭하게 사행(私行) 상의 결점을 씻고 영웅으로서 최후의 일단을 보여줬다"고 평가했다.[48]

『도쿄아사히신문(東京朝日新聞)』의 주필 이케베 기치타로(池邊吉太郎)는 이토를 '문명적 정치가의 전형'으로 평가하면서 "한마디로 말해 이토 공은 정말로 좋은 사람이었다. 진보적 두뇌를 가진 사람이었다. 그 소질로 봐도 문명적 정치가이며, 경력으로 봐도 평화적 정치가였다"고 주장했다. 이토는 "권세를 믿고 사람을 협박하는 일은 없었다"며 이런 위인을 잃은 것은 "우리 일본국에 있어 커다란 손실"이지만, 일본의 정치계뿐만 아니라 한국의 정치적 운명에도 큰 변화는 없을 것으로 판단했다. 그러나 다만 한 가지 유감으로 남는 것은 "이번 만주시찰의 목적을 달성하지

---

47 「伊藤公を弔ふ」, 『日本及日本人』520, 1909년 11월 1일, 琴秉洞 編, 앞의 자료집, 234쪽.
48 野依秀一, 「前後唯二回の面談によりて余が伊藤公より受けたる印象」, 『實業之世界』6-13, 1909년 11월 15일, 琴秉洞 編, 위의 자료집, 235~236쪽.

못하고 남겨졌다는 것"이라고 몹시 아쉬워했다.[49] 영문학자로서 일본 신극운동의 지도원리를 확립한 시마무라 호게츠(島村抱月)는 이토를 '국보적 인물'이라고 평가했고,[50] '만한경영(滿韓經營)'의 성패가 곧 일본의 운명을 결정하는 상황 속에서 이토의 죽음은 "국가를 대신한 것"으로 "우리가 공으로부터 배워야 할 점은 그 죽음, 아니 사지(死地)를 향해 매왕(邁往)하는 정신"이라며 일본인은 이토의 죽음을 교훈 삼아 국가를 위해 분투해야 한다고 강조했다.[51]

'이토 영웅화'는 드디어 그를 신(神)으로 만들자는 주장으로까지 전개되었다. 니토베 이나조(新渡戶稻造)는 이토를 "세계 최대의 정치가로서 추찬(推讚)해야 한다"고 하면서, "이토 공의 죽음은 시간과 장소 모두 정말로 이상(理想) 그대로 이루어졌다고 생각한다. 그 피에 의해서 오늘까지 이토 공이 행했던 일들이 모두 살아났다"며 안중근 의거에 의한 이토의 죽음을 "행복한 흉변(凶變)"이라고 인식했다. 독실한 기독교 신자였던 니토베는 "이 세계적인 대정치가를 기념하기 위해서 신(神)으로서 이를 봉사(奉祀)하고 싶다"며 이토를 위한 신사(神社) 건립을 주장했다.[52] 나아가 니토베는 "국가에 대문제가 발생하면 국민은 반드시 '만약 오늘 이토 공이 존재한다면 이 문제도 의외로 쉽게 해결될 것인데' 하고 생각하게 될 것"이라고 하면서, 이토가 살아 있을 때 "그 진가를 알지 못한 자는 이번 기회를 이용하여 공의 진가를 인지하고 상당한 경의를 표하기 바란다. 이

---

49 池邊吉太郎, 「藤公の死によりて生すべき元老制度の變化如何」, 『實業之世界』6-13, 1909년 11월 15일, 琴秉洞 編, 위의 자료집, 237~238쪽.

50 島村抱月, 「國寶的人物」, 『太陽』15-15, 1909년 11월 10일, 琴秉洞 編, 위의 자료집, 293~294쪽.

51 「吾人は伊藤公の死より何を學ぶべきか」, 『實業之日本』12-24, 1909년 11월 15일, 琴秉洞 編, 위의 자료집, 256~257쪽.

52 新渡戶稻造, 「五十年後に於ける伊藤公の歷史的價値如何」, 『實業之世界』6-13, 1909년 11월 15일, 琴秉洞 編, 위의 자료집, 241~243쪽.

것이 국민의 정치적 도덕의 향상에 일조하고, 또한 공의 영(靈)을 위로하는 것"이라고 주장했다.[53]

한편 이토의 최대 정적(政敵)이었던 오쿠마 시게노부(大隈重信)는 "이토 공과 나는 정치상의 견해가 달랐지만, 인간으로서의 관계는 아주 친밀하고 너무 사이가 좋아 다툼이 생겼다"고 전제한 다음, 이토에 대해 좋은 쪽에서 공평한 비평을 해도 지금과 같이 감정이 흥분되어 있는 상태에서는 그것을 정당하게 받아들이지 않기 때문에 적당한 시기에 의견을 발표하겠다고 말을 아꼈다.[54] 그런데 같은 날 발행된 다른 잡지에서 오쿠마는 이토와의 친분관계를 강조하면서도 이토는 "입헌법치국의 정치가로서 필요한 기술을 여러 방면으로 발휘하는 능력"을 가지고 있었고, 내치(內治)와 외교, 그리고 경제와 재정도 모두 명백하게 이해해서 일을 처리할 만큼 능력을 가지고 있었다고 평가했다. 이토의 최대 공적은 헌법제정을 비롯한 유신 이래 국가의 주요 입법사업을 기획하고 주도해 국가를 입헌법치국으로 만든 것에 있다고 지적했다. 또한 이토는 외교가로서도 재정가로서도 특별한 능력을 가지고 있었는데, 어떤 문제가 생기면 "논리적으로 연구해서 그 추리 연구의 결과에 따라 처리 방법을 수립하는 것이 이토의 방법이었다"고 소개했다. 즉 이토는 유능한 입법 정치가이며 외교가이고 또한 재정가였는데, "사람은 누구나 결점을 가지고 있고 이토

---

53 新渡戸稲造, 「三たび伊藤公爵と語りし當時の追懷」, 『實業之日本』12-24, 1909년 11월 15일, 琴秉洞 編, 위의 자료집, 248~255쪽. 그런데 같은 기독교인이면서도 니토베와는 뉘앙스가 전혀 다른 주장도 제기되었다. 다케코시 요자부로(竹越與三郎)는 이번 사태가 "이토 공의 대한정책이 너무 회유주의적이었기 때문인 것처럼 말하는 사람이 있지만 이것은 크게 잘못된 생각으로, 오히려 이토 공과 같이 온화한 정책을 취했기 때문에 오늘날까지 커다란 반항도 없이 지내왔던 것이다. 만일 공(公)보다 더욱 무단주의를 주장하는 사람이 있고 또한 더욱 강압수단으로 대처했다면 이번과 같은 사변은 훨씬 빨리 이전에 발생했음에 틀림없다"고 주장했다. 竹越與三郎, 「伊藤公の薨去と武斷政治の將來」, 『實業之日本』6-13, 1909년 11월 15일, 琴秉洞 編, 위의 자료집, 244~245쪽.

54 大隈重信, 「吾輩は何故今伊藤公に就いて多く語らざる乎」, 『實業之世界』6-13, 1909년 11월 15일, 琴秉洞 編, 위의 자료집, 239~240쪽.

공도 약간 비난을 받은 사람이었지만 이번 죽음과 같이 국가를 위해 쓰러졌기 때문에 우리 국민의 이토 공에 대한 동정은 대단한 것이다. 그래서 국민은 공의 결점도 단점도 모두 잊어버리고 남은 것은 공의 선공미적(善功美績)" 뿐이기 때문에 이토에 대한 상세한 논평은 다음으로 한다고 언급을 회피했다.[55]

이와 같이 안중근 의거에 의한 이토의 죽음에 대해 일본에서는 한편으로는 애도하면서 또 한편으로는 언론계를 중심으로 하여 '이토 영웅화' 작업이 전개되었다. 이토를 '문명적 정치가', '평화적 정치가', '국보급 인물' 등으로 묘사하면서 급기야는 신사를 건립하여 이토를 신으로 모셔야 한다는 주장까지 나왔을 정도였다. 그런데 일본정부로서는 난처한 입장에 봉착하게 되었다. 왜냐 하면 '이토 영웅화' 작업은 '제국일본'을 위하여 국내적으로는 국민통합이라는 측면에서 필요한 일이었지만, 이토를 저격한 사람이 바로 한국인 안중근이었기 때문이었다. 즉 '한국병합'을 내부적으로 결정해 둔 상태에서 국제적으로 부드럽게 '한국보호'를 '한국병합'으로 추진해야 했고, 이를 위해서 그동안 '한국보호' 정책은 한국인이 바라는 것이며 일본정부는 이를 인도적 차원에서 돕는다고 선전해 왔기 때문이었다. 다시 말해 안중근 의거는 이러한 일본정부의 주장을 부정하는 것이었고, 이와 관련된 '이토 영웅화' 여론은 일본정부로서는 내외적으로 이중성을 띠는 것이었다. 다음은 사건처리 과정을 통해 일본정부는 어떤 정책을 구사했는지 살펴보기로 하자.

---

55 大隈重信, 「我輩は伊藤公を斯の如く觀察す」, 『實業之日本』12-24, 1909년 11월 15일, 琴秉洞 編, 위의 자료집, 258~261쪽. 이토에 대해 찬양일색이었던 당시 상황에서 소수이긴 하지만 이토에 대해 냉정한 판단을 내린 사람도 없지 않았다. 예를 들면 바바 고초(馬場孤蝶)는 이토를 '제국주의의 순교자'라고 하면서 "조선을 일본의 보호국으로 하는 것은 일종의 제국주의의 실행이다. 이 제국주의 실행의 장본인으로 보았기 때문에 그들 조선인은 이토 공을 죽였을 것"이고, 따라서 이토는 일본제국주의를 대표해서 희생된 순교자라고 주장했다. 馬場孤蝶, 「帝國主義の殉敎者」, 『太陽』15-15, 1909년 11월 10일, 琴秉洞 編, 위의 자료집, 297~298쪽.

4. 저격사건 사후처리 과정과 대한정책

이토의 사망소식은 하얼빈주재 총영사 가와카미 도시히코(川上俊彦)에 의해 즉각 외무대신 고무라에게 보고되었고, 고무라는 소네 조선통감에게 이 소식을 전하면서 "각하만 알고 마음에 두라고 말씀드리는 바이니 당분간 비밀로 해 두기 바란다"고 특별히 강조했다.[56] 그러나 이토의 유해를 실은 특별열차가 하얼빈을 출발하여 10월 26일 오후 1시경 채가구(蔡家溝)역에 도착했을 때, 사건을 모른 채 이토를 취재하기 위해 하얼빈으로 향하던 도중 채가구역에서 소식을 들은 일본인 신문기자 3명이 특별열차에 탑승하여 기사를 송출하기 시작했기 때문에 이 비밀은 지켜질 수가 없었다.[57] 사건을 모르고 있었던 재외공관 및 경찰서 등 각 기관들은 사실 확인을 위해 분주히 전보를 교환했고 소네 통감은 어쩔 수 없이 당일 저녁 10시가 지나서 사실을 확인해 주었다.[58]

안중근의 총탄에 자신도 부상을 입고 치료를 받고 있었던 가와카미 하얼빈주재 총영사는 그런 와중에도 전보를 통해 고무라 외무대신에게 상황보고를 계속했고, 고무라는 일본정부 뿐만 아니라 한국정부, 그리고 만주의 각 기관에도 정보를 전달했다. 그 결과 10월 27일 새벽이 되어서야 처음으로 고무라는 소네 통감에게 저격범이 '안응칠(安應七)'이라는 것

---

56 「電報第151號(至急)」(1909년 10월 26일), 「電報第152號(極秘)」(1909년 10월 26일), 『韓國獨立運動史』資料7, 5~7쪽. 소식을 전해들은 소네 통감은 오후 5시에, 한국의 총리대신 이완용(李完用)은 오후 5시 15분에 각각 조전을 보냈다.

57 「電報」(1909년 10월 26일), 『韓國獨立運動史』資料7, 6쪽. 10월 26일 당일 호외를 발행한 신문은 『국민신문(國民新聞)』과 『오사카마이니치신문(大阪每日新聞)』이었다. 이들 신문을 통해 소식은 전 세계로 퍼져나가 현지시간 1909년 10월 26일 『The New York Times』는 도쿄(東京)발 긴급기사로 이토 사망 소식을 보도했다.

58 「電報」(1909년 10월 26일), 『韓國獨立運動史』資料7, 8쪽. 봉천주재 총영사 고이케 조우조우(小池張造)는 관동도독부와 협의하면서 이토 유해 수송과 관련되어 의사파견 등 독자적으로 사태수습에 착수했다.

과 이토를 저격할 목적으로 블라디보스토크에서 하얼빈으로 왔다는 정보를 제공할 수 있었다.[59] 동시에 고무라는 가와카미에게 구체적인 지시를 내리기 시작했다. 범인이 체포되었다는데 확실한지, 공범자 수는 몇 명인지 보고하라고 하면서 범인들 도망을 막기 위해 필요한 조치를 취하고, 범인들의 예심조사(豫審調査)는 특별한 지시가 있을 때까지 하얼빈에서는 착수하지 말 것을 강조했다. 그리고 범인들을 여순의 관동도독부로 호송할 것을 대비하여 헌병 약간 명을 하얼빈에 파견하고 하얼빈에서 장춘까지 러시아 기차를 태우고자 하니 이 뜻을 각 방면에 알리라고 구체적으로 지시했다.[60]

이토가 저격당한 직후 일본정부는 그 진상을 정확히 파악하지 못해 당황하고 있던 상황에서도 이미 내부적으로 안중근의 재판은 자신들이 관할하고 있던 관동도독부에서 수행한다는 것을 결정하고, '한국병합' 정책수립 단계에서부터 모든 관련 사항 및 그와 관련된 일본외교의 중점

---

59 「電報第154號」(1909년 10월 27일). 고무라가 소네에게 보낸 「電報第155號」(1909년 10월 27일)에는 이토가 장춘에서 러시아 동청철도가 제공한 특별열차로 갈아타고 하얼빈으로 향했다는 것과 하얼빈에 도착한 직후 열차 내에서의 정황 및 사건 발생, 그리고 러시아측의 대응에 관한 자세한 정보를 담고 있었다. 『韓國獨立運動史』資料7, 12~13쪽.

60 「電報第12號」(1909년 10월 26일), 『韓國獨立運動史』資料7, 11~12쪽. 안중근 재판과 관련하여 일본정부는 법적인 문제를 다음과 같이 해석하고 있었다. "사건은 청국의 영토 내에서 발생했고, 범인인 한국인은 발생현장에서 러시아 군헌(軍憲)에 체포되었다. 하얼빈은 동청철도의 부속지이며 또 공개지이기 때문에 청국에 대해 치외법권을 가지는 각국은 하얼빈에 거주하는 자국민에 대한 법적 권한을 갖는다. 1899년 9월 10일에 체결된 '한청통상조약' 제5조에서 청국 영토 내에 있어서 한국인에게는 한국법을 적용한다고 하여 한국의 영사재판권을 인정하고 있다. 따라서 이번 사건에 있어 러시아 또는 청국에는 재판권이 없다. 하얼빈 일본총영사는 일본인을 관할하기 위한 것이다. 단지 조약만을 본다면 일본관헌은 외국인인 한국인을 관할하지 않는다. 그러나 1905년 11월 17일에 체결한 '한일보호조약' 제1조에는 한국 외에서의 한국인의 보호는 일본관헌이 행한다고 되어 있다. 이 조약에 근거하여 하얼빈 총영사가 한국인을 관할하기 때문에 러시아 관헌으로부터 안중근을 비롯한 용의자의 인도를 받은 것이다. 1908년 10월 1일 시행의 '법률 제52호'의 3조에는 만주에 주재하는 영사관이 관할하는 사건은 외교상 필요하다면 외무대신의 명령으로 관동도독부의 지방법원에 이송할 수가 있다고 되어 있다." 「兇漢の裁判管轄」, 『滿洲日日新聞』, 1909년 10월 30일; 「電報第153號」(1909년 10월 27일), 「電報第3號」(1909년 11월 8일), 『韓國獨立運動史』資料7, 472~475쪽 참조.

을 정확하게 파악하고 있었던 구라치 테츠키치(倉知鐵吉)를 만주로 파견해 사건을 처리하려 했다. 10월 28일 고무라 외무대신은 구라치 외무성 정무국장에게 여순 출장을 지시하면서 지금까지의 정보에 의하면 별다른 중대한 사실을 발견하지 못했다고 하나 "그들 한인이 이러한 비행을 감행하기에 이른 동기 및 그들과 한국 국내외와의 관계유무 등은 이 차제에 탐사를 수행함이 필요"하기 때문에, 즉시 여순으로 가서 관동도독부 및 법원당국자와 협력하여 다음과 같은 사항을 조사하여 보고하도록 했다.

(1) 각 피고인의 지위, 경력, 성행(性行), 주거지 및 배회지방, 소속당파, 평소 가진 정치상의 의견, 소속종교, 평소 왕래·통신하는 인물, 자산상태, 특히 생활비의 출처, 흉행을 하고 또는 기도하기에 이른 경로.

(2) 피고인과 관계있는 조직적 단체의 유무, 만약 있다고 하면 그 목적, 조직, 근거지, 수령 및 주된 단체원, 단체의 필요비용의 출처.

(3) 피고인에 대한 교사자의 유무, 만약에 있다고 하면 교사자 및 그 원(原) 교사자에 대한 제1항의 사항, 교사의 방법 및 교사자와 피교사자와의 평소의 관계.[61]

이 내용을 보면 알 수 있듯이 일본정부는 사건의 정치적 배후와 파장에 주목하면서 이 문제가 이미 결정된 '한국병합' 방침과 관련하여 어떤 영향을 미치지 않을까 촉각을 곤두세우고 있었다. 즉 일본정부는 그동안 '한국보호' 정책이 효과를 거두어 보호정책을 반대하던 한국인조차 점차 일본의 보호에 감사하고 있다는 것을 각국에 홍보하고 있었기 때문에, 이

---

61 「電報」(1909년 10월 28일), 『韓國獨立運動史』 資料7, 145~146쪽.

사건을 통해 봉쇄된 '한국민의 소리'가 들어나 일본정부의 주장이 부정되고 제2, 제3의 안중근이 출현하여 병합정책에 차질을 가져오지는 않을까 당황하지 않을 수 없었고, 따라서 구라치의 출장이 필요했던 것이다.[62]

구라치는 이토와의 특별한 관계 때문에 이토의 장례업무에 진력하고 싶다는 생각을 가지고 있었지만, 외무대신 고무라의 명령과 "당신이 가면 나도 안심이기 때문에 제발 가달라는 의뢰"를 총리대신 카츠라로부터 받았고, 또한 해군대장 야마모토 곤베에(山本權兵衛)로부터도 제발 가달라고 부탁을 받아 10월 31일 저녁 만주로 출발하게 되었다.[63] 구라치는 1870년 12월 이시카와(石川)현에서 출생하여 1894년 7월 동경제국대학 법과대학을 졸업한 후 외무성 참사관(2회), 독일공사관 서기관, 농상무성과 통감부의 겸임 서기관, 외무성 정무국장 등을 거쳐 '한국병합'의 공으로 1911년 5월 일본 외교관료 최고 영예인 외무차관에 승진했고, 1913년 2월 외무성을 퇴임한 후에는 작위는 없었지만 귀족원 의원에 선임되었다. 그는 정무국장직을 맡기 전 헤이그 특사로 유명한 제2회 만국평화회의의 일본측 위원으로 근무한 경험이 있었으며, 이미 앞에서 지적한 바와 같이 1909년 7월 「대한기본방침」을 기초한 장본인이었다는 사실을 고려하면, 구라치는 한국의 운명을 일본에 예속시키는 데 있어 중추적인 역할을 한 핵심실무 최고책임자였다고 말할 수 있다.[64]

---

62 다음날 10월 29일 고무라는 소네 조선통감에게 암호전문을 보내, 구라치를 여순에 출장시키기로 결정하고 10월 31일 출발하여 11월 4일 대련에 도착해 즉시 여순으로 이동할 것이라는 사실을 알리면서 "한국 정계사정과 한국어를 잘하는 인물을 지급 파견해 줄 것"을 요청했다. 또한 구라치가 여순 도착 후 "지급을 요하고 또는 경미한 사항"에 대해서는 직접 통감부와 통신할 것이라며 현지에서의 사건처리의 모든 책임을 구라치에게 위임했음을 통보했다. 「電報第159號(暗號)」(1909년 10월 29일), 『韓國獨立運動史』資料7, 329쪽. 일본정부는 제2, 제3의 안중근 사건을 방지한다는 명분으로 철저한 배후수사를 통해 한국인의 반일저항세력에 대한 정보를 확보했고, 그런 의미에서 이 단계에서 이미 소위 '105인 사건'이 예견되고 있었다고 말할 수 있다.

63 倉知鐵吉, 앞의 책, 10쪽.

64 倉知鐵吉, 앞의 책, 서론 참조.

그사이 일본정부는 여순에 있던 관동도독부 고등법원 검찰관 미조부치 타카오(溝淵孝雄)를 '이토 암살사건' 담당검사로서 하얼빈으로 파견해 수사를 지휘하도록 했다.[65] 10월 28일 하얼빈에 도착한 미조부치는 가와카미로부터 용의자들의 신병을 인도받아 10월 30일 하얼빈 일본총영사관에서 안중근에 대한 제1차 심문을 시작으로 본격적인 수사를 개시했다. 안중근에 대한 조사내용이 속속 밝혀지자 일본정부는 다시 놀라지 않을 수 없었다. 그것은 안중근이 단순한 암살범이 아니라 품격 있는 정치이론가로서 국제정세는 물론 일본이 감추고 있었던 의도까지 정확히 파악하여 이토를 저격했다는 사실을 알았기 때문이다. 안중근은 결행 후 도망갈 생각이 없었느냐는 질문에 대해 "의(義)를 세우고 왜 도망해야 하는가, 나는 잡힌 뒤 재판장에서 이토의 죄상을 밝히는 기회를 얻는 목적이 있어 도망갈 생각은 하지 않았다"는 답변에는 두려움마저 느꼈을 것이다. 일본정부가 가장 신경을 쓰고 있었던 문제가 현실로 다가오고 있었고, 따라서 정무국장 구라치의 역할과 임무는 더욱 중요하게 되었던 것이다.

11월 3일 대련에 도착한 구라치는 외무성 참사관과 부영사 등 2명을 대동하고 상황파악을 위해 만주를 한 바퀴 순회했다. 러시아와 복잡한 관계가 일어나지 않도록 하얼빈에는 가지 않고 장춘까지 여러 곳을 돌아다니면서 한국인들의 상황 등을 조사했다. 그리고 마지막으로 여순에 와서 장기체류하면서 그동안 러일 양국 영사관원의 입회하에 하얼빈에서 이루어진 조사내용과 미조부치 검찰관의 수사내용 등을 검토하고 대책

---

65 『滿洲日日新聞』, 1909년 10월 29일. 미조부치는 관동도독부 지방법원 서기 기시다 아이분(岸田愛文)과 통역관 소노키 스에요시(園木末喜)를 대동하고 취조를 위해 10월 27일 오후 5시 여순에서 하얼빈으로 출발했다.

을 강구했다.[66] 그리고 자신이 직접 조사하고 확보한 정보에 의해 구라치는 사건처리의 방향을 정했고 그 내용을 다음과 같이 기술했다.

> 나는 조사 결과 이번 암살사건은 도쿄에서 일부 사람들이 상상한 것과 같은 대규모적인 것이 아니라 블라디보스토크에 있는 약간의 불량한 한인(不逞韓人)들이 계획해서 이것을 만주에서 결행한 것이었다. 즉 그 근원은 블라디보스토크에 있으며, 그것도 별로 대규모적인 것이 아니라고 판정했다. 따라서 블라디보스토크에 있는 불량한 한인들의 단속은 당시 나가사키(長崎)에서 진행되고 있었던 러시아 무정부당원의 단속과 견주어서 행하는 것으로 하고, 당면의 과제로서는 여순의 법정에서 적법하게 본 사건을 처분하면 충분하다고 인식했다. 이때 가능하면 사건을 작게 취급하는 것이 필요했고, 이 취지를 정부에 건의하고 정부도 대개 그런 방침을 취할 예정이었다.[67]

즉 구라치는 이번 사건이 대규모 조직적인 배후가 있는 것이 아니라 블라디보스토크를 중심으로 한 불만을 가진 소수의 개인이 결행한 것으로 판단했고, 따라서 이번 사건의 처리방향은 블라디보스토크의 한국인 배후세력에 대한 조사를 빨리 끝내고 재판이 가능하면 조용하고 큰일이 아닌 것처럼 진행되도록 재판과정에 개입하는 것이었다. 물론 이것은 일본정부의 뜻이기도 했다.

고무라 외무대신은 구라치의 견해에 전폭적인 지지를 표하면서 소네 통감에게 암호전문을 보내, "블라디보스토크 총영사관에 한국사정에 정통한 인물을 파견하여 총영사의 고문으로 조사를 원조케 하는 것이 필

---

66 「電報第28號(哈爾賓), 第167號(京城), 無號(旅順)」(1909년 11월 2일), 『韓國獨立運動史』資料7, 331~332쪽.

67 倉知鐵吉, 위의 책, 11쪽.

요"하다며 구라치를 도와줄 것을 부탁했다.[68] 그러나 블라디보스토크에서의 수사는 시작부터 난항에 봉착했다. 그 이유는 러시아와 사법상의 공조에 관한 조약이 체결되어 있지 않기 때문에,[69] 러시아에 거주하는 한국인을 "체포하고 또는 가택수색을 할 때에는 동요를 가져올 우려"가 있고, 또한 러시아 당국에 수사를 의뢰해도 승낙받기가 쉽지 않고 수사도 불철저하여 효과가 없을 것이라는 보고가 있었기 때문이었다.[70] 11월 17일 구라치는 고무라 외무대신에게 보낸 전문에서, 한국에서의 배후세력 수사는 통감부가 맡아 잘 하고 있어 머지않아 비교적 확실한 결과를 거둘 수 있을 것이고, 또한 하얼빈에서의 조사도 이미 종료 상태에 있기 때문에, 이번 사건의 가장 중요한 지점인 블라디보스토크에서의 수사만 잘 이루어지면 전모를 밝힐 수 있을 것이지만, 블라디보스토크에서의 수사가 충분하지 않을 때는 "그 실마리를 잃고 드디어는 본 사건 전체 진상을 명료하게 할 수 없게 되지 않을까" 우려를 표명했다. 그리고 러시아 영토에서의 한국인에 대한 수사문제는 결코 용이한 일이 아니라 할지라도 "정부에서 차제 이 방면의 조사에 진력하여 가능한 한 수단을 강구"해야

---

68 「電報第176號(暗號)」(1909년 11월 17일), 『韓國獨立運動史』資料7, 192~193쪽. 소네 통감은 이미 테라우치 육군대신에게 한국주둔 헌병사령관 아카시 겐지로(明石元二郎) 소장을 만주로 보내 구라치를 보조시키는 것이 적당하다고 의견을 제시해 두고 있었다. 「電報(暗號)」(1909년 10월 30일), 『韓國獨立運動史』資料7, 147~148쪽.

69 「電報」(1909년 11월 20일), 『韓國獨立運動史』資料7, 213쪽.

70 「電報第28號(暗號)」(1909년 11월 23일), 『韓國獨立運動史』資料7, 215~216쪽. 아카시는 "밀정을 파견하든지 아니면 러시아 관헌에 내밀히 의뢰하여 탐지하는 수밖에 방책이 없다"고 하면서, 현재 "러시아 경관을 채용하는 일을 착수중"에 있고, 자신이 파견한 무라이(村井) 헌병대위가 '승려 여권'을 가지고 블라디보스토크에 파견되어 있는데, 블라디보스토크에서의 수사는 "몹시 교묘한 수단이 필요할 것"이라고 판단했다. 1910년 1월 11일 임무를 마치고 복귀한 무라이 (村井因憲)는 헌병대장 사카키바라 쇼조(榊原昇造)에게 장문의 '복명서(復命書)'를 제출했고 이를 보고받은 소네 통감이 카츠라 총리대신과 고무라 외무대신에게 전달했다. 「機密統發第111號」(1910년 1월 20일), 『韓國獨立運動史』資料7, 257~323쪽. 이 복명서에는 블라디보스토크의 한국인의 호구, 직업, 종교 등 일반상황과 사건에 연루된 것으로 의심되는 조직, 주의해야 할 중요 인물 등 기본적인 정보가 구체적으로 서술되어 있다.

한다고 주장했다.[71]

그러나 이에 대해 고무라 외무대신은 이것은 "사법공조의 문제에 속하며 종내 제국정부는 조약의 보증에 의해 상호조약이 존립하는 경우 이외는 외국관헌에게 사법상의 보조를 주지 않는 주의를 취해 이미 러시아 관헌의 촉탁을 거절한 예도 있으므로 차제에 러시아 정부에 대해 사법상의 보조를 구하는 것은 곤란하다"고 구라치에게 통보했다. 그리고 지금까지 일본에 후의(厚意)를 표한 러시아 관헌을 매개로 블라디보스토크 관헌에게 조사를 의뢰하는 방법을 모색해 보라고 충고했다.[72] 하지만 블라디보스토크에서의 구체적인 조사는 더 이상 이루어지지 않았고 이미 알고 있는 정보만이 구라치에게 보고되었을 뿐이었다.[73] 이제 구라치의 주요 관심사는 어떻게 하면 재판을 신속하면서도 조용히 그리고 큰 무리 없이 마무리할까 하는 문제에 집중되었다.

10월 26일 이토를 저격한 안중근은 거사 직후 러시아 헌병대에 의해 체포되어 하얼빈 역내에 있는 헌병대 분파소로 끌려가 러시아 검찰관에게 취조를 받았다. 경비실수 책임을 느끼고 있었던 러시아 당국은 일본의 요구대로 안중근을 인도하기로 결정했고 그날 저녁 10시 10분경 하얼빈 주재 일본총영사관으로 보내졌다.[74] 그리고 앞에서 지적했듯이 10월

---

71 「電報」(1909년 11월 17일), 『韓國獨立運動史』資料7, 210~212쪽.

72 「電報」(1909년 11월 20일), 『韓國獨立運動史』資料7, 213쪽.

73 12월 7일 한 달 이상의 출장을 마치고 귀국하기 전날 고무라 외무대신에게 종합보고서와 함께 보낸 전문을 통해 구라치는 대체적인 사건경위는 오늘까지의 조사로 큰 착오는 없을 것으로 판단한다며, 다만 사건의 연루자 및 배후세력에 대해서는 블라디보스토크에서의 조사 결과를 기다려봐야 하지만 현재까지 새로운 사실의 발견은 없다고 아쉬움을 토로했다. 「報告書」(1909년 12월 7일), 『韓國獨立運動史』資料7, 220~221쪽.

74 「電報第160號(暗號)」(1909년 10월 29일), 『韓國獨立運動史』資料7, 330~331쪽. 러시아 당국은 거사 직후 수상한 한국인을 체포하라는 긴급명령을 내렸고, 당일 채가구에서 우덕순과 조도선, 27일에는 하얼빈 시내에서 유동하, 정대호, 정서우, 김성옥, 김성엽, 김형재, 탁공규, 홍시준, 김려수, 장수명, 김택신, 방서섭, 이진우 등 13명이 체포하여 일본 총영사관에 인도되었다.

28일 관동도독부 검찰관 미조부치가 하얼빈에 도착해 10월 30일부터 안중근에 대한 심문을 시작했다. 11월 1일 안중근 등 9명은 러시아 관헌의 감시 하에 관동도독부로부터 파견된 헌병장교 등 12명의 경호를 받고 오전 11시 25분발 열차로 하얼빈을 출발하여 11월 3일 여순에 도착했고 즉시 여순감옥에 수감되었다.[75]

일본정부는 이번 사건의 재판은 예심과 함께 관동도독부 지방법원에서 행하기로 결정하고 이를 영국과 청국의 대사에게 통보했다. 특히 영국대사에게는 구미 각 대사들에게 이 사실을 전하라고 지시했다.[76] 그런데 일본정부의 방침과는 달리 관동도독부에서 파견된 검찰관 미조부치는 하얼빈에 도착하자마자 범인 및 연루자의 예심을 개시해 각각 영장수속을 집행한 후에 여순으로 호송한다는 결정을 내렸다. 이에 대해 하얼빈 총영사 가와카미는 지급 범인들을 여순으로 호송시킬 것을 주장했지만, 미조부치는 영장수속 및 범죄수사의 필요상 반드시 하얼빈에서 예심개시의 필요가 있다고 맞섰고, 호송 등에 대해서는 전적으로 자신이 책임을 진다고 강하게 나오자 미조부치의 결정대로 안중근 등은 하얼빈에서 영장수속을 마친 후 여순으로 호송되었던 것이다.[77] 아무튼 행정 관료들의 사법부에 대한 '부당한 간섭'으로 인식했는지는 몰라도 미조부치 등 관동도독부 지방법원 당국은 이후 일본정부의 정치적 개입에 대해 '작은 저항'을 함으로써 재판진행과 관련해 내부적 갈등이 증폭되기도 했다.

11월 7일 구라치는 이번 재판의 적용 법률을 어떻게 할 것인지 관동도독부에서 연구 중에 있고 검찰관이 공소를 제기함에 있어 이를 결정할

75 「電報第168號(暗號)」(1909년 11월 2일), 「電報第1號」(1909년 11월 3일), 「電報第169號(暗號)」(1909년 11월 3일), 『韓國獨立運動史』資料7, 332-333, 474쪽.

76 「電報第119號(英), 第396號(淸)」(1909년 11월 1일), 『韓國獨立運動史』資料7, 474쪽.

77 「電報第165第(暗號)」(1909년 11월 1일), 『韓國獨立運動史』資料7, 473쪽.

필요가 있기 때문에 제국형법 제3조와 한청조약(韓淸條約) 제3조 및 1908년 재청(在淸) 영사에게 발한 훈령 등을 참조해 외무성의 견해를 지급 알려주기를 요청했다.[78] 이에 대해 일본 외무성은 청국에 있는 한국인은 한국이 일본의 보호국이 된 결과 일본의 법권(法權) 밑에 놓이게 되었고, 따라서 그 범죄는 일본 내의 범죄로 간주하고 당연히 일본형법을 적용해야 한다고 여러 이유를 들어 회답했다.[79] 그리고 11월 12일에는 일본의 국적법에서 규정한 '일본'의 범위에 관동주가 포함되는지 이시이 기쿠지로(石井菊次郎) 외무차관에게 문의했고, 이에 대해 이시이는 아직 그 범위에 대한 해석이 일정하지 않기 때문에 경우에 따라 그리고 제반의 사정을 참작하여 결정해야 한다고 회답했다.[80]

이와 같이 구라치는 일본정부와 교신하면서 우선 안중근 재판에는 일본형법을 적용한다고 결정한 뒤 그 형량에 대해 고민하기 시작했다. 11월 13일 구라치는 고무라 외무대신에게 다음과 같은 내용의 전보를 보냈다. 안중근의 범행은 중형에 해당함은 물론이겠지만, "안중근이 이번 흉행(兇行)을 하기에 이른 것은 감히 사리(私利)에서 나온 것이 아님은 명백"하기 때문에, 혹시 정치범은 사형을 언도하지 않는다는 일본 사법부의 불문율을 적용해 법원이 무기징역으로 할지도 모른다. 그리고 이것은 "순수한 형의 적용문제"이기 때문에 행정부가 이에 개입한다는 인상은 피해야 하겠지만 안중근을 사형에 처해야 할 것인가 아닌가 하는 문제 역시 대단히 중요한 문제로서 이 또한 이해득실을 고려해야 하며, 정부에서 이와 관련해 어떤 희망이 있다면 현재 자신과 법원 당국자 간의 관계가 양호하기 때문에 희망사항을 자신에게 전해주면 법원 측에 전달하겠으니 만약

---

78 「電報第3號」(1909년 11월 7일), 『韓國獨立運動史』資料7, 474~475쪽.

79 「電報第3號」(1909년 11월 8일), 『韓國獨立運動史』資料7, 475쪽.

80 국가보훈처 편, 『亞洲第一義俠安重根』제1권, 135쪽, 151쪽.

희망사항이 있다면 죄상이 확정되기 전에 속히 내시(內示)를 바란다는 것이었다.[81] 이에 대해 고무라는 "안중근의 범행은 극히 중대함으로 징악(懲惡)의 정신에 의거하여 극형에 처하는 것이 타당하다"고 회신했다.[82]

사건에 대한 수사가 한창 진행되고 있는 상황에서 그것도 사건발생 3주도 지나지 않아 적용 법률과 형량까지 마음대로 결정한 사실에 대해 경악을 금할 수 없지만, 그만큼 일본정부는 안중근 사건을 최대한 축소시켜 조속히 마무리하는 것이 요구되었던 것이다. 그 이유는 단 하나에 연결되어 있었다. 조작된 '한국보호' 정책이 안중근에 의해 부정되고 세계 여론의 지탄을 받아 이미 결정된 '한국병합' 정책에 차질이 있을까 하는 우려 때문이었다. 따라서 일본정부는 하루라도 빨리 안중근을 처형시켜 여론의 관심으로부터 벗어나려고 했고, 그런 이유 때문에 안중근의 유해조차 가족들에게 전달하지 않고 장례식도 치르지 못하게 했던 것이다.

일본정부로부터 안중근의 형량에 대해 '극형'이라는 회신을 받은 구라치는 즉시 관동도독부 고등법원장 히라이시 우지도(平石氏人)에게 압력을 행사하기 시작했다. 히라이시 법원장은 처음에는 크게 당황해 하면서 사법권 독립이란 차원에서 법원이 정부의 지휘를 받는 것은 있을 수 없다고 생각하는 사람들이 법원 내에 많다고 하며 부정적이었는데, 구라치의 설득으로 정부의 뜻을 이해했고 다음과 같은 방침을 정했다. 즉 법원장 자신은 안중근에 대해 사형을 언도할 것이지만 그러기 위해서는 우선 검찰관이 사형을 구형해서 지방법원에서 목적을 달성하도록 노력하고, 만약에 지방법원에서 무기징역 판결이 나면 검찰관으로 하여금 공소케 하여 고등법원에서 사형을 언도한다는 것이었다.[83] 너무나 일방적이고 노

81 「電報第34號(極秘)」(1909년 11월 13일), 『韓國獨立運動史』 資料7, 476~477쪽.

82 「電報」(1909년 12월 2일), 『韓國獨立運動史』 資料7, 477쪽.

83 「電報第37號」(1909년 12월 3일), 「電報第39號(極秘)」(1909년 12월 3일), 『韓國獨立運動史』 資料7,

골적인 일본정부의 정치적 개입에 대해 관선변호인으로 선임된 가마다 세이치(鎌田正治)는 재판의 변론에서 이의를 제기하고 안중근에게 한국의 형법이 적용되어야 함을 주장했던 것이다.[84]

한편 안중근에 대한 수사과정에서 일본정부는 안중근의 의거가 일본의 '한국보호' 정책을 정면으로 부정하고 그 책임자 이토를 저격한 것이 아니라, 개인적인 원한에 의한 단순한 형사사건으로 축소·왜곡시킬 필요가 있었다. 그러기 위해서는 거사 직후부터 당당하고 의연하게 자신의 생각과 이념을 주장했던 안중근의 '기(氣)'를 꺾고 그를 굴복시킬 필요가 있었다. 처음에는 안중근 의거를 개인적인 원한에 기인한 사건이라고 언론에 정보를 흘려 사실을 왜곡하는 기사를 실어 여론을 날조했다. 그리고 안중근을 비난하는 신문을 가지고 와 보여주면서 "지금 세상은 이렇게 당신을 비난하고 있다"고 공갈했다. 그러나 안중근은 외부세계와 완전히 차단되어 있었음에도 불구하고 여전히 자신의 주장을 굽히지 않았다. 협박과 공갈에도 굴하지 않은 안중근에 대해 일본정부는 개인적인 원한에 의한 범행이라고 자백만 하면 부귀영화를 누리면서 잘 살 수 있게 해준다고 회유하기도 했다.

그런데 안중근에 대한 협박과 공갈, 그리고 회유 공작을 담당했던 세력은 한국통감부에서 파견된 헌병사령관 아카시 겐지로(明石元二郎)를 중심으로 검사 나카가와 카즈스케(中川一介), 경시(警視) 사카이 기메이(境喜明)와 소노키 지로(園木次郎) 등이었다. 이들은 오랜 동안 한국에서 다양한 정치공작 경험을 가지고 있었고 한국어에도 능통한 자들이었다. 이들은 한국인이 몰래 타국으로 망명하여 독립운동을 하거나 지방에서 의병이 일어나기만 하면 고종을 반일세력의 우두머리로 이해하고 크나큰

477~478쪽.

84 『滿洲日日新聞』, 1910년 2월 13일.

불만을 품고 있었으며, 심지어는 폐위시킨 뒤에도 마음이 놓이지 않아 언제나 구실을 잡아 음해하려 했다.[85]

당시 한국거류 일본인 사회에서는 이토의 사망과 함께 한국인에 대한 복수와 이 기회를 이용하여 일거에 '한국병합'을 달성하자는 주장이 공공연하게 이루어지고 있었다. "이토 공의 횡사는 우연히도 세계의 동정을 우리들에게 집중"하시키고 있다고 하면서, "하늘은 우연히도 소네에게 제2대 통감으로서 역사에 일대광채(一大光彩)를 더할 수 있는 좋은 기회"를 주고 있으니 "무단주의(武斷主義)를 가지고 카츠라 내각을 자격(刺激)하고 편달(鞭撻)하고 헌책(獻策)해서 일거에 조선 문제를 해결함으로써 양국의 미지근하고 애매한 관계를 타파하여 당당하면서 명쾌하게 신국면을 타개"하자고 외쳐댔다.[86] 이런 분위기 속에서 여순에 파견된 한국통감부 요원들은 일본정부의 정책 목표와 의도와는 전혀 반대로 안중근 의거를 정치적으로 확대시켜 급속하게 '한국병합'을 추진하려는 공작을 펼쳐나갔다. 즉 이들은 증거를 날조해 고종을 안중근 의거 배후주모자로 조작해내려 했던 것이다. 사카이는 안중근을 찾아와 "나는 이 일이 왜 일어났는지 알았소. 당신은 태황제(고종)로부터 돈 4만원을 받고 이토

---

85 창해로방, 『안중근전』, 115~118쪽. 아카시는 전설적인 군사스파이로서 일본이 러일전쟁을 승리로 이끄는데 중대한 역할을 한 인물이었다. 그는 육군사관학교를 졸업하고 무관으로 페테르부르그(레닌그라드)에 부임해 러시아의 국내정세를 조사하던 중, 러시아와는 정면으로 싸워서 이길 수 없는 나라라는 것을 깨달았고, '내부 교란 모략전'이 효과적이라 판단해 러시아 반정부인사들과 접촉했다. 이런 상황에서 러일전쟁이 발발하자 러시아 혁명조직에게 자금지원을 하는 대신 러시아의 군사정보를 입수했다. 당시 일본 참모본부로부터 받은 100만 엔(현재 약 1천억 엔 이상)의 공작자금을 활용해 러시아 반정부연합전선의 결성과 1905년 1월 소위 '피의 일요일사건'을 유도했다. 이 과정에서 러시아 혁명세력의 무력봉기를 돕기 위해 막대한 무기와 탄약을 사들여 러시아 국내혁명조직에 공급했으며, 그 결과 러시아 각지에서 철도가 파괴되어 러시아군의 극동으로의 이동이 어려워졌고 러일전쟁에서 일본이 승리할 수 있는 유리한 조건을 만들어냈다. 뒷날 독일의 카이젤 황제는 "아카시 대령은 만주에 파견된 2십 수만 명의 일본군 장병이 한 것과 같은 일을 단 혼자서 해낸 금세기에서 가장 두려운 인물"이라고 감탄했다고 한다.

86 「伊藤公の横死と朝鮮問題」, 『朝鮮』4-4, 1909년 12월, 琴秉洞 編, 앞의 자료집, 336~338쪽.

공작을 죽였다는 것을 상세한 조사를 거쳐 알게 되었으니 이제 당신은 속일 수 없소"라고 협박·공갈했다.[87] 일본정부의 정책과는 거리가 먼 이들의 독단적이고 무모한 행동은 일본인들 사이에서도 커다란 문제가 되었고, 당시 일본정부 정책을 현지에서 지휘하고 있었던 구라치는 다음과 같이 기술했다.

한국에 있는 일부 일본인들 중에는 이토공 암살을 한국 황제가 사주한 것이라고 간주해, 이것을 이유로 이번 기회에 일거에 병합을 단행하자고 주장하고 억지로 증거를 조작하려고 획책했고, 내가 여순에 도착하자마자 한국주차군(韓國駐箚軍) 참모장 아카시(明石) 소장이 도착했다. 그리고 검찰측에서는 나카가와(中川一介) 검사와 한국어에 능통한 통감부의 모 경시(警視) 등도 여순으로 들어왔다. 이들은 여순에 체재하면서 피고인들을 감시하고 합법, 비합법적 수단을 동원해 무엇인가 증거를 만들려고 획책하고 있었다. 그래서 한국으로부터 온 이들 일파와 우리들과의 사이에 상당한 암투가 일어났는데, 당시 도독부 민정장관은 분명한 중립적 태도를 유지하고, 사법관 등도 역시 정치적 책동에 움직이지 않았다. 나는 정부가 병합의 대방침을 결정한 이상 이것을 실행하는 데에는 가장 적당한 시기를 선택할 필요가 있으며, 무리해서 병합을 강행하는 것과 같은 것은 단연 불가하다고 믿고 있었는데, 한국에서 온 일파는 병합의 기본방침이 각의에서 결정된 사실조차 모르면서 무조건 이 기회에 병합을 실현하고 말겠다고 초조함을 드러내 보였다. 민정장관 및 고등법원장 등도 우리들과 견해를 같이 했고, 범인을 엄벌에 처하는 것은 물론 필요하지만 이것을 정략적으로 이용하는 것에는 완전히 반대였으며 의연하게 외부의 압력에 응하지 않았다. 그래서 사건처리 방침은 대개 정해졌기 때문에 나

---

87 창해로방, 『안중근전』, 124~125쪽.

는 12월 9일 여순을 떠나 13일 도쿄로 돌아왔다. 그러자 한국에서 온 사람들도 도저히 그 목적을 달성할 수 없다는 것을 깨닫고 나의 여순 출발을 전후하여 곧바로 한국으로 돌아갔으며 결국 이토공 암살사건을 이용하여 병합을 실행하려는 계획은 종언을 고하게 되었다.[88]

구라치의 이 지적은 당시 상황을 이해하는데 많은 시사를 주고 있는데, '한국병합'이라는 정책이 "각의에서 결정된 사실조차 모르면서" 하는 부분에서는 자신이 이번 사건해결의 실제적인 총책임자였다는 사실을 강하게 암시하고 있었다. 본국정부의 전폭적인 신뢰를 바탕으로 관련기관과 긴밀하게 연락하면서 안중근 의거에 대한 핵심적인 조처를 마친 구라치는 1909년 12월 9일 여순을 떠났다. 그는 여순에 머무는 동안 일본정부의 정책적 의도를 충실히 반영해 외교문제를 고려하면서도 적용법률과 형량, 사법부와 통감부, 그리고 헌병사령부의 내부 알력의 조정 등 수사 및 재판과 관련된 제반사항을 지휘하고 정리함으로써 실무책임자로서의 역량을 유감없이 발휘했다. 그런데 그가 떠난 후 작은 문제였지만 예기치 못한 매우 중요한 문제가 발생했다. 그것은 안중근에 대한 외국인 변호사의 변론문제였다.

안중근이 체포되고 수감되자 블라디보스토크와 중국 상하이를 중심으로 해외에 거주하는 한인들 사이에서 의연금을 모아 변호사를 초빙하자는 여론이 비등했다.[89] 안중근의 지인들은 블라디보스토크 『대동공보(大東共報)』사 사장 러시아인 미하이로프에게 안중근의 변호를 부탁했고,

---

88 倉知鐵吉, 앞의 책, 11~12쪽. 또한 배후수사를 위해 헌병대에서 여순에 파견했던 헌병중위 스기야마(杉山葬)의 12월 20일자 보고서 내용도 참조 바람. 「憲機第2624號」(1909년 12월 28일), 『韓國獨立運動史』資料7, 232~237쪽.

89 『大韓每日申報』, 1909년 11월 18일, 12월 7일.

미하이로프는 이를 흔쾌히 받아들였다.[90] 그는 12월 1일 평소 친하게 지냈던 상하이의 변호사 영국인 G. C. 더글라스를 대동하고 여순을 방문해 관동도독부 지방법원장 마나베 쥬조(眞鍋十藏)와 고등법원 검찰관 미조부치 타카오(溝淵孝雄)에게 사선변호인(私選辯護人)으로 허가해 줄 것을 요구했다. 이에 대해 법원장과 검찰관은 한국어, 일어, 영어 통역자를 동반하는 조건으로 허가했고 당일 안중근과의 면회도 이루어졌다. 안중근은 "사선변호인으로 공판정에 나와 주심을 삼가 배락(拜諾)한다"고 두 사람에게 감사함을 전하면서 사선 일본인변호인의 허가문제를 물었다.[91] 이미 사법당국은 안중근의 공판에는 관선변호인(官選辯護人)을 별도로 선임하지 않는다는 방침을 세우고 고등법원장 히라이시 우지도(平石氏人)의 친구 미즈노 기치타로(水野吉太郞)와 가마다 쇼지(鎌田正治)를 선임해 둔 상태였다.

이런 상황에서 검찰관은 안중근에게 한국인 변호사를 초빙하면 허락해 주겠다는 정보를 흘렸고, 안중근은 죽을 각오로 이번 의거를 결행했고 목숨을 구걸할 생각은 전혀 없지만, 러시아, 영국, 일본 등 외국인 변호사는 있는데 "본국 변호사가 무(無)함이 유감"이라며, "우리 동포들이 내가 평소에 품고 있던 주의(主義)와 이번에 거사한 까닭을 알게 하려면 본국의 변호사를 청하여야 할 것 같다"고 면회 온 동생 정근(定根)과 공

---

90 일본 정보기관이 분석한 것에 의하면, 미하이로프는 1904년 러일전쟁 당초 헌병대 사령관으로 블라디보스토크에 와서 일본군의 정찰임무를 담당하다가 퇴직 후 변호사를 개업하여 스스로 한국인 보호자로 자임했고, 1909년 4월 『대한매일신보』사의 베델이 사망하자 『대동공보』의 한국인을 모아 추도회를 열어 서울에는 베델, 블라디보스토크에는 자기가 있고 한국보호를 천직으로 하는 외국인은 자기와 베델 두 사람뿐이라고 연설했으며, 블라디보스토크 거류 한국인들은 그를 매우 신뢰하고 존경한다고 분석했다. 「高秘發第19號」(1910년 1월 8일), 『韓國獨立運動史』資料7, 522~523쪽.

91 「報告書」(1909년 12월 1일), 『韓國獨立運動史』資料7, 517~521쪽; 『大韓每日申報』, 1909년 12월 11일. 이날 면회는 미하이로프가 러시아어로 말하면 통감부로부터 새로 파견된 러시아어 통역관 도리이(鳥居)가 일본어로 통역했고, 이 일본어를 조사 초기부터 통역을 담당했던 소노키 스에요시(園木末喜)가 한국어로 전달했다.

근(恭根)에게 말했다. 두 동생은 사법부에 재삼 확인하고 허가를 받은 뒤에 서울의 한성변호사회(漢城辯護士會)에 전보를 보내 한국인 변호인 한 명을 파송해 줄 것을 요청했다. 그런데 일본경찰과 관리들은 이 전보를 압수하고 온갖 방법을 동원해 한국인 변호사가 여순으로 오는 것을 저지했다.[92]

한편 안중근 의거와 관련하여 한국인 변호사를 청한다는 소식을 듣고 있었던 안병찬(安秉瓚)은 평양으로 찾아온 안중근의 어머니를 만나 변호를 위탁 받고 그 자리에서 수임한 후 여순을 향해 출발했다.[93] 안병찬은 사무원 고병은(高秉殷)을 대동하고 1월 17일 여순에 도착하여 관동도독부 고등법원 및 지방법원, 여순 민정서(民政署)와 경찰서를 방문하고 안중근을 변호할 목적을 설명했다. 이에 대해 법원측에서는 히라이시 고등법원장이 현재 도쿄에 출장 중이기 때문에 재판과 변호사의 정식허가는 히라이시가 돌아온 후에 결정될 것이라고 응답했다.[94] 그런데 2월 1일 정오 안중근을 면회하기 위해 안병찬은 고병은, 안정근, 안공근 등과 함께 여순감옥을 방문하여 검찰관 미조부치, 전옥(典獄=형무소장) 구리하라 사다기치(栗原貞吉), 통역관 소노키 등을 만났는데, 미조부치는 재판관의 직권으로 법원소속 변호인을 선임하기로 결정했기 때문에 외국변호인의 변론은 허가할 수 없다고 통보했다. 이에 대해 안병찬이 항의하자 영국, 러시아, 스페인 등을 포함한 모든 외국인의 변호를 허가하지 않기로 법원에서 결정했다고 궁색한 대답을 반복할 뿐이었다.[95]

---

92 『大韓每日申報』, 1910년 1월 11일; 창해로방, 『안중근전』, 120~121쪽. 한성변호사회에서는 변영만(卞榮晚)을 파송하기로 결정했는데 결국 여순에는 도착하지 못했다. 『大韓每日申報』, 1910년 2월 2일.

93 「電報第2號(暗號)」(1910년 1월 7일), 『韓國獨立運動史』資料7, 521~522쪽.

94 『大韓每日申報』, 1910년 1월 27일, 1월 29일.

95 「旅順通信」, 『大韓每日申報』, 1910년 2월 8일. 영국인 변호사 더그라스는 안중근을 변호하기 위해 상하이에서 2월 8일 여순에 도착했는데 법원이 이를 불허하자, 법원에 출두하여 항의하고 재판 중

검찰관 및 재판부가 처음에는 외국인 변호사의 변론을 허가한다고 해놓고 이를 번복한 것은 일본정부의 안중근 의거에 대한 기본정책을 고려하면 필연적인 결과라고 말할 수 있으며, 그 배후에는 외무성 정무국장 구라치의 생각이 작용하고 있었음에 틀림없다. 자신이 설계한 대로 사건 처리 방침이 정해져 그대로 진행되기만 하면 된다고 생각한 구라치는 더 이상 여순에 체류할 필요가 없다고 판단해 12월 9일 여순을 떠났는데, 현지 검찰관이나 재판부에서는 단순한 법리적인 문제로 판단해 외국인 변론을 허가했다. 왜냐하면 이 사건은 외국에서 외국인이 일으킨 사건이 었기 때문이며, 그래서 재판부는 러시아어 통역관 도리이(鳥居)를 통감부로부터 급히 차출했던 것이다. 그런데 안중근 재판에서의 외국인 변론이란 청천벽력과 같은 보고를 받은 구라치를 비롯한 일본정부 수뇌부는 즉시 관동도독부 고등법원장 히라이시를 도쿄로 소환해 사태의 심각성을 설명하고 무조건 외국인 변론은 허가해서는 안 된다고 압박했다. 이 문제에 대해 박은식은 예리하게 다음과 같이 지적했다.

외국변호사의 변호를 허락한다면 이토의 죄악에 대한 외국변호사들의 의론은 피고의 말과 다름이 없을 것이므로 일본의 수치가 드러나기 마련이다. 한국변호사는 피고 안중근을 더 동정할 것이며 그들의 격렬한 언사는 기필코 안중근의 말과 비슷할 것이니 일본법관 앞에 또 한명의 강적을 세우는 것이 된다. 그렇기 때문에 일본사람들은 식언하고 위법할지언정 외국인의 변호를 거부하기로 한 것이다.[96]

동시에 히라이시를 소환한 자리에서는 외국인 변론문제만이 아니라

지를 요구했으나 거절당했다. 『大韓每日申報』, 1910년 2월 12일.
96 창해로방, 『안중근전』, 131쪽.

구체적인 재판 개시일 및 횟수, 그리고 사형집행 후 시신처리 방법까지 논의되고 결정되었다. 사형집행 후 안중근의 시신은 "감옥법 제74조에 의해 공안상(公安上) 이를 유족에게 넘기지 않는 것이 적당하다고 인정하고, 여순감옥 묘지에 매장하기로 모든 것이 내정"되어 있었다.[97] 아무튼 히라이시는 일본정부의 압력에 굴복했고 1910년 2월 7일 오전 9시 관동도독부 고등법원 제1호 법정에서 공판이 시작되어 2월 14일 1주일 만에 사형 판결이 언도되었다. 2월 19일 안중근은 항소를 포기함으로써 사형이 확정되었고 3월 26일 사형이 집행되었던 것이다.[98]

5. 나가는 말

안중근 의거를 둘러싸고 일본에서 일반적으로 주장되고 있는 것은 안중근이 이토를 저격함으로써 오히려 '한국병합'을 가능하게 만들었을 뿐만 아니라 그것을 수월하게 만들었다는 논리이다. 이런 논리의 근저에는 이토가 '온건파'로서 국제외교를 중시한 '유화주의'적 정치가로서 '한국보호' 정책의 핵심추진자였지만 '한국병합'에는 반대했다는 이토에 대한 인식이 깔려있다. 이런 인식은 일본이라는 일국적 차원의 편협한 인식일 뿐만 아니라 구체적인 역사적 사실과도 배치된다. 그렇다면 왜 이런 왜곡된 인식이 반복해서 주장되고 있는 것일까. 죽음을 찬미하는 일본의 문화 속에서 그것도 '메이지의 원훈' 이토의 죽음이 너무나도 극적이었던 측면도 있겠지만, 이 문제의 근본원인은 바로 '이토 저격사건'을 처리하

---

97 「電報第114號(暗號)」(1910년 3월 22일), 『韓國獨立運動史』資料7, 514~515쪽.

98 예정된 안중근의 사형집행일은 원래 3월 25일이었다. 그러나 3월 25일은 순종의 생일로서 "한국 인심(人心)에 악감(惡感)을 줄 우려"가 있다는 이유로 3월 26일로 하루 늦추어졌다.

는 과정에서 당시 일본정부가 취한 정책내용에 있었다.

이토는 일본 정치계에서 가장 외교능력이 뛰어난 인물로서 당시 일본이 처한 국제적 지위와 일본이 추구해야 할 합당한 전략과 전술을 경험을 통해 정확히 인식하고 있었다. 메이지 유신을 주도했던 세력이 추구해 왔던 일본의 근대국민국가의 국시(國是)인 '탈아론(脫亞論)과 정한론(征韓論)'은 청일전쟁과 러일전쟁의 승리를 통해 일단 달성되었지만, 그러나 국제사회 속에서 일본은 아직도 '후진적'이었으며 외적 규제로부터 완전히 자유스러운 상태는 아니었다. 이를 극복하기 위해서는 한반도를 접수하는데 머무르는 것이 아니라, 만주 나아가 중국대륙 본토에 일본의 토대를 구축할 필요가 있었다. 이와 같은 일본이 나아가야 할 상황을 가장 민감하고 정확하게 인식하고 있었던 자가 바로 이토였다. 따라서 그는 자신의 후계자라 할 수 있는 소네를 후임 한국통감으로 임명하고 자신은 새로운 '국가적 임무'를 위해 만주로 가야만 했던 것이다. 이토의 '만주시찰'은 러일전쟁으로 파생된 여러 문제들을 러시아와 협상하여 만주에서의 상호 세력권을 분명히 하고 이권문제를 정리함으로써 우선 '만주경영'을 확고히 하고, 동시에 이 협상과정에서 한국을 자신들의 세력권으로 인정받아 '한국병합'을 외교적으로 부드럽게 추진하기 위함이었다. 나아가 한국을 보호국화한 것처럼 동북아의 안정을 위해 청국을 돕는다는 명분으로 청국의 재정을 감독하는 권리를 국제적으로 인정받아 장래 청국을 보호국화 한다는 큰 꿈을 키우고 실천해 보려는 야심에 찬 시찰이었다. 그러나 이 꿈은 안중근에 의해 '사화(死花)'가 되었고, 이 역사적 교훈을 망각한 그의 후계자들은 결국 '15년 전쟁'을 일으켜 '동양평화'를 완전히 짓밟았던 것이다.

이토의 죽음은 곧 '이토 영웅화' 작업으로 표출되었고, 이것은 일본정부를 난처하게 만들었다. 왜냐 하면 이토를 저격한 사람이 바로 한국인 안중근이었기 때문이다. 즉 '한국병합'을 외교적으로 부드럽게 추진한다는 이토의 유훈(遺訓)과는 달리, '이토 영웅화'가 국제적으로 주목받으면 받을수록 이토가 추진했던 기만적인 '한국보호' 정책이 폭로되어 이미 결정된 '한국병합' 정책이 국제적인 비난을 받고 좌초되지 않을까 하고 일본정부는 노심초사했던 것이다. 따라서 일본정부는 저격사건을 최대한 축소시켜 조속히 마무리하는 것이 요구되었고, 이런 일본정부의 정책을 현지에서 집행한 사람이 바로 '한국병합' 정책의 최고실무책임자였던 구라치 테츠키치(倉知鐵吉)였다. 그는 안중근 의거에 의해 일본정부가 처한 '이중적' 고뇌를 정확히 이해하고 있었기 때문에 사건 사후처리 과정에서 그의 실력을 유감없이 발휘할 수 있었다. 재판의 관할권 문제와 적용 법률 및 형량, 나아가 시신의 처리방법까지 거의 모든 것이 그의 손에 의해 결정되었다.

일본이 당면한 역사적 위치를 정확히 인식하고 현실적 대안정책을 입안하고 추진했던 구라치는 그런 의미에서 이토의 비서관이며 후계자였다고 말할 수 있다. 고종을 배후 조정자로 날조하여 무력으로 '한국병합'을 추진하려던 편협하고 물정모르는 강경주의자들을 제압하면서도 '제국일본'에 방해가 될 수 있는 미래의 저항세력에 대한 치밀한 조사도 병행함으로써 이후 잔인하게 전개되는 일련의 사건들을 준비하고 있었던 것이다. 구라치는 '한국병합'에 대해, "그 후 한국정세가 악화되고 도저히 방치할 수 없게 되었고, 특히 일본을 둘러싼 국내외 정세도 변화가 있어 병합을 단행해도 조약개정 사업에 지장이 없다는 판단이 섰기 때문에, 1910년 1월 즉시 병합 단행의 방침을 확정하고, 동년 5월 테라우치 육군대신을 통감으로 임명하여 병합의 대임에 임하도록 했다"고 주장했다.[99]

---

99 倉知鐵吉, 앞의 책, 12쪽.

이상을 고려하면 일본정부는 당시 일본이 처해 있던 복잡한 국제관계 속에서 외교적으로 부드럽게 그리고 잡음이 나지 않게 '한국병합'을 추진한다는 '이토의 책략'을 대한정책의 최선의 방책으로 생각하고 있었고, 그런 조건이 무르익기를 기다리면서 자신들의 스케줄대로 '한국병합'을 단행했다고 말할 수 있다. 안중근이 이토를 저격한 것이 '한국병합'을 촉진시키고 오히려 수월하게 만들었다는 논리는, 앞뒤 가리지 않고 '이토 영웅화' 작업을 통해 일거에 '한국병합'을 추진하려 했던 당시 '강경파'들의 '보복적 논리'이거나 일진회(一進會)와 같은 친일단체들의 논리였고, 그런 논리가 지금까지 이어지고 있기 때문이라고 인식해야 한다. 또한 이런 논리에 대한 비판논리로서 자주 지적되고 있는 것이 이토가 사망하기 전에 이미 '한국병합'이 각의에서 결정되었다는 사실을 들고 있는데, 이 또한 비판의 초점이 잘못 설정되어 있는 측면이 없지 않다. 본문에서 검토한 바와 같이 안중근 의거는 일본정부의 대한정책을 파탄시킬 수도 있는 핵폭탄과도 같은 것이었고, 그래서 일본정부는 수단과 방법을 가리지 않고 이 사건 해결에 전념해야 했다. 안중근 스스로가 밝힌 바와 같이 의거의 목적은 꼭 이토에게 한정되어 있었던 것이 아니라 일본의 대관(大官)을 쓰러뜨려 '세계의 여론'을 불러일으키는 것이 목적이었기 때문에, 일본정부의 정책담당자들의 눈에는 안중근의 주검조차도 두려웠던 것이다.

05

안중근의
'東洋平和論' 구상

김형목

독립기념관 한국독립운동사연구소 선임연구위원

1. 머리말

우리의 독립운동은 외세 지배로부터 벗어나 진정한 자유와 독립을 쟁취하려는 목적에서 비롯되었다. 강인한 민족정신과 불굴의 저항정신은 온갖 艱難을 극복할 수 '에너지원'이었다. 세계 역사상 유례를 찾아보기 어려운 50여 년에 걸친 '血戰'은 이를 반증한다. 2009년은 한국독립운동사에서 기념해야 할 역사적인 사건들이 유난히 많다. 민족과 조국을 위해 헌신한 선열들 '희생정신'을 현실에 부합하는 조망은 우리에게 주어진 '책무' 중 하나임에 틀림없다. 각종 기념사업회나 학술단체를 중심으로 진행하였거나 진행 중인 학술행사와 기념식 개최 등은 이러한 사실을 잘 보여준다.

안중근은 위대한 선각자로서 한국인에게 너무나 잘 알려져 있는 인물이다. 사상가로서 실천력을 겸비한 활동상은 누구나 쉽게 공감할 수 있는 부분이다. 연해주에서 발행된 『대동공보』 주필이자 동지였던 李剛은 그의 항일활동을 다음과 같이 적절하게 언급하였다.

내가 80유 평생을 통하여 동서고금에 옳고 바른 일을 한 위인열사를 많이 듣고 또 보았지만 안중근 의사처럼 일체의 私心을 버리고 大義를 위하여 살신성인한 眞愛國者는 다시 찾아보기 힘들었다.…(중략)…그러함에도 불구하고 오늘 우리들의 간악하고 무도한 현상은 이 나라 국가 민족의 번영과 발전을 위하여 또 역사와 전통을 위하여 순국하신 선열의 피의 덕분으로 독립이 되어 지금 우리가 먹고 마시고 살고 있다고 볼 때 그 은인들에 대하여 尊慕할 줄 모르고 敬仰할 줄 모르고 오히려 불문무지에 붙이려고까지 함을 볼 때 참으로 슬프고 가련한 세대다. 동포들이여! 아니 자라나는 젊은이들이여! 앞날에 있어서 내가 만일 때에 따라 이 한 몸을 바치므로 이 나라에 큰 도움이 된다면 어느 때나 즐겁게 殉한다고 결심할 때 선열이 지시고 간 고난의 십자가가 즉 나의 십자가가 된다고 생각할 때 안의사의 십자가야 말로 그 얼마나 귀중하고 빛나는 십자가였던가.[1]

안중근은 일체 사심을 버리고 대의를 위하여 진정한 殺身成仁이 무엇인지를 몸소 실천한 활동가였다. 목숨을 초개처럼 버린 순국·열사의 희생은 오늘날 우리들의 살아가는 밑거름이었다. 이처럼 그의 투쟁정신은 1920~30년대 민족정체성이 크게 훼손되는 상황을 반전시키는 '촉매제'였다. 청소년들에 대한 강력한 경고는 모순된 현실의 불합리함을 다시금 인식시키는 자극제나 마찬가지였다.

姜宇奎義擧(일명 사이토총독암살미수사건-필자주)를 계기로 '본격적인' 의열투쟁은 가장 실천적인 독립전쟁론으로 인식·채택되었다.[2] 義烈團·韓人愛國團은 친일관료는 물론 매판자본가 등 친일세력에게 가장 두려운 존재였다. 반면 한국인 청년들은 이들 활동에 크게 자극을 받아 항일무장투쟁 대열에 적극적으로 참여하기를 마다하지 않았다. 국내외 항일세력의 대동단결은 이러한 상황과 맞물려 진전을 거듭하는 계기를 맞았다. 1920년대 후반 민족유일당운동이나 新幹會運動 등은 이와 같은 역사적인 배경에서 비롯되었다고 해도 지나친 표현은 아니다.

이 글은 안중근의거 100주년을 맞이하여 『동양평화론』의 실상을 파악하는 데 중점을 두었다. 지금까지 안중근의거와 관련된 많은 연구는 대부분 이를 언급할 정도이다.[3] 심지어 '최초' 동양평화론 주창자로서 그

---

1 이강, 『의사 안중근』; 국가보훈처, 『안중근전기전집』, 1999, 649~651쪽.
2 김영범, 『혁명과 의열-한국독립운동의 내면-』, 경인문화사, 2010, 395~398쪽.
3 연구 현황에 대한 대표적인 연구사 정리는 다음을 참조하라. 박창희, 「안중근의 동양관과 아시아의 어제와 오늘」, 『안중근의사 연구의 어제와 오늘』, 안중근의사기념관, 1993 : 조광, 「안중근 연구의 현황과 과제」, 『한국근현대사연구』 12, 한국근현대사연구회, 2000 : 조광, 「안중근 연구 백년 : 현황

를 이해하는 경우도 적지 않다. 이는 사실과 다르다. 일본 정치인들은 동아시아 침략을 은폐하려는 의도에서 동아시아 연대론·삼국동맹론 등을 주창하였기 때문이다. 이들 주장은 일본을 맹주로 하는 새로운 동아시아 지배질서를 구축하려는 의도와 무관하지 않다.

갑오농민전쟁·명성황후시해사건·아관파천·청일전쟁·러일전쟁 등을 직접 목도하면서 항일의식은 논리적으로 심화되어 나갔다. 특히 러일전쟁 발발과 일제의 승전은 커다란 충격으로 다가왔다. 을사늑약 부당성에 대한 張志淵의 「是日也放聲大哭」은 항일의식을 점증시키는 요인이었다. 통감부 설치 이후 자행된 고종 강제퇴위·정미7조약 체결·군대해산·국채 남발 등은 대한제국정부를 강제로 무장해산시킨 만행이나 마찬가지였다. 그런 만큼 식민지화에 대한 위기의식은 점증될 수밖에 없었다.

보안회나 서우학회에서 활동은 자신의 목적한 바를 관철시키기에 역부족임을 절감하는 계기였다. 침략에 맞선 근대교육운동·국채보상운동·의병전쟁 참여와 활동은 이러한 시대인식과 무관하지 않았다.[4] 모친은 물론 제수등 가족 전원이 국채보상운동에 적극적으로 참여하였다. 私益보다 公益을 우선시하는 가풍의 분위기는 이러한 활동으로 귀결되었다. 三興學校 학생들 의연금 동참도 그의 창학정신을 계승하는 일환이었다.[5]

과 과제」, 『안중근의사 하얼빈의거 100주년기념 국제학술대회 발표문』, 안중근의사기념사업회·민족문제연구소, 2009 : 신운용, 「참고문헌」, 『안중근의 민족운동 연구』, 한국외국어대박사학위논문, 2007 : 신운용, 「안중근연구 현황과 과제」, 『안중근과 한국근대사』, 채륜, 2009.

4 서우학회, 「회계원보고」, 『서우』 8, 1907, 48쪽; 「회계원보고」, 『서우』 13, 51쪽; 「회계원보고」, 『서우』 16, 43쪽 : 조광, 「안중근의 애국계몽운동과 독립운동」, 『교회사연구』 9, 한국교회사연구소, 1994 : 윤선자, 「안중근의 애국계몽운동」, 『한국근대사와 종교』, 국학자료원, 2002 : 정영희, 「안중근의 현실인식과 국권수호운동」, 『교육입국론과 항일독립운동』, 경인문화사, 2009 참조.

5 안중근, 『안응칠역사』, 157쪽 : 『대한매일신보』 1907년 5월 29일 광고 「국채보상의연금수입광고」, 1910년 1월 30일 잡보 「놀라운 부인」 : 국사편찬위원회, 「복명서」, 『한국독립운동사자료』 7, 337·540쪽 : 김형목, 『대한제국기 야학운동』, 경인문화사, 2005, 290·320쪽.

다양한 경험과 신문·잡지 등 독서를 통한 새로운 정보는 그의 현실인식을 심화시키는 원천이었다. 민족자본 육성을 위한 三合義 설립은 일제의 경제적인 침략 실상을 체험하는 계기였다. 2차례에 걸친 만주와 연해주 등지에서 유람과 국외항일활동은 세계관 확대로 이어졌다.

『동양평화론』은 안중근이 19세기 말부터 20세기 초까지 경험하고 인식한 바를 집대성한 현실인식의 '결정판'이나 다름없다. 아쉽게도 일본인의 약속 위반으로 이를 완성하지 못하고 말았다.[6] 하지만 「청취서」와 「심문조서」 등을 통하여 그가 궁극적으로 지향한 바는 어느 정도 해석할 수 있다. 즉 한국 독립에만 머물지 않고 보편적인 가치관에 입각한 '진정한' 동양평화를 위한 사상과 방법론을 제시하려는 것으로 생각된다.[7] 伊藤博文 격살은 살인행위가 아니라 동양평화를 위한 義戰의 일환이었다. 이 글을 쓰는 목적도 바로 여기에 있다.

2. 집필 배경과 법정투쟁

안중근은 여순감옥에서 1909년 12월 13일부터 자서전인 『안응칠역사』을 쓰기 시작하였다. 사형선고를 받은 절박한 순간에도 흔들림 없이 집필에 전념했다. 초인적인 노력은 이듬해 3월 15일에 탈고할 수 있었던 밑거름이었다.[8] 자서전을 마감한 전후에 『동양평화론』을 집필하기 시작한 것으로 생각된다. 물론 정확한 시점은 알 수 없으나 『안응칠역사』를

---

6 「典獄 栗原貞吉의 書翰」(안중근의사기념관 소장).

7 김형목, 「안중근의 동양평화론과 그 의미」, 『군사연구』 128, 육군본부 군사연구소, 2010, 200쪽.

8 윤경로, 「안중근 의거와 <동양평화론>의 현대사적 의의-동아시아의 평화와 미래를 전망하며-」, 『안중근의거의 국제적 영향』(광복64주년 및 개관 22주년기념 학술심포지엄 발표문), 독립기념관 한국독립운동사연구소, 2009, 165~169쪽.

거의 마무리 한 단계부터라고 짐작된다. 平石氏人 고등법원장과 면담을 통하여 적어도 1910년 2월 17일 이전부터 시작되었음을 엿볼 수 있다.

> 나는 지금 옥중에서 동양정책(『동양평화론』-필자주)과 전기(『안응칠역사』 -필자주)를 쓰고 있는데, 이것을 완성하고 있다. 또한 나의 사형은 홍신부(洪 錫九 신부)가 나를 만나기 위해 오게 되었다고 하나 그를 만날 기회를 얻은 뒤 내가 믿는 천주교의 기념스러운 날 즉 3월 25일에 집행해주기 바란다.[9]

그의 강렬한 의지와 소망과 달리 결국 미완성으로 끝나고 말았다. 일제는 형집행 연기 요청을 무시하고 1910년 3월 26일 사형집행을 단행하였기 때문이다.[10] 사형집행을 앞둔 절박한 상황에서도 그는 『동양평화론』 집필에 박차를 가하여 3월 18일경 「序言」을 완성하였다. 이후 「前鑑」도 일부 집필하다가 중단되었다.

집필 배경은 옥중투쟁 일환으로 일제의 침략상을 만천하에 알리려는 의도에서 비롯되었다. 자신의 이등박문 포살은 인류의 公敵을 제거함으로써 동북아 평화는 물론 인류평화를 유지하려는 목적이었다.[11] 『동양평화론』은 자신의 인류평화를 위한 구상안을 널리 알리는 등 식민지 분할에 광분하는 제국주의 열강에 일침을 가하고자 했다.

안중근은 재판과정에서 이등박문 포살은 일제의 침략을 폭로·규탄하려는 목적에서 독자적으로 계획·실행한 의병전쟁임을 당당하게 밝혔다. 다만 우리 민족에게는 "言權이 금지되어 내가 목적한 바 의견을 진술

9 국가보훈처, 「殺人犯被告人安重根聽取書」, 『아주제일의협 안중근』, 633쪽.

10 윤병석, 「해제」, 『안중근전기전집』, 국가보훈처, 1999, 36쪽.

11 김형목, 「안중근의 동양평화론과 그 의미」, 『군사연구』 128, 201쪽 : 신운용, 「안중근의 '동양평화론'과 이토 히로부미의 '극동평화론'」, 『안중근과 한국근대사』, 333~336쪽,

할 도리가 없었다."[12]면서 통감부 설치 이래 일제 지배의 부당성을 지적했다. 그는 기본적인 언론권조차도 보장되지 않은 '창살없는 감옥'이라고 당시 상황을 진단하기에 이르렀다.[13] 절박한 현실에 대한 인식은 결연한 행동으로 나아가지 않을 수 없었다. 시대에 부합하는 새로운 투쟁은 시대적인 과제이자 소명이었다. '단독 행위'라는 진술에는 동지들을 보호하여 독립운동을 지속시키려는 사려 깊은 의도가 숨어 있었다.[14] 이는 국외 특히 연해주지역 항일투쟁 역량을 보존·유지함으로써 후일에라도 조국 광복을 성취하려는 강력한 의지의 발로였다.

이등박문 포살은 곧 모든 한국인들의 뜻이며 자신은 한국인의 뜻에 따라 직접 실행에 옮긴 것뿐이라면서 국권수호를 위한 정당방위임을 재삼 강조했다.[15] 이는 한국 침략의 원흉이며 동양평화를 저해한 이등박문을 처단해야만 한국 병합은 물론 만주침략을 저지할 수 있다는 판단에서 취한 구국적 행동이었다. 그는 검찰의 심문은 물론 재판과정에서 국제공법·만국공법에 따라 전쟁포로로서 대우해 줄 것을 당당하게 요구했다.[16] '의병참모중장'의 자격으로 이등박문을 포살했다는 주장은 의거

---

12 국사편찬위원회, 「제1회공판시말서(1910년 2월 7일조)」, 『한국독립운동사자료』 7, 311·386~396쪽. 안중근은 공판과정에서 3년 전부터 계획하고 실천한 독자적 행동이라고 일관된 진술을 했다. 다만 우덕순을 비롯한 조도선·유동하에게는 가족을 마중한다는 구실로 동행한 사실을 언급하였다. 이는 동지들을 보호해주기 위한 배려이자 후일에 또 다른 거사를 도모하기 위한 일환으로 생각된다(『조선일보』 1979년 9월 21일 「속자서전」 참조).

13 방광석, 「메이지정부의 한국지배정책과 이토 히로부미」, 이성환·이토 유키오 편저, 『한국과 이토 히로부미』, 선인, 2009.

14 반병률, 「러시아에서의 안중근의 항일독립운동에 대한 재해석」, 『안중근 의거의 국제적 영향』(광복64주년 및 개관22주년기념 학술심포지엄) 참조.

15 『大韓每日申報』 1909년 11월 21일 잡보 「理由十五條」 : 국사편찬위원회, 『한국독립운동사자료』 7, 475~476쪽.

16 국사편찬위원회, 「第1回公判始末書(1910년 2월 7일조)」, 『한국독립운동사자료』 7, 386~396쪽. 국제공법이나 만국공법에 대한 인식은 '소박한' 수준이었다. 서구 열강이나 일본은 이를 교묘하게 활용하는 등 침략의 통로로서 활용하였다. 아관파천 이후 각종 이권 양여는 이러한 시대상황과 무관하지 않았다(김세민, 『한국근대사와 만국공법』, 경인문화사, 2002 참조).

자체를 독립전쟁 일환임을 강조하기 위함이었다. 법정투쟁은 한민족 청소년에게 민족의식과 항일의식을 북돋우는 일환에서 비롯되었다.[17]

그의 투철한 독립정신은 다음 사례에서 확실하게 엿볼 수 있다. 관선 변호사들은 "이등박문 포살은 오해에서 비롯된 범죄였다."는 변론으로 재판부에 선처와 감형해줄 것을 요구했다. 이에 대해 "이등박문 죄상은 천지신명과 사람이 모두 아는 일인데 무슨 오해란 말인가. 더구나 나는 개인으로 남을 죽인 범죄인이 아니다. 나는 의병참모중장으로서 소임을 띠고 하얼빈에 이르러 전쟁을 일으켜 습격한 뒤에 체포가 되어 이곳에 온 것"[18]뿐이라면서 당당한 자세로 그들의 변론을 하나하나 반박하여 나갔다. 이등박문 포살은 동양평화를 교란한 주범인 범법자에 대한 응징의 한 수단임을 분명하게 밝혔다.

동양평화를 교란한 자에 대한 응징은 단순한 살인행위가 아니라 독립전쟁을 구현하려는 한 방법론이었다. "이번 거사는 나 개인을 위해 한 것이 아니고 동양평화를 위함이었다."[19]거나 "만약에 이등박문이 생존한다면 한국 뿐 아니라 일본도 드디어 멸망하리라고 생각한다. 이등박문이 사망한 이상 앞으로 일본은 충분히 한국 독립을 보호하여 실로 한국으로서는 크게 행복하고 금후 동양 기타 각국의 평화를 보존하리라고 생각한다."[20]는 주장 등은 이를 반증한다. 이는 현실인식에 투철한 시대인식과 무관하지 않다. 이와 더불어 폭력은 또 다른 폭력을 수반한다는 평범한 사실을 새삼 강조하였다. 심오한 논리가 아니라 일상사에서 직접 보

---

17 한상권, 「안중근의 하얼빈거사와 공판투쟁(1)-검찰관과의 논쟁을 중심으로-」, 『역사와 현실』 54, 한국역사연구회, 2004 : 김형목, 「안중근의 동양평화론과 그 의미」, 『군사연구』 128, 192쪽.

18 『조선일보』 1979년 9월 21일 「속자서전」.

19 국사편찬위원회, 「공판시말서 제3회(1910년 2월 9일)」, 『한국독립운동사자료』 6, 384쪽.

20 국사편찬위원회, 「피고인 안응칠 제8회 신문조서」, 『한국독립운동사자료』 6, 5쪽 : 『동아일보』 1979년 9월 19일 「안중근의사 동양평화론」.

고·느끼는 현상에 대한 주장은 누구나 공감하는 요인이었다.

이등박문이 저지른 죄상은 무려 15조항에 달할 만큼 한국 침략의 '원흉'이었다. 구체적인 죄상은 명성황후 시해부터 일본은행권 발행·유통으로 인하여 재정적인 파탄을 초래하는 등 전 분야에 걸쳐 있었다. 경제적인 침략은 독립국가 존립을 위협하는 가장 위험한 요인으로 인식하였다.[21] 그가 민족자본 육성에 관심을 기울인 이유도 여기에서 찾아볼 수 있다. 법정에서 밝힌 구체적인 죄상은 다음과 같다.

① 지금으로부터 10여년 전 이등의 지휘로 한국 왕비를 살해하였다.

② 지금으로부터 5년 전 이등은 병력으로써 5개조 조약(을사늑약-필자주)을 체결하였는데 그것은 모두 한국에 대하여 비상히 불이익한 조항이다.

③ 지금으로부터 3년 전 이등이 체결한 12개조의 조약은 모두 한국에 대하여 군사상 대단히 불이익한 사건이다.

④ 이등은 기어이 한국 황제의 폐위를 도모하였다.

⑤ 한국 兵隊는 이등으로 인하여 해산되었다.

⑥ 조약 체결에 대하여 한국민이 분노하여 의병이 일어났는데 이 관계로 이등은 한국의 양민을 다수 살해하였다.

⑦ 한국의 정치 기타 이권을 약탈하였다.

⑧ 한국의 학교에서 사용한 좋은 교과서를 이등의 지휘하에 소각하였다.

⑨ 한국 인민에게 신문의 구독을 금하였다.

⑩ 하등 충당시킬 돈이 없는데도 불구하고 성질이 좋지 못한 한국관리에게 돈을 주어 한국민에게 아무 것도 알리지 않고 드디어 제일은행권을 발행하고 있다.

---

21 김혜정, 「경제침탈과 토지수탈」, 『통감부 설치와 한국 식민지화-한국독립운동의 역사 3』, 한국독립운동사편찬위원회·독립기념관 한국독립운동사연구소, 2009.

⑪ 한국민의 부담으로 돌아갈 국채 2천3백만원을 모집하여 이를 한국민에게 알리지 않고 그 돈은 관리들 사이에 마음대로 분배하였다고도 하고 또는 토지를 약탈하기 위하여 사용하였다고도 하는데 이것이 한국에 대하여는 대단히 불이익한 사건이다.

⑫ 이등은 동양의 평화를 교란하였다. 그 까닭은 즉 러일전쟁 당시부터 동양평화 유지라고 하면서 한국 황제를 폐위하고 당초의 선언과는 모조리 반대의 결과를 보기에 이르러 한국민 2천만은 다 분개하고 있다.

⑬ 한국이 원하지 않음에도 불구하고 이등은 한국보호의 이름을 빌어 한국정부의 일부 인사와 의사를 통하여 한국에 불리한 시정을 펼치고 있다.

⑭ 거금 42년 전에 현 일본황제의 부친을 이등이 없애버린 그 사실은 한국민이 다 알고 있다.

⑮ 이등은 한국민이 분개하고 있음에도 불구하고 일본 황제나 기타 세계 각국에 대하여 한국은 무사하다고 속이고 있다.[22]

즉 야만적인 명성황후 시해사건, 불법적이고 강압적인 을사늑약 체결, 정미7조약의 기만성, 광무황제의 강제적인 퇴위, 구한국군대 해산, 의병전쟁 진압을 구실로 무고한 양민학살, 산림채벌권·철도부설권·전신선가설권 등 각종 이권 약탈, 민족의식을 고취시키는 교과서 소각과 발행금지, 시세변화를 일깨우거나 계몽적인 성격을 지닌 국내외에서 발행된

---

22 안중근의사숭모회 편, 『안중근자서전』, 174~175쪽 ; 『大韓每日申報』 1909년 11월 21일 잡보 「理由 十五條」 ; 국사편찬위원회, 「피고인 신문조서」, 『한국독립운동사자료』 6, 3~4쪽. 신문에 보도된 이등박문 죄상 15조는 다음과 같이 문맥상 약간 차이를 보일 뿐 전체적인 내용은 같다. ① 明成皇后를 殺害혼 事, ② 光武九年 11월에 保護條約五條約을 체결혼 事, ③ 隆熙元年 7월에 韓日協約七條約을 締結혼 事, ④ 太皇帝를 廢혼 事, ⑤ 陸軍을 解散혼 事, ⑥ 良民을 殺戮혼 事, ⑦ 利權을 掠奪혼 事, ⑧ 敎科書를 燒却혼 事, ⑨ 新聞의 購覽을 禁止혼 事림, ⑩ 銀行券을 發行혼 事, ⑪ 三百萬圓 國債를 募集혼 事, ⑫ 東洋平和를 擾亂혼 事, ⑬保護政策이 名實不副혼 事, ⑭ 日本 孝明先帝를 殺害혼 事, ⑮ 日本及 世界를 欺瞞혼 事 등이었다.

신문 구매 금지, 일본은행권 유통에 의한 민족자본에 대한 탄압, 국채 발행에 따른 경제구조 왜곡화, 구호에만 그치는 동양평화질서 교란, 보호정치를 내세우면서 한국을 식민지화하는 기만성, 현재 일본 천황의 부친을 시해한 사건 등을 열거하였다. 이등박문은 자국 이익을 위해 이웃 나라를 짓밟는 침략자일 뿐이었다.

다음 유묵은 이등박문을 포살할 수밖에 없는 의도를 엿볼 수 있다. "동양 대세 생각하매 아득하고 어둡도다. 뜻있는 남아가 어찌 잠을 이루리. 평화정국 못 이루었으니 한탄스럽기 그지없다. 침략 정략 고치지 않으니 참으로 가련하다." 이는 국권회복을 통한 한국 독립에만 그치지 않고 동양평화를 이룩하려는 확신에서 비롯되었다.

3. 체제와 주요 내용

그가 구상한 『동양평화론』 체제는 「서언」·「전감」·「現狀」·「伏線」·「問答」 등 5편이었다. 이 중 「서언」 전체와 「전감」 일부의 내용만이 전해질 뿐이다.[23] 그런 만큼 구체적이고 전체적인 내용과 성격 등은 상당한 한계를 드러낼 수밖에 없다. 다행스럽게도 「서언」과 「전감」, 「신문서」와 「청취서」 등을 통하여 '동양평화론' 구상의 일단을 엿볼 수 있다.

「서언」은 서문에 해당하는 부분으로 글을 쓰게 된 목적에 해당된다. 「전감」은 선인들의 교훈적인 일을 거울삼아 스스로 경계하고 근신하자는 내용이었다. 「현상」은 당시 상황과 정세를 보다 객관적으로 서술함으로써 시세 변화에 부응한 새로운 마음가짐을 다지려는 부분이었다. 「복

---

23 국사편찬위원회, 「보고서」, 「한국독립운동사자료」 7, 517쪽. 이하 주요 내용은 김형목, 「안중근의 동양평화론과 그 의미」, 『군사연구』 128을 참조하였다.

선」은 향후 발생할 지도 모르는 사건에 대한 준비로서 그와 관련된 일을 예측하는 문제였다. 즉 동양평화를 지키기 위한 방책을 서술하려고 한 것으로 추정된다. 「문답」은 어떤 문제에 대한 물음과 대답으로서 영구적인 동양평화를 유지하기 위한 방안이었다.[24] 저술한 배경과 목적은 「서언」에서 다음과 같이 언급하였다.

> 지금 서양세력이 동양으로 뻗쳐오는 환난을 동양인종이 일치단결해서 극력 방어해야 함이 제일의 상책임은 비록 어린 아이 일지라도 익히 아는 일이다. 그런데 무슨 이유로 일본은 이러한 순연한 형세를 돌아보지 않고 같은 인종인 이웃나라를 깎고 友誼를 끊어 스스로 蚌鷸의 형세를 만들어 漁夫를 기리는 듯하는가. 韓淸 양국인의 소망이 크게 절단되어 버렸다. 만약 정략을 고치지 않고 逼迫이 날로 심해진다면 부득이 차라리 다른 인종에게 망할지언정 차마 같은 인종에게 욕을 당하지 않겠다는 議論이 한청 양국인의 肺腑에서 용솟음쳐서 상하 일체가 되어 스스로 백인의 앞잡이가 될 것이 明若觀火한 형세이다.…(중략)…그래서 동양평화를 위한 義戰을 하얼빈에서 開戰하고 담판하는 자리를 旅順口에 정했으며, 이어 동양평화 문제에 관한 의견을 제출하는 바이니 諸公은 눈으로 깊이 살필지어다.[25]

라면서 서양세력 침략을 막는 대비책 강구가 목적임을 알 수 있다. 동양평화를 유지하기 방안으로 이등박문을 처단한 義戰은 하얼빈에서 행하고, 이와 같은 당위성을 알리는 장소로 여순을 선택했다는 논리였다. 법정투쟁은 자신의 행위에 대한 정당성과 신념을 널리 선전·홍보하기 위함이었다. 궁극적인 의도는 일제의 침략정책을 변화시켜 동양3국의 상호

---

24 김호일, 「구한말 안중근의 '동양평화론' 연구」, 『중앙사론』 10·11, 중앙사학연구회, 1998, 162~164쪽.
25 『동아일보』 1979년 9월 19일 「안중근의사 동양평화론」.

협력에 의한 '세력 균형'에 있었다.[26]

이처럼 『동양평화론』은 앞으로 예상되는 서구제국주의 침략에 대한 문제의식에서 비롯되었다. 구체적인 방안은 일본을 盟主로 한·중·일 3국이 동심협력하는 '일본맹주론'을 제시하였다.

우리 동양은 일본을 맹주로 하고 조선·청국과 鼎立하여 평화를 유지하지 않는다면 백년의 대계를 그르칠 것을 감히 두려워한다. 이등박문의 정략은 이에 반하여 함부로 한국을 병합하는 데 급급하여 다른 상황을 고려할 틈도 없이 동포를 살육하고 황제를 威迫하여 그 횡포가 이르지 않는 것이 없다. 그가 잡은 바 방침을 고치지 않고 이대로 推移하면 우리 동양3국은 다 같이 쓰러지고 백색인종의 蹂躪에 맡기지 않으면 안된다. 러시아와 청국 양국이 일본을 향하여 다시 싸우려고 하는 형세가 있음은 당연한 일이며, 미국 또한 일본의 跋扈를 좋아하지 않는다. 점차 세계의 동정은 한국·청국·러시아의 약자에게 모이고 (이에 따라) 일본은 고립한 위치에 설 것은 지금부터 예상하여도 어렵지 않다. 이것을 생각하지 않고 일시 세력에 의지하여 우리 한국의 독립을 빼앗으려는 것은 淺見으로서 智者의 嗤笑를 초래하고 말 것이다.[27]

이는 개신유학자인 朴殷植이나 申采浩 등과는 달리 일본에 대한 인식이 매우 호의적임을 의미한다.[28] 적어도 러일전쟁 이전까지 그는 일본에 대한 긍정적인 정세관을 곳곳에서 피력하였다. 이는 人種主義에 입각한

---

26 신운용, 「안중근의 '동양평화론'과 이등박문의 '극동평화론'」, 안중근의사기념사업회, 『안중근과 그 시대』, 경인문화사, 2009, 540쪽.

27 국사편찬위원회, 「境警視의 訊問에 대한 安應七의 供述(제6회, 1909년 12월 3일)」, 『한국독립운동사 자료』 7, 421쪽.

28 유영렬, 「한말 애국계몽언론의 일본인식」, 『한일관계의 미래지향적 인식』, 국학자료원, 2000 참조.

대외인식과 무관하지 않았다.[29] "실제 한국 인민은 러일전쟁 이전까지 好個 친우로 일본을 좋아했고 한국의 행복을 믿고 있었다. 우리들은 결코 배일사상 같은 것은 전혀 가지고 있지 않았다. 그런데 러일전쟁 이후 일본이 러시아를 대신하여 한국을 탈취해 버리자고 주장하고 그 결과 한국에 이를 그대로 채용하게 되었다. 금일 내가 이와 같이 몸을 그르치게 된 것도 모두 이등박문의 행위에 기인한다. 러일전쟁까지는 이천여 만 동포가 從民임을 기뻐하였다."[30]라고 주장했다.

그는 을사늑약 이후 일제의 '보호정책'이 제대로 시행된다면 한국 독립과 문명화가 동시에 달성되리라는 낙관적으로 전망하고 있었다. 예상과 달리 일제는 백색인종의 침략을 함께 방어해야 할 입장에서 오히려 한국과 청국을 침략·지배하는 등 동양평화에 대한 신의를 저버렸다. 광무황제 강제퇴위·군대해산·정미7조약 체결 등을 목도하면서 일본에 대한 강한 배신감과 아울러 반일적인 활동을 전개하지 않을 수 없었다.[31] 국민과 국가를 보호하는 마지막 보류인 군대해산은 커다란 충격으로 다가왔다. 의병전쟁에 대한 관심과 의병진을 조직하려는 목적도 이와 같은 상황 변화와 무관하지 않았다. 식민지화에 대한 위기의식은 다양한 방략에 의한 독립운동을 모색하는 계기였다.

이런 점에서 「서론」은 안중근의 사상적 기반과 내면성은 물론 자주독립에 대한 구국의지와 열정을 파악할 수 있다. 그는 재판장에게 "나는 옥

---

29 최익현의 경우도 러시아 남하정책에 대항하는 자위수단으로 군사적인 관계 강화를 위한 삼국동맹론을 주장하였다. 「한일의정서」가 체결된 이후 한국지식인들은 일제 침략에 대응하려는 자세를 모색하기에 이르렀다(유영렬, 「한일관계의 미래지향적 인식」, 32쪽 : 김현철, 「러일전쟁 전후 한국인들의 일본관」, 『러일전쟁과 동북아의 변화』, 선인, 2006, 96~102쪽 : 신운용, 「안중근의 대일인식」, 『한국민족운동사연구』 60, 한국민족운동사학회, 2009, 20~21쪽).

30 국사편찬위원회, 「피고 안응칠의 8회 신문조서(1909년 12월 20일)」, 『한국독립운동사자료』 6, 244쪽.

31 국사편찬위원회, 「境警視의 訊問에 대한 安應七의 供述(제3회, 1909년 11월 29일)」, 『한국독립운동사자료』 7, 405쪽.

중에서 동양정책(동양평화론-필자주)을 기록으로 남기고 싶다."[32]면서 탈고할 수 있도록 사형 집행 연기를 요청하였다. 재판장은 이를 허락하는 '유화적인' 자세를 보였다. 이는 다음과 같은 회고를 통해 알 수 있다.

典獄 栗原氏의 특별 소개로 고등법원장 平石氏를 만나…(중략)…死刑판결의 불복 이유를 대강 설명한 뒤에 동양대세의 관계와 평화정략 의견을 말했더니 고등법원장이 다 듣고 난 뒤에 감개하여…(중략)…그대의 진술하는 의견을 정부에 품달하겠다고 하였다.…(중략)…나는 만약 허가될 수 있다면 東洋平和論 1책을 저술하고 싶으니, 사형집행 날짜를 한 달 남짓 늦추어 줄 수 있겠는가 했더니, 그는…(중략)…몇 달이 걸리더라도 허가하겠으니 걱정말라기에…(중략)…공소권 청구를 포기했다.…(중략)…고등법원장의 말이 과연 진담이라고 하면 굳이 더 생각할 것도 없어서였다. 그래서 동양평화론을 저술하기 시작하였다.[33]

이처럼 안중근은 『동양평화론』 저술에 심혈을 기울였으나 일제는 이를 완성하기도 전에 사형을 집행함으로써 완결된 저술을 남기지 못하였다. 즉 「서언」 전부와 「전감」 일부만이 집필되었을 뿐이다. 이를 보완할 수 있는 부분은 1910년 2월 17일 관동도독부 고등법원장 平石氏人과 3시간가량 걸친 특별문답에서 엿볼 수 있다. 통역 園木末喜와 서기 竹內靜衛가 배석한 가운데 진행된 특별면담에서 안중근은 '살인피고사건'으로 판결한 사실의 부당성을 지적했다.

첫째, 한 번도 만나지 않았던 이등박문을 살해한 것은 오직 나라를 위하여 한 일이지 결코 한 개인의 자격으로 한 행위가 아니다. 그런 만큼 보통 살인범으로 심리할 것이 아니라 점도 강조하였다. 둘째, 을사늑약과

---

32 국가보훈처 편, 「殺人犯被告安重根聽取書」, 『亞洲第一義俠 安重根』 3, 633쪽.
33 『조선일보』 1979년 9월 21일 「속자서전」.

정미7조약은 광무황제를 비롯한 한국민의 의사로 체결된 것이 아니라 강요된 조약이다. 셋째, 이번 거사는 '의병참모중장'으로서 실행한 일로 포로로 취급하여 국제공법과 만국공법을 적용해 줄 것을 요구하였다. 그런 만큼 "내가 설사 이 재판을 받아들인다고 해도 일본은 법질서가 없는 야만국으로 열강으로부터 조소를 받을 것임"을 언급하기에 이르렀다.[34]

이어 자신을 일반 잡범과 같이 兇漢으로 부르는 자가 있다고 불만을 토로하였다. 실제로 일본에서 발간된 언론은 '폭악무도한' 무뢰한으로 표현하기를 주저하지 않았다.[35] '공은 결국 飼犬에게 물렸다.'거나 '공을 살해한 것은 排日의 狂犬이다.'라는 표현은 저들의 이에 대한 인식의 일단을 잘 보여준다.

4. 「청취서」에 나타난 현실인식

안중근은 「청취서」에서 동양평화를 유지 방안을 다음과 같이 제시하였다. 첫째는 세계 각국의 신의를 존중하는 가운데 신뢰를 회복하는 문제였다. "종래 외국에서 써오던 수법을 흉내 내고 있는 것으로 약한 나라를 병탄하는 수법이다. 이런 생각으로는 패권을 잡지 못한다. 아직 다른 강한 나라가 하지 않으면 안 된다. 이제 일본은 일등국으로서 세계열강과 나란히 하고 있지만 일본인은 성질이 급해서 빨리 망하는 결함이 있다. 일본을 위해서는 애석한 일이다."라고 평가하였다.[36] 일본은 이미 국

---

34 안중근, 「청취서」, 『21세기 동양평화론』, 국가보훈처, 52쪽.

35 이규수, 「안중근의거에 대한 일본 언론계의 인식」, 『한국독립운동사연구』 34, 한국독립운동사연구소, 2009, 103~104쪽.

36 안중근, 「청취서」, 『21세기 동양평화론』, 54~55쪽.

제사회에서 신용을 상실하였기 때문에 전면적인 대외정책을 수정해야 한다고 주장했다. 여순항을 청국에 반환하는 대신 동양3국이 공동으로 관리하는 새로운 군항을 만들자는 제안은 이러한 인식의 발로에서 비롯되었다. 3국 대표로 구성된 '평화회의'와 같은 단체에 의한 평화유지책은 이를 반증한다.[37]

둘째는 '평화회의' 정착과 원활한 운영을 위한 '공동군대' 조직이었다. 3국 청년들을 모집한 군단 편성은 서양세력의 침략으로부터 동양평화를 보호하는 방패막이로서 인식되었다. 이들에게는 2개국어 이상 어학을 연수시켜 상호간 의사소통은 물론 '형제애'로서 인식할 수 있는 기틀을 마련하고자 했다.[38] 점진적으로 다른 아시아 국가들도 동참하는 가운데 국제적인 연대를 도모할 수 있다고 보았다. 이는 오늘날 국제평화군과 너무나 흡사한 성격을 지닌 군대임을 알 수 있다. 협력에 의한 새로운 국제질서 구축은 지배와 피지배라는 틀을 일순간에 제거할 수 있다는 입장이었다.[39] 신뢰에 기초한 상생적인 국제관계는 그가 궁극적으로 지향한 염원이나 마찬가지였다.

셋째는 3국간 재정적인 지원과 협력 모색이었다. 그는 수억 명에 달하는 3국 국민을 회원으로 모집하여 '공동은행' 설립을 주장했다. 회비 징수와 공통화폐 발행은 각지에 '공동은행' 지점을 통하여 경제적인 교류 증대와 더불어 협력 방안을 모색할 수 있다고 보았다.[40] 일제가 대륙침략 정책을 추진하는 궁극적인 이유는 경제적인 궁핍이라고 주장하였다. 일

---

37 김현철, 「20세기초 한국인의 대외관과 안중근의 〈동양평화론〉」, 안중근의사기념사업회, 『안중근과 그 시대』, 경인문화사, 2009.

38 안중근, 「청취서」, 『21세기 동양평화론』, 56쪽 : 김호일, 「구한말 안중근의 '동양평화론' 연구」, 『중앙사론』 10·11, 중앙사학연구회, 1998, 168쪽.

39 김형목, 「안중근의 동양평화론과 그 의미」, 『군사연구』 128, 198쪽.

40 안중근, 「청취서」, 『21세기 동양평화론』, 55~56쪽.

제의 침략정책 완화책은 바로 동양평화를 유지하는 비결이었다. 오늘날 경제적인 지역협력체 구상과도 일맥상통할 만큼 획기적인 제안이었다.

마지막으로 세계 각국으로부터 이러한 구상에 대한 지지를 얻는 문제였다.[41] 세계인구의 2/3를 차지하는 천주교인을 대표하는 로마교황을 만나 함께 맹세한다면 해결된 사안이라고 주장하였다. 여기에서 천주교 신자로서 로마교황에 대한 절대적인 신망을 볼 수 있다. 이처럼 그는 서양인 전체를 침략세력으로 규정하지 않았다.[42] "국가 앞에서는 종교도 없다."라는 인식에서 벗어나 보편적인 인간관을 견지하기에 이르렀다. 일본 천황에 대한 '비교적' 우호적인 입장도 이러한 인식과 무관하지 않다.[43] 특히 의병전쟁 와중에 일본군 포로를 석방한 사실은 이와 관련하여 시사하는 바가 크다.

여기에서 이해할 수 있는 그의 현실인식은 무엇이었을까. 안중근은 당대를 어떠한 입장에서 바라보고 판단하였을까. 이는 다음과 같이 정리할 수 있다.

첫째, 안중근은 동서대립의 시대이자 약육강식 시대로 보았다. "弱肉強食의 風塵時代이다. 세계는 東西로 나누어져 있고 지금 서양세력이 동양으로 뻗쳐오는 시대"라면서 동양 민족의 위기론을 제기했다.[44] 특히 서양세력의 침투와 환란을 극복하기 위해서는 먼저 한·중·일 3국이 평화를 유지하는 것이 무엇보다도 중요하다는 점을 강조하였다. 이는 의병들에게서도 인식되었던 바이지만, 서양세력의 침투를 한 나라의 힘으로 막아낼 수 없을 것이라는 입장에서 동양 3국이 서로 뭉쳐야 한다는 논리였

41 안중근, 「청취서」, 『21세기 동양평화론』, 56쪽.

42 신운용, 「안중근의거의 사상적 배경」, 『한국사상사학』 25, 한국사상사학회, 2005, 69쪽.

43 홍순호, 「안중근의 동양평화론」, 『교회사연구』 9, 한국교회사연구소, 1994, 46쪽.

44 신용하, 「안중근의 사상과 국권회복」, 『한국사학』 2, 352쪽.

다.[45] 그는 삼국 중에서 일본의 역할을 인정함으로써 기존의 의병장과는 견해를 달리하고 있다. 이는 부국강병과 자주독립에 큰 비중을 두고 있었기 때문이 아닌가 생각된다.

둘째, 안중근은 당시를 인종적 갈등의 시대라고 규정하였다. "一個國이라도 自主獨立이 되지 않으면 동양평화라고 말할 수 없는 것"[46]이라면서 일본은 한국과 만주를 침략하여 동양평화를 바라는 한·청 두 나라 국민의 의리를 저버렸다고 질책하였다. 특히 같은 인종 간의 싸움은 백색 인종들에게 침략의 명분만을 제공할 뿐이라면서 일본이 이웃 나라를 계속 침략하려 한다면 두 나라 국민들은 차라리 다른 인종에게 망할지언정 같은 인종에게 욕을 당하지 않겠다는 의기가 폐부에서 용솟음쳐 서양의 다른 인종과 결맹해서라도 일본의 침략을 막을 수밖에 없다[47]는 논리로 한국 침략의 부당성을 지적하였다.

이런 점에서 안중근의 '동양평화론'은 일제가 내세우던 '東亞諸國과 聯帶論'과 외형상 같은 구조를 가진 것으로 오해할 수도 있다. 전자는 '진정한 동반자 관계' 속에서 동양평화에 중점을 두었다. 반면 후자는 침략정책을 은폐하기 위한 기만적 수단이었다는 점에서 그 차이는 대단히 크다.[48] 즉 침략은 애매하게 '진출'이라거나 야만에 대한 문명으로 대비시키는 현학적인 수사에 불과하다.

셋째, 안중근은 러일전쟁이야말로 서양세력의 동양 침략과 동양 민족 간의 경쟁에서 비롯된 전쟁이라고 인식하였다. 특히 러일전쟁은 서양세력이 동양에 침투한 것이지만, 일제는 "동양의 평화를 유지하고 한국 독

---

45 국사편찬위원회, 「被告人安應七第六回訊問調書」, 『한국독립운동사자료』 6, 171쪽.
46 국사편찬위원회, 「被告人安應七第六回訊問調書」, 『한국독립운동사자료』 6, 174쪽.
47 신용하, 「안중근의 사상과 국권회복」, 『한국사학』 2, 354~356쪽.
48 현광호, 「안중근의 동아시아 인식」, 『한국 근대 사상가의 동아시아 인식』, 선인, 2009, 196~203쪽.

립을 공고히 할 것"[49]이라는 선전명분을 내세워 승리하였음에도 불구하고 스스로 명분과 약속을 저버린 '배신자'라고 규정했다. 사실 그는 "일제가 정미7조약을 체결하여 침략성을 드러낼 때부터 반대하지 않으면 안 되겠다는 것을 느끼게 되었다."[50]는 회고와 같이 1907년 이후 국권수호를 위해 본격적인 항일의병투쟁을 전개하였다. 침략적인 강화는 그의 현실인식 심화와 더불어 적극적인 항일투쟁을 견지하는 버팀목이나 다름 없었다.

넷째, 일제의 한국침탈과 대륙진출이 동양평화를 파괴하는 직접적인 원인이라고 지적했다. 한국의 국권을 회복시키고 만주에 대한 침략정책 포기만이 평화를 유지하는 첩경임을 밝혔다. 동양3국은 서로 동맹하여 세계로 진출해야만 동양평화는 물론 세계평화를 실현시킬 수 있다는 점을 강조했다.[51]

안중근은 동양 삼국의 진정한 평화를 위하여『동양평화론』집필에 착수하였다. 일제는 '이중적인' 가식으로 그를 안심시킨 후 서둘러 사형을 집행하고 말았다. 저들은『동양평화론』완간에 따른 사회적인 파장을 무시할 수 없었기 때문이다. 보편적인 가치관에 입각한 인류평화를 위한 그의 구상은 미완성인 채로 중단되었다. 서론과 전감에 나타난 내용만으로도 독자적인 사상체계를 엿볼 수 있다. 더욱이 그는 이론 구상에만 머물지 않고 직접 실천한 활동을 논리적으로 제시했다.

현실인식 심화는 상황 변화에 대한 적절한 대응책을 준비하는 동시에 이를 실천에 옮길 수 있었다. 유연한 사고는 어떤 활동에 집착하지 않고

---

49 신용하,「안중근의 사상과 국권회복」,『한국사학』2, 352쪽.

50 국사편찬위원회,「境警視의 訊問에 대한 安重根의 供述(第3回, 1909년 11월 29일조)」,『한국독립운동사자료』7, 405쪽.

51 국사편찬위원회,「第3回公判始末書(1910년 2월 9일조)」,『한국독립운동사자료』6, 386~387쪽.

스스로 생각한 바를 추동시키는 정신적인 지주이었다. 다양한 방략에 의한 항일투쟁은 이러한 상황 인식과 무관하지 않았다. 그런 만큼 적에 대한 개념은 한국식민지화 과정에 따라 다양하게 설정될 수밖에 없었다. 물론 단순한 범주로서 결코 인식되지는 않았다고 생각된다. 이등박문은 한국민을 억압하는 천인공노할 침략자일 뿐이었다.

　이런 점에서 안중근의 이등박문 포살은 일제의 배신적인 행위에 일격을 가한 '나팔소리'였다.[52] 하얼빈역두에 울려 퍼진 총성은 동양평화를 갈구하는 외침이자 새로운 독립투쟁을 알리는 신호탄이었다. 오늘날 하얼빈의거를 다시 조명하는 이유도 바로 여기에 있다. 100년 전 지나간 과거사가 아니라 아직도 한민족과 함께 하는 정신적인 유산으로서 의미를 지닌다.

5. 맺음말

『동양평화론』은 한국 독립과 동양평화 유지를 위한 구체적인 실천방안을 제시하였다. 긴박한 국제정세는 자주적인 독립국가 유지를 위한 다양한 방법론을 모색하는 계기였다. 三國共榮論이나 三國同盟論 등은 서구 열강의 침략에 대한 대응책이었다. 인종주의에 입각한 일본을 맹주로 한 논리는 당시 식자층에게 상당한 공감을 불러일으켰다. 안중근도 이를 일정 부분 수용하는 등 민족적인 역량을 강화하는 데 노력하였다. 각 변화의 시기 때마다 학회 참여와 사립학교를 설립하는 등 근대교육운동, 민족자본 육성을 위한 삼합의 운영, 삼흥학교 학생과 온 가족의 국채보

52　윤경로, 「안중근 의거와 <동양평화론>의 현대사적 의의」, 『안중근 의거의 국제적 영향(발표문)』, 독립기념관 한국독립운동사연구소, 2009, 169~170쪽.

상운동 참여, 의병전쟁과 의열투쟁 등은 이를 반증한다.

　집필 배경은 이등박문 포살을 정당화하기 위한 일환에서 비롯되었다. 궁극적인 의도는 '영구적인' 동양평화를 위한 구체적인 실행 방안 모색과 이를 널리 알리고자 함이었다.[53] 그는 결코 개인적인 차원에서 아니라 의병참모중장으로서 독립전쟁 일환임을 밝혔다. 심문과정에서 만국공법과 국제공법에 의한 대우 요청은 이러한 사실을 잘 반증한다. 이등박문 포살은 단순한 암살이 결코 아니라 한국 침략과 동양평화 교란자에 대한 '응징'이라는 논리였다. 15개조에 달하는 죄상은 인류의 보편적인 가치관에 입각한 인간해방을 방해하는 주범으로서 이등박문을 지목하였다.

　체제는 「서언」·「전감」·「현상」·「복선」·「문답」 등 5부분으로 구성되었다. 그러나 일제의 위약으로 「서언」 전체와 「전감」 일부만이 저술된 채 미완성으로 끝나고 말았다. 저들은 일제의 침략상이 만천하에 폭로되는 것을 우려하여 형집행 연기라는 약속을 어기고 곧바로 사형집행을 단행하였기 때문이다. 그런 만큼 그가 구상한 『동양평화론』의 구체적이고 정확한 내용은 파악할 수 없다. 「서언」은 동양평화론을 집필한 목적과 집필 배경 등을 언급하였다.

　「전감」은 일제의 침략전쟁에 따른 동양평화가 유지되지 못하는 원인을 서술했다. 청일전쟁에서 러일전쟁까지 국제정세를 소개하는 가운데 청일전쟁에서 청나라가 패배한 이유를 '중화대국'이라는 교만과 권신척족 擅弄에서 찾았다. 반면 러일전쟁에서 일본이 승리할 수 있었던 원인은 한국과 청나라가 일본을 도왔기 때문이라고 보았다.[54]

　「청취서」는 그의 현실인식과 동양평화를 위한 다양한 방법론을 보여준다. 동양3국간 상호 신뢰에 바탕을 둔 인식론은 시대를 앞선 선각자로

53　현광호, 「안중근의 동아시아 인식」, 『한국 근대 사상가의 동아시아 인식』, 204~206쪽.
54　윤병석 편역, 「동양평화론」, 『안중근전기전집』, 국가보훈처, 195쪽.

서 면모를 엿볼 수 있다. 삼국공영론이나 삼국동맹론 차원을 넘어 '진정한' 동양평화를 제시한 사실은 우리가 주목해야 할 부분이다. 인종주의에 부합하는 일본맹주론에 입각한 부분은 한계로서 지적될 수 있다. 이는 그의 국권회복을 위한 방략 중 하나로서 국제정세에 대한 낙관적인 인식을 보여준다.

『동양평화론』의 현대적인 의미는 동지로서 하얼빈의거를 도운 이강의 다음 글에 잘 나타나 있다. "선생은 이와 같은 대의를 추호의 私心도 없이 자기의 생명을 草芥視하고 모든 名利를 초월하여 오직 일편단심 조국의 독립회복과 나아가서는 동양평화를 유지하기 위하여 雄志를 품고 萬里異域으로 단신 망명하여 發憤忘食과 風餐露宿하면서 자기의 결심한 大志의 一端을 실천하였다."[55]

오늘날 한반도를 둘러싼 긴장의 파고가 다시 고조되고 있다. 남북한 고위당국자들은 100년 전 침략자 일제를 향하여 일갈을 한 선열의 충정 어린 고언을 귀담아 들어야 하지 않을까 한다. 한반도의 통일과 영구적인 평화를 유지할 묘안도 부분적이나마 여기에서 찾을 수 있기 때문이다.

---

[55] 이강, 「의사 안중근」, 『안중근전기전집』, 640쪽.

06

역사의 기억과 해석의 만남:
안중근 「동양평화론」의 현대적 의미

미래지향적 관점에서 그 실현방안을 중심으로

최봉룡
중국 대련대학

1. 들어가는 말

올해는 안중근 의사 순국 100주년을 맞는 한 해이다. 그는 1909년 10월 26일 오전 10시 하얼빈역두에서 조국독립과 동양평화를 위해 한국침략의 원흉인 이토(伊藤博文)를 포살하고 일본당국의 지령에 따른 관동지방법원의 불법판결에 의해 의거 145일 뒤인 1910년 3월 26일 오전 10시 15분 여순 감옥에서 순국했다. 그날 하늘도 슬픔과 비애에 젖어 궂은 봄비를 뿌렸다. 안중근의 교수형은 일제의 간계에 따라, 워낙 그가 원했던 천주교 사순일인 3월 25일이 순종황제의 탄신일이라는 이유로 하루 더 넘겨 5개월 전에 이토가 포살된 시간 때에 맞춰 집행되었던 것이다. 이것은 당시 안중근의 공판에 대해 '일본 개명'을 자랑하던 그 허상을 여실히 보여주는 대목이라 볼 수 있다.

오늘날 안중근은 한국독립운동사에 있어서 가장 대표적인 민족영웅으로 추앙받고 있으며, 또한 동양평화사상을 구상하고 그 구체적인 실천방안을 제시했던 탁월한 지성인, 선각자, 평화주의자로 평가되고 있다. 그의 순국 100주년을 맞는 이 숙엄한 시각, 그가 "종생의 목표"로 소망하던 조국은 반세기 전에 해방되었으나 오늘까지도 민족분단이라는 아픔을 겪고 있으며, 또한 그가 "최후 유언"으로 독립된 조국 땅에 묻어달라던 유해는 오늘까지도 찾지 못해 타국 황야에 외롭게 잠들고 있다. 이 때문에 그의 고혼을 추념하는 우리들의 마음이 한층 더 무겁고 슬퍼지지 않을 수밖에 없다. 비록 영웅의 몸은 고매하게 죽었지만 영웅의 고귀한 정신은 소중한 유산으로 계승·발전되고 있는 것은 참으로 다행스러운 일이라고 하겠다.

역사는 기억에 대한 해석이다. 역사적 해석과 평가는 결국 '지금 여기(hic et nunc)'에 있다. 때문에 '지금 여기'의 눈높이에서 '죽은 것과 살아있는 것'을 가려내는 객관적이고 보편적인 기준의 평가가 긴요하다. 그렇다면 안중근의 정신은 무엇인가? 그의 '살아있는 정신'을 한마디로 개괄한다면 국가와 민족을 위해 타자의 침탈과 억압 및 불의에 저항하는 순결한 애국(애족)정신, 정의와 진리 및 절의를 위해 추호도 두려움 없이 몸 바치는 열렬한 의열(의협)정신, 그리고 인간의 자유와 평등 및 공존을 추구하는 평화(화해)정신이라고 하겠다.

과연 시대가 영웅을 만드는 것인가? 아니면 영웅이 시대를 창조하는 것인가? 이와 같은 물음은 얼핏 듣건대 매우 간단하지만 그에 대한 서로 다른 대답은 흔히 영웅사관과 민중사관을 구분하는 준거로 된다. 그러나 영웅은 바로 민중의 대표자로서 그 시대를 열어가는 상징적 존재이다. 영웅이 없는 역사는 없고, 또한 영웅이 없는 민족은 희망과 미래도 없다. 안중근의 활동과 행위는 일찍 박은식·계봉우·신채호 등 민족사학자들에 의해 높이 찬양되어 해외에 널리 알려지면서 한민족의 항일의식과 민족정신을 함양하는데 거대한 원동력이 되었다. 뿐만 아니라, 중국을 포함한 약소민족들의 민족해방투쟁에서 국제적인 영웅모범으로 각인되면서 큰 영향력을 보여주었다. 해방 전까지 그에 대한 평가는 대체로 그 시대적 요구에 따라 애국(애족)정신과 의열(의협)정신을 소유한 영웅인물로 선양하는데 집중되었다. 그리고 해방 후에는 냉전시대와 이념대립의 공간 속에서 그의 평화정신은 소외되는 양상을 나타냈다.

그러나 1970년대 전후에 일본에서 그의 자서전『安應七歷史』와『東洋平和論』및 유묵들이 잇따라 발굴되면서 학문적인 연구가 보다 활성화되기 시작했다. 1980년대 이후 안중근에 대한 연구동향은 대체로 그의 사상과 활동을 중심으로 개화사상을 수용하고 전개한 교육·식산 등 실력양성운동을 비롯하여 의병운동에서의 무력투쟁의 실체 파악, 옥중에서의 공판투쟁 논리, 종교사상에서 나타난 '천주관념'과 평화사상의 관계, 그리고 하얼빈의거의 국제적 영향과 반응 및 동양평화사상 등에 관해 종합적으로 파악하려는 경향성을 보여주고 있다. 그중에서도 안중근의 동양평화사상을 핵심으로 하는 정치사상의 이념적 원의와 사상적 원류 및 역사적 위상, 그리고 현대적 의미에 관한 기존의 연구는 많은 성과를 거두어 주목된다.[1]

특히 안중근의 독립전쟁론과 동양평화론은 서로 다른 두 차원의 논리적 귀결을 의미한다. 즉 이분법적 구도로 볼 때 하나의 이율배반적인 딜레마에 빠질 우려를 낳고 있다. 그렇다면 안중근은 과연 무엇 때문에 '독립전쟁론'을 펴게 되었으며 또한 그것이 어떻게 '동양평화론'으로 승화하게 되었는가 하는 문제는 그의 사상적 변화의 궤적을 논구함에 있어서 매우 중요한 과제로 대두된다. 본 논문에서 필자는 첫째로 의병항쟁에 투신하여 독립전쟁론을 주창하던 그가 동양평화론을 제시하게 된 그 시대적 배경과 이념적 원의 및 사상적 원류를 살펴볼 것이며, 둘째로 그의 동양평화론의 원리와 구조 및 역사적 한계를 검토함과 더불어 오늘날 동아시아 평화공동체의 기틀을 만들어감에 있어서 지니는 현재적 의미를

---

1 안중근의 사상과 활동에 대해 국내외 많은 연구가 있으며, 그중 안중근의 동양평화사상을 주목한 연구로는 다음과 같은 것들이 있다. 尹慶老, 「安重根 思想 研究-義兵論과 東洋平和論을 중심으로」, 『民族文化』3 (한성대 민족문화연구소, 1986); 崔利權, 「안중근의사의 생애와 사상-정의감과 평화사상을 중심으로」, 『안중근의사의 생애와 사상』(안중근기념관, 1991); 洪淳鎬, 「安重根의 國際思想과 '東洋平和論'」, 『梨花女大社會科學論集』13, 1993; 崔起榮, 「安重根의 '東洋平和論'」, 『민족사와 교회사』(한국교회사연구소, 2000); 김호일, 「안중근 의사의 <동양평화론>」, 『한국근현대이행기민족운동』, 도서출판, 2000; 김흥수, 「안중근의 생애와 동양평화론」『공사논문집』제46호, 공군사관학교, 2000; 한상권, 「안중근의 국권회복운동과 정치사상」, 『한국독립운동사연구』제21집 (독립기념관 한국독립운동사연구소, 2003); 현광호, 「안중근의 동양평화론과 그 성격」, 『아세아연구』46권 3호, 고려대 아세아문제연구소, 2003; 신운용, 「안중근의 민족운동 연구」, 한국외국어대학교대학원 박사학위논문, 2007; 윤경로, 「안중근 의거와 '동양평화론'의 현대사적 의의」, 『안중근 의거의 국제적 영향』(광복 64주년 및 개관 22주년 기념학술심지엄 논문집), 2009; 윤병석, 「안중근 의사의 하얼빈 의거와 '동양평화론'」『안중근과 그 시대』(안중근의사 기념사업회 편, 안중근 의거 100주년 기념연구논문집1), 경인문화사, 2009. 이 논문집에는 강동국, 「동아시아 관점에서 본 안중근의 동양평화론」; 김현철, 「20세기초 한국인의 대외관과 안중근의 '동양평화론'」; 신운용, 「안중근의 '동양평화론' 연구와 실천을 위한 방안」「안중근의 '동양평화론'과 이등박문의 '극동평화론'」 등 논문들이 있다.

밝혀볼 것이며, 셋째는 그가 구상했던 동양평화론의 구체적 실천방안과 방법에서 드러나는 역사성과 현재성의 만남을 통해 그 실현가능성에서 현출되는 '죽은 것과 살아있는 것'에 대해 객관적인 관점에서 실사구시하게 분석해볼 것이다. 즉 역사적 기억에 대한 현재적 시각을 통해 그 역사적 한계점과 현대적 시사점을 객관적으로 해석하고, 또한 미래지향적인 관점에서 오늘을 살아가는 우리들이 앞으로 동아시아 공동체의 기틀을 만들어감에 있어서 현대적 메시지를 가늠해보고자 한다.

2. 安重根 東洋平和思想의 時代的 背景

근대는 서양의 근대였고 또한 근대문명도 서양에서부터 시작되었다. 따라서 근대에 들어서면서 동아시아는 서세동점이라는 세계질서의 구도변화 속에서 진통을 겪게 되었다. 즉 동아시아는 이른바 "약육강식"이라는 힘의 원리에 따른 서구문명의 타율적인 도입으로 말미암아 서구열강들의 침탈과 야만에 부딪침과 동시에 근대문명의 자율적인 수용을 위한 자주적 문명개화를 지향하면서 자체의 전통문화를 유지하려는 길을 모색해왔다. 그리하여 서구문명은 동아시아인들에게 있어서 따라 배워야 할 모델이었고 또한 두려움의 대상으로 부각되었다. 여기서 필자는 안중근의 동양평화사상의 구상하게 된 역사적 배경을 이해하기 위해 우선 먼저 "동양"이란 개념 창출과 함께 근대 동아시아 역사 속에서 등장했던 다양한 "동양주의 담론"의 변주곡을 통해 그 변질되는 양상을 간략하게 살펴볼 것이다.

19세기 중엽부터 서구열강의 침탈로 점철된 동아시아의 위기 속에서 메이지유신을 통해 가장 먼저 문명개화에 성공하고 "부국강병"의 꿈을 이루었던 일본은 기존의 전통적인 중화 중심적 동아시아 국제질서를 전복시키고 일본을 맹주로 한 동아시아의 새로운 질서체계를 창출하려는 목적으로 상상의 공동체인 동양이라는 개념을 발명했다. 동양이란 말은 서양의 반대말로서 메이지유신 이후 일본사학에 의해 발명된 개념이며, 여기에는 중국(청)을 "支那"라 불러 그 중심성을 부정하고 일본을 맹주로 하는 패권 아래서 재배열하기 위한 공간으로 창출되었음을 읽을 수 있다. 때문에 동양은 어떤 의미에서는 동아시아에서 가장 먼저 서구문명을 받아들인 일본을 상징하기도 했고, 또한 일본을 맹주로 하는 동아시아를 뜻하기도 했다. 동양은 서양에 대한 일종의 콤플렉스가 투영된 언어로서 그 기저에는 서구열강처럼 동아시아에 대한 침략적 야욕을 드러내는 선전도구로 등장했던 것이다.

일본은 1885년에 후쿠자와 유키치(福澤諭吉)가 발표한 「脫亞論」을 계기로 동아시아 전통적인 질서와 전격적인 결별을 선언하였다. 이른바 '탈아론'은 "아시아를 벗어나 서구사회를 지향하는 것"이 곧 일본의 나아갈 길임을 제시한 것을 가리킨다. 그는 옛것을 버리고 새로운 것을 얻는 과정에서 가장 핵심적인 것은 '아시아를 벗어나는 것(脫亞)'이라고 주장했다. 조선의 개화파와 밀접한 관계를 유지했던 후쿠자와는 원래 서양의 아시아 침략을 막기 위해 한·청·일 3국이 협심 동력하되, 일본이 맹주가 되는 방식을 구상했지만 갑신정변 실패 후에는 연대론을 포기하고 조선과 중국(청)에 대한 극단적인 멸시를 구사하면서 점차 '탈아입구'론으로 전환했다.[2]

이처럼 일본은 동양을 벗어나 서구문명을 추수함과 동시에 서양에 맞

---

2 서영희, 「한국 근대 동양평화론의 기원과 계보-그리고 안중근」, 『안중근의 동양평화론과 동북아 평화공동체의 미래』(안중근 의거 100주년 기념 국제학술회의 논문집), 안중근·하얼빈 학회, 동북아역사재단, 2009, 43쪽 참조.

서는 동양의 맹주로서 스스로 아시아의 중심이 되려는 야심을 드러냈다. 이런 측면에서 볼 때 동양 개념에서 잉태된 '아시아주의'는 밖으로 서구 열강에 대립하는 저항적인 요소를 내포하면서 또한 일본에 의한 기존 동아시아 내부질서의 전복과 재편을 위해 만들어진 일대 기획이었다. 그러나 근대 일본에서 '탈아론'을 효시로 대두된 '동양주의' 혹은 '아시아주의'라는 논조는 비록 대외정책의 방략으로 '연대론' 혹은 '중립론'을 표방했으나 결국 일본이 대외침략을 위한 선전도구로 이용되면서 변질되었다. 그중에서 가장 대표적인 사례가 청일전쟁에서 일본은 청국과의 전쟁은 "한국의 독립국 권위를 확고히 하기 위한 것"[3]이라고 했고, 또한 러일전쟁의 개전 명분으로 이른바 "한국의 보존"과 "극동의 평화"[4]를 내걸었던 것이다.

이와 반면에 조선은 러시아를 선두로 하는 서구열강과 더불어 중세적인 중화질서를 보존하려는 청국, 그리고 일본의 침투로 말미암아 그들을 배경으로 조선사회 내부의 다양한 정치세력은 시대에 따라 附淸派, 附日派, 附露派가 부침을 거듭하면서 정권을 획득하기 위한 각축을 벌였다.[5] 그러나 청일전쟁에서 일본의 승리로 동아시아에서 청국을 중심으로 하던 전통적인 중화질서가 무너짐에 따라 조선에서 附淸派는 급격히 쇠퇴하고 일본을 배경으로 하는 附日派가 전면으로 등장했다. 일찍 1880년 제2차 수신사로 일본에 파견된 김홍집은 청국 참사관 황준헌(黃遵憲)이 쓴 『私擬朝鮮策略』을 받고 와서 고종에게 바쳤다. 이 책은 러시아를 방어하기 위한 조선의 외교정책으로 "親中國-結日本-聯美國"하여 자체의

---

3 日本外務省 編纂, 「淸國에 對한 善戰의 詔勅」『日本外交年表竝主要文書』上, 1965, 67쪽.

4 위의 책, 222~223쪽.

5 신운용, 「안중근 의거에 대한 국내의 인식과 반응」, 『안중근 연구의 기초』(안중근의사기념사업회 편, 안중근 의거 100주년 기념연구논문집2), 경인문화사, 13쪽.

자강을 도모해야 한다고 주장하였다. 그리하여 일부 부일적인 성향을 갖고 있던 개화파들은 흥아회·아세아협회에 참석했고, 이에 따라 조선사회 속에서 점차 아시아주의에 동조하는 여론이 확산되어갔다.

그러나 1895년 '을미사변'과 그 이듬해 고종황제의 '어관파천'을 통해 김홍집을 비롯한 附日派는 숙청되고 附露派가 정권을 장악하게 되었다. 청일전쟁에서 일본에 의해 청나라 예속에서 독립된 조선 내에서는 결국 일본의 동아주의와 러시아의 남하정책에 대비하여 동아연대론과 동아공존론 및 동아동맹론 등이 급격히 대두되었다. 물론 이런 다양한 동아주의 담론들은 당시 조선의 국가보존을 위한 외교방책의 방향, 반침략적인 논리로서 표출되었다. 하지만 그 기저에는 일본이 기만적인 양동술책으로 내세운 '한국의 독립'과 '동양의 평화유지'라는 논조가 크게 작동하였던 것으로 보인다. 특히 이 시기에 이르러 동아주의 담론은 러시아를 비롯한 서구열강들의 침략을 방어하기 위한 이론적 근거로서 동양의 동종론, 즉 同洲· 同種·同文의 동양 3국은 서구의 침략에 공동으로 대처해야 한다는 것이 보편적인 인식으로 나타났다. 예컨대 문화개화론 계열의 지식인들 속에서 일본을 맹주로 황인종에 의해 동양평화가 유지되어야 한다는 논조를 본다면 "동포되는 황인종의 모든 나라들은 일본 형제의 분발된 기개와 떨쳐 일어난 정략을 본받아야 하며", 또한 일본도 "황인종 형제의 모든 나라를 인도하되 작은 이익을 탐하지 말고 황인종을 보호할 큰 계책을 세워 동양평화를 유지하는 것을 하나님의 정해준 직분으로 생각하라"[6]고 권고하는 글을 통해서도 읽을 수 있다.

이처럼 조선사회에서 인종을 단위로 한 국제정치 인식은 청일전쟁을 전후하여 퍼지기 시작했다.[7] 다시 말하면 유교적 국제질서 이해가 붕괴

---

6 『독립신문』1899년 11월 9일.

7 강동국, 「동아시의 관점에서 본 안중근의 동양평화론」 『안중근과 그 시대』, 경인문화사, 2009, 427쪽.

된 동아시아에서 일본의 인종중심적 국제정치 이해가 침투해 들어온 것이었다. 특히 1897년 12월 러시아가 여순을 점령한 이후 러시아를 필두로 하는 서양에 대한 위협론이 더욱 크게 확산되었으며, 그것은 곧 서양=백인종과 동양=황인종의 대립 양상으로 나타났다. 당시 이러한 인종중심적 역사인식은 중국에서도 파급되었다. 1902년 중국의 양계초가『新史學』을 발표하여 인종을 역사의 주체로 인식하면서 역사란 곧 "인종의 발전과 경쟁을 서술할 것일 뿐"이고 "인종을 버리면 역사도 없다"[8]면서 당대사를 백인종과 황인종의 대결로 파악하는 시각을 보여주었다. 조선에서는「황성신문」을 필두로 하여 양계초의 글을 앞 다투어 소개했고, 또한 1903년에 간행된 그의 저서『飮氷室文集』은 간행 즉시 조선에 널리 전파되었다. 당시 조선에 있어서 문명개화론자, 실학계승론자, 위정척사파 등 서로 다른 철학적 입장을 가진 논자들이 모두 인종을 단위로 국제정세를 바라보는 일치적인 시대인식을 공유하고 있었다. 물론 동양 3국의 맹주를 선택하는 태도에 있어서는 서로 다른 차이점을 드러내고 있었다.

요컨대, 한국과 일본은 같은 유교문화권이라는 토대 위에 동문동족의식을 기반으로 하여 한국에서는 '동양평화론'으로, 일본에서는 '아시아주의'로 서양세력에 대한 대응논리를 표출되었던 것이다. 즉 일본의 '아시아주의'는 자아의 본위를 넘어서려는 공격적인 야망을 드러내고 있었다면, 반면에 한국의 '동양평화론'은 타자와 자아가 서로 공존하려는 방어적인 욕구가 묻어나고 있었다. 이런 측면에서 볼 때 문화개화론 계보에 서있는 안중근의 동양평화사상은 그 시대적 인식의 전제로 풍미하던 인종주의적 관점에서 출발한다. 때문에 그의 역사인식과 동양평화사상은 모두 서양=백인종과 동양=황인종의 대립과 경쟁의 논리로 전개되고 있

---

8 梁啓超,『梁啓超全集』第二策, 北京出版社, 1999, 741쪽.

었던 것이다. 그럼 아래에 안중근의 동양평화론을 펼치게 된 동기와 목적을 살펴보기로 한다.

3. 安重根 東洋平和思想의 構想과 目的

1909년 10월 26일 오전 10시 무렵, 안중근은 일본인으로 가장하고 하얼빈 역두에 잠입하여 역전에서 러시아군의 군례를 받고 있던 이토를 포살하고 '후라 코리아(대한만세)'를 세 번 외쳤다. 한민족의 독립의지를 세계에 알리는 역사적 순간이었다. 현장에서 러시아 헌병대에 체포된 안중근은 헌병분파소로 압송되어 러시아 국경 제8구 시심재판소(始審裁判所)의 판사 스트라조프와 검사 밀레로부터 심문을 받은 다음 그날 밤에 하얼빈 일본영사관으로 인도되었다. 당시 하얼빈은 러시아의 조차지로서 안중근에 대한 일본의 재판권은 무시될 수 있었다. 그러나 열강들의 야합과 더불어 일본은 이른바 '재외 한인에 대한 치외법권'을 이유로 안중근에 대해 사법권을 빼앗던 것이다. 이것은 약 1개월 전에 체결되었던 '간도협약'과도 무관하지 않았던 것으로 추정된다.

10월 30일에 '안중근사건'을 관동도독부 지방법원에서 처리하라는 일본정부의 방침에 따라 파견된 미조부치 타카오(溝淵孝雄) 검찰관으로부터 심문을 받을 때, 안중근은 그 유명한 '伊藤博文 15개 죄상'을 진술했다. 11월 1일, 그는 여순 헌병대의 삼엄한 호송 하에 3일 오후 여순 감옥에 수감되었고, 14일부터 關東都督府 監獄署에서 본격적인 심문을 받았다.[9] 그는 이듬해 2월 14일 재판에서 사형선고를 받고 3월 26일 사형이 집

---

9 사이토 다이켄 저/임영순 옮김, 『내 마음의 안중근』, 인지당, 1997, 165~181쪽.

행될 때까지 일본검찰관·법관·경시들의 심문을 받으면서 지혜롭게 공판투쟁을 벌렸다. 안중근의 대한 공판기록은 그의 사상적 이념과 동양평화사상의 실체를 이해하는데 매우 중요한 자료를 제공해준다. 당시 안중근에 대한 심문조사는 재판을 담당한 관동도독부 법원 검찰관 조미부치(溝淵孝雄), 일본 외무성에서 파견한 구라치(倉知鐵吉)정무국장과 조선통감부에서 파견한 사카이(境喜明) 경시에 의해 이루어졌고, 3개월 사이에 검찰조사 11차례, 경찰조사 14차례 도합 25차례에 달했다.[10] 안중근의 공판투쟁은 일본관헌들의 협박과 회유에 맞서 치열한 정치적인 이념논쟁으로 전개되었다. 그것은 한국에 대한 일본 통감정치의 '보호독립론'과 '문명개화론'에 대한 비판, 하얼빈의거에 대한 '國仇論'과 '義戰論' 및 '東洋平和義戰論'의 논리적 대응으로 대별된다.

안중근은 여순 감옥에서 일본관헌들과 이념적·논리적인 설전(舌戰)을 전개함과 동시에 자신의 생애와 사상을 남기기 위한 집필 작업에 몰입했다. 그는 1909년 12월 13일부터 32년간의 자기 역사를 기록한 자서전-『安應七歷史』을 집필하기 시작하여 1910년 3월 15일에 탈고를 완성했다. 또한 1910년 2월 10일 검찰관의 사형구형과 2월 14일 재판관의 사형언도 직후에 착수한 것으로 보이는 미완성의 유고-『東洋和平論』을 비롯하여 「韓國人安應七所懷」 및 가족과 뮈텔주교·벨렘신부 등에게 보내는 편지, 그리고 60여 점의 유묵을 남겼다.

안중근의 사상적 변화 궤적은 크게 3단계, 즉 '실력양성론'=애국계몽운동→ '독립전쟁론'=의병운동→ '동양평화론'=인류평등론으로 개관할 수 있다.[11] 여기서 안중근의 동양평화사상을 논구함에 있어서 기존의 연

---

10 한상권, 「안중근의 공판투쟁」, 『大連·旅順地域與韓人民族運動家國際學術會議論文集』, 2007, 19쪽.

11 졸고, 「안중근은 어떻게 기억되고 있는가?-독립전쟁론과 동양평화상상을 중심으로-」『동아시에

구는 대체로 지역주의를 바탕으로 하는 동양 3국의 평화사상에만 착목해왔기 때문에, 그의 동양평화사상에 내포된 보편적 가치로서의 인간의 자유와 평등 및 공존을 추구하는 인류평등사상은 홀시되었던 것으로 보인다. 당시 안중근의 동양평화사상은 심문·판결 및 사형 과정에 관한 언론보도를 통해 조금씩 알려졌지만 그 구체적인 내용은 일제가 '극비'에 붙이고 공개하지 않았기 때문에 전체적 실체는 파악되지 않았다. 그러나 박은식의 『安重根傳』, 계봉우의 『만고의사 안중근전』 및 중국의 鄭沅이 쓴 『安重根』 등에서 안중근의 동양평화론은 세계평화사상으로 높이 평가되기도 했다.

예컨대 박은식은 『安重根傳』의 서론에서 "안중근은 그의 역사에만 근거하여 논한다면 몸을 던져 나라 원수를 갚은 志士로서 한국을 위해 복수한 烈俠이다. 그러나 나는 이로써 안중근을 다 설명하기에 부족한 것으로 생각한다. 안중근은 세계적인 眼光을 갖고 스스로 평화의 대표로 자임한 것이다"[12]라고 극찬하였다. 또한 중국의 周浩는 박은식의 『安重根傳』을 읽고 그 「序文」에서 "나는 안군이 이등을 사살한 것은 진실로 조국을 위하여 복수한 것일 뿐만 아니라, 세계평화의 공적을 베어버리기 위함이다. 따라서 안군은 한국의 공인만이 아니라 동아의 공인이며 세계의 공인"[13]이라며 세계 평화적 관점에서 그 중요성을 강조하였다. 안중근의 동양평화사상의 원리와 구조를 살펴보기 위해 그가 『東洋和平論』을 저술하게 된 동기와 목적 및 그 사상적 맥락에 대한 검토가 요청된다.

안중근의 동양평화사상은 논구함에 있어서 단순히 미완된 유고인

대한 일본의 전쟁기억」(동북아평화벨트 국제학술대회논문집) 2009, 255쪽.

12 "據安重根歷史而論 亦曰舍身仇國之志士而己 爲韓報仇之烈俠而己 余以爲未足已盡重根也 重根具世界之眼光 而自任平和之代表也" 윤병석 편저, 『안중근전기전집』, 국가보훈처, 1999, 229쪽.

13 金宇鍾 主編, 『安重根和哈爾濱』, 黑龍江朝鮮民族出版社, 2005, 129쪽.

『東洋平和論』에만 착목한다면 그 전체상을 그려볼 수 없는 한계에 부딪치게 된다. 그러나 그 목차와 더불어 「서문」과 「전감」에 기술된 내용을 통해 그가 죽음을 앞두고 『東洋平和論』을 집필하게 된 심층적인 동기와 목적을 파악할 수 있을 뿐만 아니라, 그의 동양평화사상의 논리와 구조 및 역사인식을 확인할 수 있다. 그의 동양평화사상은 대체로 다음과 같은 세 측면에서 나타난다. 첫째는 검찰관의 심문조사 및 법원 공판투쟁의 기록이고, 둘째는 그의 자서전 『安應七歷史』와 동양국세와 정략에 관한 미완성 유고인 『東洋和平論』 및 『韓國人安應七所懷』이며, 셋째는 그가 여순 감옥에서 남겼던 유묵 등에서 엿볼 수 있다. 여기서 주목되는 것은 안중근의 동양평화사상이 어떻게 형성되었으며 그 원류를 어떻게 볼 것인가 하는 문제이다. 한마디로 안중근의 동양평화사상은 하루아침에 무르익은 결실도 아니고 또한 단순하게 여순 감옥의 144일간 수감생활에서 고안해낸 것도 아니다. 그것은 그가 소년시절부터 받았던 유교적인 '修身齊家治國平天下'의 사상적 바탕, 천주교의 '天命思想' 및 시대적 국제정세인식 등 복합적인 요소들이 융합되어 그 원천적인 기저를 이루고 있음을 가늠할 수 있다.

특히 안중근은 러일전쟁에서 "일본이 러시아에 개전할 때 宣傳書에서 동양평화를 유지하고 한국의 독립을 공고하게 한다"라고 표방했지만, 일본은 그것을 배신하고 반대로 한국을 침략함으로써 크게 실망했다. 러일전쟁 전까지 일본에 대한 안중근의 인식은 비교적 긍정적이었다. 그러나 러일전쟁 이후 일본의 배신은 곧 이토가 일본천황의 선전조칙을 어긴 죄악에서 비롯된 것으로 판단하였다. 때문에 그는 연해주에 들어가서 의병항쟁을 호소할 때 일본의 대정치가 노적 이등(伊藤)의 폭행으로 한국은 망국의 위기에 직면하고 있으므로 "우리 대한민족은 만약 악적(惡賊)을 죽이지 않는다면 한국은 기필코 소멸될 것이고 이른바 동양평화도 망하게 될 것이다"[14]라고 절규하기도 했다. 당시 한국인들의 보편적인 인식처럼 안중근도 러일전쟁은 일본이 동양평화를 유지하고 한국의 독립을 보호하는 것으로 믿었던 것이다. 때문에 그는 "실제로 한국 인민은 일로전쟁 이전까지는 좋은 친구로 일본국을 좋아했고 한국의 행복으로 믿고 있었다. 결코 배일사상 같은 것은 가지고 있지 않았으며, 러일전쟁까지는 이천 여만의 동포가 일본의 종민(從民)임을 기뻐하고 있었다"[15]라고 했다.

물론 당시 연해주 의병계열에서도 유린석을 대표로 하는 '동양공조론' 내지 '동양연대론'이 대두되고 있었다. 일찍이 최익현은 1906년에 「寄日本政府大臣書」에서 "서양의 영향이 심해져서 독력으로 막을 수 없은즉 한·일·청 3국이 서로 긴밀한 의존관계를 갖게 되어야 동양의 대국(大局)을 보전할 수 있다는 것은 지자(智者)가 아니라도 알만한 일이요, 본인도 그것을 깊이 소망한다"[16]면서 일제의 조선침략사실을 16개 항목으로 지적하였다. 당시 최익현의 활동과 사상에 대해 잘 알고 있던 안중근은 그를 "근세 제일의 인물"[17]로 평가한 점을 미루어볼 때, 그의 영향을 받았던 것으로 보인다. 이러한 동양공조론 내지 동양연대론은 모두 러일전쟁 이후에 나타난 새로운 시대적 사조로 풍미되었다. 연해주에서 의병항쟁에 투신했던 안중근은 유인석 등과 교류하면서 그 영향을 받았던 것으로 추정된다. 그러나 동양 3국의 자주독립과 평등공존의 원칙에 바탕을 둔 안중근의 동양평화론은 유인석의 중화중심적인 동양연대론과 구별된다.

하얼빈의거 이후 1909년 10월 30일 하얼빈 러시아 헌병대에서 미조부치 타카오(溝淵孝雄) 검찰관으로부터 심문을 받을 때, 그는 '이토 히로부

---

14 안중근, 「安應七歷史」, 華文貴主編, 『安重根研究』, 遼寧人民出版社, 2007, 85쪽.

15 국사편찬위원회, 『韓國獨立運動史資料』6, 1976, 244쪽.

16 崔益鉉, 「寄日本政府」, 柳光烈 編, 『抗日宣言·倡義文集』, 瑞文堂, 1975, 66쪽.

17 국사편찬위원회, 『韓國獨立運動史資料』7, 1978, 417쪽.

미(伊藤博文) 15개 좌상'을 당당하게 열거했는데, 그중 제14조목에서 '동양 평화를 파괴한 죄'를 들었다. 그리고 여순 감옥으로 이송된 후에도 검찰 관의 심사와 법정공판에서 이토를 포살한 것은 '정치적인 오해'나 또는 '개인적인 원망(私怨)'에서 나온 것이 아니라, 그것은 '대한국 의병 참모중 장' 겸 '독립특파대장'의 소임을 띄고 하얼빈에 이르러 이토를 습격한 것 은 "동양평화를 위한 義戰을 하얼빈에서 開展한 것"[18]이며, 따라서 자신 은 전쟁포로이기 때문에 "만국공법과 국제공법으로써 판결하는 것이 옳 다"[19]라고 주장했다.

그렇다면 안중근이 『東洋和平論』을 저술하게 된 심층적인 동기와 그 목적은 무얼까 라는 의문을 제기해보게 된다. 그는 1910년 2월 10일 검 찰관의 사형구형과 2월 14일 재판관의 사형언도 직후, 즉 일제의 이른바 '공판'에 대한 허위성을 간파하고 최후 시간이 얼마 남지 않았음을 감안 한 뒤부터 『東洋和平論』을 집필하기 시작했다. 그는 2월 17일 여순 감옥 의 전옥장(典獄長) 구리하라(栗原貞吉)의 소개로 하라이시(平石氏人) 관동 도독부 지방법원장과의 3시간에 걸친 특별면담에서 대략적으로 사형판 결에 불복하는 이유, 그리고 "東洋局勢와 平和政略에 대한 意見"과 함께 "만약 허용된다면 나는 『東洋和平論』1권을 저술할 생각이니 사형 기일 을 한 달 정도 미루어줄 것"[20]을 요청했다. 또한 관동도독부 지방법원장 하라이시(平石氏)에게 보낸 편지에서도 "나는 지금 옥중에서 동양 정책과 전기를 쓰고 있는데 이것을 완성하고 싶다"고 했다. 그리고 3월 18일 서 문을 쓴 다음 그 완성을 위해 사형을 15일정도 연기해 줄 것을 요구했으 나 그 '약속'은 지켜지지 않았다.

---

18 윤병석 역편, 『안중근전기전집』, 국가보훈처, 1999, 194쪽.
19 위와 같음, 179~180쪽.
20 안중근, 「安應七歷史」, 華文貴 主編, 『安重根研究』, 遼寧人民出版社, 2007, 106쪽.

여기서 볼 수 있듯이 그가 『東洋和平論』을 저술하게 된 동기는 바로 "東洋局勢와 平和政略에 대한 意見"을 펴기 위한데 있었다. 그렇다면 이와 같은 '동양평화정략'은 누구를 대상으로 제안하고 싶었던 것인가? 이 물음에 대한 해답은 일본 천황에 대한 안중근의 인식에서 찾을 수 있다. 요컨대 안중근은 심문과정에서 "이등을 죽였으므로 보호조약이 파기될 것이라고 생각하는가"라는 일제감찰관의 질문에 대해 "그러한 생각은 없다. 보호조약의 취지는 한국민이 전부 주지하고 있는 감사하는 바이다. 그런데 이등이 통감으로 임하자 그가 행하는 바는 거의 잘못하고 있기 때문에 많은 인명을 죽였는지 모른다. 그리고 그것을 호소하려 해도 길이 없고 곳이 없으므로 그것을 일본 황제를 비롯하여 세계 각국에 성명하는 수단으로 거행한 것이다"[21]라고 대답했다. 이처럼 안중근은 이토를 포살한 이유는 바로 일본 천황을 비롯한 세계 각국에 한국의 독립과 동양평화사상을 공표하는 수단과 기회로 간주하고 있었다.

때문에 그는 "일본 천황의 뜻은 한국의 독립을 공고히 하고 동양의 평화를 유지한다는 것이지만, 이등이 통감으로 한국에 와서부터는 그의 하는 것이 그것에 반하므로 한일 양국은 지금도 싸우고 있다"[22]면서 "내가 죽고 사는 것은 논할 것 없고 이 뜻을 속히 일본 천황폐하에게 아뢰어라. 그래서 속히 이토(伊藤)의 옳지 못한 정략을 고쳐서 동양의 위급한 대세를 바로잡도록 하기를 간절히 바란다"[23]라고 말했다. 그는 일본 천황의 뜻은 동양의 평화유지에 있는 것으로 믿으면서 일본의 침략정책의 전환은 일본 천황에 의해 이루어질 것으로 기대하고 있었다. 때문에 그는 재판에서 사형언도를 받은 후 최후 진술에서 "나는 일본 사천만, 한국 이천

21 국사편찬위원회, 『韓國獨立運動史資料』6, 1976, 240~241쪽.
22 위의 책, 385쪽.
23 안중근의사숭모회, 『안중근의사자서전』, 1979, 181쪽.

만 동포를 위해 또는 한국 황제폐하와 일본 천황에 충의를 다하기 위해 이번의 거사에 나왔다. 이제까지 이미 수차 말한 것처럼 나의 목적은 동양평화 문제에 있고 일본 천황의 선전조칙과 같이 한국으로 하여금 독립을 공고케 하는 것은 나의 종생의 목적이며 또 종생의 일이다"[24]라고 진술하였다. 또한 그는 "결코 나는 오해하고 죽인 것이 아니다. 나의 목적을 달하는 기회를 얻기 위한 것이다. 까닭에 이제 이등이 그 시정방침을 그르치고 있었다는 것을 일본 천황이 들었다면 반드시 나를 가상할 것이라고 생각한다. 금후는 일본 천황의 뜻에 따라 한국에 대한 시정방침을 개선한다면 한일 간의 평화는 만세에 유지될 것이며 나는 그것을 희망한다"[25]라고 밝혔다. 여기서 읽을 수 있듯이, 그는 이토의 침략적인 시정방침이 일본 천황의 뜻에 따라 개선될 것을 믿었던 것이다.

그가 여순 감옥에서 수감생활을 할 때 일본인 검찰관이나 간수들로부터 철학적 사상과 독특한 經世觀·時局觀을 갖고 있는 의로운 인물로서 경모를 자아냈다. 예컨대 미조부치(溝淵孝雄) 검찰관은 그를 '東洋의 義士', '忠君愛國의 士'[26]라고 호칭했고 또한 일본인 변화사도 '憂國之士'라고 표현했다. 이 때문에 여순 감옥에 이감된 이후에도 그는 극진한 대우를 받을 수 있었다.[27] 안중근의 동양국세와 평화정략에 관한 '意見'은 궁극적으로 일본은 이토가 시행하던 기존의 동양에 대한 침략정책을 포기

24 국사편찬위원회 『韓國獨立運動史資料』6 1976, 386쪽.

25 국편 『자료』6, 1976, 396쪽.

26 국사편찬위원회, 『韓國獨立運動史資料』6, 「안응칠 심문조서①」, 1976, 5쪽.

27 일본검찰관들의 이러한 태도는 12월 중순경부터 돌변하여 안중근에게 압제도 주고 혹은 억설도 하고 또 혹은 능욕하고 모멸도 하였는데, 이것은 12월 2일에 일본외상 고무라(小村壽太郞)가 관동도독부 지방법원에 '안중근을 극형에 처하도록 하라'는 訓令이 여순 관동도독부 지방법원에 하달되었기 때문이라고 판단된다. 1910년 2월 14일 관동도독부 지방법원장 하라이시(平石)는 안중근과의 담화에서 "나는 너에 대해 심히 동정하지만 이는 정부 주권기관의 결정이므로 개변하기 어렵다"라고 수긍하기도 했다. (안중근, 「安應七歷史」, 華文貴 主編, 『安重根研究』, 遼寧人民出版社, 2007, 106~107쪽.)

하고 한국의 독립을 보장해야만 동양평화를 이룰 수 있음을 촉구하기 위한데 있었다. 반면에 일본관헌들의 입장에서 보면 철학적인 사상을 갖고 있는 그의 동양평화정략에 관한 '意見'을 통해 그의 정치사상과 이념을 파악할 가치가 있다고 판단하고 있었던 것으로 보인다. 여하튼 안중근의 『東洋平和論』을 저술하게 된 그 심층적인 동기와 직접적인 목적은 일본 천황(혹은 일본정부)을 대상으로 20세기 일본의 동양정책과 평화정략에 관한 새로운 대안을 제시하기 위한데 있었다고 하겠다.

4. 安重根 東洋平和思想의 構造와 方案

근대적 민족주의에 바탕을 둔 한국의 독립론과 지역주의에 기초한 동양평화론은 안중근의 정치사상체계에서 두 축을 이루는 핵심적인 이념이었다. 때문에 그는 하얼빈 의거는 한국 의병참모중장 겸 특파독립대장의 직분으로 한국의 독립과 동양평화를 위해 한국 침략의 원흉이자 동양평화의 교란자 이토를 포살한 것은 단순히 한 개인 자격이 아니며, 더욱이 이토의 침략정책에 대한 오해가 아니라 그가 무도한 정책을 행했기 때문에 동양평화를 수호하기 위한 "東洋平和儀戰"이라고 주장했다. 여기서 주목되는 것은 하얼빈 의거를 결행하기 직전까지 안중근은 「동의단지동맹 취지서」「장부가」및 하얼빈에 도착하여 10월 24일에 『대동공보』주필 이강에 보낸 편지 등에서 시종 한국 독립론에 집념하는 모습을 보이고 있었지만, 의거 이후 공판투쟁의 전반 과정에서는 오히려 동양평화론을 피력하는데 더 편중했던 것으로 보인다. 이것은 그가 공판투쟁에서 의거의 정당성과 당위성을 내세울 수 있는 논리에서 비롯된 것이라는 점과 더불어 그의 독립전쟁론은 점차 동양평화론으로 승화되고 있었음을 말해준다.

요컨대 910년 3월 26일 오전 10시쯤 죽음을 앞둔 순간, 그는 최후 유언의 유무를 묻는 질문에 "다른 유언은 없지만, 평소 내가 결행한 것은 전적으로 동양의 평화를 도모하려는 誠意에서 나온 것이므로 바라건대 本日 臨檢한 일본관헌 各位에 있어서 다행히 나의 微衷을 諒察하니, 彼我의 別이 없이 合心協力하여 동양의 평화를 期圖하기를 切望할 뿐이다"라고 진술하고, 또한 "이 기회에 임하여 동양평화의 만세를 三唱하고자 하니 특히 聽許하기 바란다"[28]고 신청하였지만 결국 저지를 당하고 교수대에 올랐다. 이처럼 안중근에게 있어서 동양평화는 생명의 최후 순간까지도 절대적인 신념과 실천적인 신앙 및 영구적인 숙망이었다.

현재 안중근의 미완성된 유고인 『東洋和平論』은 '서문(序文)'과 '전감(前鑑)' 두 부분만 등사본으로 전해지고 있다. 워낙 그는 『東洋和平論』을 집필할 때 「序文」, 「前鑑」, 「現狀」, 「伏線」 및 「問答」 등 몇 개 장절로 구상했지만 불법재판에 따른 사형이 집행되었기 때문에 미완성의 유고로 남게 되었다. 심지어 '前鑑'부분도 문맥으로 볼 때 완성되지 못했으니, 천고의 유감이라 하지 않을 수 없다. 앞에서 이미 언급했듯이 안중근의 동양평화사상은 『安應七歷史』·『東洋和平論』·『韓國人安應七所懷』 및 옥중에서의 심문·공판기록 및 유묵에서 그 실상을 엿볼 수 있다. 그중에서 『東洋和平論』에서 그의 동양평화사상이 어떻게 구현되고 있으며 또한 어떠한 논리와 구조를 담고 있는가에 대해 구체적으로 살펴볼 필요가 있다.

첫째, 안중근은 '동양'이란 개념에 대하여 아시아 여러 나라라는 뚜렷한 인식을 갖고 있었다. 그는 미조부치(溝淵孝雄) 검찰관의 심문에서 "동

---

28 국가보훈처, 『亞洲第一義俠 安重根』 日本篇③, 1995, 776~777쪽.

양평화란 중국·일본·한국·샴·미얀마(현 비안마) 등 아세아주 각 나라가 모두 자주독립하면서 평화롭게 공존하는 것"[29]이라는 요지로 대답하였다. 즉 어느 한 나라라도 자주독립이 되지 않으면 동양평화라고 말할 수 없다고 주장하였다. 이러한 논리는 당연히 한국의 독립에 대한 당위성을 주장하고 있을 뿐만 아니라, 더 나아가 그의 동양평화사상에서 서양=백색인종에 대한 동양=황색인종의 대립구도에서 출발하는 '아세아주의론'의 그림자를 읽을 수 있다. 이런 의미에서 본다면 동양이란 개념은 아시아의 역사와 전통을 포함하는 지리적·인종적·문화적 개념이로 해석될 수 있다.

둘째, 안중근의 『東洋和平論』의 핵심적 내용은 평등주의 대한 동양적인 표상인 '화합'으로 나타났다. 『東洋和平論』의 「서문」은 "대저 모이면 이루어지고 흩어지면 무너지는 것이 만고에 항상 정해진 도리이다(夫合成散敗萬古常定之理)"로 시작되다. 이것은 그의 동양평화론의 이론적인 정수로써 동양적인 윤리도덕관을 보여주고 있다. 이른바 '합성산패(合成散敗)'는 동양의 전통적인 '和合' 내지 '協和'사상을 의미한다.[30] '화(和)'는 곧 동양 삼국을 비롯한 아시아 여러 나라(황인종)들이 힘을 모아 서구열강을 막는 것이며, '산(散)'은 곧 일본이 침략정책으로 아시아의 다른 나라를 유린한다면 아시아는 혼란에 빠져 동양평화는 깨진다는 논리를 담고 있다. 때문에 그는 "현재 西勢東漸의 禍患은 東洋人種이 一致團結하여 極力 防御하는 것이 第一上策"[31]이라고 주장했다.

셋째, 청일전쟁과 러일전쟁의 역사적 교훈을 '前鑑'으로 삼고 일본이

---

29 국사편찬위원회, 『韓國獨立運動史資料』6, 1976, 174쪽.

30 『尙書·堯典』에는 요임금의 '光宅天下'의 업적을 칭송하면서 "百姓昭明 協和萬邦"이라 했고 또한 『史記·五帝本紀』에서는 "百姓昭明 和合萬國"이라고 기록되고 있다. 이런 의미에서 '협화'는 곧 '화합'을 뜻한다.

31 안중근, 「安應七歷史」, 華文貴主編, 『安重根研究』, 遼寧人民出版社, 2007, 138쪽.

동양에 대한 침략정략을 개변할 것을 촉구했다. 안중근은 경쟁의 논리로서 청일전쟁과 러일전쟁을 해석했다. 그는 "현재 세계를 동서로 나뉘었고 또한 인종이 각기 달라서 서로 경쟁을 茶飯을 먹듯이 한다"[32]면서 서구열강이 利器를 農商보다 중히 여기며 경쟁의 마음을 키워 자기 나라를 고수하는 동양의 민족을 침탈하는 것을 질책했다. 특히 러시아의 폭행은 '神人共怒'하는데 러일전쟁에서 동해의 작은 섬나라 일본이 강대한 러시아를 만주대륙에서 격파한 것은 백인종의 선봉에 대한 황인종의 승리이므로 "가히 천고에 드문 사업이고 만방이 기념할 표적(表績)이라 할 만하다"[33]라고 긍정했다. 즉, 이것은 백인종='야만'에 대한 황인종='문명'의 경쟁과 대립이라는 논리에서 비롯된 인식이었다.

그러나 중국(청)과 한국 인사들이 과거 원한을 버리고 자기가 승리한 것처럼 기뻐해마지 않았으나 일본은 自度를 모르고 "천천만만 뜻밖으로 승첩개선한 후에 가장 가깝고 가장 사이좋고 同文同種인 한국을 勒壓하고 만주의 장춘 이남을 거점으로 조차할 것을 定約"함으로써 "일본의 위대한 聲名과 正大한 공훈은 一朝에 蠻行의 露國보다 尤甚하게 변했다"라고 규탄했다. 또한 중국(청)과 한국은 "…비록 天神의 능력으로 무리로 소멸할 수 없는데, 하물며 한 두 사람의 智謀로 어찌 말살할 수 있겠는가"[34] 하면서 일본이 "만약 정략을 개변하지 않는다면 逼迫이 日甚하면 부득이 異族에게 망할지라도 同種의 능욕을 참지 못한다"[35]고 강력히 경고했다. 즉 동양에서의 전쟁은 양육강식의 경쟁논리를 따르는 일본의 침략정책에 의해 기인된 것으로서 그 침략적인 정략정책을 포기할 것

---

32 위와 같음.

33 위와 같음.

34 위와 같음.

35 위와 같음

을 극력 촉구했던 것이다. 안중근의 동양평화론은 기본적으로 인종론에 기본 바탕을 두고 동서양의 대립구도 속에서 전개되는데, 그의 이러한 인종론은 역시 당시 서세동점에 대한 한국 지식인들의 보편적인 인식에 비롯된 것으로 보인다. 또한 그는 일본 천황은 "동양평화를 유지하고 한국 독립을 공고케 할"것이라는 기대를 분명히 드러내고 있다. 이것은 일본 천황에 대한 그의 인식이 "天命"관에서의 "三父"론에 귀결되지만 일본 제국주의 본질을 파악하지 못한 것으로 볼 수 있다.

넷째, 안중근의 동양평화사상은 인종주의적 논리의 한계를 넘어서 인간평등의 보편적 가치를 지향하는 인류평화로 승화하였다. 1909년 11월 6일에 쓴 『韓國人安應七所懷』에서 그는 "하늘이 사람을 내어 세상이 모두 형제가 되었다. 각각 자유를 지켜 삶을 좋아하고 죽음을 싫어하는 것은 누구나 가진 떳떳한 정이라. 오늘날 세상 사살들은 의례히 문명한 시대라 일컫지 마는 나는 홀로 그렇지 않는 것을 탄식한다. 무릇 문명이란 것은 동서양 잘난이 못난이 남녀노소를 물을 것 없이 각각 천부의 성품을 지키고 도덕을 숭상하여 서로 다투는 마음이 없이 제 땅에서 편안히 생업을 즐기면서 같이 태평을 누리는 것이라, 그런데 오늘의 시대는 그렇지 못하여 이른바 상등사회의 고등인물들은 의논한다는 것이 경쟁하는 것이요 연구한다는 것이 사람 죽이는 기계라 그래서 동서양 육대주에 대포 연기와 탄환 빗발이 끊일 날이 없으니 어찌 개탄할 일이 아닐 것이냐."[36]라고 서술하였다. 여기서 안중근은 동양이란 지역범주를 초월하여 인간의 자유와 평등 및 인권 등 천부적인 권리가 보장되는 인류평화를 지향하고 있었다고 평가할 수 있을 것이다. 이것이 안중근이 이른바 서양의 양육강식의 "競爭文明"을 부정·비판하면서 유교적인 동양문화인 "泰

---

36 姜曄 編著, 『旅順日俄監獄揭秘』, 大連出版社, 2003, 212~213쪽.

平文明"을 내세우고 있음을 읽을 수 있다.

그리하여 안중근은 "동양대세 생각하매 아득하고 어두우니 뜻있는 사나이가 어이 편한 잠을 이루고((東洋大勢思杳玄 有志男兒豈安眠)/ 평화시국 못 이룸이 이리도 원통하고 분개해지니 정략을 고치지 않으니 참으로 가엾도다((和局未成猶慷慨 政略不改眞可憐)" "동양을 보존하려면 일본이 먼저 정략을 고쳐야 하거니 때가 지나 기회를 놓치면 후회해도 미칠 수 없다(欲保東洋 先改政略 時過失機 追悔何及)"라는 유묵을 남기기도 했다. 또한 그는 동양평화론의 구체적인 실천방안과 방법에 대하여 미래 지향적인 안목에서 여순항을 중국에 반환한 다음 개방하여 동아시아의 무역중심과 정치중심으로 만들어 동양 3국의 '평화회의'를 조직함으로써 3국의 정계요인들이 함께 동양평화의 영구한 방책을 공모할 것을 구상하기도 했다.[37]

1910년 2월 17일 안중근은 공소여부를 결정하기 앞서 典獄長 구리하라(栗原貞吉)의 소개를 통해 소노키 스에키(園木末喜) 통역과 다케우치 시즈에(竹內靜衛) 서기의 배석 하에 관동도독부 고등법원장 히라이시(平石氏人)와의 3시간에 걸친 특별담화에서 동양평화론의 구체적인 내용과 그 실천방안을 제시했다. 안중근은 이 면담에서는 먼저 본 재판에서 '살인피고사건'으로 판결한 점에 대한 부당성을 피력함과 동시에 일본을 대상으로 동양정책에 관한 의견을 역설했다. 즉 첫째로 재정의 정리, 둘째는 세계 각국의 신용 획득, 셋째는 세계 각국에 대한 일본의 대비책 연구 등 '3대 급선무의 해결책'을 제시하면서 "전쟁도 할 필요가 없이 일본은 태산같이 안정되고 패권을 잡을 수 있는 방책"은 "오직 한 방법이 마음을 바로 잡는 일이다"라고 하면서 이토가 추진하던 일본의 정책을 획기적으

---

37 국가보훈처,『亞洲第一義俠 安重根』日本篇③, 1995, 621~633쪽;『21세기와 동양평화론』, 국가보훈처·광복회, 1996, 55~57쪽. 이 내용은 「聽取書 殺人犯被告人安重根」으로 편입되고 있는데 이하 「聽取書」로 약함.

로 바꾸는 방안을 강구해야 한다고 주장하였다. 또한 그는 일본이 "패권을 잡으려면 비상한 방법을 써야 하는데 일본이 취해온 지금까지의 정책은 20세기에서는 모자라기 짝이 없는 것이다"면서 "과거 외국(서양)에서 써오던 수법을 흉내 내고 있는 것으로 약한 나라를 병탄하는 수법"을 사용하려는 "이러한 생각으로는 패권을 잡지 못한다"[38]라고 충고하였다.

따라서 그 구체적 방안과 방법으로 다음과 같은 내용을 제시하였다. ① 여순항을 중국에 반환하고 개방하여 일본, 한국, 청국 3국이 공동으로 관리하는 군항으로 함과 동시에 3국 대표를 파견하여 동양평화회의를 조직하는 것이다. ② 동양평화회의체를 조직하고 3국의 회원들을 모집하여 회원 일당 회비로 1원씩을 모금하여 공동은행을 설립하고 공용화폐를 발행하여 재정·금융문제를 확보하는 것이다. ③ 향후 동양평화를 견지하기 위한 항구적인 방법의 하나로 여순에 혹은 각국에 3국의 청년들로 구성된 공동군단을 편성하는 것이다. ④ 로마교황으로부터 일·한·청 3국 황제가 관을 받고 독립을 보장받는 것이었다.[39]

여기서 주목되는 것은 안중근은 그때 동양평화론은 "어제 오늘에 생각한 것이 아니라 여러 해 동안 숙고한 끝에 나온 것이며 내가 이제 말하는 정책을 만일 일본이 실행만 한다면 일본은 태산같이 안정되고 세계 각국으로부터 큰 명예를 얻게 될 것"이며 "동양에서의 일본의 위치를 인체에 비유한다면 머리에 해당한다"면서 "일본은 일등국으로 세계열강과 어깨를 나란히 하고 있지만 일본의 성질이 급해서 빨리 망할 수 있는 결함이 있다"는 충고를 남기기도 했고 또한 "일본은 전쟁을 하지 않고도 동양의 주인공이 될 수 있다"는 말에서 그가 구상한 동양평화사상의 구체적 실천방안에는 '일본맹주론'의 요소를 드러나고 있음을 확인할 수 있

---

38 안중근, 「聽取書」, 국가보훈처·광복회, 『21세기와 동양평화론』, 1996, 54~55쪽.
39 안중근, 「聽取書」, 위의 책, 52~54쪽.

다. 특히 여순항을 청국에 반환하더라도 일본이 군함 5~6척을 정박시킨다면 사실상 일본에게 "평화의 근거지"가 될 수 있다고 한데서 볼 수 있듯이, 안중근의 동양평화론은 일본이 아시아에서 패권을 유지하기 위한 방책을 제시한 것이다.[40]

5. 安重根 東洋平和思想의 現在的 意味

한 세기 전에 안중근이 제시했던 동양평화사상의 구상과 그 구체적 실천방안은 오늘날 중한일 3국이 수평적인 평등과 공존의 원칙에 따라 동아시아 공동체를 만들어 가는데 있어서 많은 역사적 교훈과 현대적 시사점을 던져준다. 안중근이 한국의 독립과 동양평화를 수호하기 위해 '조선의 애국자', 또한 '평화의 대표자'로서 한국에 대한 침략정책의 원흉이고 동양평화의 교란자 이토를 포살한 것은 바로 그 기회를 이용하여 세계만방에 한국 독립의 정당성과 일본의 침략정책의 일대 전환을 촉구하려는 데 있었다. 즉 일본이 종래로 취해오던 침략방침을 포기하지 않는다면 한국과 중국의 반항으로 동양평화는 깨질 것이며, 또한 동양 3국 황인종은 백인종과의 경쟁과 전쟁에서 사멸될 수밖에 없다는 것을 알리려는 데 있었다.

주지하다시피 안중근의 동양평화사상에서 핵심적인 문제는 그가 '종생의 목적' 혹은 '종생의 일'로서 한국의 독립에 있었다. 즉 만약 한국의 독립이 보장되지 않는다면 한국의 독립전쟁은 계속될 수밖에 없기 때문에 동양평화를 유지하려면 일본은 한국 또는 중국에 대한 침략정책을

---

40 신운용, 「안중근의 '동양평화론'과 이등박문의 '동양평화론'」『안중근과 그 시대』, 경인문화사, 2009, 543쪽.

수정해야 한다고 주장했다. 이런 측면에서 볼 때 안중근의 독립전쟁론과 동양평화론은 결코 모순되지 않는다고 하겠다. 다시 말하면 일본의 침략 정책으로 동양평화가 깨지면서 다가오는 전쟁피해를 미리 차단하기 위한데 있었다. 여기서 지적하고 싶은 것은 안중근의 동양평화사상 논리 속에는 동양이라는 지역주의를 초월하여 인간의 천부적인 자유와 인권 및 평등을 지향하고 추구하는 '泰平天下'라는 문명관을 소유하고 있었으며, 이것은 인간의 보편적인 가치로서의 인류평등과 세계평화라는 이념까지 내포되어 있었다는 점이다.

역사는 과거 기억에 대한 현재 해석의 연속이다. 이런 의미에서 이른바 역사성과 현재성의 만남이란 곧 과거의 기억에 대한 현재의 해석이다. 역사적 해석과 평가는 결국 '지금 여기(hic et nunc)'에 있기 때문에 '지금 여기'에서 역사성-'죽은 것'과 현재성-'살아있는 것'을 가려내는 객관적이고 보편적인 기준의 평가가 중요하다. 물론 안중근의 동양평화사상은 인종론의 바탕위에서 백색인종과 황색인종의 대립구도에서 출발한다. 즉 서양에 대비한 동양의 평화를 지향하고 있었던 것은 그 당시 세계적 국제정세에 따른 시대인식에서 비롯된 것이라고 하겠다. 그리고 안중근의 동양평화사상의 구체적 실천방안은 "세계열강과 어깨를 나란히 하고 있는 동양의 일등국"인 일본으로 하여금 '전쟁을 하지 않고도 동양의 주인공'이 될 수 있는 비전과 방책을 제시함에 역시 '일본우위론' 내지 '일본맹주론'의 틀에서 벗어나지 못한 일단도 객관적으로 지적되어야 할 것이다. 그의 이 같은 일본에 대한 인식과 기대는 당시 일본의 현실적 위상을 부인할 수 없는 시대인식과 함께 일본제국주의의 침략본성에 대한 투철한 인식의 결핍에서 비롯되었다고 할 수 있겠다. 이처럼 안중근의 동양평화사상에서 그 시대적·역사적 한계가 노출되고 있다. 그러나 미래지향적인 안목에서 볼 때 안중근이 구상하고 제안했던 동양평화론은 동양 3국이 수평적으로 평화·공존하는 대안을 독창적으로 제시했다는 점, 그리고 동양 3국의 협력 관계의 설정과 발전 방향 및 공동체 구축이라는 측면에서 그 현재적 의미는 높이 평가되어야 할 것이다. 그럼 아래 동양평화론의 구체적 실천방안이 오늘날 동아시아 평화공동체를 구축하는 길을 모색함에 있어서 현재적 시사점과 그 의의를 약술해보고자 한다.

안중근이 이미 "노·청 양국이 일본에 향해 다시 싸우려고 하는 형세가 있음은 당연한 일이며, 미국 또한 일본의 발호를 좋아하지 않는다. 점차 세계의 동정은 한·청·로의 약자에 모이고 일본이 고립한 지위에 설 것은 지금부터 예상하여도 어렵지 않은 것이다"[41]면서 "일본의 성질이 급해서 빨리 망할 수 있는 결함이 있다"고 예상했듯이, 일본은 끝내 대륙침략의 야심을 멈추지 못하고 '한일병합'을 강행함과 동시에 잇따라 만주사변과 중일전쟁 및 태평양전쟁까지 일으키면서 이른바 '대동아공영권'의 패권을 장악하기 위한 침략전쟁에서 패망했다. 그러나 반대로 냉전시대의 산물로서 한반도는 강대국의 간섭과 민족 내부의 정치이념의 대립으로 남북분단국가 성립되었고, 또한 한국전쟁을 겪으면서 민족분단의 골은 더욱 깊어갔다. 그리고 중국에는 사회주의체제가 수립되었고, 한국과 일본은 점차 미국의 안보체계 내에 편입되는 양상을 드러냈다.

20세기 80년대에 이르러 냉전체제가 무너지면서 동아시아는 대화의 문을 열게 되었고 세계는 점차 지역협력의 연합체국가로 나아가는 모습을 드러내고 있다. 예컨대 2차 세계대전 이후 동서구라파의 유럽공동체(EU)를 비롯하여 아프리카연합(AU), 아랍국가연맹(LAS), 남미연합(SACN), 그리고 동남아시아국가연합(ASEAN) 등 지역협력 국가연맹들이 잇따라 산생되었다. 이러한 국제정세의 흐름 속에서 1997년 아시아금융

---

41 국사편찬위원회, 『韓國獨立運動史資料』7, 1978, 421쪽.

위기를 막기 위한 ASEAN+3의 첫 정상회담이 열리면서 그룹의 중요성이 증진되었으나, 최근에는 동아시아 정상(EAS)에 중요성을 가리고 있다. 또한 2005년부터 동아시아 정상(EAS)이 가동되고 있지만 'ASEAN+3'의 최종 목표점인 '동아시아 공동체'를 둘러싼 주도권 경쟁과 직결되는 회의체이기 때문에 내부 회원국은 물론 중국을 견제하려는 미국과 러시아 등 외부 국가 간의 치열한 주도권 다툼이 펼쳐지고 있다. 이것이 바로 오늘날 동아시아 국제질서의 현주소이다.

여기서 안중근이 영구적인 동양평화를 위한 방안으로 제시한 여러 방법과 정책이 현재 유럽에서 성공적으로 추진되고 확장하고 있는 유럽공동체(EU)의 원리와 구조면에서 상당한 유사점이 발견하게 된다. 그러나 이러한 국가연합체가 동양권에서 가능한가 한데 대하여 회의적 태도를 가지지 않을 수 없다. 왜냐하면 현재 동아시의 공동체로 나아가는 데 있어서 많은 장애물이 놓여있기 때문이라고 하겠다. 필자는 여기서 안중근의 동양평화론의 실현가능성을 전망하기 보다는 그러한 목표를 실현함에 있어서 대두되는 문제점, 즉 동아시아 공동체를 구축하는 걸림돌이 무엇인가를 살펴보고자 한다.

첫째, 현재 미래지향적인 관점에서 논의되고 있는 동아시아공동체의 개념에 대한 일치화가 절실히 필요하다. 예컨대 "동북아 평화공동체", "동아시아 평화공동체" 및 "동아시아연합" 등 다양한 개념들이 등장하고 있는 것은 동아시아인들의 공통된 인식의 틀이 마련되지 않았음을 의미한다고 하겠다.

둘째, 역사적 기억에 대한 치유가 필요하다. 일본이 한국·중국 등 나라에 대한 식민지배와 침략전쟁은 동아시아인들에게 깊은 상처를 남겨놓고 있을 뿐만 아니라, 또한 국가적인 반성과 성찰의 태도가 불투명하기 때문에 과거의 피해 의식에서 해탈되지 못하고 있다. 예컨대, 작년 9월 일본 수상 하토야마(鳩山由紀夫)가 '우애'(fraternity)에 기반한 '동아시아공동체'의 창설 구상을 제안했지만, 과거 역사적 기억으로 인해 한국과 중국의 반응과 태도는 냉정할 수밖에 없었다. 역사적 기억에 남은 아픈 상처를 치유함에 있어서 가해자의 진심어린 반성과 피해자의 포용이 절실히 요망된다.

셋째, 한반도의 남북분단은 동아시아 공동체를 구축함에 있어서 가장 큰 걸림돌이다. 남북통일이 이루어지기 전까지 북측(조선)이 배제된다면 진정한 의미에서의 동아시아 공동체는 상상할 수 없다. 남북통일은 비록 '한민족끼리' 해결해야 할 민족문제이기도 하지만, 또한 주변국가의 역학관계 속에서 풀려야 할 국제현안이기도 하다. 여기서 지역협력의 연합체로서 구축되는 동아시아 공동체는 반드시 타지역·타국가의 실존적 지배에서 탈피되어야 할 것이다. 예컨대, 현재 한국과 일본은 사실상 미국이 주도하는 태평양 공동방위체제 속에 들어있기 때문에, 이는 동아시아 공동체의 기틀을 만들어가는 데 있어서 불리한 요소로 지목될 수 있다.

오늘날 현재 글로벌한 세계화 바람의 소용돌이 속에 여전히 제국주의적 징조들이 곳곳에서 현출되고 있다. 현대사회거나 또한 미래 사회에서도 국가/민족/국민은 세계질서의 기본단위를 구성될 것이기 때문에, 이른바 탈국가/탈민족/탈이념의 추상적인 공동체는 존재할 수 없을 것이다. 이런 측면에서 이른바 세계화(Clobalization)는 곧 국가와 민족 또는 국민의 자아정체성을 보존하는 것을 전제로 하는 지역화(Localization)라고 볼 수 있다. 100년 전에 안중근이 지역협력체로서 구상했던 '동양평화론'은 당시대 팽배하던 제국주의 침략의 대응과 저항논리로 내세웠던 인종주의적 원리에서 출발하여 동서양의 대립구도에서 바라본 역사인식 및 '일본맹주론'적 요소를 담고 있는 실천방안 등 역사적 한계를 안고 있었다. 그러나 그의 불꽃같은 삶은 죽음의 마지막 순간까지 평화구현을 추구한 빛나는 삶이었다. 그리고 그의 '동양평화론'에는 단지 동양 3국의 정립만이 아닌 인류가 지향해야 할 인간의 자유와 평등 및 공존의 보편적 가치가 내재된 평화사상이었다고 평가할 수 있다.

6. 나오는 말

이상과 같이 필자는 본문에서 우선 안중근이 동양평화사상을 구상하게 된 역사적 배경을 이해하기 위해 우선 먼저 "동양"이란 개념 창출과 함께 근대 동아시아 역사 속에서 등장했던 다양한 "동양주의 담론"의 변주곡의 양상을 간략하게 검토해보았다. 여기서 한국과 일본은 같은 유교 문화권이라는 토대 위에 同文同族의식을 기반으로 하여 한국에서는 '동양평화론'으로, 일본에서는 '아시주의'로 서양세력에 대한 대응논리로 표출되었음을 확인할 수 있었다. 즉 일본의 '아시아주의'는 자아의 본위를 넘어서려는 공격적인 야망을 드러내고 있었다면, 반면에 한국의 '동양평화론'은 타자와 자아가 서로 공존하려는 방어적인 욕구가 묻어나고 있었음을 밝혔다. 특히 일본의 '아시아주의'는 다양한 변형을 거쳐 점차 대외 확장의 선전도구로 이용되었고, 조선에서는 러시아의 남하정책에 노골화됨에 따라 '동양연대론'과 '동양공존론' 및 '동양동맹론' 등 다양한 동양주의 담론이 대두되게 되었으며, 당시 문명개화론 계열과 실학계승론 계열 및 위정척사론 계열을 포함한 조선사회 지식인들이 모두 인종론에 기반으로 하는 서양=백인종에 대한 동양=황인종의 대응논리를 보편적으로 공유하고 있었음을 지적했다. 즉, 이러한 당대인식은 문명개화론에 서있던 안중근의 동양평화사상에서 그대로 투영되고 있었던 것이다

본문에서 필자는 안중근의 자서전『安應七歷史』와 미완성의 유고

로 남은『東洋平和論』, 그리고『韓國人安應七所懷』를 비롯한 옥중에서의 심문·공판기록 및 유묵을 통해 그가 동양평화사상을 구상하게 된 심층적 동기와 그 목적을 살펴보았다. 여기서 필자는 안중근이『東洋和平論』을 저술하게 된 직접적인 동기가 바로 "東洋局勢와 平和政略에 대한 意見"을 펴기 위한데 있었을 뿐만 아니라, 또한 일본 청황(혹은 일본정부)을 대상으로 이토(伊藤博文)가 시행하던 한국의 침략정책과 동양평화의 파괴정책을 호소하려는 데 그 목적을 두었음을 엿볼 수 있었다. 특히『東洋和平論』에서는 구현되는 동양평화사상의 논리와 구조를 본다면 첫째로 안중근은 '동양'이란 개념에 대하여 아시아 여러 나라라는 뚜렷한 인식을 갖고 있었고, 둘째로 안중근의『東洋和平論』의 핵심적 내용은 평등주의 대한 동양적인 표상인 '화합'으로 표출되었으며, 셋째로 청일전쟁과 러일전쟁의 역사적 교훈을 '前鑑'으로 삼고 일본이 동양에 대한 침략정략을 개변할 것을 촉구했고, 넷째로 안중근은「韓國人安應七所懷」에서 동양평화사상은 인종주의적 논리의 한계를 넘어서 인간의 자유와 평등 및 공존의 보편적 가치를 지향하는 인류평화사상으로 승화되고 있음을 지적했다. 특히 여기서 안중근은 서양의 '競爭文明觀'에 부정·비판하고 그와 대립되는 유교적인 '泰平文明관'을 내세우고 있었다. 그리고 1910년 2월 17일 안중근이 관동도독부 고등법원장 히라이시(平石氏人)와의 3시간에 걸친 '특별담화'에서 진술한 동양평화론의 구체적인 실천방안과 방법은 일본이 동아시아에서 전쟁이 없이 패권을 유지할 수 있는 대안을 제시한 것으로 파악될 수 있다. 물론 이러한 대안 속에는 종교를 통한 지역주의를 극복, 서양과 동양의 대립구도에서 탈피되는 모습을 엿볼 수 있었다.

그리고 끝부분에서 필자는 오늘날 세계가 점차 지역협력의 연합체국가로 나아가는 지역화시대에 다양한 지역협력의 국가연합체들이 등장하고 있음으로 소개하였다. 그중에서 안중근이 영구적인 동양평화를 위한 방안으로 제시한 여러 방법과 정책이 현재 유럽에서 성공적으로 추진되고 확장하고 있는 유럽공동체의 원리와 구조면에서 상당한 유사점이 발견되고 있음을 지적했다. 유럽공동체(EU)는 지역협력 국가연합체들의 모델로 자리매김하고 있기 때문에, 여기서는 동아시아 아공동체의 기틀을 만들어감에 있어서 대두되는 장애요소들을 간략하게 진맥해보았다. 즉, 첫째는 미래지향적인 관점에서 논의되고 있는 동아시아 국가연합체의 개념에 대한 일치화가 절실히 필요하고, 둘째는 역사적 기억에 대한 치유가 요청되며, 셋째는 한반도의 남북분단은 동아시아 공동체를 구축함에 있어서 가장 불리한 요소로 지목된다. 이런 측면에서 볼 때 남북통일이 이루어지기 전까지 북측(조선)이 배제된다면 진정한 의미에서의 동아시아 공동체는 상상할 수 없다. 오늘날 신제국주의 징조가 세계 곳곳에서 난무하는 현실에서 동아시아 국가연합체가 고고성을 울릴 그 날을 전망할 때 영구한 동아시아 평화의 정착은 여전히 큰 과제로 남고 있음을 망각할 수 없다.

안중근 정신의
실천을 위한 과제

07

동아시아경제공동체

'실패'의 20세기와 '성공'의 21세기

김종걸

한양대학교 국제학대학원

1. 문제의식

1909년 10월 26일, 하얼빈에서의 총성은 한국과 일본에게 있어서 근대사의 불행을 상징하는 것이었다. 적어도 이토 히로부미(伊藤博文)는 일본근대화의 상징이었다. 조수번지사(長州幡志士)들의 막내로서 명치유신을 이끌었으며 이후 근대화된 정부체계를 만들어 가는데 일등공신이었다. 명치정부의 초기지도자들이 암살(大久保利通), 내전에 의한 사망(西郷隆盛) 속에 사라지더라도 이토 히로부미는 선배들의 뒤를 이어 일본헌법의 제정, 정부조직의 정비 등 '근대국가만들기'의 대업을 이룩해갔다. 적어도 일본인들에게 있어서 이토 히로부미는 근대화의 영웅인 것이다.

1909년의 '의거'에 의해 안중근 또한 한국의 저항민족주의의 상징이되었다. 일본의 침략에 의해 식민지로 전락해 가던 한국에 있어서 새로운 민족주의는 당연히 일본에 대한 저항과 진정한 독립국가를 만드는 것이었다. 중국에 대한 '모화(慕華)', 그리고 청나라 이후의 새로운 '소중화(小中華)' 속에서 자신의 정체성을 발견해오던 조선이 제국주의적 침략의 시기에 근대적 국민국가(nation-state)를 만들어 가는 것은 너무나 힘겨운 일이었다. 조선에게 있어서 '근대'(modernity)란 일본이라는 식민지지배에 의해서 착종된 것이며, 그것을 독립된 국민국가로 만들어가기 위해서는 앞으로도 수많은 피를 요구하는 것이었다. 즉 20세기를 맞이하는 한국과 일본의 역사는 두 나라의 '근대화'의 영웅이 서로 죽고 죽임으로서 시작했던 '불행'의 역사였던 것이다.

그러나 한국과 일본, 그리고 중국까지 포함시켜, 동양3국의 대립적 민족주의는 근대의 시기를 맞이하는 초기 단계에 있어서 애초부터 내재된 것은 아니었다. 적어도 1840년 아편전쟁의 발발과 중화제국의 허무한 패배가 동양3국에게 커다란 충격으로 다가왔을 때, 동양3국이 직면한 문제는 바로 근대국가로서의 체제를 정비함과 동시에 서로의 협력을 어떻게 강화할 것인가에 대한 고민이었다. 쑨원(孫文)의 '대아시아주의', 초기 후꾸자와유키치(福沢諭吉)의 '아시아개혁세력에 대한 지원과 협력', 안중근의 '동양평화론'에 이르기까지, 서양의 세력 확대에 대응한 동양3국의 협력은 당시로서도 중요한 과제였다. 그것이 비록, 서양이 동양에게 덧씌운 왜곡된 이미지, 사고체계인 오리엔탈리즘(orientalism)의 대응에 불과한 것이며, 인종주의에 입각한 옥시덴탈리즘(occidentalism)의 한계가 있었다고 할지라도, 동양3국의 생존을 위해 서로에게 의지하려는 시도는 분명히 있었다고 봐야한다.

서양에게 있어서 동양은 '신비'하고 '비이성적'이며 경우에 따라서는 '미개'한 곳이었으며, 동양에게 있어서 서양은 '예의'가 없고, '강압적'이며, '물질'만을 숭상하는 '무도'한 무리였던 것이다. 그러한 '인종적 편견'에 의존하는 것만이 당시로서는 스스로를 지키는 유일한 길인 것처럼 인식되었다. 그러나 후꾸자와유키치가 탈아론(脫亞論)으로 한국과 중국을 "한심하고 나쁜" 이웃으로 규정하는 순간, 그리고 이들에 대한 침략이 '개화'를 위한 것이라고 강변하는 순간, 일본은 제국주의의 길로, 그리고 한국과 중국은 식민지, 반식민지의 길로 서로 엇갈린 행보를 보일 수밖에 없었다.

본고의 과제는 20세기의 전반부에 벌어졌던 동양3국의 '비극'이 21세기의 현재에도 그대로 적용될 것인가에 대한 방법론적 고찰에 있다. 100년 전과 지금은 어떠한 차이가 있는가? 그 때는 왜 실패했는가? 지금은 새로운 협력의 가능성이 열리고 있는가? 이 때 '방법론적'이라는 의미는 세세한 역사적 사실에 주안점을 둔 것이 아니라 동양3국의 평화협력을 유지해 나가는 국제질서, 국내역량의 내용을 20세기전반과 21세기초반을 서로 비교하면서 설명한다는 의미이다.

일개 경제학자에 불과한 필자가 지난 100여년의 굴곡의 역사를 제대로 설명해 나가는 것은 자신의 능력을 크게 벗어나는 일이다. 이 때 필자가 의지할 수밖에 없는 무기는 사회과학적 개념장치를 이용하는 것이다. 세계지배구조로서의 패권, 경제적 기초로서의 자본주의, 그리고 국가간 협력을 저해하는 협애한 민족주의가 지난 100년의 역사 속에서 어떻게 재해석될 수 있는가를 살펴보는 것이다.

여기서 본고가 입각하고 있는 방법론적 기초는 21세기는 20세기와는 다른 새로운 통합의 정치경제적 힘이 작용하고 있다는 점이다. 국제정치학적 어법으로 말한다면 현실주의(realism)에서 점차 자유주의(liberalism)의 세계로, 즉 협력과 통합을 가능케 하는 시대로 전환되고 있다고 보인다. 그리고 그러한 변화의 '기운'을 제도적으로 공고히 해 나가는 과정이 필요하다고 생각된다(neoliberal institutionalism). 국제정치에 있어서 행동의 기본단위로서의 국가, 그리고 국가와 국가간의 대립과 갈등을 필연적인 것으로 파악하는 홉스(Hobbs)적인 현실주의사상은 분명히 국제질서를 생각하는 강력한 무기이다. 2번의 걸친 세계대전, 몇 년마다 한 번씩 일어나는 국가간, 민족간 전쟁, 패권의 유지를 위한 강압과 음모 등 우리가 알고 있는 현실은 권력과 이득을 둘러싸고 '만인'에 대한 '만인'이 투쟁하는 그러한 '약육강식'의 세계를 그려낸다. 그러나 근대사회를 통해서 국민국가 내부에서 형성된 '인권', '자유', '법치', '복지(공생)'의 기본원리가 국제사회에 적용되지 않을 것이라고 보는 것은 무리가 있다. 국제사회의 혼돈이 커지면 커질수록, 그리고 국제사회에서의 '인권'과 '자유'와 '법치'와 '공생'의 열망이 커지면 커질수록 이러한 협력과 통합의 기운은 더욱 강화되기 마련이다.

본고에서는 이러한 협력과 통합을 가능하게 하는 3가지의 시대적 변화에 주목한다.

첫째는 동아시아를 둘러싼 '패권(hegemony)'의 변화가능성이다. 패권을 "한 국가가 다른 국가를 자신의 정치적, 경제적, 문화적, 사상적 영향력을 이용하여 자신의 뜻대로 움직일 수 있는 힘"이라고 규정한다면, 20세기 초엽과 지금은 서로 다른 힘들이 작동되고 있다고 봐야한다. 동아시아에서의 힘은 분산되고 있으며, 강압적 제국주의적 힘이 작동될 수 있는 여지는 크지 않다. 더구나 20세기 후반기를 통해서 그 어떠한 패권국가도 강압적으로 타국을 굴복시키지 못했다는 역사적 사실도 중요하다. 길게는 150여년(1868년의 일본 명치유신), 60여년(1945년의 한국독립, 49년의 중화인민공화국의 탄생 등)의 국민국가적 구심력을 실현해 왔던 동아시아국가들에 있어서 강압적 패권에 대한 대응능력은 상당히 갖추고 있다고 봐야한다.

둘째는 자본주의의 변화가능성이다. 자본주의는 멸망하지 않았으며, 끊임없이 자기조절능력을 향상시키면서 다양한 형태로 발전되고 있다. 과학기술의 발전에 의해서 유발된 산업조직의 유동성이 국제적 제휴·협력을 더욱 촉진시킬 가능성을 크게 한다. 더구나 동아시아지역의 '군집적'인 경제성장과정은 이러한 가능성을 더욱 크게 한다. 가장 중요한 것은 20세기 후반부를 강타하던 신자유주의적 시장화의 열풍이 이미 실패모델로 밝혀졌다는 것이다. 동아시아국가들은 신자유주의를 넘어서는 새로운 경제적 실험에 돌입하고 있으며, 그 과정에서 국제적 협력을 강화시킬 유인은 충분하다.

셋째는 민족주의의 변화가능성이다. 유럽을 중심으로 개별국가들은 통합 속에서 새로운 공동체적 실험에 돌입하고 있다. 또한 국민국가 내부에서의 민족주의적 구심력도 약화되고 있다. 동아시아에서는 각국이 민족주의적 구심력이 강화되고 있는 현실도 있으나 적어도 세계적 차원에서의 변화움직임은 동아시아에서도 새로운 가능성을 보여준다고 할 수 있다.

본고의 기본구도는 적어도 국제질서를 구성하고 있는 중요 요소인 '패권'과 '자본주의'와 '민족주의'가 변화하고 있다는 것이다. 그리고 그 변화의 기운을 현실화시켜 동아시아에서의 기본질서를 평화와 협력이 유지되는 방식으로 변환시켜야 한다는 것이다.

이상과 같은 문제의식으로 본고는 구체적으로 다음과 같은 내용으로 되어 있다. 먼저 제2절에서는 20세기와는 대별되는 21세기의 새로운 코드에 대해서 확인한다. 패권의 시대에서 분권화된 세계로의 가능성, 시장만능주의적인 방종의 시대에서 지역 내 협력과 복지사회의 구축가능성, 그리고 협애한 민족주의의 시대에서 보다 열린 민족주의의 가능성에 대해서 논의한다. 제3절에서는 향후 동아시아에서 이룩해야 할 발전과 협력모델에 대해서 논의한다. 마지막으로 동아시아적 발전과 협력모델을 관통하는 가치체계에 대해 논의한다.

2. 21세기 동아시아의 새로운 가능성

1) 패권의 변화

적어도 전통적인 동아시아의 질서는 중국을 중심으로 한 화이질서(華夷)질서였다. 중국황제와 주변 여러 국가의 군왕들 사이의 예(禮)적 관계에 바탕을 둔 것이었으며, 중국이 정치적 직접지배를 의도하지 않고 주변국의 군주에게 직위를 주어 외교에 영향력을 행사하는 간접지배방식이었다. 그러나 1842년 난징조약으로 동아시아의 전통질서가 붕괴되기 시작했으며, 1895년 청일전쟁의 종결로 화이질서는 완전히 붕괴된다. 이후 20세기 전반기까지의 동아시아의 새로운 질서는 서구식민주의, 제국주의를 계승하려는 일본의 이른바 대동아공영권 기획이 성공해 나가는 듯했다. 1940년 제2차 고노에후미마로(近衛文麿)내각에서 발표한 '대동아신질서건설'이라는 목표는 그 화려한 수식어와는 달리 결국은 일본을 중심으로 지배와 종속의 동아시아관계를 만드는 것에 불과했다. 물론 일각에서는 제국주의에 대한 저항의 측면을 강조하고, 동아국가의 호혜적인 민족적 협력을 강조한 오자끼호쯔미(尾崎秀実)의 '동아협동체론'이 확산되기도 했다. 그러나 오자끼는 조르게사건(소련의 간첩에 협조한 사건, 1941년)에 의해 사형 당했으며, A급 전범이었던 오오카와슈메이(大川週明)의 '대동아공영권'론에서 보이듯 일본에게 있어서의 신동아질서의 구축은 천황을 중심으로 한 초군국주의의 가부장적·억압적 지역질서 재편성에 불과했다.

일본제국의 패망이후 동아시아의 기본질서는 중국·소련·북한의 '사회주의'와 미국·일본·한국의 '자본주의'와의 세력균형이라는 냉전이 지배했다. 중소간의 갈등, 북한의 등거리외교, 미중수교, 중일수교, 한일갈등 등 다양한 형태의 변주곡은 있을지라도 그 변주 밑에 흐르는 기본질서는 여전히 냉전체제였다. 베르린장벽의 붕괴(1989년), 걸프전쟁과 소련의 붕괴(1991년)와 같은 냉전의 해체는 드디어 전 세계적으로도, 그리고 동아시아에서도 미국중심의 '단극화'된 국제질서가 실현되는 듯 했다. 미국식 자유주의 모델이 전 세계의 표준모델로 되며, 이에 대한 반발, 대안으로서의 실험은 이미 '종말'된 것처럼 보였다. 그러나 지난 20여 년간의 역사는 전혀 다르게 움직여갔다고 판단된다.

첫째로 동아시아지역의 패권의 중심축이 보다 다극화되고 힘이 분산되고 있다는 점이다. 중국, 인도 등의 발전은 동아시아의 세력관계를 좀더 다극화된 형태로 변화시키고 있으며, 일본, 한국, 아세안 등도 각자의 발언권이 일정 정도 유지된다. 특히 경제적인 측면에서의 힘의 분산과정은 더욱 극적이다. Goldman Sachs(2003)는 BRICs(중국, 인도, 브라질, 러시아)의 현재 경제규모가 G6(미국, 일본, 영국, 프랑스, 독일, 이탈리아)의 15%정도에 불과하나, 2025년에는 약 절반수준까지 증가할 것이며, 2040년경에는 G6 수준을 넘어설 것으로 예측한 바 있었다. 확실히 인구 13억(중국)과 8억(인도)의 나라가 지속적으로 10% 가까운 성장을 보인 것은 인류역사상 존재하지 않는다. 국력의 쇠퇴가 회자되는 일본도 미국, 중국에 이어 여전히 세계3위의 경제대국이며, 한국과 아세안도 세계 10위권의 경제규모를 유지하고 있다. 단순한 패권의 하위체계 속에서 생존하는 것이 아닌, 지역질서에 대한 나름의 발언력과 교섭력은 존재하고 있다고 봐야한다.

둘째로 패권국가라 할지라도 대외적으로 상대방에게 힘으로 강제할 수 있는 여지가 20세기 초반보다는 상당히 작아졌다는 것이다. 그러한 면에서 미국 민주당의 전략가, 조지프 나이(Joseph Nye 2002)가 군사력·경제력이라는 하드파워(hard power)만이 아니라, 문화력, 매력이라는 소프트파워(soft power)가 점차 중요해진다는 문제의식은 타당하다. 일례로 패권국가 미국의 지금 상황을 보면 21세기의 코드의 변화상황을 잘 알 수 있다. 지금의 미국은 역사상 존재했던 그 어떤 제국보다 강하다. 군사비는 지출 순위 2위에서 15위까지의 모든 국가들을 합친 것보다 많으며 전 세계 생산물의 4분의 1 이상이 미국에서 생산된다. '중국굴기(Rising China)'에 대한 저널리즘의 염려와는 달리 중국은 향후 수십 년간 모든 분야에서 지배력을 차지하는 것은 고사하고, 군사, 정치, 경제 어느 면에서도 미국을 추월할 가능성은 없다고 미국의 많은 논자들은 주장한다(Fareed Zakaria 2008). 도대체 이보다 더 이상 어떻게 강해져야 하는가? 그러나 이모든 강한 징표들이 그대로 힘으로 나타나지 않는 것이 우리가 살고 있는 21세기의 새로운 모습이다. 대영제국은 그리 많지 않은 군대로 인도를 100여 년간 지배했으나 미국은 그 많은 군대와 첨단 장비, 경제력을 가지고도 이라크와 아프카니스탄의 수렁에서 벗어나지 못하고 있다. 1945년 이후 패권국가 미국이 전쟁에서 승리한 경우는 조그마한 운하국가 파나마침공에 성공한 것 외에는 사례를 찾을 수 없다. 그 어떠한 패권국가도 물리적인 힘으로 상대방을 굴복시켜 가는 것에는 커다란 한계에 직면하고 있는 것이다.

셋째로 변화된 시대 속에서 강압적 패권국가는 필연적으로 내부적으로 붕괴할 수밖에 없다는 점이다. 미국의 저명한 국제정치학자 찰머스존슨(Chalmers Johnson 2004)은 미국을 군국주의·제국주의 국가로 규정하고, ①대미테러의 증대로 인한 항구적이며 파괴적인 전쟁상태의 계속, ②'펜타곤화된 대통령'(Pentagonized presidency)에 의한 독제, ③대대적인 정보조작에 의한 진실의 외곡, ④군비지출에 의한 재정파탄이라는 '유감스런 결과'(sorrows)에 직면할 것이라고 예측 바 있었다. 찰머스존슨의 경우 "미 의회가 군산복합체의 영향력에서 벗어나 진정한 국민들의 통제력 하에 놓이는 것"이 바로 공화국을 재생시키는 유일한 길이라고 강조하고 있으나, 그 미래전망에 대해서도 상당히 비관적이었다. 강압적 패권국가가 무력으로 상대방을 강제하는 것은 현실적으로 무척 어려워지고 있으며, 군국주의적·제국주의적 패권주의가 앞으로도 계속 유지될 것이라고 생각되기 어렵다. 힘이란 일방주의적 강압에 의해 작동되는 것이 아니라 동맹과 협조를 통해 발현되는 것이다.

이상과 같이 21세기에 직면한 동아시아에서는 ①지역질서가 분권화·다극화되어가고 있으며, ②패권이 작동하는 대외적인 방식이 물리적 힘에 의거하는 것이 아니라 보다 평화적인 방식으로 변화되었으며, ③군사적 일방주의 그 자체도 국내적으로 유지하기 곤란하다는 측면에서 20세기 초반과는 다른 힘의 양상이 보이고 있다. 일각에서는 중국의 부상과정을 중화주의의 부활로 보며, 이에 대한 대응을 강조하기도 한다(中西輝

政 2006, 渡辺利夫 2008). 그러나 패권이 패권으로서 기능하지 않은 21세기의 새로운 코드에서 본다면 과도한 염려는 오히려 지역의 협력과 안정만을 저해할 뿐이다. 분권화된 동아시아질서 속에서 공동의 문제를 해결해 나가는 것이 더욱 중요한 이유이다.

2) 자본주의의 변화

자본주의 또한 국가간 대립이 아닌 협력의 가능성을 더욱 제고시키고 있다고 봐야한다. 지난 20세기의 역사적 경험에서 확실해진 것은, 자본주의가 자기조절능력을 증대시켰으며, 산업조직이 더욱 경쟁적으로 변화했다는 점, 그리고 국제경제적 힘이 분산되며, 다양한 자본주의유형의 병립발전가능성이 확인되었다는 점이다. 적어도 20세기 초반은 레닌(Lenin)적 의미에서의 제국주의가 성행하는 시기였다. 전 세계는 제국주의국가들의 식민지로 분할되었으며, 이에 대한 재분할기획으로 거대한 세계대전이 발생하던 시기였다. 이 속에서 동아시아의 패권국가 일본은 그 어느 서구국가보다 더욱 군사적이며 대외팽창적이었다. 1894년 청일전쟁, 1904년 러일전쟁, 1914년 제1차 세계대전 참전, 1927년 산동출병, 1932년 만주사변, 1937년 중일전쟁, 1941년의 태평양전쟁까지 일본의 근대화과정은 바로 '전쟁'과 '대외침략'의 과정이었다.[1]

---

1 당시 일본좌파의 주류(講座派)의 인식은 일본자본주의 확립과정에서 나타난 일본적 특징, 즉 '군사적 성격'과 '반봉건적 성격'이 바로 이러한 대외침략을 규정했다는 점이었다. 강좌파의 고전적 명작, 야마다모리타로우(山田盛太郎 1934)의 논리를 그대로 따른다면, 1894년에서 1904년 사이에 확립된 일본자본주의는 생산재부분이 전쟁수행을 목적으로 의도적으로 창출되었으며, 소비재부문의 대표주자로서의 섬유산업은 '인도 이하'의 저임금에 기초한 노동력, 그리고 그 저임금노동력의 기반인 농촌에서의 반봉건적 지주-소작관계가 있었다고 설명한다. 이러한 일본자본주의의 성격은 결국 국내시장의 발전을 저해하고, 이것이 다시 자본축적을 위해 대외팽창을 필수적인 요건으로 하는 것이었다. 방법론의 차이는 있으나, 전쟁직후 미점령군에 의해서 실시된 경제민주화조치(재벌해체, 농지개혁, 노동개혁)에서도 이러한 인식은 동일했다.

그렇다면 20세기 초반과 대별되는 21세기의 새로운 경제적 조류는 무엇인가? 첫째로 확인해야 할 것은 자본주의가 멸망할 것이라는 마르크스의 명제는 유효하지 않았으며, 자본주의는 자기조절능력을 제고시켜 왔다는 점이다. 그렇다면 자본주의는 왜 멸망하지 않았던 것인가? 레닌의 '제국주의론' 혹은 그 이후의 마르크스주의 이론가에 의해서 발전되어 온 '국가독점자본주의'의 논리는 해외진출(제국주의)과 경제의 통제력 강화(국가독점자본주의)가 '당분간' 자본주의의 모순을 완화시킬 것이라는 설명이었다. 그러나 그 '당분간'이 100년 이상 지속되고 있는 현실을 보면 이러한 논리가, 단지 '종말론적 예언'에 불과했다는 생각을 지울 수 없다. 오히려 20세기 말 중국의 개혁개방, 베르린장벽과 소련의 해체과정은 "주요한 생산수단의 사회적 소유"를 기본으로 하는 현실사회주의가 이미 존재할 수 없음을 나타낸다. 그러한 면에서 마르크스적 의미에서의 사회주의의 필연성이라는 것은 존재하지 않았으며, 오히려 사회주의란 일종의 윤리적 요청으로서 그 실현에 힘을 집중해야 함을 주장했던 유럽 사회민주주의적 사고방식(Bernstein)은 솔직했다. 결국 역사 속에서 증명된 것은 자본주의의 끈질긴 생명력과 자기조절능력이었던 것이다. 1929년 대공황에 대한 대응방식, 1945~60년대의 케인즈정책의 승리(소위 '황금의 30년' 시기), 그리고 2008~09년 글로벌금융위기에 대한 대응방식을 살펴보면 제국주의적 대립과 갈등이 아니라 국내의 재정금융정책 및 국제적 협조노선에 의해 경제위기에 대한 대응이 가능해 짐을 증명하고 있다. 사회민주주의의 '수정주의'논리를 받아들이던, 아니면 케인즈정책의 논리를 받아들이던 간에 20세기를 통틀어 도달한 경제학적 지식은 공황의 공포로부터 자본주의가 벗어날 수 있다는 확신인 것이다.

둘째로 자본주의적 발전방식이 상당히 다양한 형태로 존재하며, 서로 경쟁하면서 스스로 진화해 가는 것도 체제의 안정성을 더욱 높이고 있다고 볼 수 있다. 에스핑 안데르센(Esping-Andersen 1998)은 자본주의 시장경제의 모델을 노동시장규제, 가족제도, 복지국가의 역할이라는 기준에 따라, ①자유시장경제(미국, 영국 등), ②조정시장경제 중 유럽대륙형(독일, 네덜란드 등), ③조정시장경제 중 북구유럽형(스웨덴 등)으로 나누고 있었다. 이렇듯 자본주의는 하나의 모습 만이 아니라 다양하게 존재하는 것이다. 특히 1980년대 이후 신자유주의모델(영미형 모델)과 조정시장경제모델(유럽대륙 특히 북구)은 크게 경쟁하고 있었다. 대개 영미형 모델은 성장률과 실업률에서 장점을 보였으며, 북구형 모델은 사회적 안정성 정도가 컸다. 그러나 금번의 글로벌금융위기를 통해서 1980년대 이후 경쟁하고 있던 두 자본주의체제의 승부는 이미 '끝난' 듯하다. 이에 따라 영미형 모델은 오바마 미대통령, 하토야마 유키오, 현재의 칸 나오토 일본총리의 경제정책변화에서 나타나듯 자기변화를 꾀할 수밖에 없어진다. [2]자기변화에 따라 체제의 안정성을 더욱 높여가는 것이다.

셋째로 산업조직의 구조가 보다 '경쟁적'이고 '유동적'으로 변화하고 있으며 이에 따라 다양한 국제협력과 제휴의 가능성이 커지고 있다는 점도 지적해야만 한다. '지적가치'가 경쟁력의 중요한 요소로 작용하고 자본의 동원수단이 더욱 다양화되었기 때문이다. 과학기술의 범위가 넓어질수록, 메카트로닉스, 전자정보기술, 생명공학기술 등의 각 분야의 기술융합이 진행되어 갈수록, 또한 개발된 기술이 산업화되어 가는데 있어서 리스크가 증대될수록, 개별기업이 중요한 분야에 있어서의 기술적 독점성을 유지하기란 매우 어려워진다. 이러할 경우 거대 기업 간, 거대 기업과 벤처기업 간의 다양한 형태의 전략적 제휴가 국내적, 국제적으로 확산되어 간다. 그러한 의미에서 '세계화'의 과학기술측면에서의 모습은

---

2 오바마와 하토야마의 정책체계와 관련해서는 김종걸(2009b, 2009d) 참조.

국제적으로 연계된 다양한 기술적 거래, 협력의 증대로 표현될 수 있는 것이다.

그러나 이러한 현상 속에서 경쟁이 전면화 되어 가고 있다고 판단하는 것은 무척이나 단락적인 판단이다. 산업조직의 '경쟁적 성격'이 강화되어 갔다는 점에는 인정되나, '경쟁적'으로 변했다고 보기는 어렵기 때문이다. 거대자본 간의 M&A와 다양한 전략적 제휴가 활발해 지고 있다는 현실, 그리고 다국적기업의 해외투자(FDI)가 급격히 증가하고 있다는 현실은 경쟁적 산업조직의 형태로부터 끊임없이 독점화의 움직임은 여전히 관철되고 있다는 것을 알려준다. 문제는 이러한 자본의 '집중·집적'과 '분열·분산' 현상을 어떻게 통일적으로 파악해 나가는가 하는 것이나 이에 대한 경제학적 분석은 필자가 알고 있는 한 그리 명쾌하지 않다. 한 가지 분명한 것은 현실적으로는 진입장벽의 형태가 기존의 중후장대형 산업과는 상당히 달라지기 시작했다는 점이다. 거대 IBM의 제국을 무너트린 마이크로소프트, 인텔의 성공사례에서 보듯이 한 천재에 의한 새로운 기술발전과 이것들의 상품화가 바로 시장을 장악할 수 있게 된다. 산업조직론 상의 논쟁의 초점이 되었던 Schumpeter-Galbreath가설, 즉 거대독점 기업일수록 새로운 기술발전의 원천이 된다는 논리는 현대적 의미에서 수정되어져야만 하는 것이다.

넷째로 국제경제에서의 힘이 분산화·다극화되고 있다는 점도 발견된다. 지난 20세기 후반부의 가장 극적인 변화는 동아시아지역의 경제적 부상일 것이다. 1997년 아시아 지역을 강타한 금융위기의 굴곡이 있다 할지라도 '동아시아의 기적'이라고 불리던 이 지역의 경제성장은 2차 세계대전 이후 세계경제사의 최대의 사건 중에 속한다. 생각해보면 지난 100년간의 역사적 경험을 통해서 알려진 것은 경제성장이란 당연한 결과가 아니라 일종에 '우연'에 불과하다는 점이다. 200개가 넘는 UN가입국 중 후진국에서 중진국 또는 선진국으로 발전한 나라는 동아시아의 일부국가에 한정될 뿐 거의 모든 나라는 여전히 가난하거나(대다수의 개도국), 여전히 잘 살거나(일부 서구 선진국), 아니면 부국에서 빈국으로 몰락하거나(아르헨티나, 필리핀 등) 하는 과정이었다. World Bank(1994)의 표현법에 의하면 "동일한 지역에서 동일한 시기에 군집적으로 경제성장을 이룩해 나간다는 것은 수 만분의 일의 확률에 불과한" 것이다. 경제성장이 어려운 과제임에도 불구하고 실제적으로 후진국 혹은 중진국에서 선진국으로 성장해 나가는 과정은 1980년대 제3세계를 중심으로 유행하던 논리(종속이론)의 설명력이 '제한적'임을 나타낸다. 그렇다고 마르크스의 '자본의 문명화론', 로스토우(Rowtow)의 '근대화론', 거센크론(Gerschenkron)의 '후발성이익론'이 타당하다는 것도 아니다. "선진국은 후진국의 미래"라는 형태의 논리(자본의 문명화론, 근대화론), 혹은 "후발국일수록 경제성장의 속도가 더욱 빠르다"는 논리(후발성이익론)는, 지난 100여년의 역사에서 경제성장에 '성공'한 나라가 극히 일부분에 불과하다는 면에서 그리 타당한 논리는 아니다. 그럼에도 후진국은 선진국으로의 경제적 잉여의 수탈과정을 통해 '저개발'의 상태에 고정되어 있다는 논리 또한 사실과는 다르다. 동아시아의 경제발전에 의해 '종속이론'적 프레임은 상당히 약해져 갔으며, 자본주의의 새로운 가능성을 이야기해주는 중요한 역사적 경험이었던 것이다.

3) 민족주의의 변화

적어도 동아시아 이외의 지역에서는 민족주의가 작동하는 방식도 20세기와는 서로 다른 양상을 보일 가능성이 크다는 점도 중요하다. 지금 세계는 국민국가시기의 고전적 민족주의와는 다른 새로운 변화가 나타나고 있다.

첫째로 민족주의의 개념이 더욱 확대되고 있다는 점이다. 더 이상 하나의 국민국가의 정체성이 아닌, 여러 국민국가들이 경제적·정치적 통합으로 하나의 공동체를 이루는 움직임이 커지고 있다. 소련이 해체되고 난 후 15개의 자치공화국들은 초기의 독립노선에서 탈피하여 새로운 지역공동체를 형성시키고 있으며, 유럽에서도 민족국가라는 단위가 허물어지고 있다. 경제적 통합(단일시장 및 단일통화권 형성)과 함께 유럽헌법, 유럽대통령 등의 단어가 의미하는 바와 같이 정치적 통합도 가속되고 있다. 고전적 민족주의의 세계가 아닌 통합된 '신민족주의'의 시대로 돌입하고 있는 것이다(이광규 2006).

둘째로 동일한 언어, 동일한 역사적 경험이라는 민족국가 내부의 결속력도 상당히 약해지고 있다. 이민의 증가 등에 의해 국민국가가 다문화 공동체로서의 성격이 강해지고 있으며, 이에 따라 국민국가의 아이덴티티의 단일성, 공통성이 약해진다. 사뮤엘 헌팅턴(2004)이 "Who are we?"라는 저서를 통해서 영어, 기독교, 종교적 헌신, 영국식 법치, 개인주의 가치관, 그리고 근로윤리 등을 기반으로 하는 앵글로-개신교 문화를 중심으로 미국을 재창조해야 한다고 역설하는 배경에는 이러한 국민국가의 결속력 약화가 자리 잡고 있다고 봐야한다. 이것은 미국만의 이야기가 아니다. 국제적 이민의 증가, 인터넷을 통한 자유로운 정보의 유통, 국제적 인원이동의 급증 등의 요인은 앞으로 폐쇄적인 민족국가 이데올로기의 힘이 크게 약화되어 갈 것을 예상하게 한다.

그러나 동아시아에 있어서는 아직도 대립적 민족주의가 주류인 것도 사실이다. 협애한 민족주의를 벗어나 동아시아의 새로운 공동체적 구상이 필요하다는 총론 수준의 이러한 이야기는 누구나 동의한다. 그러나 각론으로 들어간다면 이 지역에서의 상호간의 불신과 대립은 여전히 크다. 중국에 있어서 서부대개발, 동북공정 등의 일련의 움직임은 지역적 헤게모니만이 아니라 미국에 대한 견제세력으로서 기능하며, 국가단위로 지역을 통합하려는 국민국가적 선택의 결과였다. 40년간의 사회주의 실험에서 벗어난 중국은 강력한 '원시적 축적' 단계를 거치고 있으며, 이 것을 강력히 추진할 국가, 국민, 민족의 힘을 결집시켜, 새로운 중화질서의 성립에 몰두하고 있는 것처럼 보인다. 일본 또한 마찬가지다. 평화헌법의 개정, 국기국가법의 통과, 국익에 기초한 전략적 대외정책의 실시 등과 같은 일본의 움직임은 국가, 국민, 민족의 힘으로 국가재건의 기반으로 삼으려는 의도에 불과하다. 동북아의 기본질서는 그렇게도 강조되고 있는 지역공동체를 향해 가는 것이 아니라 자신의 국민적 내부역량을 극대화시켜 가며, 지역적 주도권을 잡아가려는 것이 현실이다.

그렇다면 동아시아에서 대립적 민족주의를 타국과 함께 공생하는 새로운 관계로 설정하기 위해서는 무엇이 필요한가? 패권과 자본주의의 변화가능성을 상호협력과 안정을 목적으로 '제도화'시키기 위해서는 무엇을 해야 하는가?

3. 새로운 동아시아의 미래상

2008년부터 2009년에 이어지는 글로벌 경제위기는 현재의 자본주의 시스템에 대한 근본적인 회의를 가지게 한다. 경제운영의 기본목적이 성장과 안정, 그리고 사회적 공공성의 확보에 있다고 한다면 지금의 상황은 이 3가지 목적에서 모두 실패한 듯 보인다. 경제적 성장은 지구촌의 극히 일부분에 한정되고 있으며, 그나마도 작금의 경제위기로 크게 후퇴하고 있다. 60억 세계 인구 중 9억 가까운 인구가 영양실조에 시달리며, 그 수도 매년 400만 명 늘어난다. 환경, 의료, 식량, 식품, 노동의 위기 등 인간 사회를 구성하는 최소한도의 공공성도 확보되지 않는다. 미국과 서구 중심의 패권, IMF, 세계은행과 같은 국제기구, 국제적 생산주역인 다국적기업 모두 지구촌의 성장과 안정, 그리고 사회적 공공성의 확보에 상당 정도 실패했다는 것은 부정할 수 없다.

그러면 우리는 어떻게 나아가야 하는가? 여기서 잡아야 할 화두는 자본주의의 극복과 새로운 국제레짐의 구축이라는 점이다. 만약 '자본주의의 극복'이라는 문구가 그대로 '사회주의의 실현'이라는 식의 단순한 사고방식을 지양한다면, 적어도 현재의 자본주의의 작동방식의 파악, 그리고 그것을 극복하려는 인류사회의 노력에 대해서는 좀 더 치밀한 분석이 필요하다. 또한 현재의 '패권구조의 극복'이 단순한 '반미구호'로 폄하되지 않기 위해서도 새로운 지역질서의 미래상에 대한 재설계가 요구됨은 당연하다.

1) 신자유주의와 케인스주의를 넘어서

먼저 현재의 경제적 실패가 1980년대부터 일반화되기 시작한 신자유주의의 실패에서 기인한다는 것을 인식하는 것은 중요하다. 1980년대 이후 레이거노믹스(Reaganomics), 대처리즘(Thatcherism)의 유포 속에서 시장기능을 완전히 작동시키는 것만이 경제성장의 유일한 길인 양 선전되었다. 이 속에서 나타난 시장의 폭주, 금융의 폭주가 새로운 경제위기를 준비해 갔던 것이다.[3] 생각해보면 경제적·사회적 양극화에 의해 안정된 수요를 창출하지 못하는 경제에서의 탈출구란, 실물과 괴리된 금융 부문

---

3 이하에 대한 자세한 논의는 김종걸(2009a) 참조.

에 의한 성장이거나, 부동산·주식과 같은 자산시장의 버블에 의한 성장에 의존할 수밖에 없었다. 그리고 이것을 더욱 촉진시킨 것이 바로 금융규제 완화였다. 1980년대 말 미국에 있어서 2번에 걸친 저축대부조합(S&L)의 파산에도 불구하고 미국은 1996년의 감독규제완화법, 1999년의 은행개혁법 등 주요한 금융규제완화법령을 제정해 나갔다. 2004년에는 증권거래위원회의 통합감독프로그램(CSE)에서 총 부채가 순자산의 15배 이내여야 한다는 레버리지규제도 철폐했다. 여기에 신용부도스와프(CDS)와 같은 파생금융상품이 모기지금융회사, 대형금융기관(투자은행 및 은행)의 자회사(SPV), 연기금, 보험회사, 헤지펀드 등으로 유통됨으로서 금융시스템 전체의 위기를 조장시켜 갔다. 금융위기의 뇌관으로 작용했던 CDS의 경우, 2001년에는 거의 0에 가까웠던 것이 2007년에는 무려 62조 달러에 이를 정도로 급속하게 팽창되어 갔다.[4]

이상의 상황을 감안했을 때 앞으로의 경제운영에서 적어도 신자유주의는 아니라는 점은 확실하다.

첫째로 신자유주의적 경제운영방식은 그동안 '정치기획으로서의 선전문구'와는 달리 안정적인 경제성장을 가져오지 못했다는 점이다. 레이건 집권 이후의 미국 경제는 재정적자와 무역적자라는 쌍둥이 적자에 시달렸으며, 경제성장률도 이전의 1960년대 성장률에 크게 못 미치는 수준이었다. 이것은 대처 정권의 영국에서도 마찬가지였다. 통화주의적 원칙의 관철, 감세와 규제완화, 민영화, 복지축소 등을 주요 내용으로 하는 대처의 정책은 경제성장률 제고로서 그 성과가 나타나지 않았으며, 오히려 빈부 격차의 확대와 금융부분의 폭주에 의해 새로운 경제위기를 준비해

---

4 미국의 금융규제 완화와 금번 글로벌 금융위기와의 관계는 유종일(2008)의 제1장 및 伊藤誠(2008) 참조.

갔던 것이다.[5]

둘째로 신자유주의의 세계화에 의해서 각국의 사회적 공공성이 크게 손상되어 갔다는 점도 중요하다. 노동의 질은 크게 악화되었으며, 환경문제도 심각하다. 의료, 식품, 물 등과 같은 인간재생산에 필수불가결한 구성요소들도 안정적으로 공급되지 않는다. 개발도상국의 경우 외채 누적에 의한 국가부도의 위기에 직면하고 있으며, 이러한 외채 체질의 고정화를 IMF와 같은 국제기구들은 더욱 부채질해 갔다.[6]

그렇다면 새로운 대안으로 케인스주의인가? 적어도 지금의 글로벌금융위기에 직면해서 각국이 새롭게 인식하기 시작한 것은 바로 적절한 규제 강화로의 전환이었다. 2008년 11월 그리고 2009년 4월의 G20정상회담의 화두는 바로 헤지펀드의 규제, 세계 동시의 재정 확대, 그리고 글로벌 레짐의 개혁에 있었다. 바로 케인스주의의 부활인 것이다.[7] 그러나 잘 생각해보면 케인스주의 또한 역사적으로는 실패한 해결방식이었다. 적어도 1929년 대공황에서의 미국의 성공적인 탈출, 그리고 2차 세계대전 이후 1960년대까지의 고도성장은 케인스주의의 성공을 보장하는 듯했다. 그러나 1973~4년의 석유위기를 계기로 해서 단순한 케인스주의는 제대로 기능하지 않았음을 생각해보면 단순한 케인스주의도 우리가 기댈 곳은 아니다.[8] 또한 케인스는 시장에 대한 정부의 개입, 즉 재정확대에 의한

---

5 미국과 영국의 '양극화 성장노선'이 경제적성과가 별로 좋지 않았음을 분석한 책으로서는 Paul Krugman(2007), 神野直彦(2002) 참조.

6 1980년대 이후 노동의 질의 약화, 환경파괴, 의료, 식품, 물, 개도국의 외채누적의 위기에 대해서는 각각, Al Gore(2006), Marcia Angell(2004), Brewster Kneen(2003), Riccardo Petrella(2001) 등을 참조.

7 여기서 하나 강조하고 싶은 것은 이러한 위기해결의 방식이 지난 1980년대 초의 남미 금융위기, 1994년의 멕시코 금융위기, 1997년의 동아시아 금융위기 등의 '개도국형 금융위기'와는 너무나 차이가 난다는 점이다. 당시의 선진채권국, 그리고 IMF의 해결방식은 후진국의 규제완화와 시장개방, 재정건전성의 유지라는 신자유주의적 개혁으로부터 한발도 벗어난 것이 아니었다. 버블의 축적과 붕괴라는 위기의 양상은 같으나, 해결의 방식은 전혀 달랐던 것이다.

8 로버트 브레너(Robert Brenner 2002)에 따르면 1970년대 미국은 케인스주의에 입각해서 적자 지출과

경기안정화만을 말하고 있을 뿐, 구체적으로 어떠한 형태의 개입이 좋은 것인가에 대한 언급은 존재하지 않았다. '전쟁'도 '복지'도 모두 케인스정책인 것이다(Joan Robinson의 비판).

2) 동아시아적 발전과 협력모델

이제 우리가 던져야할 질문은 다음과 같다. 과연 어떠한 형태의 시장개입을 할 것인가? 그 속에서 어떻게 안정된 성장을 유지할 것인가? 금번의 글로벌 금융위기, 그리고 과거의 케인스정책의 실패 사례에서 본다면, 신자유주의와 단순한 케인스주의를 넘어선 그 어딘가의 지점에 우리가 가야 할 목표가 있음을 인식하게 된다.

먼저는 동아시아적 복지국가라는 발전모델을 분명히 하는 것이다. 첫째로 동아시아 국가, 그 중 자본주의적으로 가장 발달한 한국과 일본의 경우에 있어서는 기존의 '양극화 성장'으로부터 '평등 성장'으로의 전환이 더욱 필요하다. 토니 블레어의 '신노동당'에 있어서 평등주의적 편향을 수정시키려는 노력과, 이미 충분히 양극화되어 있는 한국과 일본에서의 그것과는 전혀 차원이 다른 이야기이기 때문이다.[9] 그렇다면 동아시아적 복지국가모델의 지향점은 어디인가? 복지국가의 전형으로 보이는

신용 팽창을 계속해왔지만, 결국 고비용 저이윤의 제조업체를 온존시키는 데 불과했으며, 결과적으로 인플레이션으로만 귀결되었다고 말한다. 이것은 대처 정권 이전의 구노동당 정권하의 영국에서도 마찬가지였다. 1970년대까지의 구노동당 정권하에서의 영국이 충분한 효율성을 확보하지 못했던 것은 이후 토니 블레어의 신노동당으로 전환되는 중요한 계기가 된 것도 사실이다(Anthony Giddens 2002).

9 한국에서의 양극화성장 과정에 대한 분석은 임원혁(2007) 참조. 또한 이러한 양극화성장을 계속하려는 현 이명박 정부의 정책에 대한 비판은 김종걸(2008b) 참조. 일본 사회에서의 양극화성장의 결과는 '불평등사회일본', '빈곤사회일본', '사회통합구조의 붕괴'라는 이미지 속에 잘 나타나있다. 각각, 佐藤俊樹(2000), 湯浅誠(2008), 後藤通夫(2002) 참조.

북구형 경제성장모델이 한국과 일본, 그리고 향후 동아시아의 국가들에게 적합할지에 대해서는 보다 면밀한 분석이 필요하다. 일반적으로 경제적 평등이 효율을 담보하는 경로는 다양한 제도적 이노베이션을 필요로 하는 것이며, 이것이 작동하지 않았을 때에는 그대로 경제적 비효율성으로 귀결되기 때문이다. 스웨덴의 성공은 900만 명에 불과한 인구적 특성, 100여 년 가까이 사회민주주의 정당이 집권했던 역사적 경험, 국가-기업-시민사회가 연계된 절묘한 상호보완의 네트워크 구조가 영향을 미쳤을 수도 있다. 그렇다면 그 모델은 우리에게 중단기적으로 지향해야 할 모델로는 적합하지 않을 것이다. 어쩌면 복지국가에서 자유시장모델로 대폭 이동한 토니 블레어의 영국신노동당의 경험, 혹은 자유시장모델에서 복지국가모델로의 성격을 가미하려는 버락 오바마 미 대통령의 노선의 그 어느 지점인가가 우리에게는 더욱 적합할 수 있다.[10]

둘째로 그 어떠한 개방도 각국의 경제사회적 공공성을 손상시켜서는 안 된다는 점을 분명히 해야 한다. 세계화, 자유시장화 등의 담론들이 마치 그것이 천동설처럼 교조화되어 논의된다면 큰 의미가 없다. 중요한 것은 그 땅에 살고 있는 많은 사람들이 안정적이며 잘 사는 방법을 찾아가는 것이다. 또한 그것과 세계화·자유시장화가 논리적 친화력을 가진 경우에 논의되는 방식이 적합하다. 만약에 세계화가 한국사회경제체제의 '공공성'과 대립할 경우에 있어서는 그 과정이 관리되어야함은 당연하다. 특히 한사회의 '공공성'을 생각하는 데 있어서 금융시스템의 안정, 환경(농업)의 보호, 의료시스템의 유지는 필수적이다. 안정된 금융시스템의 유지는 자본주의경제가 제대로 기능하기 위한 공공재적 성격을 가진다. 국민의 환경적, 생명적 안정성을 확보하는 데 있어서 농업을 일정정도 보

---

10 영국의 신노동당의 경험은 김수행·정병기·홍태영(2003)의 제1편 참조.

호하는 것도 필수적이다. 단순한 산업으로서의 농업만을 생각한다면 한국의 경우 농업은 이미 사양 산업이다. 그러나 만약 농업을 농촌 및 농민과 연계된, 하나의 사회적, 문화적, 역사적, 환경적 실체로 생각한다면 농업의 의미는 달라진다. 농업을 GATT 규정 하에서 '비교역적 관심사항' (non-trade concerns)으로 규정하고, '다면적 기능'이라는 논법이 사용되고 있는 것도 바로 그러한 이유 때문이다. 국민들에게 안정된 의료서비스를 제공하는 것 또한 중요하다. 특히 의약품에 대한 특허권을 어디까지 인정할 것인가는 상당히 민감한 부분이다. 신약의 특허가 살아 있는 동안에는 복제약 시판을 금지시키는 것(특허-허가연계)은 오바마의 미국 민주당, 그리고 유럽의회에서도 개정(미국) 또는 불인정(유럽)하는 경향이 강하다.

셋째로 각국에 있어서의 산업정책의 틀 유지와 자율성의 확보가 중요하다는 점이다. 전략적으로 중요한 산업에 대해 정부가 일정 정도 보호·육성하는 것에 대해서는 그동안 많은 비판이 있어왔다. 그러나 순수 경제이론의 측면에서 산업정책을 실시하는 것이 잘못된 것은 아니다. 문제는 이러한 정책을 '합리적'으로 실행하기가 어렵다는 데 있다.[11] 그렇다면 여기서 진행되어야 할 논리는 다음의 2가지다. 먼저 산업정책에 대한 비판에 중점을 두어, 인간 이성의 불완전성을 이유로 산업정책 자체를 부정하는 것이다. 아니면 그러한 불완전성에도 불구하고 산업정책의 경제적 타당성을 인정하는 것이며, 정책의 실효성을 높이기 위해 노력하는 것이다. 필자가 가장 염려하는 것은 첫 번째 경우에 해당된다. 산업정책은

---

11 장하준(2003)은 기존의 선진국조차도 경제발전의 초기 단계에 있어서 산업정책은 상당히 중요한 역할을 수행했다는 점을 경제사적 자료를 풍부히 사용하여 설명하고 있다. 그러나 산업정책은 '성공' 사례만큼이나 '실패' 사례 또한 얼마든지 발견할 수 있다. 따라서 중요한 것은 '성공할 수 있다는 것'이 아니라 '어떻게 성공 했는가'에 대한 분석이다. 동아시아에서의 산업정책의 '성공'을 그 '목표', '추진체계', '사회적 기반' 등 다양한 차원에서 분석한 세계은행(1994)의 고민은 아마도 이런 곳에 있지 않았을까 한다.

경제적 의미가 없다고 보는 경우를 논외로 한다면, 그 실행과정의 어려움을 이유로 그 필요성 자체도 인정하지 않게 되는 오류다. 또한 그러한 인식 때문에 산업정책이 실시될 수 있는 여지를 제도적으로 거의 없애버리는 경우다. 프랜시스 후쿠야마(2005)는 그의 저서 『강한 국가의 조건』에서 '작은 정부'가 '약한 정부'로 되어서는 곤란하다는 점을 강조하고 있다. 국제경제의 경쟁과 불안정성의 격화 속에서 각 정부에게 요구되는 것은, 정보를 효율적으로 조직하고 그것에 입각해서 국민 경제의 발전을 도모할 수 있는 '강한 정부'인 것이다. 같은 맥락에서 산업정책은 필요 없는 것이 아니라 산업정책을 실현시킬 수 있는 정책체계, 정치체계를 만드는 과정이 더욱 필요로 하게 된다.

동아시아 국가들이 향후 지향해야 할 발전모델이 '균형성장'과 사회적 공공성과 산업정책을 유지할 수 있는 정부 정책의 '자율성' 유지에 있다고 한다면, 동아시아에서의 협력모델도 당연히 이러한 성격을 더욱 강화시키는 방향으로 가야 한다. 이 때 우리가 삼아야 할 '반면교사'의 전형이 바로 한미 FTA다.

주지하듯이 한미 FTA는 단순한 통상협상의 범위를 크게 넘어선 것이었으며, 한국사회의 '공공성'과 정책의 '자율성' 유지라는 차원에서 본다면 상당히 곤란한 선택이었다.[12] 금융협상에서는 CDS(신용부도스와프)과 같은 파생상품에 대한 규제를 풀어놓았으며, 금융세이프가드도 상당히 제한적으로 운영된다. 농업에 있어서의 관세화 예외품목은 전체 1531개 품목 중 쌀 및 쌀 관련제품 16개에 한정된다. 약품협상에서도 허가-특허

---

12 한미FTA는 총 24개 분과(상품 및 서비스, 통관절차, 투자조항, 위생검역, 지재권, 경쟁, 노동, 환경조항 등)를 포함한 강도 높은 '자유화 기획'이었으며, FTA의 분류에서 보더라도 지극히 '예외적'인 형태의 협정이었다. 한미 FTA협상 결과에 대한 비교적 자세한 설명은 외교통상부(2007) 참조. 한미FTA의 협상내용, 효과 등에 대한 비판적 고찰은 김종걸(2008a) 참조.

연계와 같은 독소조항들이 다 들어가 있다. 이와 함께 투자자정부제소권 (ISD)과 같이 정부 정책의 자율성이 크게 손상되는 제도도 들어가 있다. 한국 정부는 협정문에서 '공공목적'을 위한 정부의 규제 및 조세 조치 등은 여전히 기능할 수 있다고 주장하지만(협정문, 부속서 11-나, 11-바), 한국과 거의 동일한 협정문 체계하에서도 많은 나라들은 각종 소송에 시달리고 있는 것이 현실이다.[13]

따라서 향후 지향해야할 동아시아에서의 협력모델은 신자유주의적 세계관의 전형인 한미FTA와는 다른 형태로 디자인되어야만 한다. 경제사회적 '공공성'의 중요성을 생각했을 경우 금융, 농업, 약품, 투자(ISD관련) 등과 같은 분야에서의 개방수준이 상당히 '낮은' 단계로 설정될 필요가 있다. 이것과 함께, 금융위기 대책으로서의 '동아시아통화기금', 환경문제 해결을 위한 '동아시아환경청', 낙후지역에 대한 개발원조를 담당하는 '동아시아발전기금' 등은 동아시아의 안정과 번영을 위해 필요한 조치일 것이다. 그리고 이 모든 것을 가칭 '동아시아 경제사회연대협정'(East Asian Socio-Economic Partnership Agreement)이라는 형태로 묶어나가는 자세가 필요하다.

하나 고무적인 것은 1997년의 동아시아 금융위기, 2008~9년의 글로벌 금융위기를 거치면서 동아시아에서의 금융·통화협력이 구체화되었다는 점이다. 향후 치앙마이 다자기금이 역내의 독립적인 통화금융협력체계로 발전할지는 쉽지만은 않은 과제이다. 그러나 적어도 유의미한 액수의, 상대적으로 IMF로부터 자율적인 역내 통화금융 협력체계를 구축했다는 점, 그리고 역내의 그 어떠한 국가도 이 기구를 지배할 수 없는 '황금률'의 지배구조를 형성시켰다는 점에서는 상당히 고무적이다. 따라서 앞

---

13 투자자 – 국가소송제가 국가정책의 자율성에 심각한 위기를 가져올 수 있음을 풍부한 사례를 통해서 분석한 것으로서는 홍기빈(2006), 송기호(2006), 김성진(2007) 참조.

으로 적극 추진해야 할 것은 치앙마이 다자기금과 같은 성공모델을 에너지, 농업, 교육, 물류, 환경 등과 같은 분야로 더욱 확대시켜 가는 것이다. 그리고 축적된 협력의 경험을 기반으로 '동아시아 경제사회연대협정'을 실현시켜 가는 것, 이것이 바로 당면한 한국의 과제이다.

4. 동아시아적 시민가치의 창출: 결론에 대신하여

새로운 시대적 요구에 대응하기 위해서는 21세기를 살고 있는 우리가 직면한 국제정치·경제적 문제를 정확히 인식하는 작업은 시급하다. 세계화, 지역주의화, 과학기술혁명, 새로운 성장지역으로서의 BRICs(중국, 브라질, 러시아, 인도), WTO와 이에 대한 반발, 미국의 일방주의와 그 실패, 국제적 NGO 활동, 신자유주의, 인간 생존권의 안정성 손상, 국제적 투기자본과 금융위기 등 신문지상을 뒤덮는 단어들은 분명히 21세기의 새로운 모습의 일단을 보여준다. 이들 각 단어들은 각기 어떻게 연계되는가? 새로운 시대를 읽어나가는 과정에서 필요한 것은 각 단어의 파악이 아닌, 단어와 단어가 연계되는 하나의 '의미구조'인 것이다. 그리고 그 '의미구조'가 동아시아의 평화와 번영이라는 키워드 속에서 어떻게 해석되는가를 살펴보는 것이 필요하다.

이 때 필요한 것이 '분석'과 '정책'의 기준을 분명히 하는 것이다. 세분화되고 경우에 따라서는 자기목적적으로 정치(精緻)화 되어 가는 각 분야의 논리가 종합적인 인식틀 속에서 자기정리되지 않은 경우에는 전체적인 정책적 조율은 불가능해 진다. 그리고 그러한 정책의 기준이 바로 '가치체계'라고 필자는 생각한다.

첫째로 강조하고 싶은 것은 새로운 동아시아의 시민가치는 서구적 가치의 단순한 대립사항으로 설정되어서는 곤란하다는 점이다. 한 때 제국주의 일본에서 풍미했던 '아시아주의' 담론은 그 '낭만성'과 '폐쇄성'에서 커다란 문제를 야기했다. 일본의 사상가이자 미술사가인 오까쿠라 텐신(岡倉天心 1902)은 한중일, 동남아, 인도까지 포함시키는 지역을 염두에 두며, 아시아는 하나다고 말하고 있었다. "아시아는 하나다. 히말라야 산맥은 두 개의 강대한 문명, 즉 공자의 공동사회주의를 가진 중국문명과 베다의 개인주의를 가진 인도문명으로 나누고 있지만, 그것은 단지 두 문명을 강조하기 위해서일 뿐이다. 이 눈 덮인 장벽마저도 '궁극과 보편'을 추구하는 사랑의 저 큰 확대를 단 한 순간도 가로막을 수는 없다." 그러나 구체적으로 무엇이 '궁극'인가? 무엇이 '보편'인가? 실질적으로는 일본천황적 가치였으며, 대동아공영권이라는 형태로 아시아국가들에 대한 억압기제로 작동했던 역사적 경험은 중요하다. 따라서 중요한 것은 '아시아적 가치'가 아니다. 인류보편의 가치를 아시아에서 실현시켜 가는 것이다.

둘째로 소위 '유교적 가치'의 견강부회(牽强附會)적 해석도 우리가 경계해야 할 것이다. 충효일치(忠孝一致)의 복종적 질서원리가 국가, 기업의 억압적 기제로 사용되어서는 곤란하다. 그러한 면에서 기존의 한국의 경제발전과정은 유교적 성격을 가진 것이 아니라 오히려 그것에 반해 왔다는 점을 강조한 이승환(1999a, 1999b)의 지적은 일리가 있다. 도의와 원칙을 앞세우기는커녕, 천박한 공리주의와 원칙 없는 타협으로 정실과 부패를 남발한 한국의 천민자본주의는 "올바름을 바르게 지키고, 이익을 도모하지 말라"(正其宣不謀其利)는 유교정신과는 너무도 거리가 멀다. 유교정신은 무위(無爲)정치이지 통제정치가 아니기 때문에 권위주의적 강한 정부 역시 유교의 특징으로 보기에는 어렵다. 한국사회의 특징을 단적으로 나타내는 재벌들의 족벌경영, 군대동기간의 권력세습, 극단적인 집단 이기주의, 폐쇄적인 유사가족주의, 도구적 연고주의는 유교적이라기보다는 오히려 반유교적이라고 비판하고 있는 것이다.

셋째로 '유사(類似) 유교주의' 혹은 '사이비(似而非) 아시아주의'를 배격한다면, 앞으로 한국사회가 지향해야 할 가치체계는 자유주의의 기본원리에 '사회성' 혹은 '공동체성'을 결합시켜 가는 것이다고 필자는 생각한다. 공정하고 자유로운 시장경제를 유지하는 것은 자유주의적 개혁의 가장 근본에 있는 것이다. 그러나 시장의 '실패'와 '한계'를 극복해 나가는 것도 한 사회의 안정성 확보를 위해 필수적으로 요구되는 사항이다. 그렇다면 사회 전체의 '공공'의 문제를 어떻게 해결해야 하는가? 가장 중요한 것은 자유주의에서의 '자유'의 개념을 다른 사람으로부터 피해를 보지 않을 경우에 확보되는 무한정의 자유(소극적 자유)의 개념에서 적극적인 인간성의 실현을 위한 자유(적극적 자유)로 전환 시키는 것이라고 생각한다. 이러한 자유의 개념을 도입하지 않고는 현재 한국에서 벌어지고 있는 양극화의 심화, 공동체의 해체에 대응하지 못한다. 사회적 책임을 도외시한 형태의 자유의 방종, 무한정한 시장주의의 천명 등은 그것이 가지는 경제학적 논리 이전에 유기체로서의 한 사회의 종합적 발전을 저해하기 때문이다.

이 때 '상생적 자유주의(이근식)', '사회적 자유주의(J.S.Mill)' 등의 기존의 논의는 많은 시사점을 준다. 이근식(2005)은 자유주의의 근간은 민주주의, 법치주의를 기반으로 정치적 자유주의이며, 자유방임적인 경제적 자유주의에 있는 것은 아니라고 말한다. 이에 따라 자본주의의 결함을 상생의 원리로 보완한 상생적 자유주의를 제창한다. ①만인의 사회적 평등, 개인인권의 존중, 독립과 자립의 원칙, 사상과 비판의 자유, 관용을 사회의 기본원리로 삼을 것, ②이의 실현을 위해 민주주의와 법치주의를 확립할 것, ③자본주의의 실패를 시정하기 위한 정부의 개입을 인정할 것, ④노사갈등과 분배갈등을 포함한 사회갈등, 환경파괴, 국제분쟁 등의 공동의 문제에는 상생의 원리를 적용할 것을 주장한다. 자유주의에서의 사회적 성격(공동체성)을 강조한 존스튜어트 밀(J.S.Mill)의 주장도 참고할 만하다. J.S.Mill은 사유재산제도는 자본주의의 근간임에도 불구하고 현실적으로는 많은 재산이 노력의 성과가 아니라 약탈이나 출생이라는 우연에 의해 획득된 경우가 많으므로, 현실의 분배는 매우 불공정하다고 말한다. 따라서 불공정한 분배를 막기 위해 상속과 토지의 사유재산권을 제한해야 하며, 공공교육을 강화해야 함을 주장한다.

사상과 표현의 자유, 개인주의적 인격의 존엄성 등을 기반으로 하는 자유주의적 정치적 논리가 경쟁 속에서 무한책임의 경제적 자유주의의 논리로 전환되지 않는 것, 즉 정치적 자유주의와 경제적 자유주의를 애초부터 구분시키는 것으로부터 새로운 가치체계를 창출해야 하는 것이 아닐까 생각한다.

역사에 있어 약자는 새로운 세계를 만드는 기본 동력임은 분명하다. 일본의 저명한 경제사학자 오오쯔카히사오(大塚久雄)는 새로운 혁명은 '변경'에서 시작한다고 말했다. 로마제국을 멸망시킨 것은 북방의 오랑캐 게르만이었으며, 강고한 중세 봉건사회를 무너트린 것도 영주도 상인도 아닌 농노출신의 독립자영농(yomanry)이었던 것이다. 강자 행위의 목적함수가 기득권의 유지 및 확대에 있다면 약자 행위의 그것은 생존을 위해 새로운 질서의 창조를 요구한다. 동아시아에서 통합과 번영의 질서를 만들어갈 수 있는 것은 20세기적 질서의 강자인 미국, 일본, 중국이 아니라, 상대적 약자였던 한국에서 시작될 수 있을 것이라는 희망과 역사적 사명을 되새겨 본다.

08

유럽통합과 동양평화론

동아시아 지역통합에 주는 시사점

조홍식

숭실대학교 정치외교학과

1. 21세기와 지역통합

안중근의 동양평화론이 구상된 지 100년을 맞이하는 시점에서 동아시아는 다시 한 번 지역적 협력과 통합을 고민하고 있다. 물론 당시의 세계구조와 지역적 상황과 21세기의 것들은 전혀 다른 양상을 보여주고 있다. 한 세기 전의 동양은 서양이 만들어 가는 근대 세계에 상당 부분 강압적으로 편입되고 있는 상황이었다면 21세기 초의 동아시아는 세계 경제의 중심으로 부상하고 있는 형국이다. 백 년 전에는 동양이 "도덕을 까맣게 잊고 날로 무력을 일삼으며 경쟁하는 마음을 양성하는"(안중근 1997, 206) 유럽 여러 나라들에 의해 침탈을 당하는 과정에서 일본이 새로운 제국주의 세력으로 부상하는 모습이었다면, 현재는 중국이 세계의 새로운 강대 세력으로 등장하는 과정이다. 또한 20세기 초의 세계에서 미국은 아직 강대국의 잠재력을 보유하고 있지만 본격적으로 국제무대에서 핵심적 리더십을 발휘하지 않고 있었지만, 새천년 첫 세기의 미국은 팍스 아메리카나라는 표현이 자연스러울 정도로 세계 유일 초강대국의 지위를 누리고 있다.

하지만 백년이라는 기간이 흐른 뒤에도 상당한 유사성과 공통점이 존재하는 것도 사실이다. 과거의 동양평화론이 동아시아 지역의 평화와 공동 번영을 위한 구상이었듯이 지금의 동아시아 통합 논의 역시 장기적인 경제발전과 평화공존을 위한 고민이라고 하겠다.[1] 지난 세기의 구상이 러시아라고 하는 구체적인 공동의 적과 서양이라고 하는 공동의 경쟁세력을 상정하고 있는 것과 마찬가지로 이 세기에도 미국이라고 하는 세계적 초강대국의 그림자가 동아시아 통합에 강한 영향력을 발휘하고 있다.

---

[1] 최근 들어 국내에서 활발한 동아시아 논의가 벌어지고 있다. 대표적인 연구와 토론으로는 다음을 참고할 것: (백영서 외 2005; 동아시아공동체연구회 2008; 하영선 2008)

또 과거와 마찬가지로 서구라고 하는 다소 추상적인 경쟁의 존재를 상정하고 아시아주의에 대한 논의가 진행되고 있다. 과거에도 민족이라는 단위와 국가 건설의 목표가 하나의 사상적 축을 형성하고 다른 한편에서 지역적 초국가 협력이나 통합이 논의되었다. 지금도 민족국가의 시각과 지역통합은 상당한 복합적인 관계를 형성하고 있는 것이 사실이다.

이 연구의 목적은 21세기 동아시아의 통합과 20세기 안중근의 동양평화론이라는 지역적 문제의식을 유럽통합이라고 하는 가장 성공적인 지역 통합의 사례에 비추어 고찰해 보는 것이다. 유럽통합을 다른 지역에서도 모방할만한 사례라고 언급하는 이유는 다음 몇 가지로 요약될 수 있다(강원택·조홍식 2008). 첫째 유럽은 현재까지 가장 심층적인 통합을 성공한 경우라고 분석할 수 있다. 현재 유럽의 27개 회원국은 각각 역사와 전통을 자랑하는 민족국가임에도 불구하고 하나의 시장을 형성하여 물자와 인구가 자유롭게 이동하고 있는 것은 물론 하나의 화폐를 사용하고 있다. 농업과 통상에서 시작한 정책의 통합은 이제 교통, 환경, 산업 등 다양한 경제 사회 분야로 확산되었고 외교안보 분야에서도 초기적인 통합과정에 돌입했다고 판단할 수 있다. 둘째 유럽의 통합은 시장을 통해 진행되는 통합이기도 하지만 근본적으로 가장 제도화된 통합이라고 할 수 있다. 유럽연합은 다양한 조약으로 구성되어 있고 이러한 유럽차원의 조약은 국가의 법에 우선하는 효력을 발휘한다. 게다가 정치적 주도력을 발휘하는 유럽이사회와 각료이사회, 민의를 대변하는 유럽의회, 행정을 담당하는 집행위원회, 화폐 정책을 책임지는 유럽중앙은행 등 그 제도적 기반과 구조가 강력하다. 셋째 유럽이 세계 다른 지역의 관심을 집중하는 또 다른 이유는 통합을 가장 평화롭고 공정하게 진행하였다는 평가 때문이다. 유럽은 19세기 초 나폴레옹이나 20세기 중반 히틀러의 군대에 의해 강압적으로 합병·통합된 경험을 가지고 있다. 하지만 제2차 세계 대전 이후 추진된 유럽통합은 법치를 통해 점진적으로 그리고 평화적으로 추진된 지역 통합으로서 강대국과 약소국의 이익의 조화를 추구해 왔다. 정책 결정 과정에서 약소국의 이익이 침해당하거나 강대국이 강제적으로 주도하는 것을 방지하기 위한 다양한 제도적 장치를 마련해 왔다. 그 중 대표적인 것이 약소국의 목소리를 과대 대표(over-representation)되도록 한 것이다.

유럽에서 성공적인 통합이 진행되면서 내부적으로 평화적인 공존이라는 목적과 함께 하나의 세력으로서 세계정치에 영향력을 발휘하게 되자 다른 지역도 이를 모방하거나 유사한 조직과 통합을 시도하는 모습을 볼 수 있다.[2] 대표적인 경우가 북미지역에서 형성된 나프타(NAFTA)이지만, 중남미의 메르코수르(Mercosur)나 중앙아메리카공동시장 등의 시도, 동남아시아의 아세안(ASEAN), 중동의 걸프협력체제 등 다양한 사례를 발견할 수 있다. 물론 모든 국제적 협력을 통합으로 볼 수는 없다. 국가 간의 협력은 여러 단계를 거쳐 심화·강화될 수 있고, 그것이 어느 정도의 수준을 넘어서야만 통합이라고 불릴 수 있다. 따라서 협력이란 기존의 단위를 중심으로 이뤄지는 관계의 강화라고 본다면 통합은 하나의 새로운 단위 형성을 위한 운동 또는 과정이라고 볼 수 있다. 달리 말해서 협력이 통합의 하나의 방법인 것은 틀림없지만 모든 협력이 통합으로 연결되는 것은 아니다. 예를 들어 나프타의 경우 자유무역지대를 형성하는 지역 협력체임에는 틀림없지만 과연 나프타를 통해 북미라는 새로운 지역단위를 창출하는 것이 목적인지는 확실하지 않다. 하나의 시장 단위를 형성하는 것은 분명하지만 정책적 통합이나 정치적 융합을 목적하지 않

---

2 미국의 지식인 제레미 리프킨은 『유러피언 드림』이라는 책에서 미국의 꿈이 점차 영향력을 잃어가고 있으며 이를 대신하여 유럽의 꿈이 세계에 새로운 모델로 등장하고 있다고 주장하였다. 특히 '유럽의 꿈을 보편화하기'(Unversalizing the European Dream)라는 장을 참고할 것: (Rifkin 2004, 358~385).

고 있기 때문이다.

동아시아에서도 아시아라는 화두는 간헐적으로 존재해 왔지만 일본
제국주의와 대동아공영권이 남긴 유산은 지역 통합에 관한 논의의 진
전을 가로막아 왔으며 현재도 커다란 걸림돌로 작용하고 있다. 아마 동
아시아라는 논의가 전후에 다시 부상하는 계기는 우선 1970~80년대 일
본의 경제적 부활과 상승이 그 첫 번째 기회이고(Katzenstein 2005, 61-63),
1997~98년 동아시아 경제위기 이후 중국의 발전과 부흥이 그 두 번째
시기인 것으로 보인다. 일본은 두 차례의 오일쇼크로 세계 경제의 중심인
미국과 서유럽이 위기를 맞는 시기에 오히려 세계 제2의 경제 대국으로
성장하는 기회를 찾았다. 전후 복구에 성공한 뒤 세계적 경제 세력으로
등장하면서 다시 한 번 자신만의 영역을 확보하려는 노력은 자연스럽게
동아시아 논의와 연결되었다. 하지만 지역 내부에 상존하는 일본에 대한
불안과 외부에서 미국의 반대와 견제는 동아시아적 구상에 강한 제약
을 가했다. 1990년대 말 동아시아 경제위기 이후에 진행된 지역 통합 논
의는 세계 경제에 통합되기 시작한 중국과 기존의 일본을 포괄하는 광
범위한 지역을 담았고 진일보한 인식을 바탕으로 삼고 있었다(Katzenstein
and Shiraishi 2006).

이 현대적 과정에서도 우리는 유럽 통합과 동아시아 통합 구상의 밀접
한 관계를 확인할 수 있다. 지역통합기구간의 소위 역제적(inter-regional)
관계 설정의 첫 번째 사례가 유럽공동체와 아세안이 1980년대 초반에 맺
은 공식적 관계이다. EEC-ASEAN 협력체제는 이후 유럽이 다른 지역과
관계를 맺는데 있어 역제주의(interregionalism)를 추진하는 기초가 된다(김
기수·조홍식 1998, 112~113). 또한 1996년 유럽과 아시아의 지역 관계를 새
롭게 구상하는 ASEM을 통해 사실 동아시아는 처음으로 아세안+한중
일이라는 구체적인 실체와 경계를 갖게 된다(김기수·조홍식 1998, 74~78).

아시아 지역에 직접적인 개입과 통제의 권력을 보유하고 있는 미국은 항상 자신을 포함하는 아태지역을 선호하면서 동아시아 지역의 출현에 의심과 불안의 눈초리를 보낸다. 반면 유럽은 아직 존재하지도 않는 동아시아를 대화상대와 협력대상으로 만들어 내도록 하는데 기여하는 셈이다.

이상이 기존의 학계에서 논의되고 있는 유럽통합의 의의와 그것이 동아시아에 미치는 영향이다. 그런데 안중근의 동양평화론은 이 논의에 완전히 새로운 차원을 도입한다. 놀랍게도 안중근이 20세기 초에 제안하는 구상은 20세기 중후반에 유럽에서 진행된 통합의 현실과 무척 유사한 모습을 띄고 있다. 관세 정책을 통합한다거나 공동의 화폐와 군사를 구상하는 안은 유럽이 이후에 실현했거나 시도한 정책들이다. 또한 논리구조에 있어서도 내부적 평화는 물론 공동의 외부적 압력에 대응하는 장치로서의 지역통합은 유럽이 경험한 역사에서 확인된다. 이제는 유럽통합에서 논의되어온 다양한 이론적 입장을 간략하게 소개하고 그에 비추어 동아시아의 통합논의와 동양평화론을 검토해 보도록 한다.

2. 유럽통합의 이론적 논의와 동아시아에의 적용

유럽통합 현상에 대한 이론적 접근은 크게 세 가지로 나누어서 볼 수 있다.[3] 민족국가가 여전히 통합의 주도력을 발휘한다는 현실주의적 시각이 그 첫 번째이다. 다음은 민족국가의 역할을 인정하면서도 통합은 새로운 정치체제의 형성으로 연결된다는 자유주의 또는 연방주의적 시각이다. 마지막은 유럽 통합이 단순히 권력이나 이익의 역학에서 발생하기

---

3 유럽통합의 이론적 논의에 대한 전반적인 조망을 얻으려면 다음을 참고할 것: (Moravcsik 1998, 1-85; Rosamond 2000; 조홍식 1998)

보다는 새로운 인식과 의식, 정체성을 통해서 추진된다고 보는 구성주의적 시각이다. 여기서는 각각의 이론적 논의를 간략하게 소개한 뒤 동아시아 지역에서 가지는 의미를 동양평화론에 비추어 살펴본다.

1) 현실주의와 유럽통합

국제정치에서는 국내정치와 달리 중앙화 된 권력이 존재하지 않는 무정부성이 지배하며, 그 때문에 국제정치의 기본적 분석단위와 행위자는 국가라는 시각은 현실주의의 출발점이다. 국가라는 행위자는 국익에 의해 행동을 결정하고 추진하며 다양한 국가가 관계하고 부딪치는 국제정치의 핵심은 힘의 관계라고 본다. 이런 시각에 기초하면 국가들의 게임은 영합적이 될 가능성이 높다. 모든 국가는 세력을 추구하는 과정에서 일부는 이를 성공적으로 획득하는 반면 다른 일부는 상대적으로 제외될 수밖에 없기 때문이다. 현실주의적 접근에서 국가의 가장 기본적인 이익은 생존이라고 본다.

이런 시각에서 본다면 유럽통합은 가장 이해하기 어려운 현상으로 떠오른다(Grieco 1995). 국가가 자신의 주권을 부분적으로 포기하여 공동의 정책을 추진하고 하나의 화폐나 제도를 만들어가는 현실은 이기적 국가의 행위라는 시각으로 설명하기 어렵다. 물론 이론적 시각이 현실과의 괴리를 지속하기는 어렵다. 무엇인가 새로운 설명을 추가해야 하는데 현실주의의 경우 유럽통합이 진정한 장기적 통합이라기보다는 일시적인 협력이라고 본다. 그래서 통합이 국가이익의 일시적 수렴과 합치로 이뤄지지만 이익이 다시 상반되거나 모순되면 언제나 회원국이 주권적 결정으로 이를 원래의 상태로 돌릴 수 있다는 입장을 보여준다.

국제관계를 기본적으로 힘의 관계로 파악하기에 현실주의는 유럽통합의 진전을 냉전시기 미국이 주도한 반공산 또는 반소련의 한 도구로 본다. 미국이라는 주도적 세력이 통합을 뒤에서 밀어주지 않았다면 이런 '비정상적' 국제협력을 도출해 내기는 어려웠을 것이라고 본다. 이 부분에서 패권안정론과 연결되는 부분이 분명히 존재한다. 실제로 유럽통합 초기에 미국은 이를 지지하는 입장이었고 마셜 플랜의 지원을 배분하고 관리하기 위해 OEEC가 설립되었다는 사실은 잘 알려져 있다. 하지만 탈냉전 시기를 맞아 양극에서 다극체제로 이동하면서 통합은 어려움을 겪을 것이라고 예측한다(Mearsheimer 1990).

유럽통합은 또 내부적으로는 다양한 회원국이 참여하고 있지만 기본적인 주도력과 영향력은 프랑스와 독일 같은 강대국들이 행사한다고 보고 있다. 말하자면 국제사회에서 미국의 패권이 존재하듯이 유럽 내부에서도 대국이 소국을 지배하고 주도하는 현상이 발생한다고 보는 것이다(Pollack 1997). 실제로 유럽통합사에서 프랑스와 독일은 통합의 기관차라고 불릴 정도로 주도력을 발휘해 왔으며, 이에 대한 소국들의 견제와 불만이 존재해 왔다.

이처럼 현실주의적 시각은 상당한 현실 설명력을 보유하고 있음에 틀림없다. 그러나 유럽통합의 본질을 설명하는데 성공했다고 보기는 어렵다. 왜냐하면 유럽통합을 추진하고 역사가 누적되는 과정에서 필연적으로 생겨나는 제도적 관성이나 경로의존성, 그로 인한 이익의 변화 등을 충분히 감안하지 못하기 때문이다.[4] 하나의 보편적 설명 틀로 장기의 역사를 획일적으로 살펴보다보니 시대적 변화도 충분히 감안하지 못한다. 예를 들어 미국은 분명 통합 초기 적극적인 역할을 수행하였지만 그 이후 통합체의 발전과정에 충분한 영향력을 유지할 만큼 강한 존재는 아니

---

4 제도주의적 관점에서의 비판은 (Pierson 1996)을 참고할 것.

었다. 게다가 1970년대부터는 유럽공동체가 농업이나 통상 분야에서 미국과 경쟁하는 관계로 발전하였는데 오히려 대립적인 측면이 강화되었다. 유럽 내부적으로도 상대적인 대국의 영향력을 부정할 수는 없지만 권력의 제도화 과정에서 소국이나 주변적 국가의 입장을 배려하려 노력하고 있으며, 예산과 정책면에서도 대국과 부국보다는 소국과 빈국에 유리한 방향으로 전개되어 왔다.

2) 통합에 대한 자유주의적 시각

국제정치학의 자유주의적 전통에서는 유럽에 새로운 정치적 단위의 형성이라는 현실을 인정하고 협력과 통합이 새로운 이익을 창출하고 초국적 기구와 제도의 발전이 장기적이거나 항구적일 수 있다는 가능성을 인정하고 있다. 초기에 자유주의를 대표한 이론은 1950~60년대의 신기능주의 이론이었는데 이들은 경제부문에서 시작한 기능적 통합이 점차 다른 분야로 확대되면서 종국에는 정치적 통합으로 연결될 것이라는 강력한 주장을 펼친 바 있다(Haas 1958). 그러나 1960~70년대 신기능주의 이론은 유럽통합이 지지부진한 과정을 거치는 사이 폐기되어 버렸다. 정치적 통합은 여전히 어려운 일이라는 사실을 인정하고 기능적 확대의 자동성에 대해서도 포기한 셈이다(Haas 1975).

그러나 유럽이 1980년대부터 다시 활발하게 통합을 추진하게 되자 이번에는 현실주의와 자유주의를 혼합한 이론적 설명이 유행하였다. 모랍칙으로 대표되는 이 설명에 따르면 국가 차원에서는 경제적 이익을 극대화하는 자유주의적 국익 창출이 이뤄지고 그에 따른 국가 선호도가 결정되지만 유럽 차원에서 정책이 결정되고 논의될 때는 여전히 현실주의적 설명의 틀이 더 유효하다는 입장이다. 또 프랑스와 독일과 같은 국가들이 국내적으로는 사회 및 경제 세력의 입김을 감안하여 정책 결정을 하지만 유럽 통합의 논의를 주도하는 과정에서는 다른 국가를 누르고 자국의 이익을 최우선적으로 고려했다는 점을 지적하였다(Moravcsik 1998).

모랍칙에 대한 비판은 우선 회원국의 중요성을 강조하느라 유럽집행위나 다국적 기업군과 같은 초국적 세력의 역할을 축소하였다는 점이다. 다음은 통합의 동인으로 경제적 이익만을 고려하고 정치 또는 외교적 이익과 문화적 요인 등은 무시하거나 간과하였다는 지적이다. 마지막으로 조약을 체결하거나 개정하는 정부간의 협상과 회의를 주요 분석 대상으로 삼아 일상적으로 나타나는 통합의 현상을 포착하지 못했다는 비판이다.

자유주의적 시각은 초기의 무척이나 호의적이고 낙관적인 신기능주의에서 시작하였지만 그 이후 현실주의와 타협을 추구하는 과정에서 모랍칙이 보여주듯이 사실은 이에 동화되는 경향을 보여주었다. 제도적 분석을 통해 유럽 통합이 현실 속에 뿌리를 내리고 지속적인 영향력을 발휘하면서 유럽 국가들의 환경이 변화하고 그에 따라 이익도 변화한다는 피어슨(Pierson 1996)과 같은 제도주의적 설명도 크게 보면 자유주의에서 구성주의로 넘어가는 시각에 속한다. 본격적으로 유럽을 하나의 새로운 행위자로 보고 색다르지만 엄연한 정치체제로 보는 시각은 연방주의나 구성주의에서 찾아볼 수 있다.

3) 유럽연합과 구성주의

연방주의의 시각은 유럽을 하나의 뚜렷한 정치체제로 파악하고 이를 다른 국가와 비교해서 연구하는 입장을 취한다. 유럽연합은 민족국가와는 분명히 다른 정치체이지만 그럼에도 불구하고 하나의 권력의 단위로서 이익과 사상이 경쟁하고 취합되며, 정책이 결정되는 독특한 체제라고 본다. 이 체제는 민족국가의 상위에 초국가적 단위라는 층을 형성하고 있으며, 민족국가 하위에 지역정치단위라는 층이 존재하듯이 중복적 구조를 형성한다고 파악한다. 따라서 유럽의 단일성을 강조하는 입장에서는 새로운 형태의 연방으로 파악하는가 하면 여전히 유럽보다는 국가 단위의 중요성을 인식하는 입장에서는 다층정치구조(multi-level governance)라는 표현으로 유럽현실을 바라보고 있다(Marks et al. 1996).

1990년대 이후 국제정치학의 새로운 패러다임으로 부상하고 있는 구성주의도 유럽통합에서 적합한 사례를 찾고 있다(Checkel 1998). 주지하다시피 구성주의는 구조와 행위자의 관계를 상호결정적으로 파악하고 구조와 단위가 모두 만들어진다는 사실에 주목한다. 현실주의나 자유주의와 같은 이론적 시각도 보편적이고 탈역사적으로 적용될 수 있는 것이라기보다는 한 시대적 역사적 문화적 시각의 반영이라는 입장을 취한다.

따라서 유럽통합에 있어서도 국가 중심적 또는 시장 중심으로만 바라보는 보편적 입장을 지양한다. 그보다는 1930년대 나치 독일의 부상과정에서 나타나는 역사적 인식의 변화와 국가를 넘어서는 새로운 사상적 접근을 주목한다. 그리고 여기서 등장하는 유럽주의의 부상과 전후 나타나는 정치적 운동의 역할을 강조한다. 또한 통합이 시작된 이후 강화되는 유럽의 정체성과 그를 통해 나타나는 새로운 이익의 개념을 추적한다(Jorgensen 1997). 요약해서 표현하자면 유럽 통합은 국가의 우월적 역할이나 시장과 경제이익의 중요성과 같은 구조적 요인 못지않게 인식의 변화와 그에 따른 이익의 재정의(再定義), 감성적 공동의식, 정체성의 발명과 심화 등의 요인이 중대하게 작용한다는 말이다.

물론 구성주의적 시각에 대한 비판도 제기되었다. 지역 통합에 대한 핵심적 이론이나 명제가 없이 다양한 사례를 설명하려고 시도하기에 모든 설명이 가능해지고 결국은 아무것도 설명하지 못한다는 비판이다

(Moravcsik 1999). 또 현실적으로 구성주의는 해석을 가능하게 하지만 그것을 확인할 수 있는 방법은 없거나 제한적이라는 지적이다. 끝으로 미래를 예측할 수 없으며 결국은 사후적으로만 해석하는데 그친다는 비과학적 성격에 대한 공격이다.

4) 동아시아적 적용

현실주의, 자유주의, 구성주의는 모두 동아시아에 대비하여 검토의 대상이 될 수 있다. 현실주의적 입장에서 본다면 동아시아에서 통합이 추진되려면 우선 국익의 완벽한 합치가 이뤄지거나 주도적인 세력이 내부적으로 통합을 추진하고 외부적으로 호의적인 환경이 형성되어야 한다. 유럽적 설명을 도입해서 적용하자면 미국과 같은 주도적 세력을 중심으로 동맹국 연합의 형성만이 가능하다는 말이다. 미국이 자국을 중심으로 통합을 추진하는 구도는 아시아 태평양 협력이지만 지역 통합과는 거리가 멀다. 따라서 미국의 주도 아래 형성되고 유럽에서 프랑스나 독일의 역할을 대신하는 일본이 지배하는 형식의 제한적 동아시아 또는 친미적 동아시아만이 가능하다. 전후 유럽과 동아시아의 서로 다른 역사가 보여주듯이 미국의 선택은 유럽의 통합적 관리와 동아시아의 양자적 개별 관리였다. 현실주의의 근본적인 시각에서 보자면 미국이라는 동아시아의 주도적 세력과 새로 부상하는 중국의 세력 관계가 기본이고 여기서 가능한 지역 통합은 미국이나 중국 중 하나를 맹주로 삼는 통합일 뿐이다(Betts 1993). 이런 시각이 동아시아를 대상으로 하는 국제정치학에서 지배적인데 그것은 이론적 시각일 뿐 아니라 동아시아 통합을 불가능하게 함으로서 잠재적 경쟁 세력의 출현을 방지하려는 미국의 이익과 친화적이다.

자유주의적 시각에서 신기능주의 이론은 일단은 초기의 낙관적 예언이 적중하지 않았다고 해서 폐기되었지만 그 뒤의 통합의 심화가 보여주듯이 그렇게 쉽게 포기할 만한 것은 아니다. 신기능주의는 요즘 동아시아에서 논의되고 있는 시장 중심의 통합에 가장 주목하고 있으며, 연쇄효과라는 기제를 통해 시장 통합은 제도적 사회적 정치적 통합으로 확대 발전할 것을 예측하고 있다. 이익이 세상을 주도한다는 전통적 자유주의의 입장에 따라 동아시아의 상호의존성이 증대하면서 이를 뒷받침하고 동반하는 통합이 이뤄질 것이라는 예측이다(Katzenstein 2005). 동아시아도 경제위기 이후 이러한 의존성을 인식하게 되었고 그에 따른 화폐 통합의 논의나 다양한 자유무역 논의가 이어졌다. 신자유주의의 예상처럼 이런 경제통합이 스필오버(spill-over)하여 정치적 단위를 창출해 낼지는 알 수 없지만 아무튼 자유주의의 시각은 현실주의보다는 동아시아에 대해 낙관적이라고 하겠다. 물론 이는 정치 군사를 제외한 순수한 이익의 집합일 수 있다.

　구성주의적 시각에서 본다면 동아시아의 통합과 미래는 매우 낙관적일수도, 그리고 대단히 비관적일수도 있다. 우선 동아시아는 유럽이 전쟁을 통해 민족국가의 절대성과 신화를 벗기고 반성과 성찰을 거쳐 유럽주의, 평화주의, 통합사상으로 나아간 것과는 달리 오히려 전쟁 이후에 또 다른 다양한 전쟁(인도차이나 독립전쟁, 한국전쟁, 월남전쟁, 중·베트남전쟁)을 치렀고 그 과정에서 오히려 민족국가의 독립과 자주, 차별성과 대립성이 부각되어 왔다. 경제적 이익에 있어서 의존성과 상호관계가 강화되고, 유교나 동양적 문화적 동질성에 대한 주장들이 제기되었지만 이들이 지배적이거나 대중적이라고 보기도 어렵다(함재봉 2000). 물론 동시에 아세안 + 한·중·일과 같은 지역적 협력 체제가 제도화 되고 정부와 동시에 사회적 관계망의 형성이 진행되고 있는 것은 통합과 평화공존에 기여할 수 있는 동아시아 담론의 전개에 우호적이다. 결국 동아시아는 21세기 초 현재 어느 정도 선택의 기로에 있다고 판단할 수 있다.

안중근의 동양평화론은 기본적으로 국제관계를 국가 중심으로 바라보고 있으며, 힘의 관계로 파악하고 있다는 점에서 현실주의의 시각에 가깝다. 또 공동의 화폐나 군대 등을 통해 동양의 평화를 증진시키려는 구상에서는 자유주의 또는 신기능주의적 통합관을 가지고 있다고 말할 수도 있다. 그러나 21세기에 우리가 가장 주목할 만한 부분은 동양과 서양에 대한 구분 방식과 백인종과 황인종의 대립에 관한 인식과 시각이다. 그는 동양을 형성하는 한·청·일이 호전적인 서양에 함께 맞서 싸우는 것이 당연하고 자연스럽다고 주장하고 있다. 형제는 함께 할 수밖에 없는 자연의 이치라고 말한다. 물론 이런 시각을 나치즘의 광풍을 경험한 후대의 사람들이 인종주의적이라고 비판할 수도 있다. 그러나 당시 근대의 언어는 인종적 표현이 상당히 일반화 되었었고 서구는 자신의 제국주의를 '백인의 문명화 의무'라고 불렀을 정도로 일상적 말이었다. 안중근의 글에서 인종의 언급은 사실 동양의 혈통적 공통성을 의미하기보다는 문명적 지역적 신체적 유사성을 지칭한다고 보는 것이 더 정확할 것이다(강동국 2009). 동서양의 대립도 사실은 동양의 문명적 우월성을 어느 정도 내세우면서 서양의 호전적 문화와 전통, 태도와 행동이 문제라고 지적하는 수준이다. 따라서 동양의 단합과 평화는 세계의 평화를 이룩하기 위한 하나의 단계라고 볼 수 있다. 이런 관점에서 동양평화론은 무척이나 선구적인 주장이며 변화하는 세계를 새로 규정하여 구성해 가는 구성주의적 담론의 형성 과정이라고 볼 수 있다.

3. 유럽과 동아시아 비교: 지역 통합의 구체적 쟁점

이론적 논의에 이어 이제는 구체적으로 유럽이 통합을 진행하는 과정에서 제시되어온 구체적인 쟁점들을 짚어보면서 이를 동아시아와 동양평화론에 비추어 토론해 볼 수 있다. 무척 다양한 문제들이 등장했지만 여기서는 헤게모니와 리더십의 문제, 심화와 확대의 논쟁, 시장과 제도의 문제, 그리고 정체성의 논의를 검토한다.

1) 헤게모니와 리더십

세계적인 차원에서 헤게모니를 논한다면 유럽주의가 본격적으로 등장하는 전간기(戰間期)는 유럽 제국의 헤게모니가 약화되면서 아직 미국이 새로운 헤게모니로 등장하지 못한 시기이다. 이어서 유럽의 통합이 공식적으로 추진되는 제2차 세계대전 이후의 시기는 유럽의 제국들이 해체되고 유럽이 세계적 헤게모니를 상실하면서 미국이 새로운 패권국가로 등장하는 기간이다. 위의 이론적 논의에서 언급한 바 있지만 유럽의 통합은 유럽의 세력이 약화된 이후에 미국의 적극적인 지지를 등에 업고 시작했다는 것은 명백한 역사적 사실이며, 소련의 위협과 소련이 주도하는 공산권과의 경쟁과 대립이 유럽 통합에 중요한 요인으로 작용했다는 사실 또한 명확하다(Urwin 1994). 따라서 미국과 같은 초강대국의 보호와 소련 및 공산권의 외부적 위협이라는 요인이 유럽통합 전체를 설명하는 데는 적절하지 않을 수 있지만 적어도 초기 출범을 이해하는 데는 필수적일 수 있다는 문제가 제기된다.

하지만 현재 지역 통합의 논의가 초기 단계에 있는 동아시아는 20세기 중반 유럽의 상황과는 차이점을 보여준다. 유럽이 제국의 해체와 세력의 약화를 경험하고 있었다면 오히려 동아시아는 다양한 세력이 부상하는 시기라는 점에서 내부적으로도 처참한 전란 뒤의 화해가 아니라 서로 경쟁적으로 주도력을 발휘하려는 상황이다. 또 유럽 통합 초창기의 소련과 공산권처럼 동아시아를 위협하는 외부적 요인도 발견하기 어렵다. 유럽에서 통합의 후견인 역할을 했던 미국은 동아시아에서 독립적인 지역 기구의 출범에 비판적이며 이를 억지하려고 노력하고 있다(Beeson 2009). 1940~50년대의 서유럽과 21세기 초의 동아시아는 이렇게 서로 다른 조건에 놓여있다.

동양평화론에서는 러시아라는 공동의 외부적 위협에 대응하여 일본이 동아시아의 대표 세력으로서 훌륭한 성과를 거두었다는 사실을 긍정적으로 평가한다. 20세기 초반 국제정치적 구도는 양극체제에서 미국의 패권이 지배하던 서유럽이나 21세기 초 단극에서 역내의 중국이 급부상하는 상황과 모두 다르다. 물론 과거 일본의 제국주의적 부상과 현재 중국의 강력한 부활이 유사하다고 분석할 수도 있다. 문제는 안중근의 구상에서 자연스런 연대성이 아닌 구체적인 협력과 역내 모순의 극복 방안을 도출해 낼 수 있는 방법은 제시되지 않는다는 점이다. 달리 말해서 한 국가의 강력한 부상을 어떻게 역내의 틀로 엮어낼 수 있는가에 대한 구체적 제안이 앞으로 동양평화를 실현하기 위해서는 새롭게 구상되어야 한다.

2) 심화와 확대

유럽통합 논의에서 가장 고전적인 논쟁이 "통합을 기존의 소수 국가들만으로 심화할 것인가, 아니면 더 많은 국가를 포함하도록 확대할 것인가"의 논쟁이다. 강한 통합을 원하는 국가에서는 확대를 되도록 자제하고 내실을 꾀하면서 소수만이 참여하는 심화를 선호하였고, 반대로 통합에 망설이는 국가들은 대개 새로운 회원국을 받아들여 심화된 통합을 지연하려는 전략을 택해왔다(Lorz and Willmann 2008). 물론 이에 더해서 또 다른 차원은 새로 진입을 희망하는 국가와의 전통적 관계나 신입 회원국의 성향 등을 고려한 전략적 선택도 작용하였다.

유럽이 처음 6개국으로 시작하였는데 프랑스와 독일이라는 전통적 강대국과 이탈리아와 베네룩스가 동참하는 형국이었다. 당시 서유럽에서 영국이 불참하였는데 통합이 성공적으로 진행되자 영국은 뒤늦게 동참을 희망하였다. 회원국 대부분은 영국이 빠진 유럽은 대표성이 떨어진다고 판단하였고 프랑스와 독일의 독주를 막을 수 있는 세력이 필요하다는 계산에 영국 가입에 우호적이었다. 하지만 프랑스의 드골 대통령은 영국이 유럽과의 통합보다는 미국의 트로이의 목마 역할을 할 것이라는 이유로 가입에 대한 비토권을 두 차례나 행사하였다. 이 경우 신입 회원국의 친미적 전통을 고려한 판단으로 실제 프랑스의 주도권을 유지하려는 전략인 셈이다. 드골은 통합의 심화를 주장하는 초국가적 연방주의자는 아니었기 때문이다.

드골의 사망 후 영국은 1973년에 유럽에 동참하였는데, 회원국이 된 이후 지속적으로 통합을 막기 위한 확대를 주장하는 세력으로 등장하였다(George 1998). 제2차 확대는 에스파냐, 포르투갈, 그리스 등이 회원국으로 동참하였는데 이들은 후발주자임에도 불구하고 강력하게 심화를 선호하는 목소리를 냈다. 반면 1995년에 동참한 스웨덴, 핀란드, 오스트리아 등은 심화보다는 확대에 우호적이다. 2005~7년의 확대에는 중·동유럽을 중심으로 12개국이 새로 가입하였고 유럽은 대륙적 차원으로 성장하였다. 이들은 유럽 통합의 경제적 혜택을 받는 그룹으로 이전 지중해 국가들과 유사한 입장이지만 소련 지배를 받은 국가들로서 독립 주권에 대해 강한 집착을 보이고 있다.

동양평화론에서 논의하는 동양의 범위가 어디까지인지는 확실하지 않다. 다만 한·청·일이 그 핵심이 된다는 사실은 명확하다. 실제로 동아시아에서 가장 넓은 영토와 인구를 가진 중국과 일본의 대륙·해양 두 세력이 당연히 모두 참여해야지만 실질적인 평화가 실현될 수 있으며, 양 세력 사이에 위치한 한반도가 중심적 역할을 할 수 있다는 사실 또한 자연스럽다. 동양평화론이 백 년 전에 구상된 것이기는 하지만 그것이 담고 있는 동아시아 지역 범위의 핵심은 여전히 유효한 것이다. 아시아는 한·중·일의 동북아, 아세안의 동남아, 인도·파키스탄·방글라데시 등의 남아시아로 나눌 수 있을 것이고 그 세 지역 중에서 아세안의 동남아가 가장 평화적인 협력관계의 제도를 보유하고 있다고 할 수 있다. 그 동남아와 이웃하는 동북아는 아직 구체적인 제도를 가지고 있지는 못하다. 그러나 전쟁과 대립을 일삼는 남아시아에 비교한다면 적어도 경제적인 측면에서 통합이 상당히 진전되고 있다는 점에서는 조금은 나은 형편이다. 심화와 통합이 동시에 진행될 수만은 없다는 유럽의 경험을 감안한다면 동아시아의 통합 역시 동북아 3국을 중심으로 진행하되 동남아와 발을 맞추어 동아시아의 틀을 형성하는 것이 바람직해 보인다.[5] 하지만 이를 처음부터 대양주 국가나 남아시아에 개방하여 시작하는 것은 참여 행위자의 수를 늘려 심화를 불가능하게 만드는 무모한 접근으로 판단된다.

---

5 특히 국내에서 동아시아공동체연구회(2008)는 동북아라는 작은 틀보다는 동남아를 포함하는 동아시아의 개념을 중심으로 지역주의를 발전시키는 것이 바람직하고 동시에 효율적이라는 점을 강조하고 있다.

3) 시장과 제도

많은 학자들은 유럽 통합을 제도를 중심으로 한 지역통합으로 보고, 반면 동아시아를 시장을 중심으로 한 통합으로 분석하고 있다. 실제로 유럽통합의 시발점은 석탄과 철강 분야에서 초국가적 시장을 형성하고 그 관리를 목적으로 한 유럽석탄철강공동체이다. 먼저 시장이 통합된 뒤 이를 제도화하는 기구가 만들어진 것이 아니라 정치가 시장의 통합을 결정하여 제도적으로 추진하고 보장한 셈이다. 유럽경제공동체도 마찬가지이다. 공동의 대외관세를 결정하여 내부적으로 시장이 통합되도록 정치적으로 주도해 온 결과가 유럽 공동시장이며, 그 후 1980년대에는 다시 더욱 통일성을 강화하기 위한 지도력을 발휘하여 단일시장을 형성하는데 성공하였다.

이 과정에서 유럽은 정책을 생산하는 정치 체제로 부상하였다. 처음에는 석탄과 철강에 관련된 부문 산업 정책에 한정된 것이었지만 점차 공동통상 및 농업정책으로 확대되었고, 최근에는 경제 사회 분야의 거의 모든 부문에서 유럽연합이 정책을 만들어내고 있다(Wallace and Wallace 2000). 게다가 한번 만들어진 공동의 정책과 원칙, 규제 등은 유럽의 사법 제도를 통해 잠금 효과를 발휘하게 된다. 법치주의 전통이 강한 유럽에서 이 잠금 효과는 특별히 강하다고 할 수 있으며, 여기서 더 나아가 사법부의 해석을 통한 추가적 정책 형성도 이뤄진다. 따라서 위 이론부분에서 지적한 스필오버(spillover)도 순수 행정 및 정책 분야 사이 뿐 아니라 사법부를 통해서도 장기적으로 발생한다는 의미이다. 그 때문에 유럽의 통합은 조약 체결자나 정책 결정자들이 의도한 만큼만 발생하는 것이 아니라 다양한 메커니즘을 통해 의도하지 않은 부분까지 확대되어 이뤄져 왔다(Pierson 1996). 결국 유럽 통합의 경험을 살펴보면 시장의 필요에 의해서 또는 경제적 이익에 의해서 통합이 진행되었다기보다는 통합이라는 정치적 목적을 달성하기 위해서 제도가 시장을 만들어 온 과정이라고 보는 것이 더 정확하다.

동아시아의 많은 지표들은 역내 상호의존성의 증가를 보여주고 있다. 동아시아가 세계경제에서 차지하는 비중이 점차 증가하고 경제발전에 따라 지역 내의 소비가 증가하는데 따른 당연한 결과라고 할 수 있다. 하지만 경제사가 보여주는 사례는 제도적 보장이 없는 시장의 의존성은 무척 취약할 수밖에 없다는 점이다(Polanyi 2001). 유럽 강대국 사이의 시장을 통한 상호의존성은 무척 높았지만 그것이 두 차례의 세계대전을 막을 수는 없었던 것은 물론, 국내 정치적 변화에 무기력하게 무너질 수밖에 없는 현실이었다. 따라서 동아시아에서도 적어도 시장의 통합을 동반할 수 있는 관리체제의 제도화가 필요하며, 이를 적극 추진하고 보호하고 울타리를 만들 수 있는 제도적 장치의 마련이 필수적이다.

동양평화론이 21세기 우리에게 상기시켜 주는 것은 동아시아 국가들의 협력과 통합이 경제적 이익만을 위한 것이 아니라 오히려 평화공존이라는 가장 기본적인 존재의 조건에 관한 것이라는 사실이다. 경제적 이익을 그 자체의 목표로 보지 않고 정치와 안보를 위한 하나의 수단으로 보는 것은 바로 유럽통합이 걸어온 길 그 자체이다. 석탄과 철강 산업을 초국적으로 관리하는 것의 의미는 현대적으로 비유하자면 핵 원료와 미사일 산업을 초국적으로 관리한다는 말과 유사하다. 독일과 프랑스의 외교적 화해를 원천적 상호 군수 산업 통합으로 묶어 놓는 지혜였다. 안중근의 평화를 위한 기능적 통합안이 서유럽에서 먼저 실현된 셈이다.

4) 정체성

통합은 협력과는 달리 하나가 되어가는 과정이라고 정의하였다. 새로운 단위를 만들고 그것을 형성하는 사회가 연대의식과 동질성을 갖기 위해서는 하나로 묶을 수 있는 정체성이 필요하다. 많은 경우 정체성이라는 것은 주어진 것이라기보다는 만들어진 것이다. 우리가 당연하다고 생각하는 민족 정체성도 사실은 국가 건설과정에서 인위적으로 부과되거나 과거에서 찾아낸 사실을 통해 새롭게 발명하여 전파되었다는 연구 결과가 이를 잘 보여주고 있다. 유럽은 근대 민족주의가 발생한 지역으로 다양한 민족 정체성이 깊이 뿌리를 내리고 있는 지역이다. 그럼에도 불구하고 유럽 통합이라는 결과를 일궈낼 수 있었고, 지금은 유럽 차원의 정체성 찾기 또는 만들기에 열심이다(조홍식 2006).

유럽연합은 공식적으로 연합기와 연합가(歌)를 결정한 것은 물론 공동의 여권이나 유럽의 문화수도 순례행사 등을 통해 상징적 정책을 벌이고 있다. 활발한 학생 및 청소년 교류 프로그램 역시 어린 시기부터 공동의 경험을 통해 하나의 정체성을 형성해 가도록 하는 노력의 일환이다. 유럽 공무원 양성 학교와 유럽대학 등은 유럽의 역사를 탐구하고 공동의 지식을 축적하려는 정책이다. 유로화는 경제적 수단이기도 하지만 유럽이 하나 됨을 상징하는 가장 일상적인 정치의 표식이기도 하다. 유럽에서 가장 인기 높은 종목인 축구에서 챔피언스 리그나 유로파 컵은 유럽의 단일성을 또한 대중적으로 보여준다. 무엇보다 유럽연합은 회원국 가입 조건으로 민주주의와 시장경제를 내세우고 있다는 점에서 대단히 제한적이고 명확한 정체성을 보유하고 있다. 중·동유럽 국가들이 1990년대 탈공산화를 시작했음에도 불구하고 2005~7년까지 기다렸다 가입할 수 있었던 이유는 민주주의와 시장경제로의 이행을 위해서였다(O'Brennan 2006).

동아시아의 정체성이라는 것은 아직 존재한다고 말하기 어렵다. 우선 동아시아라는 실체를 규정하는 작업이 진행되기 시작하였지만 어떤 합의를 이루는데 성공했다고 보기는 어렵다. 정책적으로도 동아시아의 범위조차 확정하기 힘들며 지속적인 외부의 개입은 이를 더 어렵게 하고 있다. 특히 동아시아에서는 시장경제로의 이행은 어느 정도 공통적으로 진행되었다고 할 수 있지만 민주주의라는 정치제도의 측면에서는 무척 다양한 상황이 대립 또는 공존하는 현실이다. 지역통합이라는 운동이 무엇보다 정치적인 계획이라는 사실을 감안한다면 동아시아의 이런 다양성은 정체성과 동질성의 형성에 커다란 걸림돌이다.[6]

동양평화론은 이 문제를 직접적으로 다루고 있지만 않기 때문에 정확한 판단을 하기는 어렵다. 황인종이라는 표현에 대해서도 구체적인 내용은 다만 짐작할 수 있을 뿐이다. 서구와의 대립 속에서 황인종이라는 용어를 사용한 것이지 실제로는 장기의 역사 속에서 상호교류를 지속하면서 하나의 문화권을 이루고 생활해 온 사람들의 공동체를 의미했을 수도 있다는 추측만이 가능하다. 이런 인종의 개념에서 유교와 같은 전통이 어느 정도의 부분을 차지하는지, 유·불·선의 복합적인 유산을 모두 포괄하는 것인지 알 수 없다. 동양민족은 문학에만 힘쓰고 유럽은 도덕을 잊었다고 대비시키니 동양은 문학과 도덕을 겸비한 하나의 인종이라는 결론에 도달할 수도 있을 것이다.

그러나 종국에 21세기 동아시아 정체성의 문제는 새롭게 제기되고 정의해야 할 것이다. 아편전쟁을 통해 시작한 동서양의 충돌은 안중근의 시대를 넘어 일본의 제국주의와 냉전이라는 20세기를 거치면서 새로운 양상과 역사를 축적하게 되었고 이 가까운 역사가 바로 동아시아 정체성

---

6 동아시아라는 담론이 형성될 수 있는지의 여부, 그리고 현재 제시되고 있는 일종의 가능성들을 검토하는 시도로 『동아시아의 오늘과 내일』(최원식 외 2009)을 주목할 수 있다.

에 가장 핵심적인 영향을 미칠 수 있기 때문이다. 급격하고 압축된 근대화의 경험, 폭발적인 경제성장 속에서 생성된 동아시아적 삶의 코드, 심층적인 사회 재구성과 대규모의 국제적 교류 등의 현상 속에서 공통의 정체성을 찾아야 할 것이다.

4. 유럽은 동아시아의 모델인가?

이 연구는 유럽통합의 경험과 동아시아의 통합 계획, 그리고 안중근의 동양평화론을 거시 역사적으로 대비시키면서 지역 통합과 관련된 여러 가지 문제들을 검토하고 논의하는 시도이다. 글을 마치면서 확실하게 지적할 수 있는 것은 유럽이 동아시아의 모델이 될 수는 없다는 점이다. 논의 과정에서 제시된 다양한 이유로 유럽의 통합 경험을 동아시아에 그대로 이식할 수 없는 것은 물론 그것이 가능하다고 할지라도 바람직하지 않다. 그럼에도 불구하고 이와 같은 논의는 의외로 요긴한 점들을 시사해 줄 수 있다. 유럽은 가장 성공적으로 지역 통합에 성공하여 "합하면 성공하고 흩어지면 패한다"는 "만고에 분명히 정해져 있는 이치"를 증명해 보여준 사례이기 때문이다.

우리는 여기서 우선 유럽 통합에 관련해서 제기된 이론들을 검토하면서 그것이 동아시아에 적용될 경우 의미하는 내용을 논의해 보았다. 현실주의의 경우 통합에서도 국가의 중요성을 강조하면서 국제적 역학에 주목하였다. 동아시아에서는 기존의 미국 세력권과 부상하는 중국의 세력화가 충돌하는 상황에서 한·중·일을 묶는 통합이 얼마나 구조적인 어려움을 안고 있는지를 확인할 수 있다. 자유주의는 신기능주의적 시각으로 시장이나 일부 정책 통합이 다른 통합으로 확대되는 과정을 지적하였다. 이런 접근법은 현실주의와는 달리 한정된 영역에서 동아시아의 부분적 통합 가능성에 관심을 갖도록 하며, 그것이 장기적으로 연쇄효과를 보여줄 수 있다는 점을 강조한다. 구성주의적 시각에서는 동아시아라는 담론의 장이 형성되고 살을 붙여가는 과정을 주목하면서 민족주의적 담론과의 긴장관계를 지적할 수 있다.

이런 이론적 시각은 보다 구체적인 쟁점에 비추어 재검토할 수 있다. 첫째 헤게모니와 리더십과 관련 유럽의 쇠락과 동아시아의 부상을 대비하는 한편, 세계 차원에서 중국과 미국의 대립, 그리고 지역차원에서 중국과 일본의 경쟁에 주목하였다. 둘째 심화와 확대라는 차원에서 유럽의 경험이 보여주듯이 집중과 선택을 통한 통합 심화의 필요성을 지적하며 대양주나 남아시아와의 조기 범위 확대의 위험을 지적하였다. 셋째 시장과 제도의 관점에서 시장만의 경제통합은 매우 취약하기에 제도화를 통한 장기적 포석이 필요하다는 점을 강조하였다. 넷째 정체성이라는 차원에서는 유럽이 민주주의와 시장경제를 기초로 다양한 정체성 만들기에 노력하고 있다는 사실을 들어 동아시아에서도 공동의 근대화 경험에 기초한 주관적 노력이 필요하다고 덧붙였다.

유럽통합의 사례와 동양평화론이 가장 핵심적으로 조우하는 문제의식은 역내의 연대와 역외에 대한 대항을 자연스럽고 당연하다고 보는 시각이다. 안중근 구상은 '인종', '우의', '원수', '비분강개' 등 당시의 용어와 담론 속에서 전개되지만 그 중심에는 지역적 평화를 확보하기 위해서는 내부적 연대를 통해 외부의 위험을 방어해야 한다는 의식이 있다. 유럽통합 역시 프랑스와 독일의 대립을 종결하지 않고는 미국과 소련이라는 외부적 지배와 위협에서 벗어날 수 없다는 의식이 그 중앙에 자리하고 있다. 그리고 이 지역의 연대는 단순히 평화일 뿐 아니라 고유하고 소중한 문명적 자부심을 지키고 보존하려는 의지의 표현이다.

09

동양평화론의 21세기적 계승

동북아에서 동아시아로

최태욱

한림국제대학원대학교 교수

1. 안중근의 지역주의 구상

1910년에 저술한 안중근의 『동양평화론』은 미완의 초고에 불과하다. 집필 도중에 사형이 집행됐기 때문이다. 그의 옥중 자서전인 『安應七 歷史』나 피고인 진술서 등에서 볼 수 있는 동양평화론 관련 내용도 단편적인 언급일 뿐이다. 그러나 그것으로 충분하다. 우리는 그가 요즘 용어로 '제도적 의미의 지역통합' 즉 '지역주의'(regionalism)를 꿈꾸었음을 알 수 있다. 지역주의가 전 세계적 대세로 자리 잡게 된 것이 1980년대 중후반이며, 더구나 한국의 지역주의 구상은 고작 1990년대 말에나 (그것도 아주 초보적인 형태로) 나왔다는 사실을 고려할 때 안중근의 선각자적 혜안이 그저 놀라울 뿐이다.

잘 알려진 대로, 안중근은 다음과 같은 요지의 지역주의 구상을 내놓았다. 첫째, 한중일 3국 간의 상설기구인 동양평화회의체를 구성한다. 둘째, 동북아 3국이 공동은행을 설립하고 공용화폐를 발행함으로써 금융경제적 공동 발전을 도모한다. 셋째, 한국과 중국은 일본의 주도 하에 상공업을 발전시켜 공동의 경제발전을 이룩한다. 넷째, 동북아 3국이 공동평화군을 창설한다. 요컨대, 안중근은 동양의 평화 정착을 위하여 한중일 3국이 정치, 경제, 안보 협력을 제도화함으로써 하나의 지역공동체를 건설하자고 제창한 것이다. 그의 탁월함은 특히 그가 경제협력의 제도화를 평화 정착의 주요 조건으로 파악했다는 점에서 엿볼 수 있다. 유럽통합이 실제로 그와 같은 경로를 통하여 이루어졌으며, 1990년대 말 이후 논의되고 있는 다양한 동아시아 지역주의 구상들 역시 기본적으로 그의 인식 틀에서 벗어날 수 없음을 볼 때 그의 통찰력은 가히 뛰어난 것이라 아니할 수 없다.

국제정치학적으로 평가한다면 안중근은 명백히 자유주의자이다. 전통 국제정치학의 주류를 형성하는 현실주의자들은 국가를 자신의 이익 극대화를 유일 목표로 하는 '합리적 단일 행위자'(unitary and rational actor)로 파악한다. 손익 계산에 철저한 합리성에 근거하여 오직 자신의 이기적 목표만을 위해 행동하는 국가에게 (불확실한 미래의 공동 과실을 얻기 위해 확실한 현재의 개별 손실 혹은 비용을 감당해야 하는) 국제협력에의 참여란 일반적으로 열등한 선택이 된다. 따라서 이들에 의하면 국제정치 상황에서는 협조보다는 갈등이 그리고 평화보다는 분쟁이 '정상상태'(normal state)에 해당한다. 그런데 안중근은 당시 동북아의 이 정상상태를 (영구히) 깨기 위해 지역공동체론을 주창했다. 그의 동양평화론은 역내 협력을 제도적으로 강화시켜 동북아지역을 평화지대로 만들자는 것이었다. 국제협력에 방해가 되는 국가주의를 극복하고 대신 역내 국가들의 상호의존적 공통 이익을 우선시하는 지역주의를 채택함으로써 공동의 경제발전과 평화라는 '지역 공공재'(regional public goods)를 공동 창출하자는 자유주의적 구상이었던 것이다.[1]

안중근의 자유주의는 좀 더 상세히 분류하자면 '신자유주의 제도론'(neoliberal institutionalism)에 속한다.[2] 신자유주의 제도론자들은 국제공공재 창출을 위한 국제협력은 가능하다는 자유주의의 기본 명제에는 충실하면서도 국가는 국익 극대화를 목표로 하는 단일적이며 합리적인 행위자라는 현실주의의 기본 전제는 그대로 수용한다. 그러한 현실주의적 전제 하에서도 그들이 국가 간 협력이 가능하다고 보는 이유는 국제기구와 제도들이 장기적 합리성을 추구하는 국가들에게 국제협조에의 유인을

---

1 19세기 말 한국에도 지식인들 사이에는 이미 국제협력의 가능성에 주목하는 세계정부론 등의 자유주의 국제정치관이 상당 정도 유포돼있었다고 한다. 안중근이 이러한 사조에 영향을 받았을 것임은 충분히 미루어 짐작할 수 있다. 김현철(2008) 참조.

2 국제정치학에서의 신자유주의란 경제학에서 말하는 신자유주의, 즉 시장에서의 자유방임주의 정책을 새롭게 강조하는 경제 이념과는 전혀 다른 것이다.

제공한다고 믿기 때문이다. 제도는, 예컨대, 거래비용과 불확실성을 감소 혹은 완화하는 한편, 국가 간의 신뢰와 상호의존을 안정화 혹은 심화하는 기능을 함으로써 국제협력을 촉진한다는 것이다. 결국 신자유주의 제도론의 핵심은 협력의 제도화에 있다고 할 수 있다. 안중근이 동양평화회의체, 동북아공동은행, 동북아평화군 등과 같은 역내 국제기구나 제도의 창설을 제창했다는 사실은 그가 정확히 신자유주의 제도론자임을 알려준다.

신자유주의 제도론은 1980년대 중반 경에 체계화되었고, 그 이론에 부합하는 평화 및 공동번영의 모색은 지금도 전 세계 및 지역 수준에서 활발하게 진행되고 있다. 비록 글로벌 수준에서의 결실은 아직 보잘 것 없지만, 적어도 몇몇 지역에서는 신자유주의 제도론적 접근이 이미 상당한 효과를 내고 있다. EU는 대표적인 성공 사례에 해당한다. 요컨대, 신자유주의 제도론이 지역주의와 결합할 때 안정직인 국제협력의 성취는 가능하다는 것이 분명히 증명되고 있다는 것이다. 이는 안중근의 동양평화론 원리가 우리가 살고 있는 지금 여기 이 지역에서도 여전히 유효하게 작동할 수 있음을 시사한다.

그렇다면 우리의 관심은 동양평화론의 21세기적 계승 작업에 모아진다. 지금 우리로 하여금 지역협력을 도모케 하는 대내외적 압력은 무엇인가. 우리에게 필요한 협력의 영역은 어디인가. 그 협력의 제도화는 어떠한 형태로, 어느 수준에서, 그리고 어떻게 이뤄가야 할 것인가. 우리의 질문은 끝없이 이어진다. 본고에서 다루고자 하는 질문은 그 많은 것들 중의 하나이다. 지역협력의 제도화를 도모한다고 할 때 과연 그 지역의 범위를 어떻게 설정할 것인가이다. 즉 안중근이 이 시대를 살고 있다면 그는 21세기판 동양평화론을 주창하며 구체적으로 어느 국가들 간의 협력 강화를 외칠 것인가 하는 의문을 풀어보겠다는 것이다.

이 의문을 풀어가는 과정은 다음과 같다. 2장에서는 20세기 초 한국을 둘러싼 지역 조건과 안중근 구상의 작성 간에 어떠한 상관관계가 있는 지를 알아본다. 즉 안중근이 지역협력의 제도화를 유독 동북아 3국에 대하여 강조한 이유를 밝혀보자는 것이다. 주목하는 변수는 크게 세가지이다. 외부 충격의 내용과 그에 따른 '내부'의 형성 혹은 설정 필요성, 당시 통용되던 동양 혹은 동아시아라는 지역 개념, 그리고 상호의존 관계에 있는 (혹은 그렇다고 인식되는) 국가군 혹은 지역의 범위 등이 그것이다. 이러한 변수들에 영향을 받아 20세기 초의 동양평화론이 구상되었다고 한다면, 그 변수들이 크게 변화한 21세기 초의 지역협력 구상은 지역 범위를 어디까지로 잡아야 하는 것인지를 3장에서 논의한다. 동북아와 동남아를 합친 개념인 동아시아가 그 범위가 되리라는 3장의 결론을 놓고 마지막인 4장에서는 김대중과 노무현의 지역주의 구상을 안중근의 그것과 간략히 비교한 후 21세기 초의 '신안중근 구상'을 고대하는 심정으로 본고를 마무리한다.

2. 20세기 초의 지역 조건과 안중근 구상

1) 외부 충격과 '내부' 형성

19세기 중반 이후 한중일을 포함하는 동양, 동아시아, 혹은 동북아 지역에 가해진 외부 충격은 바로 "서양의 충격"이었다(강동국 2008). 서양의 충격으로 이 지역에도 민족국가와 제국주의의 논리가 들어왔으며 안중근은 이에 맞서기 위해서는 내부, 즉 동양의 단합이 필요함을 강조했다. 그리고 그는 이 동양의 단합을 민족주의와 지역주의의 결합을 통해 이룰 수 있다고 주장했다. 즉 이 지역의 독립적이고 주체적인 각 민족국가들이 안정적인 지역협력체 구축에 참여할 경우 서양 제국주의의 침투는 충분히 막아낼 수 있다는 것이었다.

안중근은 1904년의 러일전쟁을 민족주의와 지역주의가 결합하여 서구 제국주의에 대항한 최초의 '내부' 형성 사례로 해석했다. 당시의 러시아를 서양 제국주의의 '선봉대'로 규정한 그는 자신의 『동양평화론』에서 "최근 수백년 사이에 유럽의 여러 나라들은 도덕을 까맣게 잊고, 나날이 무력을 일삼으며, 경쟁심을 키워, 조금도 거리끼는 바가 없다. 그 중에서도 러시아가 가장 심한 나라이다."라고 제국주의의 논리로 무장한 서양 대국을 비난하는 한편, "일본과 러시아가 개전할 때 일본 천황의 선전포고문 중에 '동양평화를 유지하고 대한독립을 공고히 한다'했으니 이 같은 대의가 맑은 하늘의 태양빛보다 더 밝아, 한국과 청국의 국민들은 지혜로운 자나 어리석은 자를 막론하고 한 마음이 되어 이를 믿었"다며 동양의 독립된 민족국가들 간의 지역주의적 공조관계를 찬미했다.[3] 결국 안중근은 제국주의에 대항하는 민족주의와 지역주의의 결합을 동양평화론의 기본 틀로 삼은 것이다(강동국 2008).

그렇다면 안중근이 이토 히로부미를 처단한 것은 단지 그가 한국의 독립을 훼손하려 했기 때문만이 아니었다. 안중근은 그가 서양의 제국주의로부터 동양의 평화를 지켜낼 수 있는 지역주의적 틀의 공고화에 방해가 되는 위험한 인물로 간주한 것이다. 안중근이 보는 이토는 지역주의를 역내의 민족주의와 정합케 함으로써 역외로부터 오는 외부 충격에 대항하는 반제국주의적 기제로 발전시키지 아니하고 그것을 오히려 일본 자신의 (아류)제국주의화 수단으로 활용하려함으로써 역내의 민족주

---

3 『동양평화론』에서의 인용부분은 신용하(1995, 169~170)

의를 말살시키려 하는 동양평화의 훼방꾼이었다.[4] 안중근은 이토가 일본천황이 공포한 (서양의 제국주의에 함께 맞서자는) 동양의 지역주의적 대의에도 어긋나는 행동을 했다고 본 것이다. 그는 일본천황과 일본 정부가 이토의 속임수에서 벗어나 현실을 제대로 파악한다면 일본의 태도가 바뀔 것이라고 기대했다(박영준 2008). 그가 바란 것은 이토의 죽음이 계기가 되어 일본이 다시 러일전쟁 선전 당시의 지역주의적 대의를 회복하는 것이었을 게다.

다시 강조하지만 안중근은 단순히 국가주의적 애국자나 민족주의적 독립운동가가 아니었다. 그는 지역주의를 발전시켜 그것으로 민족주의를 수호하고 격상시키려한 동양평화론자였다. 그가 몸을 던진 것은 한국만이 아니라 동양 전체를 위한 것이었다. 그리고 그는 철저한 자유주의자 특히 신자유주의 제도론자였다. 20세기 초의 한국에는 서양 제국주의에 대한 대처 방안을 진지하게 고민한 이들이 안중근 이외에도 많았다. 특히 러일전쟁과 을사조약이후에는 많은 지식인들이 이 문제에 골몰했다. 그러나 그들 대부분은 신채호와 같이 민족주의적 사고에 기반하여 현실주의적 해법만을 모색하였다. 안중근과 같이 민족주의를 넘어 지역주의로, 현실주의를 넘어 자유주의로 그 지경을 넓힌 이는 찾기 어려웠다.[5] 그것은 중국에서도 마찬가지였다. 중국인들은 중국판 민족주의인 중화주의를 고수하며 제국주의에 대항할 뿐이었다. 이 점에서 안중근은 한국 아니 동양의 독보적인 지역협력사상가라 아니할 수 없다.

---

4 안중근은 이토를 암살한 후의 심문과정에서 "이토가 잡은 바 방침을 고치지 않고 이대로 추이하면 우리 동양은 삼국이 다 같이 쓰러지고 백색인종의 유린에 맡기지 않으면 안 된다"고 말함으로써 자신의 행동은 동양평화의 수호를 위함이었음을 분명히 한다. 국사편찬위원회(1978, 421)

5 물론 『대한매일신보』가 주창한 '3국동맹론'이나 『독립신문』이 지지한 '아시아연대론' 등도 동양의 평화를 위해서는 한중일 3국간의 단합이 절실함을 강조하는 해법들이었다. 그러나 그러한 주장들은 안중근의 구상과 같이 신자유주의적 제도론에까지 이른 것은 아니었고 단지 현실주의적 동맹이론에 불과했다.

그런데 안중근은 왜 서양의 충격에 맞서는 동양의 '내부' 형성 필요성을 동북아 3국에 대하여만 외쳤던 것일까? 아래에서는 그 이유를 당시의 통상적인 지역 개념과 경제적 상호의존 관계의 인식 수준에서 찾는다.

2) 20세기 초의 동양 개념

당시의 한국 지식인들은 대개 동양을 한중일 3국으로 인식했다. 그리고 그 인식의 근저에는 서양으로부터의 충격이 가해지는 동양적 상황 하에서 동양인과 서양인을 황인종과 백인종으로 구분하는 인종론이 깔려 있었다(전복희 1995; 장인성 2000). 안중근도 이 점에서는 동일했다. 그가 서양의 도전과 동양의 응전을 말할 때 그는 동서간의 갈등을 백인종 대 황인종의 대결구도로 파악하고 있었다. 그리고 그에게 있어서의 황인종이란 기본적으로 한중일 3국인이었다.[6]

그의 이러한 생각은 『동양평화론』의 서문에 고스란히 담겨 있다.[7] 그는 "무릇 합치면 성공하고 흩어지면 패배한다는 것은 만고에 변함없는 분명한 이치이다. 지금 세계는 동서로 나뉘어져 있고 인종도 각각 달라 서로 경쟁을 하고 있다."며 당시의 국제정치 상황을 동서양의 인종 대결로 정의했다. 이어서 그는 "일본과 러시아의 싸움은 황색인종과 백색인종의 경쟁"이라고 말하며 그 러일전쟁에서 한국과 중국이 일본을 도운 이유는 "하나의 커다란 인종 사랑"때문이라고 풀이한다. 결국 일본의 승리는 한국과 중국의 국민이 "일본 군대를 환영하고 운수, 치도, 정탐 등의 일에 수고를 아끼지 않고 힘을 기울"임으로써 일본이 그에 힘입어 "수

---

6 그는 종종 한중일 3국의 관계를 "피를 나눈 삼형제"에 비유하고는 했다. 국사편찬위원회(1976, 174~177), 강동국(2008)에서 재인용.

7 신용하(1995, 169~172)

백년 동안 악을 자행해오던 백인종의 선봉대를" 부순 사건이라는 것이었다. 이 같이 안중근은 인종의 원리에 기초한 지역개념으로 한중일 3국 간의 협력 관계를 엮어내려 했다.

3) 동북아 3국의 경제적 상호의존

안중근이 한중일 3국을 한 지역의 구성원으로 인식하고 그들 사이에 협력의 제도화가 가능하다고 생각하게 된 것은 단순히 인종론적 세계관 때문만이 아니었다. 그는 동북아 3국간의 경제적 상호의존 관계에 주목했다. 본서에서 문우식이 밝힌 대로 당시 3국간에는 은원(銀圓)을 표준으로 하는 통화제도가 정착돼있어 이들 간의 기본통화는 같은 가격으로 쉽게 교환될 수 있었다. 말하자면 적어도 이 세 국가들 사이에는 일종의 국제통화협력체제가 형성돼있었다는 것이다. 안정적인 통화체제는 역내 국가들 간의 금융 및 통상 거래를 촉진하기 마련이다. 불확실성과 거래 비용을 감소시켜주기 때문이다. 따라서 우리는 당시 한중일 3국간의 경제 교류가 상당히 활발했으며 그들 경제의 상호의존관계도 상당 정도에 달했을 것임을 미루어 짐작할 수 있다. 안중근이 한중일 공동은행을 설립하고 공동통화를 발행하며 상공업 협력을 발전시켜 공동의 경제발전을 이루자고 제안할 수 있었던 것은 그만큼 3국간의 경제관계가 이미 밀접하게 형성돼있었기 때문이었다.

안중근은 안정적인 평화보장체로서의 지역주의가 정착되기 위해서는 무엇보다 경제적 기반이 필요하다는 점을 잘 알고 있었다. 이는 신기능주의(neo-functional) 지역통합이론에 부합하는 생각이었다. 즉 역내 국가들 간의 경제교류 활성화가 기능적 의미의 경제통합으로 진전되고 그것이 다시 제도적 의미의 경제통합으로 발전할 때에야 비로소 (혹은 최소한 그것과 병행하여야) 안보 및 정치 협력의 제도화가 가능하다고 본 것이다. 그의 동양평화론이 3국동맹론이나 아시아연대론 등 당시의 다른 평화담론과 구별되는 까닭이 바로 여기에 있다. 그는 단순히 동양평화회의체의 결성과 같은 정치협력이나 군사동맹 혹은 공동군 창설 등과 같은 군사협력만을 강조한 것이 아니라 금융통화협력 및 산업협력의 제도화를 제창하였는바, 그것은 후자가 전자의 기반이 되는 것이라는 믿음 때문이었다.

결국 지역주의는 경제협력의 확대 및 심화 필요성과 그 가능성이 상당한 국가들 간에 도모되어야 성공할 수 있다는 것이 그의 믿음이었다고 해석할 수 있다. 그의 눈에도 당시 한중일 3국간의 경제적 상호의존 관계는 (실질적 혹은 잠재적으로) 이미 상당한 수준에 이른 것으로 비쳐졌을 것이다. 거기서 그는 3국간의 지역주의 발전 가능성을 포착했을 것이 틀림없다. 지역주의의 경제적 기반이 마련돼 있는 것으로 여겼을 것이기 때문이다.

이상에서 우리는 안중근이 동북아 3국에 주목한 이유를 20세기 초의 외부 충격 내용, 당시의 지역개념, 그리고 경제적 상호의존관계라는 세 변수에서 찾았다. 그런데 21세기 초에 이 변수들은 모두 크게 변한 상태에 있다. 안중근이 우리 시대의 사상가라면 그는 아마도 동북아가 아닌 동아시아를 지역주의 범주로 삼았을 것이다. 그 이유를 하나씩 살펴보자.

3. 21세기 초의 지역 조건과 동아시아공동체 구상

20세기 초의 한국인들이 제국주의의 시대를 살았다면 21세기 초의 한국인들은 세계화의 시대를 살고 있다. 세계화의 압력은 (현재로선) 주로 경제영역에 가해지고 있다. 즉 경제 정책과 제도, 그리고 시장체제를 하나로 수렴 혹은 통합시키자는 압력이 외부로부터 가해지고 있는 것이다.

그리고 그 압력의 진원지는 제국주의의 시대와 마찬가지로 미국과 유럽 등 서양이다. 결국 서양의 충격이 그 내용을 달리하여 다시금 동양을 두드리고 있는 형국이다.

20세기 초의 안중근은 서양으로부터의 제국주의 압력에 맞서기 위해서는 동양의 지역주의적 공동 대응이 필요함을 강조했다. 그리고 그 지역협력체의 구성국가로 한중일 3국을 지명했다. 그가 21세기 초를 우리와 더불어 살고 있다면 그는 이 새로운 서양의 압력에 대하여 어떠한 국가들로 구성된 지역주의 구상을 내놓을 것인가? 이를 가늠해보기 위해 아래에서는 우선 외부 충격의 내용을 상세히 살펴보고, 그것에 의해 형성되고 있는 지역의 범위, 그리고 그 형성과정에 영향을 주는 이 시대의 통상적인 지역개념과 역내 상호의존관계를 따져본다.

1) 외부 충격과 내부 형성

현재 세계화를 이끌고 있는 양대 세력은 '지역주의 경로'를 통한 세계화 전략을 수행하고 있는 미국과 EU라 할 수 있다. 유럽 국가들은 EU라는 이름으로 자신들을 하나의 지역행위자(regional actor)로 엮어 놓았으며, 미국 역시 NAFTA 등을 통하여 나름의 지역주의를 발전시켜가고 있다. 그러나 EU와 미국은 자기 지역에서만의 지역주의 발전에 머무르려 하지 않고 있다. 그들은 상호 경쟁적으로 자신들의 영향력을 타 지역으로 끊임없이 확대함으로써 세계화의 주도권을 장악하고자한다. 즉 이들 양대 세력은 지역주의 성숙의 다음 단계 과제로서 혹은 그것과의 병행 과제로서 세계화를 추진해가고 있다는 것이다. 이들 간에 벌어지고 있는 세계화의 주도권 경쟁은 특히 그들 자신의 시장경제체제를 확산하는 방식으로 구체화되고 있다. 말하자면 이들 간에는 시장경제체제 혹은 자본주의

의 '표준 경쟁'이 일고 있다는 것이다.[8]

자신이 만들고 사용해온 기술, 규율, 제도, 체제 등이 전 세계적으로 확산될 경우, 그리하여 그것이 세계표준(global standard)으로 자리 잡을 경우, 그 창시자는 세계 어디를 가나 자기 영역에서 가장 편안한 환경과 유리한 지위를 누릴 수 있다. 바로 이러한 이유 때문에 주요국간에는 다양한 영역에서 표준경쟁이 벌어진다. 자본주의체제도 마찬가지이다. 자국의 자본주의체제가 세계표준이 될 때 해당국은 세계 질서의 주도국이 될 수 있기 때문이다. 미국은 소위 영미식 자유시장경제(liberal market economy, LME)체제를, 그리고 EU는 대체로 유럽식 조정시장경제(coordinated market economy, CME)체제를 세계표준으로 정립하려 하고 있다. 미국식 체제가 시장과 자본 그리고 개인의 자유를 최우선시함으로써 경제사회의 효율성을 강조한다면, 유럽식은 국가에 의한 시장 조정과 사회적 연대를 장려함으로써 공동체 사회의 유지를 도모하는 경향을 보인다.

이들 간의 체제 경쟁에서 미국이 유럽에 비하여 훨씬 공세적이라는 것은 주지의 사실이다. 유일한 경쟁상대인 유럽조차 수세에 몰리고 있는 상황에서 여타 지역이나 국가들이 미국식 체제의 확산 혹은 신자유주의적 세계화 압력에 거의 무방비로 노출되어 있는 것은 어쩌면 당연한 일이다. 1980년대의 중남미 그리고 1990년대의 동아시아 국가들이 미국이 주도하는 IMF 관리체제하에 들어가 신자유주의적 구조조정을 강요당한 것은 그 실상을 여실히 보여주는 예이다. 한국 역시 IMF 구조조정을 뼈아프게 경험했고 이제는 다시 FTA방식에 의한 미국의 압력에 직면해 있다. 한국만이 아니다. 최근 미국은 태국이나 말레이시아 등 동아시아의 다른 국가들에 대해서도 FTA를 통하여 자국의 정치경제 체제를 이식하려 하

---

8 자본주의의 표준경쟁과 한국 및 동아시아 자본주의의 미래에 관한 이하 언급은 최태욱(2007a)에서 인용한 것임

고 있다. 미국보다는 덜 공세적이긴 하나 FTA를 통한 자기 체제 확산 노력은 EU에 의해서도 동아시아에서 진행되고 있다. 한국만하더라도 이미 EU와의 FTA를 체결한 상태이다.

자신들 고유의 시장경제체제가 안정적으로 정립되지 않는 한 한국을 포함한 동아시아의 개별 국가들은 앞으로도 계속 북미주나 유럽 등 선진 지역에서 이미 하나의 표준으로 발달된 외생 시장경제체제의 수용 압박에 취약할 수밖에 없다. 특히 우려되는 것은 미국의 양자주의적 신자유주의 세계화 압력이다. 미국과의 양자주의 관계는 개별 동아시아 국가들의 대미 협상력 절대 열위 상태를 감안할 때 거의 모든 경우에 있어 전자의 요구에 대한 후자의 수용이라는 비대칭적 결론으로 끝날 가능성이 크다. 그렇다면 동아시아 국가들 대부분의 미국식 세계화 압력의 수용과 그로 인한 동아시아의 '미국화'는 (별 다른 공동 대책 없이) 각국이 개별적으로 미국에 대응하는 기존의 양자주의 관계가 지속되는 한 거의 불가피한 일인지도 모른다.[9]

물론 그러한 미국화가 동아시아 각국의 정치경제 및 사회문화적 사정과 조건, 정서 등에 부합하는 일이라면 문제될 건 없다. 그러나 그렇지 않은 경우라면 이는 두고두고 심각한 문제가 된다. 스스로 자기 사정에 맞는 대안체제를 디자인하고 발전시키지 못한 까닭에 이질적이고 불편한 외래 체제를 수용하여 거기에 자기 자신을 억지로 맞추어 가는 형국일 것이기 때문이다. 생각건대, 미국식 자유시장경제체제가 공동체 지향의 역사와 그 문화 전통이 강한 동아시아 사회에 가장 적합한 자본주의 표준으로 자리 잡기는 어려울 것이다. 동아시아는 공동체 의식 외에도 인구밀도나 산업구조 등의 제반 조건 상 구성원들 간의 사회경제적 격차에 대

---

9 미국의 양자주의적 신자유주의 세계화 압력과 그에 따른 동아시아 국가들의 '미국화' 가능성에 대해서는 최태욱(2007b) 참조

한 용인 정도가 비교적 낮은 국가들로 형성된 지역이다. 격차문제에 민감한 사회이며 따라서 격차 발생을 당연시하는 자유시장경제체제의 보편적 채택은 어려울 수 있다는 것이다. 이것은 특히 시장의 자유보다는 사회적 연대나 공동체의 가치를 더 부각시킬 수 있는 자본주의의 다른 대안들이 존재하는 까닭에 의당 검토해 봐야할 문제이다. 자본주의의 구체적 형태는 제도 디자인과 선택에 의해 결정할 수 있는 것이기 때문이다.

동아시아 국가들이 유럽화의 길을 걷게 되는 경우도 물론 (부작용이나 심각성 등에서 정도의 차이는 상당하겠지만) 기본적으로 이 같은 체제 부조화의 문제는 발생할 것으로 예상된다. 바로 그렇기 때문에 동아시아 고유의 자본주의 표준설정 필요성이 제기되는 것이다. 동아시아 최적의 자본주의 체제를 동아시아 국가들 스스로가 형성하고 구축해갈 필요가 있다는 주장이다. 그런데 이 작업은 동아시아의 경제통합이 선행 혹은 적어도 병행될 것을 요구한다. 지역경제통합이 진행돼야 그 과정 중에 비로소 제도, 정책, 규범 등의 수렴 혹은 공유 필요성이 역내 국가들 사이에 확산되어 종국에 동아시아 고유의 자본주의 체제가 형성될 수 있기 때문이다. 그렇지 않고 현재와 같이 동아시아 각국이 일국경제로만 계속 남을 경우 세계화 압력에 대한 그들의 취약성은 날로 증가되어 그들은 결국 외생 표준에 스스로들을 맞추며 살아가야하는 역사의 객체로만 머물게 될 것이다.

한편, 자본주의 표준경쟁은 지역주의 발전에 이어 '역제주의' (interregionalism)의 부상을 촉진하고 있다.[10] 나라가 주체가 되는 국제(國際) 정치경제가 아니라 지역이 주체인 '역제(域際)정치경제'의 시대가 전개되고 있는 것이다. 세계 정치 및 경제의 점점 더 많은 영역에서 국가행위자

---

10 역제주의 및 역제협력체제에 관한 아래 내용은 최태욱(2009)에서 인용한 것임

가 지역행위자로 대치되는 상황이 벌어지고 있다. 역제주의 부상의 선두에는 물론 EU가 있다. EU는 역제주의에 기초하여 다른 지역행위자, 개별 국가, 그리고 다자 기구 등을 상대로 활발한 외교 정책을 수행하고 있다. 현재 마무리 단계에 있는 한-EU FTA 협상도 EU의 역제주의 외교이다. 그 외에도 우리는 한-ASEAN FTA나 한-EFTA FTA 등을 통해 특정 지역의 복수 국가들이 하나로 뭉쳐 국제사회에서 단일 주체로서 행동하는 것을 현장에서 직접 바로 그 대상이 되어 경험하고 있다.

현재 지구 사회에서 지역 단위로 행동하고 있는 정치경제 행위자는 EU만이 아니다. 비록 제도화 정도는 아직 EU에 못 미치지만 북미주, 동남아, 중동, 남아프리카, 중남미 등 세계의 거의 모든 지역에서 많은 국가들이 자신들의 지역 공동체를 형성해가고 있다. NAFTA, ASEAN, 남미공동시장(MerCoSur), 유럽자유무역연합(EFTA) 등과 같이 비교적 잘 알려진 지역행위자 외에도 남미국가연합(SACN), 걸프협력회의(GCC), 남아프리카관세동맹(SACU), 남아시아지역협력연합(SAARC) 등이 도처에 버티고 있다. 지역주의 혹은 지역경제통합은 이미 세계적 대세인 것이다.

여기서 특히 눈여겨볼 것은 경제통합의 제도 수렴 효과이다. 지역경제통합은 역내 국가들 간의 상품, 서비스, 기술, 자본 등의 흐름과 이동을 자유롭게 하는 것이다. 경제통합이 심화될수록 이 이동성은 더욱 증대된다. 자본을 예로 들 경우, 경제통합의 심화과정이란 곧 자본 이동의 자유를 저해하는 각종 장벽들의 제거과정을 의미한다. 만약 특정 국가의 금융정책이 역내의 자본 흐름에 방해가 된다면 경제통합의 심화과정에서 그 나라는 해당 정책을 다른 역내국의 것들과 양립 가능하도록 수렴시킬 것을 요구받게 된다. 일종의 장벽 제거과정인 셈이다. 그렇게 제거돼가는 장벽들에는 일국의 정책뿐 아니라 제도와 규범, 그리고 종국에는 사회경제체제까지도 포함된다. 결국 지역경제통합은 역내 국가들 간의 제도 및 체제 수렴을 결과한다는 것이다. 그렇다면 EU나 NAFTA 등과 같이 상당한 정도의 경제통합을 이룩한 지역협력체의 구성 국가들이 서로 비슷한 자본주의 유형을 공유하게 됨은 자연스런 귀결이라 할 것이다.

상기한 두 가지 사실, 즉 지역경제통합은 세계적 대세이며 그 통합은 역내 국가들 간의 제도수렴 과정을 내포한다는 사실은 현재 이 지구촌의 각 지역에 각기 제 나름의 자본주의 유형을 형성해가는 지역협력체들이 확산되고 있음을 의미한다. 예컨대 북미주의 NAFTA는 미국형 자유시장경제, 유럽의 EU는 유럽형 조정시장경제, 그리고 남미의 SACN은 남미형 조정시장경제나 사회주의 시장경제체제를 발전시켜가며 각기 하나의 지역행위자로서 부상하고 있다. 이러한 현상이 다른 지역으로 계속 확산되면 종국에는 국가보다는 지역협력체가 글로벌 정치경제의 주 행위자가 되는 역제주의 시대가 완성될 것이다. 그 시대에서는 당연히 글로벌 협력의 문제가 서로 다른 시장경제 체제를 운영하고 있는 (국가들 간이아닌) 지역행위자들 간, 즉 (국제가 아닌) 역제 차원에서 다루어진다. 글로벌 경제협력체제는 역제주의 방식에 의해 형성되리라는 것이다.

사실 역제협력체제의 태동은 이미 가시화된 상태이다. 지역행위자의 형성 및 확산과 마찬가지로 이 움직임의 주도세력 역시 EU다. EU는 자신의 지역주의가 성숙해지면서 타 지역들과의 협력관계 구축을 모색해 왔고, 남미나 남아프리카 지역기구 등과의 역제협력관계는 이미 상당수준에 이르렀다. 남미 국가들과는 1995년 이후 EMIFCA(EU-Mercosur Inter-regional Framework for Cooperation Agreement)를 통해, 그리고 아프리카 국가들과는 2000년 코토누협정(Contonou Partnership Agreement)을 맺어 역제협력관계를 발전시키고 있다. 동아시아의 ASEAN+3 국가들과의 정례 모임인 아시아-유럽정상회의(ASEM)도 15년 가까이 꾸준히 운영해오고 있다. 북미 및 남미와의 역제관계 형성을 위해서도 지속적인 노력을 기울이고 있다. 그 외에도 EU가 주도하는 역제 FTA에는 EU-ASEAN, EU-GCC, EU-MerCoSur, EU-CAN FTA 등이 있다. GCC나 SACU 등 제도화가 상당 수준에 이른 여타 지역협력체들 역시 역제협력체 구축을 위해 나름대로의 노력을 경주하고 있다. 그들은 각각 MerCoSur 및 EFTA와 역제 FTA를 맺고 있다. 한편, 상기한 역제협력 틀의 경우보다는 훨씬 느슨한 형태이긴 하지만 동아시아와 중남미 지역 간에도 동아시아-라틴아메리카협력포럼(FEALAC)이라는 협력틀이 존재한다.

이상에서 우리는 21세기 초의 외부 충격이라 할 수 있는 세계화 압력이 가해지는 구체적 양태 두 가지를 살펴봤다. 하나는 자본주의의 표준 경쟁 상황에서 주로 미국과 EU를 통해 직접 가해지는 중단기적 압력이며, 다른 하나는 역제주의 방식에 의한 글로벌 경제협력체제의 형성 과정에서 가해질 중장기적 압력이다. 이러한 압력들은 동아시아 국가들로 하여금 지역주의적 공동 대응 방안을 모색케 하는 것들이다. 지역경제통합의 진전을 통해 전자의 압력에 적절히 대응하지 못할 경우 동아시아 국가들은 결국 (잘 맞지도 않을) 서양의 표준에 각자 스스로를 맞춰가야 하는 파편화된 수동체로 살아가야 한다. 후자의 압력에 제대로 적응하지 못할 경우, 즉 지역주의의 발전을 통해 동아시아가 하나의 지역행위자로서 역제주의 시대에 적극 동참하지 못할 경우 동아시아 국가들은 글로벌 수준에서의 영향력과 발언권을 확보하지 못한 채 그저 미래 역사의 객체로만 살아가야 할 것이다. 요컨대, 작금의 외부 충격은 동아시아 경제통합의 제도화를 요청하고 있다는 것이다.

그렇다면 그 동아시아란 과연 어느 국가들로 구성되는 지역이어야 하는가? 즉 21세기 초의 외부 충격에 맞설 '내부'란 구체적으로 어디에 형성될 지역을 말하는 것인가? 안중근은 이 시기에도 한중일 3국만을 지명할 것인가? 아래 두 항에서 이 질문들에 대한 답을 찾아보자.

2) 21세기 초의 동아시아 개념

본항의 결론부터 말하자면 21세기 초의 동양 혹은 동아시아는 한중일 3국을 지칭하는 개념이 아니라는 것이다. 동아시아는 이제 한중일 3국이 중심이 되는 동북아와 ASEAN 국가들이 주축이 되는 동남아를 하나의 지역으로 포괄하는 개념으로 자리 잡았다. 아래에서 다시 언급하겠지만, 노무현 정부의 '동북아시대' 구상에 대한 가장 격렬했던 비판도 바로 그 지역개념에 관한 것이었다. 21세기의 한국 지역주의 전략을 수립하면서 어떻게 아직도 (시대에 맞지 않는) 동북아를 지역개념으로 상정하느냐는 비판이었다.

무릇 지역주의 발전의 기본 조건은 해당 국가들의 지역 정체성 공유인 바, 늦게 잡아도 1990년대 말경이면 한국을 포함한 중국과 일본, 그리고 ASEAN 국가들은 모두 동북아와 동남아를 아우르는 개념인 동아시아라는 지역 정체성으로 수렴해간다. 사실 그 이전서부터도 중국과 일본의 지역주의 담론에서 동아시아가 아닌 동북아란 개념은 찾기 어려운 것이었다. ASEAN 국가들의 지역주의 전략도 1990년대 초 이후에는 분명하게 그 대상을 동남아에서 동아시아로 확대하였다. 동아시아 국가들이 본격적으로 지역협력체 형성 노력을 기울이기 시작한 것이 바로 1990년대 말이었다. 당시 대부분의 동아시아 국가들은 동아시아 외환위기의 피해를 직간접적으로 받으며 자신들의 취약성 극복을 위한 연대의 필요성을 공유했다. 더구나 외환위기를 빌미로 가해진 IMF를 앞세운 미국 주도의 신자유주의 세계화 압력은 이들 국가들로 하여금 외부 충격에 대한 지역주의적 공동 대응의 필요성을 더욱 절감케 하였다. 이에 1998년에는 동남아의 ASEAN 10개국과 동북아의 한·중·일 3개국이 'ASEAN+3'을 공식화하였고, 이후 이들 13개 동아시아국가들은 주로 ASEAN+3 정상회의를 통해 지역주의의 발전을 도모해간다.

　사정이 이러함에도 2003년에 출범한 노무현 정부가 (시대를 역행하려는 듯) 동북아 담론에 근거한 지역주의 전략을 내놓자 한국 안팎으로부터 거센 비판이 일었던 것이다. 당시 일본과 중국을 동북아 국가로 분류한 것은 한국일 뿐이었지 막상 양국은 모두 "현실적으로 동북아를 철저하게 이탈"하여 "동북아와 동남아를 포괄하는 광의적 동아시아 개념에 더욱 친화적"인 상태에 있었다(박사명 2008, 15~16).[11] 특히 일본에서의 동아시아란 명백히 동남아를 포함한 개념이었다. 그것은 이미 1930년대와 40년대를 풍미하던 일본의 지역주의 담론인 동아신질서론, 동아협동체론, 대동아공영권론 등에서도 나타나는 오래도록 굳혀진 개념이었다(임성모 2005).[12] 2차 대전 이후 지금에 이르기까지도 일본의 지역개념에는 언제나 동남아가 포함된다.

　물론 지역개념은 필요에 의해 "상상되고, 기획되고, 구성되는" 것이다(박승우 2008, 335). 노무현 정부는 안보적 필요성 때문에 동아시아보다는 동북아라는 지역개념이 더 필요했는지 모른다. 그러나 지역개념이 제도화의 단계로까지 발전해가기 위해서는 최소한 (기획자 혹은 고안자가 상정한) 지역의 내부 국가들 간의 합의는 이루어져야한다. 역내국 모두가 제도화의 필요성을 가져야한다는 것이다. 지역개념이 특정 국가의 특정 문제를 해결하기 위해 디자인되고 제안될 경우 그것의 제도화 가능성은 높지 않다. 그런 점에서 역내 국가들 간의 경제적 상호의존도가 높을 경우 그들 간의 지역주의 추진은 성공 가능성이 상당한 것이라 할 수 있다. 상기했

---

11 박사명(2008, 17)은 "과거의 조공체제와 현재의 '책임대국'론이 실증하는 중국의 공간의식이나 과거의 대동아공영권과 현재의 '보통대국'론이 입증하는 일본의 공간의식은 모두 동북아를 철저하게 이탈하는 (중략) 현재의 동북아와 동남아를 포괄하는" 광역적 공간의식이라고 주장한다.

12 일본이 한중일 3국을 지칭하는 동북아 개념을 사용했던 19세기 중반에서 20세기 초까지의 기간은 오히려 예외적 시기로 봐야할 것이다.

듯, 안중근 역시 한중일 3국간의 경제의존관계에 주목하여 그들을 중심으로 한 동양평화론을 구상하였던 것이다.

많은 사람들이 간과하고 있지만 안중근의 구상에는 사실 동남아도 포함돼있었다. 그는 동양평화회의를 정착시켜 가는 가운데 "청과 한국 두 나라가 일본의 지도아래 상공업의 발전을 도모하게" 되면 "인도, 태국, 베트남 등 아시아 각국이 스스로 이 회의에 가맹하게"될 것이라고 내다봤다(국가보훈처·광복회 1996, 56). 그의 장기 구상은 동북아만이 아닌 동아시아 전체를 시야에 넣는 것이었다는 해석이 가능한 대목이다.

그러나 부인할 수 없는 사실은 안중근은 기본적으로 지역주의의 제도화 대상을 한중일 3국에 국한시켰다는 점이다. 그 후에 일부 동남아 국가들의 자발적 합류에 의해 동북아 지역주의가 '확산'될 수 있으리라는 것이었다. 구상을 작성할 당시의 그에게는 지금의 동아시아 개념이 존재하지 않았다. 사실 그럴만한 상황이나 조건도 아니었다. 그는 상기한대로 상당한 정도의 상호의존 혹은 경제적 연계 관계를 지역협력의 제도화 조건으로 보았으나 그 당시의 동북아 국가들과 동남아 국가들 사이에는 이러한 관계가 발전돼있지 않았기 때문이다. 그러나 21세기 초 현재의 상황은 그때와 전혀 다르다. 동북아가 아니라 동아시아의 수준에서 역내 국가들 간의 상호의존성을 논해야 할 시기는 벌써 오래전에 시작되었다.

3) 동아시아 국가들 간의 경제적 상호의존

동아시아의 경제적 상호의존 심화는 이미 1960년대와 70년대부터 뚜렷하게 나타나기 시작한 현상이다. 그 추동세력은 일본이었다. 특히 동남아에 대해서는 'JASEAN'이라는 용어가 등장할 정도로 FDI와 무역 등을 통한 일본 경제의 지역 침투는 대규모적이었다. 엔화 가치의 급격한 상승을 결과한 1985년의 플라자 합의 이후 일본의 대 동아시아 투자는 단기간에 걸쳐 폭발적으로 늘어났다. 투자 증대는 무역 증대로 이어졌다. 1980년대 후반기 동안 일본의 수출시장으로서 동아시아가 차지하는 상대적 비중은 꾸준히 증가하여 1990년대에 들어서면 전후 줄곧 일본의 최대 수출시장이던 미국을 제치게 된다. 이후에도 그 비중은 계속 확대되어 간다. 플라자 합의는 "일본의 생산 네트워크가 동북아와 동남아 사이의 경제통합을 진전시키는" 큰 계기가 됐던 것이다(이승주 2007, 337).

일본 주도의 이 동아시아 경제통합 혹은 동아시아 경제의 상호의존관계를 요약한 것이 바로 '안행형 모델'(flying geese model)이라고 할 수 있다. 일본을 선두로 하는 국가 간 분업구조가 한국과 싱가포르 등의 동아시아 신흥공업국, 동남아 국가들, 그리고 중국 사이에 발전 단계별로 형성되어 동아시아 국가들의 동반 성장과 그들 사이의 경제통합이 진전돼갔다는 것이다. 1980년대쯤에 이르면 한국을 비롯한 동아시아 신흥공업국들도 동남아 및 중국의 주요 FDI 또는 무역 파트너로 성장한다. 특히 중국은 지역의 최대 투자처 및 '공장'으로 부상하며 엄청난 속도의 경제성장을 지속해간다. 그 결과 1990년대 초에 가서는 급기야 중국 스스로가 동남아의 거대 투자국가로 부상한다. 성장 단계별로 연이어 이어지는 역내 국가들 간의 투자와 무역 증대의 순환구조는 역내 경제 의존도를 꾸준히 증대시켜갔다. 동아시아 경제의 상호의존 관계는 이러한 역동적 방식으로 줄곧 심화돼왔던 것이다.

1990년대 초에 이르면 드디어 이렇게 진전된 기능적 의미의 지역경제통합을 제도적 의미의 통합으로까지 발전시키자는 목소리가 나온다. 최초의 주창자는 말레이시아의 마하티르 모하마드 수상이었다. 그는 앞서 언급한 EU나 NAFTA 등과 같은 지역행위자들의 부상에 주목했다. 전세계의 지역주의적 재편 상황에 적절히 대응하지 못할 경우 동아시아의 파편화된 국가들은 시간이 지날수록 점점 더 커다란 기회비용을 지불해야할 것이라는 게 그의 깊은 우려였다. 역내 경제 의존관계도 상당한 정도로 높아진 마당에 이제 동아시아가 경제통합의 제도화를 통해 하나의 지역행위자로서 당당히 나서지 못할 까닭이 없다는 게 그의 생각이었을 것이다.

그는 1990년 동아시아경제그룹(East Asian Economic Group, EAEG)의 형성을 제창한다. 동남아의 ASEAN 국가들과 동북아의 한국, 중국, 일본, 대만, 홍콩을 하나의 공동시장으로 묶자는 제안이었다. 미국의 노골적 개입으로 이 제안이 무산되자 그는 다시 1991년 보다 느슨한 형태의 지역협력체인 동아시아경제회의(East Asian Economic Caucus, EAEC) 창설을 제안한다. 그러나 이 역시 미국의 반대와 그것을 의식한 일본이나 한국 등 일부 역내 국가들의 미온적 태도로 인해 성사되지 못한다. 마하티르의 초기 지역주의 구상은 비록 이렇게 사라져갔지만 그 의의는 상당한 것이었다. 무엇보다 지역경제통합의 제도화에 참여할 국가들, 즉 동아시아 지역주의의 지리적 범주를 분명히 했다는 공로가 대단하다. 그가 ASEAN과 더불어 동아시아 지역주의를 발전시켜갈 국가들로 제시한 동북아 국가들은 오직 대만을 제외하고 모두 지금의 ASEAN+3의 구성국들이다.[13]

마하티르에 의해 최초로 공식화된 이 동아시아 개념의 유효성은 1996년 ASEM의 출범을 계기로 다시금 확인된다. ASEM은 상기했듯 유럽과 동아시아 간의 역제협력 틀에 해당한다. 여기서 EU는 ASEAN과 한중일 3국을 동아시아 지역에 대한 자신의 역제주의 외교 파트너로 지명함으로써 이들 동아시아 국가들에게 일종의 집합체적 성격을 부여하였다. 말하자면 기능적 의미의 경제통합을 상당한 수준에서 달성한 이들 동아시아

---

13 홍콩은 1997년 7월 1일 중국에 반환되었다.

국가들이 장차 하나의 지역행위자로서 부상할 가능성이 외부의 유럽인들에 의해 긍정적으로 평가된 것이라 할 수 있다.

이들 국가들의 경제적 상호의존관계가 뚜렷하게 드러난 것은 1997년의 동아시아 외환위기 때였다. 상기했듯 이들 국가들은 거의 모두가 태국에서부터 시작하여 말레이시아와 인도네시아 그리고 한국으로까지 번져간 외환위기의 피해를 직간접적으로 받았다. 워낙 경제적 연계가 촘촘했던 터라 피해가 삽시간에 지역 전체로 확산된 것이었다. 따라서 해결책이나 재발 방지책은 개별 국가가 아닌 지역 수준에서 찾아져야한다는 데에 역내 국가들 모두가 쉽게 동의할 수 있었다. 1998년 ASEAN+3이 정례화 된 배경에는 이렇게 형성된 일종의 공동운명체 의식이 있었다. 결국 외환위기를 겪으며 새삼 인식하게 된 상호간의 밀접한 경제적 연계 관계가 동아시아 지역주의의 기본 틀을 형성토록 한 것이다.

그 후 ASEAN은 물론 동북아 3국들은 모두 이 ASEAN+3이라는 틀을 중심으로 나름의 지역주의 구상을 발전시켜간다. 특히 한국의 김대중 대통령은 ASEAN+3을 축으로 하는 동아시아 지역주의의 발전을 위해 발군의 리더십을 발휘한다.[14] 예컨대, 그는 동아시아비전그룹(East Asian Vision Group)과 동아시아연구그룹(East Asian Study Group)의 출범 및 활동 활성화를 이끌었고, 이 양 그룹을 통해 '동아시아공동체' 실현을 위한 3대 중점 연구과제, 즉 동아시아정상회의(East Asian Summit, EAS)의 출범, 동아시아포럼(East Asian Forum)의 정기 개최, 그리고 동아시아자유무역지대(East Asian FTA, EAFTA)의 형성 등을 제안하고 추진함으로써 실질적인 동아시아 협력의 강화 및 제도화를 주도하였다. 적어도 김대중 정부 당시의 한국은 명백히 동북아와 동남아를 아우르는 동아시아 개념을 기초로

---

14 김대중 전 대통령과 말레이시아의 마하티르 전 수상은 많은 이들에 의해 동아시아 지역주의 발전에 공헌한 양대 지도자로 평가된다. 이에 대해서는 이재현(2007) 참조.

한 지역주의 전략을 추진하였던 것이다.

중국 역시 ASEAN+3의 발전을 중시했다. 특히 중국은 ASEAN과의 협력 강화에 각별한 노력을 기울였다. 동북아 국가들 중 ASEAN과의 FTA 체결을 가장 먼저 추진하고 완료한 나라는 중국이다. 그 과정에서 중국은 ASEAN 국가들에게 상당한 양보를 거듭했다. 그만큼 동아시아 지역 협력체제의 발전에 기여할 ASEAN의 역할에 큰 기대를 하고 있기 때문이다. 중국은 중-ASEAN FTA가 한-ASEAN 및 일-ASEAN FTA를 촉진함으로써, 즉 ASEAN이 동아시아 FTA 망의 허브 역할을 함으로써 종국에 ASEAN+3 차원의 자유무역지대가 탄생되길 기대하는 것이다(김재철 2008, 147). 같은 맥락에서 중국은 한국 및 일본과의 FTA 체결에도 (동북아에서 가장) 적극적으로 나서고 있는 나라이다. 소위 'ASEAN+1s' FTA 체제는 한중일 3국간의 양자 FTA의 중첩 혹은 다자 FTA와 결합할 때에야 비로소 동아시아 FTA로 완성될 수 있을 것이기 때문이다.[15]

일본의 ASEAN 중시도 중국에 버금갈 정도이다. 사실 일본의 동남아 중시 정책은 '대동아공영권'이라는 지역개념이 시사하듯 그 전통이 매우 깊은 것이다. 앞서 언급했듯, 전후에도 일본은 JASEAN 건설에 적극적이었다. 일본의 동남아 애착은 1997년의 외환위기 상황에서도 확인됐다. 당시 AMF의 창설을 제창할 정도로 동아시아 외환위기의 재발 방지책 마련에 적극적이었던 일본의 주 관심은 동남아 경제에 있었다. 그것은 최근까지도 계속되고 있다. 예컨대, 2003년 12월 ASEAN 정상들을 도쿄로 초청한 자리에서 발표한 도쿄선언에서 일본은 ASEAN과의 정치안보 및 경제 협력의 강화 필요성을 재천명함과 동시에 ASEAN이 중심이 되는 동아시아공동체 건설의 당위성을 강조하였다. 동아시아에 초점을 맞

---

15 'ASEAN+1s' FTA 체제란 ASEAN과 동북아 3국이 개별적으로 체결한 세 쌍의 양자간 FTA가 구성하는 동아시아의 느슨한 FTA 네트워크를 지칭하는 개념이다.

추어 추진해간다는 일본의 공식 FTA 정책 기조에서도 가장 큰 방점은 역시 동남아 국가들에 찍혀있다.

요컨대, 1990년대 이후 한중일 3국 모두는 ASEAN이 포함되는 동아시아를 '자기 지역'으로 인식해왔다는 것이다. 상당 부분 경제적 상호의존성에 기반을 두어 형성된 이 공통의 지역개념은 ASEAN+3의 출범 이후 더욱 강화되었고 그것은 다시 동아시아 경제통합의 제도화를 촉진해왔다. 특히 금융통화 분야에서의 제도화 수준은 상당한 진척을 보이고 있다.[16] 예컨대, ASEAN+3 국가들은 외환위기 재발 방지를 위한 유동성 협력으로 1,200억 달러 규모의 '치앙마이이니셔티브'(CMI) 다자화 공동기금을 조성하기로 하고 그 기금의 각국 분담금도 이미 합의한 상태에 있다. 일본과 중국이 각각 그 기금의 32%, ASEAN이 20%, 그리고 한국이 16%를 분담하기로 한 것이다. 일부에서는 CMI 다자기금만으로는 향후에 다시 닥쳐올지 모를 금융위기를 대처하기에는 역부족이라며 동아시아의 엄청난 외환보유고를 역내에서 사용할 수 있도록 2003년의 ASEAN+3 재무장관회의에서 이미 합의했던 '아시아채권시장이니셔티브'(ABMI)를 구체화함으로써 역내 채권시장을 활성화하는 한편 아시아통화기금(AMF)의 창설 논의를 재개하자는 주장이 분출하고 있다.

유동성 협력을 넘어 좀 더 장기적으로는 외환보유의 필요성 자체를 줄이기 위한 동아시아 단일통화의 도입이 모색돼야 한다는 의견도 그 어느 때보다 강하게 개진되고 있다. 다만 현실적으로 더 큰 관심을 끌고 있는 제안은 지역 통화통합에는 상당한 기간이 소요되므로 그 중간단계로 환율공조를 위해 아시아공동통화단위(ACU) 같은 공동통화바스켓을 형성하자는 안이다. EU가 걸었던 것과 유사한 통화통합의 경로를 밟아가자

---

16 이하 동아시아의 금융통화협력 관련 내용은 최태욱(2009)에서 인용.

는 주장인 것이다.

금융통화협력에는 못 미치지만 ASEAN+3 간의 통상협력도 나름 제도화의 길을 걷고 있다. 한·중·일 3국은 모두 2011년을 전후하여 ASEAN과의 양자간 FTA를 발효시킨다. 앞서 언급한 소위 'ASEAN+1s' FTA 체제가 조만간 역내에 구축된다는 것이다. 이제 남은 것은 한·중·일 사이의 FTA이다. 이들 3국 사이에 세 짝의 양자간 FTA가 체결되거나 혹은 3국간 FTA가 바로 맺어질 경우 그것은 'ASEAN+1s' FTA 체제와 연결되어 동아시아 FTA로 발전하게 될 것이다. 현재 한일 FTA는 협상이 결렬된 상태에 있으나 그 재개 가능성은 상당한 것으로 판단된다. 한중 및 중일 간의 FTA에 대해서도 그 타당성 연구가 활발히 진행 중에 있다. 일각에서는 동북아 국가들 간의 양자간 FTA보다는 3자간 FTA 혹은 아예 동아시아 전체를 포괄하는 EAFTA로 바로 가는 것이 더 현실적이라고 주장하는 바, 그에 대한 연구 역시 심층적으로 진행되고 있다.

이상 20세기 초의 안중근 구상을 낳게 했던 세 가지 변수의 100년 후의 변화를 살펴보았다. 21세기 초인 현 시점에서 서양으로부터의 압력은 제국주의가 아닌 세계화의 논리로 가해지고 있으며, 지역개념은 한중일 3국으로 구성되는 동북아만이 아니라 그 동북아 3국에 동남아 국가들이 가세한 동아시아로 수렴돼 있고, 동북아에 국한되었던 경제적 상호의존 관계도 동아시아 전체로 확산된 가운데 심화일로에 있음을 확인했다. 그렇다면 세계화 압력에 직면하고 있는 작금의 한국 상황에서 신자유주의 제도론자 안중근이 내놓을 법한 21세기적 지역주의 처방은 무엇일까? 그것은 필경 이미 진행중인 ASEAN+3 중심의 동아시아 지역주의의 강화였을 것이다. 만약 그렇다고 한다면 21세기에 들어선 한국은 그동안 안중근의 동양평화론을 제대로 계승해왔던 것일까? 앞으로는 어떨까?

4. 안중근, 김대중, 노무현, 그리고 누구?

김대중은 분명한 안중근 계승자였다. 그는 동양평화론의 원리를 21세기 초의 상황에 맞추어 적절히 적용했다. 동북아가 아닌 동아시아를 지역주의의 범주로 삼고 그 범주에 속한 역내 국가들 간의 경제 및 정치안보 협력의 제도화를 도모했다. 그의 제안으로 출범한 동아시아비전그룹이 작성하여 2001년 제5차 ASEAN+3 정상회의에서 채택된 이른바 'EAVG 보고서'의 내용을 살펴보자. 우선 보고서는 ASEAN+3을 중심으로 한 동아시아 지역협력의 궁극적 목표는 '동아시아공동체'의 형성에 있음을 분명히 하고, 그를 위해서는 공동번영을 위한 경제금융협력, 지역평화를 위한 정치안보협력, 그리고 인간적 진보를 위한 사회문화협력을 세부 목표로 삼아야할 것임을 강조한다. 그리고 역시 그의 주도로 출범한 동아시아연구그룹은 동아시아비전그룹이 제시한 세부 목표의 달성에 필요한 각종 협력의 제도화 방안을 내놓는다. 그 대상이 동아시아일 뿐 그 내용은 다분히 안중근의 동양평화론을 상기시키는 구상이었던 것이다.

그러나 노무현의 동북아시대 구상은 안중근의 원리와는 다소 거리가 있는 것이었다. 예컨대, 안중근이 경제적 상호의존성을 '평화지역' 형성의 주요 조건으로 삼은 것에 비해, 노무현은 안보의 공동 필요성이 바로 지역형성으로 이어질 수 있다는 가능성에 매달려 (경제변수가 주축이 되는) 동아시아보다는 (안보변수가 핵심인) 동북아라는 지역개념에 집착했다. 그것은 중국이나 일본 등 노무현 자신이 '자기 지역'으로 여기고 있는 역내 국가들의 지역개념과도 다른 것이었다. 상기했듯 중국과 일본은 동북아라는 지역개념을 어색해했고, 무엇보다 그들은 이미 상당 정도의 경제적 상호의존관계에 있는 ASEAN 국가들을 중시하고 있었다. 더구나 동북아시대 구상은 21세기 초의 외부 충격이 어떠한 모습으로 가해지고 있으며 따라서 역내 국가들의 지역주의적 공동 대응 방식은 어떠해야하는 지를 제대로 파악하지 못하였거나 혹은 파악했더라도 그 내용을 충분히 담아 내지 못한 구상이었다. 외부 충격은 한국과 동아시아의 시장경제체제 변화를 강요하는 경제적 세계화의 압력이었으나 노무현의 지역주의 구상 은 추상적 수준에서의 안보 문제 해결책에 불과할 뿐이었다.

현 이명박 정부에서는 체계화된 지역주의 구상을 찾아보기 어렵다. 그렇다면 이제 국가 수준에서의 '신안중근 구상'의 등장은 더 이상 기대하기 어려운 것인가? 그 기대를 저버리지 않기 위해서는 다음 세 가지 사건 중 하나 혹은 그 이상이 일어나야 할 것이다. 이명박이 김대중을 이어 안중근을 계승하거나, 이명박 이후의 새 지도자가 그러한 구상을 제시하거나, 혹은 한국이 아닌 다른 동아시아 국가의 지도자가 나서줘야 한다는 것이다. 어느 쪽이 됐든 동양평화론의 21세기적 계승은 반드시 필요한 일이다. 그리하여 동아시아 지역주의의 현 교착상태를 풀어야한다. 그렇지 않을 경우 자본주의의 표준경쟁과 역제주의 외교가 난무할 남은 21세기에 동아시아의 미래는 암담하다.

10

안중근의 동양평화론과
아시아 금융통화협력

문우식

서울대학교 국제대학원

1. 서론

안중근이 「동양평화론」을 작성하기 시작한 것은 이토 히로부미를 사살하고 갇힌 여순감옥에서 이었다. 그러나 사형 집행일이 다가와 「동양평화론」은 서문과 전감만 완성되고 나머지는 미완으로 남아 있었다. 그러나 청취서로 알려진 당시 관동도독부 고등법원장과 면담한 기록이 다시 발견되어 안중근의 「동양평화론」내용이 어느 정도 알려지게 되었다. 그 내용은 대체로 다음과 같다.

우선 안중근은 군사, 안보적 측면에서 당시 러시아, 일본, 중국의 군사세력이 치열하게 다툼하였던 여순을 일본, 중국, 한국 3국이 공동으로 관리하는 군항으로 만들고 3국이 대표를 파견하여 동양평화회의 조직할 것을 주장하였다. 나아가 세 나라의 청년들로 군단을 편성하고 이들에게는 2개국 이상 어학을 배우게 하여 우방 또는 형제의 관념이 높아지도록 함으로써 한중일 3국이 청년들이 서로 연대할 수 있는 기반을 만들고자 하였다. 한편 안중근은 실질적인 삼국 제휴를 가능하게 할 경제적 기반을 마련하는 것이 중요하다는 것을 알고 있었다. 이에 따라 삼국간 경제협력을 통해 상업적 이익을 증대시키기 위해 삼국 공동으로 은행을 설립하여 공동화폐를 발행할 것을 제안하였다.

여기서 이미 100년전 안중근이 아시아은행을 설립하여 공동통화발행이라는 금융협력을 강조했다는 것은 매우 놀랄만한 사실이라 생각된다. 그러나 이미 많은 학자들[1]이 이러한 사실을 충분히 강조하였지만 왜 그의 동양평화론에 있어 금융협력이 중요한 축으로 등장하는 지에 대한 답

---

1 예컨대 이태진, "안중근의 하얼빈의거 100주년에 해야 할 일", 「안중근 평화재단 청년아카데미 홈페이지 http://www.danji12.com」, 2009.6 또는 윤병석, 안중근 의사의 하얼빈 의거와 '동양평화론,「안중근의사의거 100주년 기념준비 1차 국제학술대회 발표논문집」, 2005.3 참조

은 내놓고 있지 못하다. 특히 이태진은 안중근의 동양평화론이 임마누엘 칸트의 영구평화론으로부터 영향을 받았을 것이라는 사실을 지적하지만 안중근의 평화체제와 공동통화발행이라는 금융협력간 관계를 밝히고 있지 못하다.

본 논문은 안중근이 왜 아시아의 평화와 관련하여 금융협력을 강조하였는 지를 추론해 보고 그의 제안의 현실성을 살펴보고자 한다. 기본적으로 안중근의 평화구상은 오늘날 지구상에서 가장 성공적인 지역통합의 사례로 간주되는 유럽의 통합방식과 많이 다르지 않은 것으로 판단된다. 따라서 유럽통합의 사례에 비추어 안중근의 제안을 비교하는 것은 그 제안의 장점과 단점을 잘 부각시킬 수 있으리라 생각된다. 그러나 안중근의 동양평화론에 대한 충분한 자료가 존재하지 않기 때문에 본 논문은 많은 경우 추론(speculation)에 의지할 수 밖에 없는 한계를 안고 있다. 그럼에도 불구하고 이러한 시도는 이미 100년전 아시아의 금융협력에 대한 선구자적 제안을 하였던 안중근을 재평가할 수 있는 충분히 가치있는 작업이라 확신한다.

안중근에게 경제협력은 평화를 담보하는 중요한 과정이다. 이중에서 특히 근대 신용제도의 발전은 석탄이나 철강산업의 발전과 같이 한 국가의 무력을 강화하고 전쟁을 일으킬 수 있는 기반이 되기 때문에 신용의 공동관리를 위한 국가간 협력, 즉 공동은행에 의한 공동통화의 발행은 진정한 아시아의 평화정착을 위한 첫 걸음인 것이다.

본 논문의 구성은 다음과 같다. 우선 2장에서는 안중근의 동양평화론을 청취록의 내용을 바탕으로 보다 자세히 살펴본다. 3장에서는 왜 금융협력이 동양평화론의 주요내용으로 등장하고 있는가를 추론해 본다. 다음 4장에서는 공동통화발행으로 귀결되는 금융협력이 당시 얼마나 현실적인 대안이었는지 평가해 본다. 이어 5장에서는 안중근의 동양평화론과 금융협력안이 채택되었다면 오늘날 동양의 금융공간은 어떻게 변하게 되었을까에 대해 추론해 본다. 6장에서는 결론을 제시한다.

2. 안중근의 동양평화론

안중근은 이토 이로부미가 동양평화를 가로막는 가장 큰 장애물이라 인식하고 1909년 10월 26일 중국의 하얼빈 역에서 이토 히로부미를 저격한다. 20세기 초 당시는 많은 아시아의 지식인들이 침략적인 서구 제국주의에 대해 아시아가 연대해야 한다는 의식을 가지고 있었다.[2] 그러나 일본이 한국을 병탄하는 경우에서 살펴볼 수 있듯이 아시아의 연대주의는 자칫하면 일본의 침략주의를 정당화할 위험을 안고 있었다. 즉 무력을 통해 일방적으로 통합을 강제하는 것으로 발전될 수 있는 데 이토 히로부미는 이러한 선상에서 일본을 대표하는 정치인이었다. 안중근에 의하면 이러한 강제적인 통합은 오히려 아시아의 평화를 위협하는 것이었다.

> 일본이 취해온 정책은 20세기에는 모자라기 짝이 없는 것이다. 다시 말해 종래에 외국에서 써오던 수법을 흉내내고 있는 것으로 약한 나라를 병탄하는 수법이다. 이런 생각으로는 패권을 잡지 못한다. 아직 다른 강한 나라가 하지 않은 것을 해야 한다.[3]

진정한 아시아의 평화는 오늘날 유럽의 경우에서 보는 바와 같이 주권을 갖고 있는 아시아 각국이 자발적인 계약을 통해 통합을 추진할 때 정

---

2 월간 「말」, "안중근과 신동북아 시대—동양평화론", 2003
3 청취서『21세기동양평화론』국가보훈처, 1996, p.54

착될 수 있음은 두 말할 나위 없다. 통합의 면에서 볼 때 수직적 통합과 수평적 통합을 구분할 수 있는 데[4] 수직적 통합이란 서구 열강에 의한 식민지 지배를 통한 통합이고 수평적 통합이란 EU와 같은 지역적 통합이다. 일본의 평화론은 주권을 포기한다는 면에서는 물론 무력에 의한 통합이라는 점에서 수직적 통합에 속한다. 그러나 안중근에 의하면 진정한 동양의 평화와 발전은 수평적 통합에 의해서만 달성될 수 있었다. 구체적으로 안중근은 한,중,일 3국이 대등한 위치에서 동양평화회의체를 만들 것을 제안하였다. 안중근의 동양평화회의체에 대한 구상은 아시아에서 일본의 역할과 관련하여 당시 아시아 제일의 강대국인 일본에, 첫째, 재정을 건전하게 하고 둘째, 세계 각국의 신뢰를 얻도록 하며, 셋째, 일본의 약점을 노리고 있는 서구 열강에 대응할 것을 주문하는 것으로부터 시작된다. 이러한 3대 과제에 대한 안중근의 구체적인 제안을 청취서의 내용을 중심으로 살펴보면 다음과 같다.

우선 세계 각국의 신뢰를 얻는 방법으로 당시 청국과 일본이 다투었던 여순항을 중국에 돌려주고 이를 개방항구로 하여 동양평화회의의 본부를 설치할 것을 제안한다,

> 새로운 정책은 여순을 개방한 일본, 청국, 그리고 한국이 공동으로 관리하는 군항을 만들어 세 나라에서 대표를 파견해 평화회의를 조직한 뒤 이를 공표하는 것이다. 이것은 일본이 야심이 없다는 것을 보이는 일이다.(…) 여순의 반환은 일본에 고통이 되기는 하지만 결과에서는 오히려 이익이 되는 일이 되어 세계 각국이 그 영단에 놀라고 일본을 칭찬하고 신뢰하게 되어 일본, 청국, 한국이 영원한 평화와 행복을 얻기에 이를 것이다.[5]

---

4 수직적 통합과 수평적 통합이라는 표현은 월간 「말」(2003)에서 김용호교수가 사용한 표현임.
5 청취서, p.55

이러한 구상은 유럽통합의 초기 독일과 프랑스의 국경지역인 알사스로렌지역에서 석탄과 철강을 공동관리하에 두도록 함으로써 유럽의 평화를 가져오려 한 시도와 놀랍도록 유사하다. 이어 안중근은 재정확보와 금융통합에 관해 다음과 같이 제안한다.

여순에 동양평화회의를 조직하여 회원을 모집하고 회원 1명당 회비로 1원씩 모금하는 것이다. 일본, 청국, 그리고 한국의 인민 수억이 이에 가입하는 것은 의심할 여지가 없다. 은행을 설립하고 각국이 공용하는 화폐를 발행하면 신용이 생기므로 금융은 자연히 원만해 질 것이다. 그리고 중요한 곳에 평화회의 지부를 두고 은행의 지점도 병설하면 일본의 금융은 원만해지고 재정은 완전해 질 것이다.[6]

안중근은 일본정부의 재정적 어려움을 잘 인식하고 있었다고 보여진다. 당시 근대국가로의 경험이 일천한 일본은 조세 등을 통해 충분한 재정수입을 확보하는 데 어려움을 겪고 있었던 것으로 보인다. 특히 군대의 유지나 무기 등의 수입에 항상 큰 지출이 있었기 때문에 적정한 수준의 재정수입확보는 매우 긴요하였을 것이라 판단된다. 이러한 상황에서 평화적으로 재정확보를 위한 유일한 수단은 삼국 국민의 자발적 기부금밖에 없었을 것이라는 것도 이해될 수 있다. 한편 발권은행의 설립은 필요시 정부가 자금을 차입할 수 있는 유력한 수단이다. 실상 서구 열강의 경우 근대 국민국가의 설립과 동시에 모두 발권업무를 하나의 은행에 독점시킴으로써 중앙은행을 세우는 데 이것 또한 이러한 맥락에서 이해된다. 그러나 안중근의 제안하는 은행은 오늘날의 기준으로 보았을 때 두 가

---

6 청취서, p.55

지 다른 성격의 은행을 시사하고 있는 것으로 보인다. 하나는 이미 지적한 바와 같이 정부의 재정적 어려움을 도와줄 수 있는 발권은행이다. 다른 하나는 산업은행(혹은 개발은행)이다. 왜냐하면 발행된 화폐를 산업발전을 위해 사용하는 것은 개발은행의 역할이기 때문이다. 마지막으로 안중근은 일본을 노리는 열강에 대한 대응방법으로 한중일 3국 공동의 군대를 제안한다.

> 이 문제에 대해서는 일본, 청국, 그리고 한국의 3국에서 각각 대표를 파견하여 다루게 한다. 세나라 청년들로 군단을 편성하고 이들에게는 2개국 이상의 언어를 배우게 하여 우방 또는 형제관념이 높아지게 지도한다. 이런 일본태도를 세계에 보여주면 세계는 이에 감복하고 일본을 존경하고 경의를 표하게 될 것이다.(…) 청과 한국 두 나라도 함께 그 행복을 누리고 세계에 모범을 보여줄 수 있게 된다.[7]

이와 같이 안중근의 평화구상이 실현된다면 오늘날 유럽연합과 같은 지역공동체가 아시아에서도 출현할 수 있을 것으로 보인다. 지역공동체란 관점에서 안중근의 동양평화회의체 구상을 살펴보면 정치협력, 금융협력, 안보협력의 3대 축으로 구성되어 있다고 볼 수 있다. 특히 주목할 것은 아시아의 평화정착은 재정, 금융협력을 통한 경제협력을 전제로 한다는 점이다. 경제적 협력을 통하여 정치적 협력으로 나가고 있는 오늘날의 유럽통합과정에 비추어 보았을 때 탁월한 통찰력이 돋보이는 구상이라 하겠다.

---

7 청취서, p.56

3. 동양평화체제와 금융협력

이미 살펴본 바와 같이 안중근의 동양평화체제구상에는 금융협력이 중요한 하나의 축으로 등장한다.

이와 관련하여 이태진은 금융협력에 대한 안중근의 착상이 어디에서 온 것인지는 앞으로 깊이 연구할 대상이라 말하면서 임마뉴엘 칸트의 「영구평화론」으로부터의 영향설을 들고 있다.[8] 그러나 칸트의 평화론에는 금융문제가 들어 있지 않다고 지적하면서 안중근의 평화론과 관계된 직접적인 증거는 제시하지 못하고 있다. 이태진의 주장은 일리가 있는 것으로 보인다. 왜냐하면 칸트의 영구평화론 주요골자는 제국주의적 관행과 수직적 통합을 거부하고 수평적 통합을 강조한다는 점에서 안중근의 동양평화체제와 일맥상통한다고 할 수 있기 때문이다. 그러나 칸트의 영구평화론에 금융문제가 언급되어 있지 않다고 하는 그의 주장은 논의의 여지가 있다고 보인다. 왜냐하면 칸트는 우선 "국가간 영구평화를 위한 예비조건 제 4항"에서 다음과 같이 금융문제에 대해 언급하고 있기 때문이다.

국가간의 대외적 분쟁과 관련하여 어떠한 국채(National Debt)도 발행되어서는 안된다. (…) 열강들의 상호대립에서 대립하는 기제로서 엄청나게 커져가는 신용체계는 당장의 요구에는 항상 안전한 채무(모든 채권자가 일시에 채무상환을 요구하지 않기 때문에)이지만 위험스러운 돈의 힘을 발휘하게 된다. 즉

---

8 이와 관련하여 이태진은 안중근이 알사스, 로렌 지방 출신의 프랑스 신부 죠셉 빌렘 신부로부터 프랑스어 공부를 하기도 해서 그로부터 이 책을 전해 받아 읽었거나 그 내용에 관한 얘기를 들었을 가능성이 있음을 지적하고 칸트의 영구평화론이 안중근에 영향을 미쳤을 것이라고 추론하고 있다. 이태진, "안중근의 하얼빈의거 100주년에 해야 할 일", 「안중근 평화재단 청년아카데미 홈페이지 http://www.danji12.com」, 2009.6 참조

그것은 전쟁의 수행을 위한 국채가 된다.[9]

여기서 칸트가 말하는 신용이란 특히 중앙은행의 설립을 통해 은행권을 발행하고 이를 통해 정부가 초과재정지출을 할 수 있게 된 것을 의미하는 것으로 보인다. 특히 칸트는 1694년 설립된 영란은행의 사례를 염두에 두고 (발권)은행의 설립이 전비를 마련하는 데 사용될 수 있는 가능성에 염려를 하고 있는 것으로 나타난다.

그렇지만 칸트는 신용제도 자체의 발전에는 부정적이지 않았던 것으로 보인다. 신용제도의 발전이 전비조달을 쉽게 만들 수 있는 가능성은 경계하였지만 경제발전을 통한 평화를 가져오는 데에 긍정적인 역할을 하기 때문이다. 기본적으로 칸트는 국가간 경제적 연관성과 평화와의 관계를 잘 인식하고 있었던 것으로 나타난다. 특히 칸트는 무역을 통한 경제적 번영이 평화에 매우 긍정적인 영향을 미칠 것으로 보고 있었다. 왜냐하면 무역은 사람들을 교화하고 연대의식과 우정을 불러일으킴으로써 자연스럽게 평화를 가져오는 데 기여할 수 있기 때문이다. 실제 칸트는 "영구평화를 보장하는 첫 번째 부속조건"으로 "상업정신(Spirit of commerce)"을 지적하고 두 국가간 상호이익이란 관점에서 두 국가간 무역이 활성화되면 자연스럽게 무력을 통한 침략보다는 평화를 정착하는 것이 유리할 것이라는 점을 강조하고 있다.

> 자연은 (…) 여러 민족들의 상호 이익에 의해 서로 통합시킨다. 그것은 전쟁
> 과 양립할 수 없는 상업정신으로 조만간 각 민족을 지배하게 된다. 금력이야말
> 로 국가 권력안에 포함되는 모든 권력(수단) 가운데에서 가장 믿을 만한 것이

---

9 칸트, 「영구평화론」, 서경사(이한구 옮김) 2008, p.18

기 때문에 각 국가는 영예로운 평화를 추구해 가지 않을 수 없게 되며 전쟁이 발발하는 곳이 어디가 되었든 간에 중재를 통해 전쟁을 막지 않을 수 없게 된다.[10]

기본적으로 평화는 정치협력과 경제협력이 사이좋게 나란히 전개될 때 확립될 수 있다. 오늘날 지구상에서 찾아볼 수 있는 가장 성공적인 지역협력체로는 유럽연합(EU)을 들 수 있는 데 유럽연합도 처음에는 전쟁의 방지와 평화의 정착을 목적으로 시작되었다. 그러나 이러한 목적이 정치적 공동체만을 통해서 달성될 수 없게 되자 경제적 통합을 추진하게 되었고 경제적 이해관계가 긴밀해 짐에 따라 유럽연방이라는 정치적 목적을 위한 통합이 추진되게 되었다. 이런 점에서 정치적 협력과 경제적 협력은 밀접한 관계를 유지하고 있음은 두말할 나위 없다.

그럼에도 불구하고 칸트가 경제적 협력을 통해 정치적 협력을 달성할 수 있다고 하는 확고한 믿음을 가지고 있었다고 보기는 어렵다. 칸트가 살던 시기에는 아직 국가간 경제적 협력이 미미하였고 경제적 연관관계도 약하였기 때문이다. 그러면 정치적 협력을 가능케 하는 경제적 협력은 무엇을 의미하는가? 크게는 상품, 사람, 자본이 국경간 자유롭게 이동하는 것을 의미한다. 기본적으로 근세 초 유럽의 상황을 살펴보면 우선 국가의 역할은 외부세력의 침입으로부터 국민을 보호하는 동시에 세금을 부과할 수 있는 능력을 의미하였다. 따라서 국경을 넘는 행위에 대해서는 세금을 매기는 것은 국가의 당연한 권리이자 기회였고 이러한 관습(customs)은 중세유럽에서 매우 보편화되고 있었다. 실제 유럽의 역사를 살펴보면 이러한 관습에서 비롯된 관세(customs duty)는 20세기초까지 정

---

10 칸트, 앞의 책, p.56

부재정수입의 가장 중요한 부분을 차지하고 있는 수단이었다. 그러나 이러한 관세는 역내의 경제적 발달을 가로막고 국가간 분쟁을 통해 정치적 협력이나 통합을 저해하는 가장 큰 장애물로 나타났다. 특히 독일의 경우 18세기 초까지 수많은 독일 지방영주들이 관세 및 물품세 부과하였고 이에 따라 약 1800개의 관세장벽이 있었다고 알려지고 있다.[11] 이에 따라 19세기 중반 처음으로 독일에서 관세를 철폐하고 역내 경제통합을 추진하는 관세동맹(Zollverein)이 이뤄지게 되었다. 그리고 이러한 경제협력이 이후 독일통일의 기반이 되었음은 잘 알려진 사실이다. 한편 이와 같이 상품의 이동이 자유화됨에 따라 사람의 이동도 자유화되게 되었다. 특히 1850년대 후반이후 국제여행객 수가 증가하고 각국에서 신분증제도가 정착됨에 따라 유럽 국가들은 통행제한을 크게 완화하게 되었다. 중세 및 근세 초 유럽에서 국경은 오늘날과 같은 의미가 없었고 신분이나 길드와 같은 사회적 집단에 대한 소속이 더 중요한 역할을 하였다. 예컨대 여행객들은 그들이 속한 길드로부터 통과증(passes)을 발급받아 통행을 하였다. 물론 여권(passport)자체는 근세 초 유럽에도 존재하였으나 현대적 의미에서 모든 여행자에게 강제되는 신분증으로서의 여권은 법 앞에서 평등한 국민들의 거주공간으로서의 국민국가(nation state)의 개념과 긴밀히 연결되어 있었다.[12] 이와 같이 여권제도가 도입되게 된 동기는 정치적으로 반대세력의 집회를 억제하고 적대적 외국정부의 대리인이 국내에 진입하는 것을 억제하기 막기 위한 인적이동의 제한이었다. 그러나 외국인에 대한 불신이 사라지고 무역 및 교류확대로 인한 경제적 이익이 강

---

11 Henderson, W.O., *The Zollverein*, Frank Cass and Company Ltd., 1984

12 이러한 관점에서 모든 여행자로 하여금 국가가 발행하는 공식적 신분증명서를 소지하도록 한 현대적 여권제도는 1792년 프랑스 혁명정부에 의해 차츰 도입되었고 이후 나폴레옹을 통해 다른 유럽대륙에도 전파된 것으로 알려지고 있다. Caplan, Jane et al, *Documentary Individual Identity: The Development of State Practices in the Modern World*, Princeton University, 2001 참조

조되면서 제 1차 세계대전까지 인적이동에 대한 제한이 급속히 자유화 되었다.[13] 마지막으로 자본의 이동은 1870년대에 들어서면 당시 세계의 모든 주요국가가 금본위제도를 채택하거나 금이 주요결제수단이었다는 점에서 상대적으로 국경간 이동에 큰 장애가 없었다.

안중근이 살아 있었던 19세기말 20세기초의 시대는 이러한 경제적 협력이 가시화되는 시기이었다. 아시아 지역의 경우에 한정하여 살펴보더라도 상품, 사람, 자본이동이란 측면에서 상호 협력을 통해 공동의 번영을 누릴 수 있었던 시기이었다고 판단된다. 특히 당시 만주지역의 경우 독립된 주권국가가 존재하지 않아 특별한 관세의 부과도 없었고 아시아 삼국국민들의 이동에 대한 특별한 제한도 없었던 상황이라고 판단된다. 또한 다음 장에서 보듯이 한중일 삼국 모두 은을 본위화폐로 사용하거나이에 근거한 통화제도를 통해 공동의 통화권에 속하였기 때문에 경제적 협력과 통합에 적합한 환경이었다고 생각된다. 따라서 경제적 협력을 강화함으로써 분쟁도 방지하고 정치적으로 평화를 유지해 나가자고 한다고 하더라도 자연스러운 주장이었다. 실제 안중근이 재정, 금융, 산업면에서 한중일 동양 삼국의 협력을 주장한 것도 이러한 배경하에서라 생각된다.

> 이같이 하면(…) 일본은 수출도 많이 늘게 되고 재정도 풍부해져서 태산과
> 같은 안정을 얻게 될 것이다.(…) 그리고 청과 한국 두나라는 일본의 지도아래
> 상공업의 발전을 도모하게 될 것이다. 따라서 패권이라는 말부터 의미가 없어
> 지고 만주철도 문제로 파생되고 있는 분쟁같은 것은 꿈에도 나타날 수 없게

---

[13] 경제적 자유주의의 확산과 더불어 급속히 진전된 인적 교류의 자유화는 1차 세계대전을 거쳐 보호주의가 대두되면서 다시 도입되게 되었다. 특히 내외국인을 구분하는 민족주의 의식의 확대는 통행제한을 재도입하는 데 큰 역할을 한 것으로 지적된다. Torpey, John C, *The invention of the Passport: Surveillance, Citizenship and the State*, 2002 참조

된다. 이렇게 함으로써 인도, 태국, 베트남 등 아시아 각국이 스스로 이 회의에 가맹하게 되어 일본은 싸움없이도 동양의 주인공이 되는 것이다.[14]

4. 금융협력과 공동통화론의 실현가능성

칸트의 영구평화론에 비교하였을 때 안중근의 가장 큰 기여중의 하나는 한중일 삼국에 의한 공동통화의 발행이라 볼 수 있다. 이미 지적한 바와 같이 칸트는 경제협력이 평화에 미치는 긍정적인 효과를 잘 인식하고 있었으나 이를 위한 금융면에서의 구체적인 협력방안은 생각하고 있지 못하였다. 오히려 발권은행의 신용공급으로 인한 전비의 조달이란 측면에서 금융의 위험성을 강조한 것으로 보인다. 따라서 안중근이 칸트의 사상을 그대로 이어받았더라면 이러한 점에서 (발권)은행의 설립에 부정적인 태도를 취했을 것이라 생각된다. 그러나 안중근은 이를 지양하여 삼국이 공동으로 출자하고 공동의 통화를 발행하도록 함으로써 금융의 위험을 삼국이 공동으로 관리하도록 함으로써 독창적인 제안을 하였다. 이는 시대를 앞선 안중근만의 혁신적인 제안이라 생각된다. 왜냐하면 유럽통합의 경우 전쟁물자인 석탄과 철강을 공동으로 관리하여 전쟁의 위험을 미리 방지하게 한 것이 오늘날 유럽연합의 기초가 된 바와 같이 아시아 지역에서 금융의 공동관리가 이뤄졌다면 이후 아시아지역에서도 금융협력을 통한 평화의 정착을 위한 단초가 이뤄졌을 것이라고 추측하는 것도 가능하기 때문이다.

안중근에게는 공동통화론이 어떠한 의미를 갖는가? 한중일 삼국에

---

[14] 청취서, p.56

의한 은행의 설립과 공동통화의 발행은 안중근이 주장한 수평적 통합을 실현하는 효과적인 수단으로 간주된다. 실제 안중근은「안응칠 역사」에서 이토 히로부미의 죄악 15가지의 여섯째로 일본의 "제일은행권을 강제로 사용"하게 한 것을 들고 있다.[15] 이는 안중근이 일본통화의 유통을 수직적 통합의 금융적 수단으로 파악하고 있었던 것을 뜻한다. 다음 장에서 보듯이 실제 러일전쟁이후 전개된 금융통합의 과정을 보면 일본은 수직적 통합을 강화하는 방향으로 움직이었고 이는 최종적으로 동양의 평화를 큰 위기에 빠뜨리는 결과를 가져왔다.

이와 관련하여 안중근의 공동통화론은 당시의 실정에서 얼마나 현실적인 대안인가를 검토할 필요가 있다. 왜냐하면 안중근의 제안이 단순히 이상적인 제안으로 치부되고 현실적이지 못한 제안이라고 생각하기 쉽기 때문이다. 당시의 동아시아 상황을 감안하면 안중근의 공동통화론은 상당한 타당성이 있는 제안이라 판단된다. 아시아 역내 국가간 상호의존성이 증대되면서 아시아에서 공동통화의 필요성이 제기되고 있는 오늘날의 상황과 비교해 보아도 여건은 훨씬 좋았다고 생각된다. 이를 좀 더 살펴보면 다음과 같다.

안중근이 살았던 19세기말이나 20세기 초 아시아의 통화제도는 실질적으로 은본위제도라 할 수 있다. 특히 이른바 은원이라 하는 서양식 은화를 통해 아시아 경제가 동일한 통화권에 속해 있다고 할 수 있다. 스페인 은화나 멕시코 은화로 대변되는 서양식 은화는 대체로 순도 0.93055, 중량 25.460 그램을 갖는 은화로 아시아에서 이미 널리 사용되고 있었다. 이에 따라 달러라는 서양식 은화가 은원(銀圓)이라는 이름으로 통용되기 시작하였고 곧 원(圓)이라는 통화단위가 중국은 물론 한국 일본의 기본

---

15 신용하,「안중근유고집」, 역민사 1995

적인 통화단위가 되었다. 원은 달러에 대한 한자식 표현이라 할 수 있다. <표 1>은 중국, 일본, 한국의 동북아 3국에서 통화단위를 정리하고 있다.

〈표 1〉 한중일 삼국의 통화단위

	중국	일본	한국
전통적통화단위	兩 (liang)	兩 (Ryo)	兩 (Yang)
현대의 통화단위	圓, 元 (yuan)	圓 (Yen)	圓(won), 圜(Whan, won)
약칭	元	円	圓

자료: 문우식[16]

원이 사용되기 이전 아시아에서는 전통적으로 양(兩)이란 무게단위를 사용하여 거래에 사용하였다. 그러나 양은 무게단위나 포함된 은의 순도가 지역별 큰 차이를 나타내는 등 거래의 불편성으로 인해 그 사용이 제한되었다. 이에 반해 은원은 중량과 순도면에서 표준화되어 있었기 때문에 점차 은량을 대체, 표준화폐단위로 정착될 수 있었다. 한중일 삼국에서 은원의 사용현황을 보다 자세히 살펴보면 다음과 같다.

우선 중국에서 원의 사용은 유럽과 아시아 대륙의 교역 혹은 아메리카 대륙과 아시아 대륙간의 교역을 매개로 이미 중국 전역에서 널리 사용되고 있었다. 이에 따라 중국 정부도 스페인 혹은 멕시코 은화와 등가인 원표시 은화를 주조하기 시작하였다. 공적으로 주조된 최초의 원화는 광동성정부에 의해 주조되며 1903년에는 중앙정부도 원화 표시 은화를 주조하게 된다. 동시에 원화 표시의 지폐도 각 지방정부와 중앙정부에 의해 발행되었고 최종적으로는 원화가 표준은화로 채택되어 공적 거래에서 양을 대체하게 된다. 한편 일본은 아시아에서 가장 일찍 엔(원화의 일본식 발음)을 통화단위로 채택한 국가이다. 일본의 경우 스페인은화나 멕

16 문우식, "동아시아 통화블럭의 역사적 고찰," 「한국국제경제학회 창립 30주년 기념 논문집」, 2007

시코 은화가 이미 오래전부터 무역항을 중심으로 유통되고 있었으나 엔화가 일본의 통화단위로서 공식적으로 채택된 것은 명치유신에 의해 서양식 통화제도가 도입되게 되면서부터이다. 특히 1871년 신화조례(新貨條例)를 제정하여 통화단위를 兩에서 圓(円)으로 전환하였다. 한편 당시 세계 열강이 금본위위제를 채택하고 있었으므로 이에 따라 본위화폐를 금화로 정하였다. 다만 무역을 위해 멕시코은화를 중심으로 1엔 은화도 새로 발행하였다.

한국은 1876년 개항과 더불어 외국인이 가지고 온 은화를 통해 은화가 사용되기 시작하였다. 특히 일본인은 1엔 은화와 일본은행 태환권, 중국인은 은량 및 멕시코 은화를 가지고 왔으며 북부 국경지방에서는 러시아 루블은화가 약간 유입되고 있었다. 특히 한일강화조약에 의해 일본화폐가 한국내에서 합법적으로 유통될 수 있게 되자 1엔 은화가 가장 널리 유통되게 되었다. 이에 따라 우리나라에서도 서양식 은본위제를 채택하여 근대적인 화폐를 유통시키고자 하였다. 특히 1891년 신식화폐장정 공포를 계기로 공공부문에서 원(元이)라는 중국통화단위를 도입, 사용하게 되었다. 그러나 당시 우리나라는 공식적으로 은본위제로 이행하였다고 하더라도 충분히 은준비금을 확보하지 못했기 때문에 동화(銅貨)가 주요 유통수단이었고 본위화폐인 은화의 유통은 미미하였다. 그리고 화폐단위로서 양과 원이 혼용되어 혼란스러웠다. 러일전쟁후인 1905년 비로서 화폐단위가 단일화되었고 당시 세계 열강이 채택하고 있던 금본위제를 채택하게 되었다. 한편 우리나라 최초의 은행권은 1992년 일본의 상업은행인 제일은행에 의해 발행되었다. 제일은행은 한국정부로부터 해관세 취급업무를 위임받은 1884년부터 실질적으로 한국의 중앙은행기능을 담당해 왔다. 제일은행은 1엔, 5엔, 10엔의 3종의 은행권을 발행하였으며 발행된 은행권은 일본은행권과 태환가능하였다. 그러나 1909년 한국은행이 설립되면서 제일은행의 발권업무는 한국은행에 이전되었다.

이와 같이 아시아에서 은원을 표준으로 통화제도가 정착됨에 따라 한중일 삼국간 통화는 등가로 쉽게 교환될 수 있었다. 따라서 한중일 삼국이 은행을 설립하여 공동으로 통화를 발행하는 것은 정치적으로 합의만 이뤄지면 비교적 쉽게 추진될 수 있는 일이라고 생각된다. 즉 동양의 평화만 달성되면 경제적 발전을 위해 한중일 삼국이 쉽게 은행을 설립할 수 있었을 것이라 보인다. 한편 이렇게 설립된 은행이 개발은행으로서의 기능도 할 수 있었을 것이라 추측된다. 실제 안중근은 삼국간 경제적 격차의 문제를 잘 인식하고 있었고 따라서 이러한 은행이 역내 경제발전, 특히 일본에 비교적으로 낙후된 한국과 중국의 경제발전을 위해 사용될 수 있었을 것이라고 추측해 볼 수 있다. 또 역으로 이렇게 되었다면 동아시아의 평화체제도 공고해 졌을 것이다.

5. 일본의 아시아금융체제 붕괴와 그 영향

이미 지적하였듯이 안중근이 이토 히로부미를 사살한 것은 일본이 잘못된 정책을 바꾸고 진정으로 아시아의 평화를 가져올 수 있는 대등한 국가간의 협력에 의한 공동체를 설립하는 데 노력하기를 희망했기 때문이다. 그럼에도 불구하고 안중근 사후 일본은 영토확장과 식민지 건설이라는 서양의 제국주의적 침략주의를 답습하여 수직적 통합을 추진하게 되었다. 이에 따라 결국은 중일전쟁을 걸쳐 태평양전쟁으로 아시아 전역을 전쟁터로 몰아넣게 되었고 이로 인해 자국민은 물론 아시아 각국의 국민에게 막대한 피해를 입히게 되었다. 안중근의 평화론에 기초를 둔 수평적 통합이 채택되었다면 이러한 사태는 피할 수 있었으리라 추론해 볼 수 있다.

이와 관련하여 일본의 수직적 통합이 금융측면에서 끼친 폐해는 비교적 면밀히 연구되지 않았다고 보인다. 정치면에서 일본의 수직적 통합이 대동아공영권이란 이름으로 전개된 반면 금융면에서는 엔블럭이란 이름으로 발전되었다고 볼 수 있다.[17]

엔블럭의 첫발자국은 한국경제를 일본에 통합하기 위한 식민지화폐제도의 수립으로부터 시작된다. 이를 위해 일본은 러일전쟁에서 승리하면서 제일은행권을 법화로 하고 제일은행 경성지점을 중앙금고로 하는 가운데 구화폐인 엽전과 백동화를 교환 및 환수에 의해 정리해 나가는 내용의 '화폐정리사업'을 추진해 나갔다. 이 때 제일은행권은 일본은행권을 정화준비로 하여 발행되고 조선내의 법화임과 동시에 일본은행권과 동가로 교환되도록 규정되어 있었다. 그러나 일개의 사립은행인 제일은행이 중앙은행으로 기능을 수행하는 것이 직절하지 않다는 지적에 따라 제일은행의 발권업무를 이관받아 1909년 중앙은행인 한국은행이 설립되었고 이는 한일합방이후인 1911년 조선은행으로 개칭되어 식민지시대는 물론 1950년 현재의 한국은행이 설립될 때까지 존속되었다. 식민지시대의 화폐제도는 일본통화를 본위화폐로 하면서 이와의 등가결제를 기본골격으로 하여 일본이 통화발행을 관장하는 엔본위제이다. 따라서 일본은행권은 한국에서 통용력을 가지고 있게 되었지만 조선은행권은 일본에서 통용력을 가질 수 없었다. 이러한 식민지 통화체제는 이후 만주에서나 중국의 다른 점령지에서도 그대로 적용된다.

중일전쟁과 더불어 일본에 대한 중국의 통화전도 벌어진다. 중국의 국민정부와 일본정부는 중국대륙에 있어 각각 자국에 의해 수립된 중앙은

---

17 엔블록에 대한 보다 자세한 논의는 문우식, "동아시아 통화블럭의 역사적 고찰," 「한국국제경제학회 창립 30주년 기념 논문집」, 2007 참조

행을 통해 통화를 발행하는 데 이렇게 발행된 통화의 유통을 확대하는 데 전념하였다. 이 와중에서 중국은 미국과 영국의 지원을 얻어 자국 통화의 가치를 안정시켜 통화전을 승리하고자 하였고 이에 대해 일본은 국민정부의 통일적 국민통화 출현에 반대하였을 뿐만 아니라 중국통화와 영미통화의 연계를 막기 위해 만주국은 물론 중일전쟁 초반의 군사적 승리로 점령한 화북과 화중, 화남지역에 만주은행이나 중국연합준비은행, 중앙저비은행 등 일본계 중앙은행을 설립하여 엔블록에 편입시켰다.

일본에 의해 세워진 이들 엔계 은행은 독립적 통화정책의 권한이 없는 괴뢰은행이다. 왜냐하면 일본은 이들 은행을 통해 발행된 통화를 통해 점령지의 군비를 조달하였기 때문이다. 그리고 이러한 군비조달은 결국 점령지에서 하이퍼인플레를 가져오고 그 국민들의 생활을 피폐하게 만들게 되었다. 구체적으로 일본정부가 군사비 조달을 위해 사용한 방법은 현지통화를 직접 차입(정부대상제도)하거나 엔계 은행과 '상호예금지불계약'을 통해 점령지 정권에 군사비 지출을 떠넘기는 방법이었다. 예컨대 만주의 경우 정부대상제도를 통해 일본의 국책은행인 정금은행이 만주에 무담보어음을 맡기는 것을 보증으로 만주은행의 국폐를 차입하여 일본군의 전비로 지출하였다. 한편 화북의 경우 조선은행으로부터 임시군사비를 차입하는 한편 이렇게 조달된 자금을 연합은행과의 상호예금계약에 의해 연합은행권으로 교환하여 현지전비를 조달하였다. 화중과 화남의 경우 중앙저비은행과 요코하마 정금은행(상해지점)간에 군표와 중저권의 상호예금지불계약을 체결하여 중앙저비은행권을 조달하였고 그 결과 중앙저비은행의 지폐 중 70%이상이 상호예금지불계약에 의해 발행되었다. 이러한 수단들을 통해 일본 정부는 언제든지 원하는 만큼 현지통화를 조달할 수 있었다. 이렇게 조달된 현지통화는 군비지출에 사용되어 엄청난 인플레의 원인이 되었으며 일본의 패망 후 동아시아 각국에서 하이퍼인플레문제를 불러 일으켰다.

　이러한 이유로 인해 일본이 2차 세계대전에 패망하자 필연적으로 엔 블럭은 붕괴될 수밖에 없었다. 이는 이미 살펴본 바와 같이 다음의 <도 1>로부터 잘 나타난다. 우선 1930년대 중반까지 한중일 3국의 원화통화 간 대체로 등가관계가 잘 유지된 것으로 나타난다. 그러나 한국의 원 일본의 엔간 중국의 원간 안정적으로 유지되어 오던 환율은 대략 중일전 쟁 전후를 경계로 그 격차가 확대된다. 이는 무엇보다도 대동아공영권이 일본의 군사적 팽창을 위한 일본 점령지의 통화를 군비지출수단으로 남 용한된 데 그 원인이 있다.

<도 1> 한중일 삼국의 대미달러환율추이

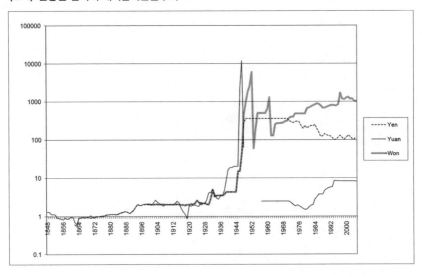

주: 한국의 경우 1905~1945년간 원화의 대미환율은 엔화의 대미환율과 동일함. 1953년에는 100원=1환으로 평가변경하였으며 다시 1962년에는 10환=1원으로 재평가변경. 중국의 경우 1933년까지는 은량환율을 은 원환율로 환산(1원=0.72량)하였음. 1948년 금원으로 평가변경하였으며 공산정권이 들어선 1949년서부터 1956년 기간에는 자료가 없고 1956년서부터는 인민폐 원기준임
자료: 문우식[18]

---

18 앞의 저서

결국 엔블럭하에서 일본 엔과 역내통화간 등가교환이라는 원칙은 역내 인플레격차가 확대되면서 지킬 수 없다는 것이 명백해 졌다. 한편 일본전비지출을 위한 동아시아 국가의 자원수탈은 일본과 다른 동아시아 국간 경제력 격차의 확대로 이어졌다. 공동의 번영을 내 세우고 군사력을 통해 지지되어 왔던 대동아공영권이 반대의 결과를 내개 된 것이다.

실제로 다음 <도 2>는 일본이 동아시아 각국을 점령하고 있는 동안 동아시아 각 지역이 독자적 발권은행과 은행권을 가졌으나 고인플레에 시달렸다는 사실을 보여준다. 특히 중국이나 동남아지역의 경우 일본은 비롯하여 일본과 정치경제적으로는 물론 지역적으로 가까운 한국이나 대만의 경우와 비교하였을 때 보다 높은 인플레율을 기록한 것으로 조사된다. 예컨대 일본 패망전인 1945년 6월 일본의 도매물가는 중일전쟁

〈도 2〉 아시아 각 지역의 도매물가 상승율

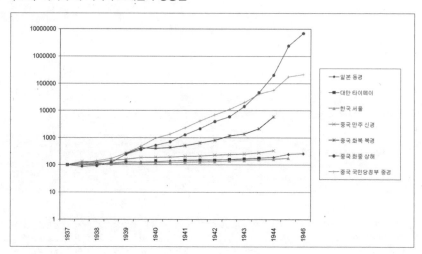

자료: 문우식[19]

---

19 앞의 저서 참조

이 시작된 해인 1937년 12월에 비해 약 2.5배 상승하는 것으로 나타났고 한국이나 대만의 경우 그와 비슷하거나 약간 적게 물가가 상승하는 것으로 나타났으나 중국만주의 경우 4.5배로 상승하였고 특히 화북지역인 북경의 경우는 153배, 화중지역인 상해의 경우 24049배로 초인플레가 발생하였다. 동남아시아지역인 필리핀이나 싱가포르지역의 경우에도 100배 이상으로 물가상승이 있었고 미얀마의 랑구운의 경우 약 300배의 물가상승이 있는 것으로 나타났다.

제 2차 세계대전 이후 한동안 아시아에서는 역내금융협력에 대한 논의가 사라져버렸다. 이는 무엇보다도 세계제일의 패권국으로 등장한 미국과 미국의 달러화에 기반을 둔 브레튼우즈 체제가 등장함에 따라 지역적 통화협력의 필요성도 그다지 크지 않았고 또 지역의 협력이나 통합문제를 주도할 역내 주도국도 없었기 때문이다. 그러나 엔블럭하의 실망스럽고 고통스러운 경험 역시 역내 금융통화협력의 논의를 가로막는 중요한 변수라는 사실도 무시될 수 없었다. 실상 아시아 통화금융협력에 대한 논의가 본격적으로 시작된 것은 1997년 아시아 금융위기이후인 데 당시 일본측이 AMF 등 대안을 제시해 왔음에도 불구하고 아시아 국가들이 이에 전폭적인 지지를 보내지 않은 것도 과거 엔블럭의 망령으로부터 자유롭지 않았기 때문이라 생각된다.

최근 역내 통화금융의 협력에 대한 필요성은 어느 때보다 높다. 아시아 제국은 아시아금융위기의 재발방지, 아시아 지역주의의 확대와 이를 바탕으로 한 국제금융무대에서 아시아제국의 발언권확대, 그리고 아시아 역내의 막대한 준비자산과 높은 저축률을 통한 역내자본의 역내순환 등에 대해 공통의 관심을 갖게 되었고 이에 따라 최근 치앙마이의 다자화(CMIM) 등 아시아의 금융협력과 관련하여 일정 성과를 거두고 있는 것도 사실이다. 그럼에도 불구하고 진정한 수평적 관계에서 역내의 평화정착과 공동번영이라는 기치아래 협력은 아직도 요원하다. 이는 무엇보다도 일본이 패권주의를 완전히 버려야 하는 것은 물론 최근 일본을 능가하는 세력으로 급부상한 중국도 이를 포기해야 하기 때문이다.

6. 결론

안중근의 동양평화론이 칸트의 영구평화론에 영향을 받았을 가능성은 비교적 높아 보인다. 그럼에도 불구하고 안중근의 평화론은 재정금융 측면에서 평화를 위한 보다 구체적인 방법을 제시하고 있다는 점에서 독자적 가치를 갖는다. 이러한 방법 중의 하나는 한중일 3국 국민들의 기부금에 의한 재정확보이고 다른 하나는 한중일 3국의 공동은행설립에 의한 공동통화의 발행이다. 안중근 평화론의 기여도는 동양평화를 위한 바로 이러한 구체적인 금융통화협력안을 제시한 데 있다고 보인다. 기본적으로 안중근은 평화란 정치적 목적을 달성하기 위한 경제적 협력의 중요성을 강조하고 있는 것으로 보인다. 이러한 점에서 이미 100년 전에 유럽통합의 방법론을 제시, 이와 관련하여 특히 금융협력을 강조하였는데 이는 칸트가 지적한 대로 금융발전이 전쟁을 쉽게 할 수 있는 위험을 잘 인식하고 있었기 때문이라 생각된다. 따라서 금융도 석탄이나 철강과 같이 중요한 전쟁의 수단이므로 공동의 소유관리를 통하지 않고서는 제국주의적 지배와 피지배의 관계를 피할 수 없을 것이라 보았다고 판단, 구체적인 실천방안으로 공동통화발행을 통한 금융협력을 제시한다.

아시아에서 금융협력의 기원은 서구제국의 은화유입으로 시작된 은본위제라 볼 수 있다. 동아시아 경제가 은달러, 즉 은원을 통해 세계시장에 편입되면서 한국, 중국, 일본의 통화단위가 다시 통일되었다. 이러한 통합과정은 어떠한 정치적 의지나 노력에 관계없이 경제적 편의성으로 인해 자발적이고 자연스럽게 일어난 수평적 통합과정이다. 이러한 환경하에서 안중근의 공동통화안은 경제적 협력을 통해 동아시아의 평화를 정착시킬 수 있는 현실적이고도 효과적인 수단이었을 것이라고 판단된다. 그러나 실제 아시아에서 전개된 금융통합과정은 엔블럭이라 하는 강제적 수직적 통합과정이었다. 엔블럭의 목표는 동등한 지역이나 국가간 연합이라기보다는 서열화된 통합, 일본을 지배국의 위치에 놓고 다른 아시아국을 피지배국의 위치에 두는 차별화에 기반을 두고 있다. 이러한 점을 고려하면 엔블럭이 아시아의 통합을 가져오기 보다는 지역간 혹은 국가간 격차를 확대시키고 역내시장을 단절시키는 결과를 가져오게 된 것도 당연하다. 엔블럭에 따라 경제적 통합이 더 멀어지게 된 것이다. 이러한 엔블럭의 망령은 오늘날 아시아 국가들이 금융협력을 추구하는 데 있어 아직까지도 큰 장애요인으로 작용하고 있다. 안중근의 금융협력안이 실행되었다면 (그리고 이와 더불어 평화체제가 정착되었다면) 이미 오래전 아시아도 유럽과 같이 하나의 동일통화권으로 공동의 번영을 누릴 수 있었지 않았을까하고 추론해 볼 수도 있다. 안중근 자신이 지적하였듯이 "아시아에서 패권이라는 말부터 의미가 없어지고... 분쟁이란 것은 꿈에도 나타날 수 없는" 진정한 아시아공동체가 달성될 수 있었을 것이라 생각된다.

11

동아시아협력과 한일관계

동양평화론, 동아협동체, 동아시아공동체

손열

연세대학교 국제학대학원 교수

1. 서론

자민당 장기집권체제를 무너뜨리고 민주당 시대를 연 하토야마 유키오 총리는 조부가 번역한 책의 저자 칼레르기의 "우애(fraternity)"를 키워드로 해서 새로운 국가 진로를 모색하였다(Hatoyama 2009). 그는 비인간적인 미국식 시장자본주의가 지구화(globalization)란 이름으로 일본을 침식해 왔으며 자민당을 이를 적극적으로 지지함으로써 일본의 전통과 습관을 담고 있는 경제질서를 와해상태로 몰고 갔다고 비난한다. 개체주의적이고 물질만능적인 시장의 대체개념으로 우애가 담긴 자본주의를 촉구하고 있다. 우애는 또한 지역주의의 인자(DNA) 즉, 동아시아를 하나로 엮는 촉매제로 제시되고 있다. 미국의 일방주의는 이라크전의 실패와 금융위기로 쇠퇴하고 있으며 세상은 다극화의 길로 가고 있다. 여기서 일본은 국제협력의 구조적 대안으로서 동아시아공동체를 실천해야 한다. "자립"과 "공생"이 그 핵심가치이다(鳩山 APEC演說 2009/11). 요컨대, 하토야마는 대내적으로 미국식 시장자본주의체제로부터의 전환, 대외적으로 미국중심주의로부터의 전환이란 거대한 제안을 하고 있는 것이다.

동아시아공동체 구상은 결코 하토야마의 전유물이 아니다. 이미 고이즈미 수상이래 역대 정권이 추진해 온 사안이다. 그러나 일본의 노력은 그다지 성공적이지 못하였다. 외교정책의 최중요사안도 아니었고 역내 중국의 주도권(initiative) 하에서 후수, 후수로 대응해 온 측면이 적지 않다(伊藤 2005). 주변국의 반향도 긍정적이지 못하였다. 오히려 역사문제의 분출로 역내국가(한국과 중국)와의 관계가 수교이래 최악의 상태로 추락한 적도 있다. 이제 하토야마는 이를 외교정책의 전면에 내걸고 있다. 과연 신 정권은 지역협력의 새 일보를 내디딜 수 있을까. 또 그 속에서 새로운 한일관계를 구축할 수 있을까.

동아시아공동체란 지역주의 추진의 본질은 상대방을 자신이 원하는 지역에 들어오게 하는 능력에 있다(손열 2007). 그리고 이 능력은 상대방을 강제하는 것이 아니라 자발적 혹은 준자발적 동의에 기반하는 것이다. 이른바 소프트파워(soft power)이다(Nye 2004). 이는 군사력이나 경제력 등 물리적 강제력보다는 가치나 이념, 문화 등 지식과 정서의 힘이다. 일본이 동아시아국가를 공동체로 엮는 작업에 중심이 되려면 상대방을 끄는(attraction), 공감(empathy)을 이끌어 내는 능력을 발휘해야 한다. 하토야마의 신일본이 공동체구상을 추진하려면 결코 과거 자민당 정권과의 차별화만으로 이루어 질 일은 아니다. 자민당의 장기집권체제를 무너뜨린 새 정권으로서 당장 역내 주변국의 관심과 호감을 살 수는 있지만 "구상"에 동의를 이끌어 내기 위해서는 보다 근본적인 노력이 필요하다. 이런 차원에서 하토야마 정권은 동아시아 역사로부터 몇 가지 교훈을 찾을 수 있다. 이 글은 100년 전 조선의 안중근(安重根)이 펼친 동양평화(東洋平和)론과 70년 전 전쟁의 와중에 일본의 미끼 키요시(三木 淸)가 펼친 동아협동체(東亞協同體)론을 소개하면서 이들의 고민이 오늘날 넓게는 동아시아, 좁게는 한일관계에 주는 이론적, 실천적 의미를 따져 보고자 한다.

2. 안중근과 동양평화론

안중근이 역외세력(러시아)의 침략과 역내세력(일본)의 독점적 지위를 견제하는 이중의 고민 속에서 동양평화론을 내어 놓은 지 100년이다. 그가 마주친 현실과 이상의 괴리는 다음의 구절에서 처절하게 드러난다.

> 일본과 러시아가 개전할 때 일본천황의 선전포고하는 글에 '동양평화를

유지하고 대한독립을 공고히 한다'고 운운했으니 이와 같은 대의가 청천백일의 빛보다 더 밝았기 때문에 한청인사는 지혜로운 이나 어리석은 이를 막론하고 일치동심해서 복종했는데, [일본이] 천만뜻밖에 승리하여 개선한 후로는 가장 가깝고 가장 친하며 어질고 약한 같은 인종인 한국을 억압하여 조약을 맺고 만주장춘 이남을 조차한다는 핑계로 점거하니 그 만행은 러시아보다 더 심하다(안중근 1997).

안중근은 러일전쟁을 "황백인종간의 경쟁"이라 보았고, 이 때문에 "지난날의 원수진 심정이 하루아침에 사라져버리고 도리어 하나의 큰 인종 사랑하는 무리(一大愛族黨)"를 가졌음에도 불구하고 일본이 "같은 인종인 이웃나라를 깎고 우의를 끊어 스스로 방휼(蚌鷸)의 형세(방합과 도요새가 서로 다투는 틈을 타서 둘 다 어부에게 잡히고 만다는 고사)를 만들어...한청양국인의 소망을 크게 절단"내었기 때문에 이토오 히로부미를 암살하는 "의전"(義戰)을 개전하였다고 주장하였다(안중근 1997).

그럼에도 불구하고 안중근은 옥중에서 자신을 묶은 일본을 품는 지역질서를 구상하였다. 1910년 2월 17일 관동도독부 고등법원장과의 면담내용인 「청취서」에 '동양평화'를 위한 지역질서 구상을 펼쳐 보이고 있다. 안중근은 "한국, 청국 그리고 일본은 세계에서 형제의 나라와 같으니 서로 남보다 친하게 지내야 한다. 그러나 오늘에 있어 형제간의 사이가 나쁠 뿐이며 서로 돕는 모습보다는 불화만을 세계에 알리고 있는 형편"이라고 지적하고 동양의 중심지이며 항구도시인 여순을 개방하여 일본, 청국, 그리고 한국이 공동으로 관리하는 군항으로 만들어 세 나라에서 대표를 파견해 평화회의를 조직할 것을 주장하였다. 그리고 이를 위해 ① 동양평화회의를 조직하여 삼국인민 중에서 회원을 모집하고 재정확보는 회비 1인당 1원씩을 모금하여 운영할 것, ② 삼국이 공동으로 은행을 설립하고 각국이 공용하는 화폐를 발행하여 금융·경제면에서 공동발전을 도모할 것, ③ 각국의 중요한 지역에 평화회의 지부와 은행지점을 개설하여 재정적 안정을 도모할 것, ④ 영세중립지 여순을 보호하기 위하여 일본군함 5·6척을 정박시켜 놓을 것, ⑤ 삼국의 청년들로 군단을 편성하여 최소한 2개 국어로 교육시켜 평화군을 양성할 것, ⑥ 일본의 지도아래 한·청 두 나라의 상공업을 발전시켜 공동으로 경제발전에 노력할 것, ⑦ 한·청·일 세 나라 황제가 국제적으로 신임을 얻기 위하여 합동으로 로마 교황으로부터 대관을 받을 것, ⑧ 일본은 한국과 청에서 행한 침략행위를 반성할 것을 제안하였다(Ibid., 55~57). 이른바 정치, 군사, 경제, 사회, 문화 등 여러 방면에 걸친 지역협력질서 구상을 밝히고 있는데, 아마도 근대한국에서 가장 구체적이고도 진전된 구상으로 평가할 수 있다.

안중근의 지역구상은 당시 일본이 주도한 지역인식, 구상, 전략에 영향을 받았다. 1894년 청일전쟁을 문명간 전쟁(동양의 구문명 vs. 일본의 신문명)으로 규정하여 지역패권의 첫 발을 내디딘 일본은 본래 서양의 것인 신문명을 기치로 반서양, 반제국주의 질서를 짜기는 곤란하였다. 일본 서양제국주의의 침탈에서 벗어나기 위해 서양적 근대를 충실히 추구하는 역설에서 나오는 정체성의 딜레마가 그것이다. 이를 극복하기 위해 문명이 아닌 인종이란 인자(DNA)를 매개로 지역을 엮으려 하였다. 대표적으로 타루이 도키치(樽井藤吉)는 동종인의 일치단결로 서양의 위협에서 벗어나자는 "대동합방론"을 주장한다. 당시 타루이의 눈에 비친 국제세계는 구미가 동양에 개국(開國)과 문명개화를 강요하는 한편 아시아계 이민에 대해서 문호를 폐쇄하는 즉, 양이(攘夷)라는 이중적인 모습을 보이고 있었다. 따라서 약육강식의 국제세계는 본질적으로 인종과 인종의 교섭 충돌, 특히 백인종과 황인종의 각축으로 전개되는 세상으로 보이는 것이었다. 여기서 싸움은 상호간 판도의 확대 경쟁이 될 것인데, 백인종인 구미제국은 본토의 수십 배에 달하는 속국을 보유하고 있는 반면 일본은 구미와 평형을 이룰 만한 판도를 확보할 수 없으므로 일본이 취할 수 있는 길은 지리상의 순치(脣齒), 인종상의 동종인 동양삼국간의 연대/합방일 뿐이다. 황인종간의 연대가 필수적이라는 것이다(장인성 2003).

대동합방론, 동양연대론 등 인종연대는 당시 조선에 상당한 매력을 갖는 구상이었다.[1] 예컨대, 독립신문(1898/4/7)은 동양 삼국이 아시아란 같은 지역에 속해 있을 뿐만 아니라 인종이 같고 문자가 상통하며 풍속도 유사하기 때문에 유럽의 침범을 '동심(同心)'으로 막아야 유럽에 의한 속국화를 방지할 수 있다고 주장하였다. 나아가 "일본사람들은 황인종 형제의 모든 나라들을 권고하고 인도하여 종자를 서로 보호할 큰 계책을 세워 동양 큰 판에 평화함을 유지케 하는 것이 하나님께서 정해주신 직분의 당연한 의무"라고 하였다(독립신문 1899/11/19). 1904년 2월 러일전쟁이 발발하자 당시 한국인들은 이 전쟁을 황색인종의 멸절(滅絕)이냐 흥창(興昌)이냐의 기로에 서게 된 것으로 파악하고 황색인종국가인 동양삼국이 단결해야 한다고 생각하였다(황성신문 1904/5/6). 러일전쟁이 러시아로부터 '동양평화와 안전'을 지키려는 노력이라는 일본의 주장에 동조하여, 러시아를 동양삼국의 공동적국으로 간주하였다(Ibid., 1903/10/15). 그래서 일본군인이 한국에 진출하자 한국인 모두가 환영하고 군수물자를 운반하는 일을 돕기도 한 것이다(대한매일신보 1905/11/22). 안중근의 동양평화론은 이러한 시대적 맥락에서 등장한 구상이다.

안중근의 저격은 일본이 주창한 동양연대론에 대한 실망이 아니라 일본의 실천에 대한 실망에서 비롯된 결과이다. 그는 이토 히로부미가 "한

---

1 이하 독립신문, 황성신문, 대한매일신문 기사의 분석은 정용화, "한국의 지역인식과 구상: 동양평화 구상," 손열 편 『동아시아와 지역주의: 지역의 인식, 구상, 전략』35~74에서 재인용.

국인을 기만"한 뿐만 아니라 "일본천황을 속인 것과 다름없다"고 고발하면서 인종간 믿음을 배신한 일본의 지도자를 규탄하였다. 안중근은 일본의 문제를 말과 행동의 불일치에서 찾았다. 일본 스스로 "東洋의 先覺者이며 連衡의 主動者이며 이는 日本의 天職"이라는 주장은 연대를 실천할 때 성립되는 것이었다(田岡嶺雲, 59). 말과 행동의 일치는 신뢰의 기본조건이다. 그리고 신뢰는 공동체 구축의 핵심덕목이다.

3. 미끼 기요시와 동아협동체

동아협동체(東亞協同體)론은 1937년 중일전쟁이 발발하고 이듬해 일본군이 우한(武漢)을 공략한 이후 전쟁이 장기, 지구전이 분명한 시점에서 등장한다. 동아의 영원한 안정을 확보할 신질서를 건설하기 위해서 일본-만주국-중국(日滿支) 3국의 선린우호, 호조연환(互助連環), 공동방공(共同防共), 경제제휴를 제안하는 것으로서 전쟁에 의한 제국건설로부터 공동체로의 극적인 전환을 모색하는 구상이었다. 미끼 기요시는 그 대표적인 이론가이다.

미끼의 이론체계는 서양의 자본주의와 산업주의란 문명이 비판에서 비롯된다. 자본주의는 이기주의적이고 불평등한 문화로서 진실된 생의 의미를 찾기 위해서는 자본주의가 부과하는 역사적 제약을 초극해야 한다는 것이다. 그는 동시대 우익들처럼 과거(즉, 봉건제)로의 회귀 혹은 본질주의적 정신(일본정신)으로의 귀환을 주장하지 않는다. 현실은 역사의 변증법적 과정이다. 동아시아란 공간은 서양제국주의의 지배와 자본주의적 근대의 규정 속에 놓여 있는 동시에, 동양적 협동주의의 전통을 갖고 있다고 본다. 이는 "동양적 휴머니즘"이며 "게마인샤프트와 게셀샤프트의 융합," 혹은 전통적 공동체와 근대사회의 융합의 모습을 띠는 것으로서 자본주의를 변증법적으로 극복할 수 있는 새로운 질서라는 것이다(미끼 57). 즉, 미끼가 논하는 문화는 과거의 것(전통)이 아니라 신문화로서 창조되어야 하는, 세계문화와 접촉함으로써 차원을 높이는 것이 된다(미끼 58).

미끼는 당시 세계정세가 일국단위가 자족적으로 존재할 수 없는 속에서 범아메리카체제, 소비에트연방, 대영제국 등 경제, 문화, 국방의 방면에서 지역연합이 발전되고 있다고 인식하고, 일본, 만주, 중국을 포함하는 동아협동체가 바로 이런 세계적 추세를 따르는 구상이라는 점, 이를 위해 앞서 언급한 문화를 창조하는 것이 세계사적 사명임을 강조하였다. 동아협동체의 문화는 "근대 민족주의의 극복," "추상적인 근대적 세계주의의 극복"이어야 하며 따라서 "세계사의 새로운 단계에서 세계적 원리가 될 만한 것을 자기 속에 담고 있지 않으면 안된다"고 보았다 (미끼, 56).

이런 맥락에서 미끼는 몇 가지 중요한 주장들을 내어 놓는다. 첫째, 동아협동체는 민족주의의 입장을 넘어서야 한다는 것이다. 한편으로 협동체 내부의 각각의 민족에게 독자성이 인정되어야 하며, 다른 한편으로 당시 일본주의 혹은 황도주의에 의한 아시아연대의 관념성과 편향성을 비판하고 동아시아 구성원들에 공통되는 보편적 정치이념을 추구한다.

일본의 지도의 의해 성립되는 동아협동체 속에 일본도 들어가는 것이며 그 한에서 일본 자신도 이 협동체의 원리에 따르지 않으면 안된다는 의미에서는 당연히 그 민족주의에 제한이 가해지지 않으면 안된다...민족주의가 빠지기 쉬운 배외적 감정에 대해 경계해야 한다는 것은 말할 필요도 없다(미끼 59).

이런 점에서 미끼는 중국에 대해 진보적이었다. 중국의 민족적 통일을 일본이 방해해서는 안 되며, 오히려 중국이 이를 통해 독자성을 획득할 때 동아협동체가 진정으로 성립될 수 있다고 보았다. 이는 당시 지배층이 중국민족주의가 일본의 신질서건설의 최대 장애물로 인식하고 있었던 것과 대조된다.

둘째, 미끼는 협동체가 전체주의로 흐르지 않아야 됨을 경고한다. 근대 개인주의와 자유주의, 자본주의에 맞서는 중요한 원리로서 전체주의(예컨대 파시즘)는 실질적으로는 커다란 민족주의로서 내부 민족의 독자성을 억압하고 있다고 보았다. 민족과 민족을 결합시키는 것은 공공성과 세계성을 띤 합리적 협동주의이어야 한다는 것이다. 다시 말해서 동아협동체의 문화는 봉건적 게마인샤프트를 넘어서 게셀샤프트와의 융합으로서 존재해야 한다.

셋째, 협동체는 국제연맹과 같은 추상적인 평화주의, 추상적인 박애주의와 같은 국제주의를 거부하되, "세계적, 개방적이어서 세계각국에 문호가 개방되는," "세계사의 새로운 단계에서 새로운 원리를 창조하는 것"이어야 한다. 일본을 세계적 보편성에로 개방하려는 것이다. 협동체는 "세계사의 철학"에 근거해야 한다.

미끼에게 중일전쟁은 대단히 중요하다. 중일전쟁의 "해결"은 세계사적 의미를 갖기 때문이다. 그는 전쟁이 제국주의전쟁의 성격을 갖고 시작되었을 인정한다. 그러나 일본이 군사적 승리만으로는 중국민중의 마음을 얻을 수 없으며 그 반일의식을 지우기 위해서는 중국인을 설득할 사상적 원리가 필요하다고 보았다. 그는 전쟁의 현실 속에서 또 다른 가능성 즉, 제국적/자본주의적 현실을 초극할 기회를 보려한다. 그에게 전쟁은 "시간적으로 자본주의 문제의 해결, 공간적으로 동아시아 통일의 실현"이란 의미를 갖는다. 전쟁으로 동아시아를 통일한다는 의미는 구미의 제국주의 속박으로부터 중국을 해방시키는 일인데 이는 곧 중국이 근대화로 가는 것을 돕는 동시에 근대자본주의의 폐해를 벗어난 새로운 문화로 나아가는 것을 돕는 일이다.

여기서 미끼의 핵심주장은 국내개혁이다. 일본이 혁신 없이 중일전쟁을 해결한다는 것은 불가능하다. 일본이 바뀌지 않는 한 중국민중의 마음이 돌아서지 않을 것이기 때문이다. "사태의 해결과 국내 개혁이 불가분 관계이므로 국내개혁의 문제는 국내적 견지에서가 아니라 일본, 만주국, 중국을 포함한 동아의 일체성의 견지에서 파악할 것을 요구"하는 것이다(미끼 52). 예컨대 일국의 내부에 폐쇄되어 있던 일본문화가 대륙문화로 신장하는 문화의 질적인 변화를 요구하는 것이다. 협동체의 건설이란 일본의 사명이란 입장에서 볼 때 일본주의는 단순한 복고주의이어서는 안 되고 "오늘날의 시대정신으로 새롭게 형성되고 세계적 의의를 갖는 신문화 창조로 나가야 한다."(미끼 67)

미끼는 뛰어난 사상가로서 군사적 팽창주의에 반대해 감옥에서 패전과 죽음을 동시에 맞은 비극적인 삶을 살았다. 그러나 대륙에 대한 일본의 침략주의를 인정하면서도 동아협동체의 건설만이 중국의 자주독립을 확보하는 길이라 주장하는 우를 범하였다. 그는 동아협동체를 통해 일본의 전쟁목적을 적극적으로 합리화하려 하였다. 동아협동체를 위한 일본의 자기개혁 가능성에 대한 진지한 평가가 결여된 채였다. 또한 일본이 문화적으로 동아시아의 지도국이 될 자격이 있음을 첫째, 일본문화가 고꾸타이(國體)에 의거한 협동주의를 근거로 한다는 점, 둘째로 포용성을 갖고 있다는 점, 셋째로 진취적이며, 넷째로 생활적, 실천적인 점으로 설명하고는 있지만 이는 기본적으로 일본중심적 동화주의이다. 나아가 결과로서 대안을 제시하지 못하였다(임성모 2005; 함동주 2006).

그럼에도 불구하고 미끼의 동아협동체론은 중요한 실천적 함의를 주고 있다. 그는 동아시아 통합을 위한 첫 단계이자 가장 중요한 조건으로 자기혁신을 요구한다. 편협한 민족주의의 초극이 그것이다. 또한 탈자본주의적 정치경제체제의 구축을 모범으로 보여주어야 한다. 동아시아의 협력의 조건은 대외정책이 아니라 자기정체성의 개혁이다. 일본이 바뀔 때 중국이 동조할 것이라는 논리이다. 그럴 때 전쟁이 새 문화의 창조로 승화되는 것이다.

4. 21세기 일본과 동아시아공동체론

서양의 일반적 용례로서 community를 공동체로 번역한다면 이는 단순한 국가군(collection of states)을 의미한다. international community가 그 예이다. 그러나 학문적 개념으로서 공동체는 이와 차이가 있다. 일반적으로 국제체계(international system)가 근대 주권국가의 집합이고, 국제사회(international society)가 국가간 특정한 가치와 규범을 공유하고 있는 공간이라 한다면 국제공동체(international community)는 국가간 가치와 규범, 나아가 정체성의 공유가 전제된 집합체이다(Buzan 2004). 유럽연합이 이 경우이다. 동양적 개념으로서 공동체 역시 이에 가깝다. 감정과 정체성의 공유가 전제된 게마인샤프트적인, 혹은 게만인샤프트와 게셀샤프트가 융합된 생활공간이다. 안중근과 미끼는 이러한 지역을 소망했다.

오늘날 일본이 동아시아 공간을 공동체란 언어로 부르기 주저하였던 까닭은 여기에 있다. 한편으로 의미상 전전의 기억(공동체란 이름으로의 식민지제국)을 떠올리게 하기 때문이다. 다른 한편으로는 과거사를 차치하고서라도 공동체 실현(즉, 높은 수준의 통합)의 현실적 어려움을 고려할 때 이 언어를 사용하기 주저할 수 있다. 실제, 일본은 국가정책의 공식적 표현으로 동아시아공동체를 쓰기 망설인 적이 있다. 2002년 1월 고이즈미 수상이 동남아국가들을 역방(歷訪)할 적에 "함께 가는 커뮤니티(共に歩み

共に進むコミュニティ一)", 2003년 12월 일―아세안 특별정상회담에서 "동아
시아커뮤니티(東アジアコミュニティ)"로 즉, 가타카나(コミュニティ一)로 쓰다가
2004년 9월이 되어서야 고이즈미는 유엔연설에서 "동아시아공동체(東ア
ジア共同體)"를 띄운다. 이러한 변화를 따져보면 일본은 서양적 의미로서
커뮤니티에서 동양적 의미의 공동체를 강조하는 자세로 전환하고 있는
것이다. 일본의 구상이 이를 담는 것이라면 분명 주변국에게 매력적인 것
즉, 소프트파워를 갖는 것일 것이다.

그러나 막상 일본정부가 내어놓은 공동체는 결코 동양적 의미의, 혹
은 국제정치이론적 공동체로 보기는 어렵다. 일본의 동아시아공동체는
(1) 열린 지역주의, (2) 기능적 접근, (3) 보편적 가치 추구, (4) 안보, 비전통
적 위협에 대한 국가간 신뢰구축이란 지역제도의 네 가지 구성요소를 내
걸고 있는데(Yamada 2005), 아마도 일본이 처한 현실적 제약 하에서 취할
수 있는 최대치의 지역전략이 될 것이다. 자유, 민주, 인권, 법치, 시장경
제 등 보편적 가치를 지역의 이념으로 삼아서 호주, 뉴질랜드, 인도를 구
성원으로 포함시킴으로써, 배타성을 갖지 않고 핵심 동맹국인 미국을 배
려하는 내용으로 이해할 수 있다.[2]

안중근은 "인종"에 기반한 당시 강력한 소프트파워를 가진 일본의 지
역구상에 이끌렸다. 그의 동양평화론은 일본의 인종연대론에 기초하였
다. 미끼는 일본적 정수가 아니라 동아시아인들이 공유하고 있는 특질(동
양적 휴머니즘)을 바탕으로 협동체를 구성해야 이들의 마음을 끌 수 있을
것이라 판단하였다. 즉, 타자(他者)와의 공유에서 출발하는 것이다. 앞서
보았듯이 소프트파워는 내가 보유하고 있는 능력이라기보다는 타자가
부여하는 권력이라는 측면을 갖고 있다. 인종연대론은 안중근이 부여한

---

2 이런 점에서 일본의 동아시아공동체는 학문적으로 말하면 국제사회(international society) 정도를 지향
하는 것으로 볼 수 있다. 손열, "21세기 동아시아의 경합하는 국제사회," 『세계정치』 (2009. 1).

권력이었고, 미끼는 중국이 부여하는 권력을 모색하였다. 그렇다면 타자인 역내구성원이 무엇을 원하는가, 무엇에 이끌리는가를 아는 능력이 핵심인 것이다. 동아시아공동체는 특정요소를 공동체적인 것으로 창조하는 지적 능력을 바탕으로 성립될 수 있다.

공동체비전 혹은 구상이 갖는 매력도 중요하지만 이를 실천하는 행위자의 매력은 더욱 중요하다. 안중근의 경우에서 보듯이 관건은 "말"이 "행동"으로 이어지는가에 있다. 고이즈미 수상 자신은 동아시아공동체보다 미일동맹의 강화에 힘써왔음은 주지의 사실이다. 미국과의 "신세기동맹(US–Japan Alliance for the New Century)"이 이를 재현한다. 또 "자유와 번영의 호"란 유라시아 대륙의 주위를 엮는 이른바 "자유와 번영의 호(弧)"란 유라시아대륙 주위(周圍)를 엮는 거대지역벨트를 내어 놓으며 일본외교의 신기축이라 규정한 바 있다.[3] 고이즈미의 뒤를 이어 수상에 취임한 아베 신조는 미일동맹에 인도와 호주를 끌어들이는 이른바 "민주동맹"에 관심을 기울였고, 뒤 이은 후쿠다 야스오 수상은 "아시아–태평양 내해론"을 내걸었다. 이들은 지역의 범위와 구성원, 속성의 측면에서 서로 다른 구상이다. 일본은 한편으로 동아시아공동체를 외치면서 다른 한편으로 별도의 구상 들 자유와 번영의 호, 민주동맹, 내해론 등을 쏟아내어 왔다. 지역은 전략적 이익과 관념을 담는 것이므로, 전략상황의 변화에 따라 지역구상이 달라질 수는 있다. 그러나 1년이 멀다하고 구상이 바뀌는 것은 곤란하다. 어느 쪽에 정책의 중심이, 진정성이 담겨져 있는 지 알

---

3 21세기 미일동맹의 강화에 관해서는 US–Japan Security Consultative Committee, "Joint Statement," (2002/12, 2005/2, 2006/5) (http://www.mofa.go.jp/region/n–america/us/security/scc/index.html). 동맹의 확대에 대해서는 Japan–Australia Joint Declaration on Security Cooperation (2007.3.13) (http://www.mofa.go.jp/region/asia–paci/australia/joint0703.html). 끝으로 "자유와 번영의 호"에 관해서는 Speech by Minister for Foreign Affairs Taro Aso on the Occasion of the Japan Institute of International Affairs Seminar, "Arc of Freedom and Prosperity: Japan's Expanding Diplomatic Horizons" (http://www.mofa.go.jp/announce/fm/aso/speech0611.html); 또한 『外交青書 2007』.

수 없다.

끝으로 행위자의 매력은 바로 자기개혁에서 얻어진다. 지역공동체 추진에 있어서 미끼의 최대공헌은 바로 이 점이다. 그가 지적하였듯이 협동체는 자기의 고유문화적 특질을 발산하는 것이 아니라 타자와의 접촉을 통한 신문화의 창조를 통해 이루어진다. 즉, 매력은 내부에 있는 것을 발견하는 것이 아니라 자기혁신을 통해 새롭게 창조하는 것이다. 개혁을 통한 모범의 전략(lead by example)이 매력획득의 길이다.

5. 협력의 방향

동아시아지역에 있어서 협력에 대한 장애물은 실로 다양하다. 중일간의 경쟁, 역사문제, 영토분쟁, 이질적인 정치체제, 자원경쟁 등이 노정되고 있다. 그러나 무엇보다 중요한 문제는 바로 민족주의이다. 미끼는 민족주의의 극복만이 협동체의 길임을 누누이 지적한 바 있다. 안중근 역시 동시대인 단재 신채호와 대조적으로 국가를 넘는 발상을 보여주었다. 오늘의 세상도 예외는 아니다. 일본이 지역공동체 추진의 주도권을 잡으려면 닫힌 민족주의를 극복하려는 고통의 과정을 보여주어야 한다. 한국역시 민족주의, 자기중심적 사고로부터 탈피하여 지역구상을 일국적 이익 확보 차원이 아닌 지역공공재의 정의와 추구란 차원에서 접근해야 한다. 그럴 자신이 없다면 공동체란 언어를 쓰지 말아야 한다.

둘째, 역사문제와 화해이다. 동아시아에서 역사문제는 국제문제화되었지만 그 사안의 본질은 국내적 과정이다. 왜냐하면 화해는 상대국과의 화해가 아닌 역사와의 화해이기 때문이다. 외교적 고려에 따른 화해는 전략환경의 변화에 따라 유지될 수도, 번복될 수도 있다. 현실국제정치적 필요에 의한 화해는 얕은 화해(thin reconciliation)이다. 한일간 역사의 국제정치가 주기적으로 반복되는 것은 이 때문이다. 역사와의 화해는 자기 사회구성원의 동기, 목적, 믿음, 태도, 감정의 변화로 구성되는 일종의 심리적 과정이고, 자기 정체성의 변화/개혁을 수반하는 대단히 고통스런 과정이다. 따라서 일본과 한국에게 역사와의 화해는 대단히 갈등적일 수밖에 없다. 일본사회에서 과거사를 둘러싼 테러가 등장하고, 한국사회에서 친일을 둘러싼 격렬한 대립이 야기되는 것은 이 때문이다. 양국이 동아시아 협력의 리더가 되려면 이러한 갈등적 과정을 해결하여야 한다. 외교적 제스처가 아닌 국내적으로 역사와의 화해를 이루어내는 용기가 필요하다. 이럴 때 두 국가는 동아시아의 매력으로, 따라서 동아시아무대의 주인공으로 등장할 것이다.

셋째, 경제문제이다. 리만쇼크 이후 미국발 금융위기로부터 동아시아는 결코 자유롭지 못하였다. 일본과 한국은 위기의 진앙보다 오히려 더 큰 고통을 감내해야만 했다. 동아시아 경제통합이 진전되는 속에서 미국으로부터 decoupling을 기대하였으나 현실은 그 반대이었다. 이 위기를 겪으면서 동아시아에서는 역내시장의 확보에 대한 필요성이 점증하고 있다. 역내 생산네트워크의 심화뿐만 아니라 소비시장을 확보함으로써 자기완결성을 높이는, 따라서 decoupling을 가능케 하는 노력을 기울일 동기가 커지고 있다. 역내소비는 또한 지구불균형(global imbalance)을 교정하는 주요과정이기도 하다. 국제공헌의 의미를 띠고 있는 것이다.

양국간에는 FTA란 현안이 있다. 양자적으로 걸린 이득을 극대화하기 위해 FTA를 한다면 그 효용은 크지 않다. 관세는 더 이상 핵심현안이 아니다. 현재 동아시아에 걸린 과제는 역내 생산네트워크의 효율성을 증진시키고 역내 거래비용을 낮추는, 그리고 역내 격차해소를 통해 통합의 결실을 공유하는 일이다. 이런 차원에서 한일FTA는 공공재적 성격을 띠어야 한다. 즉, 통아시아 시장통합을 위한, 동아시아에 통용되는 FTA(networked FTA, scalable FTA)를 만들기 위해 한일 양국이 모범의 전략을 취해야 한다. 이는 곧 동아시아시장통합을 위해 국내적 양보와 조정을 선행하는 일이다. 양자간 이해득실을 넘는 발상을 담는 국내정치적 합의가 요구된다.

끝으로 70여 년 전 미끼가 고민하였듯이 시장자본주의의 부작용을 극복하는 과제는 오늘날 특별한 의미를 갖는다. 워싱턴 컨센서스라는 미국모델의 추락 이후 새로운 자본주의 질서를 모색해야 할 시기이기 때문이다. 새로운 지구적 흐름에 맞추면서 동아시아의 역사적 경험을 담는 자본주의가 그것이다. 하또야마의 공동체적 공간은 이런 맥락에서 제기되었다. 한국의 이명박 정부 역시 경제위기 극복에 노력하는 한편, 서민 중심, 녹색성장의 정책노선을 중층적으로 실천하려 한다. 공통의 제도 구축은 유럽의 경우에서 보듯이 심화(deepening)와 확장(enlargement)의 이중운동으로 이루어진다. 핵심그룹 사이에서 규범과 제도가 합의, 창조되는 심화의 과정, 그리고 이의 확산과정이 따라온다고 보면, OECD국가인 일본과 한국이 이런 선구적 노력을 기울일 필요가 있다. 한일 양국은 시장적 가치와 비시장적 가치(소득격차해소, 지구환경보호 등)를 담는 복합자본주의를 하나의 이론적 대안으로 제시하는 소프트파워를 발휘해야 한다. 이 역시 모범의 전략이다.

안중근과 문학

12

아동문학에 나타난
안중근 의사

김용희

경희대 객원교수, 아동문학평론가

1. 머리말

하얼빈 역에서 역사적인 총성이 울린 지 100년이 되었다. 그날의 총성은 무너져가는 나라의 힘없는 이천만 민족에게 살아 있는 정신을 일깨워준 역사적 의거였고, 《民吁日報》가 평가한 "인도(人道)철학에 관한 학설을 일별시킬 위대한 사건"[1]이었다. 그 총성으로 이듬해 봄 서른두 살의 짧은 생을 마감한 한 청년이 옥중에서 투쟁한 기록[2]과 미완의 저술[3]이 오늘에 남아 그날의 정신을 생생히 전해주고 있다. 바로 그 역사의 주역인 안중근은 1879년 9월 태어나 1910년 3월 순국하기까지, 우리나라가 일제에 식민지화 되는 과정을 직접 목도하면서 불의한 일제 침략에 정면으로 대응했던 올곧은 행동가이자 지식인이었다. 그 후 그는 남북한에서 동시에 의인으로 추앙받는 상징적인 독립운동가가 되었으며, 한국사를 넘어 동양사에까지 주목받는 인물로 남았다.

그렇다면 지금 자라나는 우리 어린이들은 안중근 의사를 어떻게 인식하고 있을까? 우리 어린이들이 100년 전 순국한 그를 온전히 만날 수 있는 길은 오로지 그들을 위해 씌어진 위인전기에 있다. 안중근 의사는 우리 어린이들에게도 그 많은 독립운동가 중 가장 흥미롭고 감명을 준 위인이었다. 그것은 불타는 정의감, 의로운 행동, 민족애로의 승화 등 정의로운 모험으로 일관된 그의 치열한 삶 때문이다. 곧 무장독립투쟁, 단지

---

1 박은식, 이동원 역, 『불멸의 민족혼 안중근』(한국일보사, 1994), p.135.

2 이기웅은 블라디보스토크에서 뤼순 감옥까지의 안중근 투쟁기록을 옮겨 엮으며, 머리말에 "일본제국의 법원이 기록 보유하고 있던 이 공판기록의 글줄 마디마디, 그 행간행간에서 읽히는 우리의 한 젊은 인간혼의 외침은, 참담하기 이를 데 없는 당시의 상황에서 울려 퍼진 웅장한 '민족 교향시'였던 것이다"라고 적고 있다. 이기웅 옮겨 엮음, 『안중근 전쟁, 끝나지 않았다』(열화당, 2000), p.9

3 안중근은 옥중에서 『안응칠역사』에 이어 『동양평화론』을 집필하였으나 일제의 위약으로 '序'와 본문 중 '前鑑一'만 썼고, '現狀二', '伏線三', '問答四'는 목차만 제시하며 미완성인 채 사형이 집행되었다. 윤병석 역편, 「동양평화론」, 『安重根傳記全集』(국가보훈처, 1999), pp.183~199. 참조.

결의, 우리 민족의 원흉인 이토 히로부미 포살, 옥중 투쟁에 이르기까지 오직 나라를 위해 드라마 같은 삶을 살아온 그의 이야기는 어린이들의 가슴속에 깊이 각인되고 오래 기억되게 했다. 릴리언 H. 스미드도 전기에 대해 "어린이들의 흥미를 끌기 위해서는 어린이들이 듣고 싶어 할 만한 이야기를 지닌 인물이 아니면 안 된다"고 단언하면서, "어린이가 전기를 접하는 태도는 객관적이다. 어린이는 책에 나오는 주인공이 무엇을 하고 어떻게 했는가를 알고 싶은 것이다. 어린이들을 열중하게 하는 것은 그 인물의 생애에서 발견되는 모험이다"라고 지적했다.[4] 그것은 어린이들이 무엇인가 끊임없이 알고 싶어 하는 욕구 본능이나 예민한 호기심 등 그들 특유의 심적 특성에 연유한다.[5] '어린이를 위한 위인전기'라는 이름으로 발행된 소년소녀전기전집이나 위인전기시리즈에 그의 일대기가 빼놓지 않고 등장하는 것도 그런 삶과 깊은 관련을 맺고 있다.

지금까지 어린이를 위해 발간한 『안중근』 위인전기는 무려 150여 종에 이른다. 그의 이야기는 독자층을 감안하여 그림책에서부터 저학년용, 고학년용에 이르기까지 다양하게 간행되었고, 한 작가가 각기 다른 출판사를 통해 2종 출간한 것[6]도 있다. 다만 안중근의 일대기가 장편 창작동화나 소년소설 등 인물의 성격을 새롭게 창조하는 다양한 아동문학 장르로 보다 더 확장해 가지 못하고 위인전기로 한정된 것은 안타까운 일

---

4 L.H.스미드, 박화목 역, 『아동문학론』(새문사, 1979), p.363.

5 L.H.스미드는 전기에도 어린이를 위한 전기와 어른을 위한 전기가 서른 다른 분명한 경계를 지니고 있다고 하였다. 문학, 미술, 음악 등의 분야에 있어서의 천재적인 사람들의 명상적인 마음과 생애가 어른들에게는 큰 기쁨을 주지만, 액션과 모험을 좋아하는 어린이들의 흥미를 끌기는 어렵다는 것이다. 그 이유는 어린이들이 천재에 의하여 지어진 예술작품에 담겨 있는 추상적인 사상이나 이론에 공명하고 이해할 만한 인생 경험을 쌓지 않았기 때문이라고 했다. L.H.스미드, 박화목 역, 앞의 책, p.363~164. 참조.

6 안중근 위인전기를 각기 다른 출판사에서 집필한 작가는 김종상(견지사 1982, 예림당, 2005), 이영준(대일출판사 1986, 성서각 1995), 이상현(삼중당 1987, 영림카디널 2007), 송재진(대교 2005, 효리원 2008) 등이 있다.

이다. 더구나 그 많은 위인전기도 필자마다 같은 일화를 조금씩 다르게 베껴 쓰거나 사실까지 서로 달리 표기한 경우가 많아서 안중근이라는 인물에 대한 올바른 이해를 방해하기도 했다. 그 요인으로 크게 두 가지를 지적할 수 있다. 하나는 실존 인물의 생애나 업적을 사실적으로 재현해내는 일이 창작물이 아니라 교양물이라는 아동문학 작가들의 인식이며, 다른 하나는 위인전기라면 전집이나 시리즈물로 기획하여 별도의 세부 지침을 마련해 제작·집필되는 아동물 출판문화 풍토이다.

실제로 아동문학에서 현존한 역사적 인물을 장편 창작동화나 소년소설로 다룬 예는 그리 많지 않다.[7] 그것은 작가가 실존인물에 대하여 사건, 일화 등을 어떤 근거에 의해 얼마나 사실적으로 그려내야 하는가 하는 과제와 사실을 근거로 하되 인물과 사건, 일화 등을 어느 정도 있을 법한 이야기로 꾸며 써야 하는가 하는 문제에서 자유롭지 못한 까닭이다. 전자에 치중하면 작가의 창의성에 제약을 받게 되고, 후자에 치우치면 인물을 미화하여 교육적 목적성에 빠질 우려가 남게 된다. 따라서 어린이들의 호기 심리, 지적 능력, 교육적 효과 등 여러 면을 종합적으로 고려해야 하는 아동문학에서는 실존 인물의 성격을 창조해내는 일에 소극적인 태도와 관념적 한계를 노출하였다.

특히 어린이를 위한 위인전기에서 소중히 다루어야 하는 것은 인물의 성장 과정 중 어린 시절의 이야기이다. 위인의 어린 시절은 어린 독자들이 자신과 비교되는 가장 흥미로워 하는 대목으로, 그들은 그 이야기를 통해 뭔가 달라 보이는 인물과 세계, 즉 비동일성(nonconformity)을 찾아서 자신의 호기심을 충족시키기도 하고, 닮고 싶은 이상적 인물로 새겨 두기도 하기 때문이다. 하지만 위인들의 어린 시절 일화는 신뢰할 만한 기

---

[7] 실존한 인물을 다룬 대표적인 아동문학 작품으로 단종과 명성황후의 일대기를 동화화한 이규희의 『어린 임금의 눈물』(파랑새어린이, 2004), 『왕비의 붉은 치마』(계림북스, 2009) 등을 꼽을 수 있다.

록이 남아 있는 예가 그리 흔치 않아서 가공되고 미화되는 일이 다반사이다. 어린이를 위한 안중근 위인전기도 예외는 아니다.[8] 하지만 그의 어린 시절 이야기는 단순히 성격, 취향, 놀이 등 흥미로운 이야기거리의 제공에 있기보다 인격이나 의식의 형성되는 한 과정으로 그려져야 하는 어려움이 따른다. 그것은 어린 시절부터 싹 터온 그의 의식 성향이 성인이 되어 결행한 이토 히로부미의 포살 행위와 어떤 연관성이 있지 않겠는가 하는 인식에 근거한다. 그 포살 행위에 대해 이미 학계에서는 사회윤리학적, 윤리신학적 관점으로 테러리즘에 입각한 돌발적 행위가 아니라 조국의 독립과 동양평화라는 거시적인 목적을 실현하려 한 정당한 행위로 규명하고 있지만,[9] 아직 이성적 판단이 부족한 어린이들에게 미칠 정서를 고려하고자 한 것이다. 안중근의 어린 시절 이야기가 단순한 사실의 기록을 넘어 작가의 보편적인 상상력이 어떤 범주 안에서 허용되는 일은 그런 까닭에 있다.

따라서 이 글은 지금까지 어린이를 위한 안중근 위인전기가 어떻게 씌어져 왔고, 그의 삶 속에 어린 시절이 어떻게 복원되어 그려졌으며, 또한 아동문학 작품 속에 그가 어떻게 나타나 있는지를 살피는 데 그 목적을 두었다. 그것은 안중근 일대기가 얼마나 사실성에 입각하여 그려지고, 작가의 창의성이 어느 정도 발휘되었는지를 가늠하는 일이 될 뿐 아니라

---

8 옥중자서전인 『안응칠역사』에서 안중근은 자신의 어린 시절 일화로 다음 두 가지를 전하고 있다. 학문에 힘쓰지 않고 사냥을 즐겨 언제나 사냥꾼을 따라 사냥 다녔다는 일화와 3월 봄철 산에 올라가 경치를 구경하다 층암절벽 아래 핀 꽃을 발견하고 그 꽃을 꺾으려다 발을 헛디뎌 절벽 아래로 떨어졌으나 겨우 죽음을 면했다는 일화이다. 윤병석 역편, 『안응칠역사』, 앞의 책(1999), p.133. 참조.

9 안중근의 포살 행위에 대하여 사회윤리학적 관점이나 윤리신학적 관점으로 고찰한 논문이 발표되었다. 이들 논문들은 역사와 교회사적 사건과도 연관시켜 그 포살 행위가 정당하였음을 규명하고 있다. 김춘호, 「안중근의 의거는 정당한가? −사회윤리적 관점에서」서강대학교 신학연구소 월례발표회, 1999. 6. 9, 노형호, 「안중근 토마스의 砲殺에 대한 윤리신학적 고찰」, 인천가톨릭대학교 대학원, 2001. 등 참조.

더 나아가 그의 일대기가 장편 창작동화나 소년소설 등 아동문학 장르로의 확장 가능성을 성찰하는 계기가 될 수 있기 때문이다.

2. 어린이를 위한 위인전기 속의 안중근

어린이들을 위한 안중근 이야기는 대부분 위인전기라는 이름으로 씌어졌다. 전기는 어떤 특정 인물에 대한 기록이며 한 인물의 생애 전체나 혹은 적어도 그 상당 부분을 다룬 이야기이다.[10] 하지만 어린이를 위한 위인전기 『안중근』은 처음부터 생애 천체가 그려진 것이 아니다. 1960년대까지 어린 시절이 누락된 채 16,7세 이후의 활동상을 동학혁명, 을사조약, 헤이그 밀사 사건, 무장독립투쟁, 하얼빈 거사 등 역사적 사건과 연계하여 작가의 관념적 상상에 의해 씌어지다, 1970년대 이르러 비로소 어린 시절이 복원되며 생애 전체가 다루어지기 시작했다. 이때까지만 해도 안중근의 일대기는 대부분이 작가의 상상력에 의존해 있었다. 그 후 1980년대 들어, 안중근 위인전기는 1979년 안중근의사숭모회의 『안중근의사자서전』 발간을 계기로 새로 씌어지는 전환기를 맞았고, 1999년 윤병석에 의해 안중근에 대한 실증 자료들과 각종 자서전을 망라한 『안중근전기전집』과 2000년 이기웅이 엮은 『안중근 전쟁, 끝나지 않았다』 등이 속속 간행되면서 2000년대에는 이를 토대로 안중근의 일화들을 사실에 가깝게 수정·보완했을 뿐 아니라 다양한 어린 독자를 겨냥한 여러 형태의 위인전기가 출현하였다. 결국 어린이를 위한 위인전기 『안중근』은 옥중자서전 『안응칠역사』의 번역본 발간을 전후해 두 가지 유형

---

10 한용환, 『소설학사전』(고려원, 1992), p.372.

으로 대별된다. 하나는 작가의 상상력에 의존한 위인전기이고, 또 하나는 사실적 자료에 근거한 위인전기이다.

1) 작가의 상상력에 의존한 안중근 위인전기

한국 아동출판물에서 어린이를 위한 위인전기는 6·25 이후 새로운 아동문단의 형성되고 신진 동화작가들이 출현하면서 그에 따른 문학적 확대와 더불어 나타나기 시작했다. 곧 6·25 이후 아동문학 단체들이 결성되면서 동화문단이 새롭게 조성되고, 일간지의 신춘문예와 아동잡지들이 다양하게 신인 발굴을 제도화하면서 유능한 신진 동화작가들이 등장하였으며, 4·19 이후에는 어린이들에 대한 교육열이 심화되고 그들의 읽을거리에 대한 욕구가 크게 변화하면서 아동물 전문출판사들의 의도적인 기획 이래 전집류 출간이 성행을 이루었다. 이때 아동문학계에서는 문학사적인 확고한 의식 속에 아동문학의 정리 작업이 진행되면서 한국아동문학전집과 작가의 개인전집, 소년소녀세계명작전집과 소년소녀전기전집들이 속속 간행되었다.[11] 이런 전집류 출간은 작가들의 창작의욕을 북돋우고 아동문학의 질적 향상을 높였을 뿐 아니라 한편으로 교육성과 상업성이 결부된 아동물 출판문화 현상을 낳았다.

당시 우리나라를 대표하는 위인들을 본격적으로 다룬 전기전집은 1966년 어린이들에게 꿈과 슬기를 심어준다는 취지 아래 발간된 계몽사의 『소년소녀 한국전기전집』이었다. 이 전기전집은 우리 역사를 빛낸 위

---

11 이 시기에 『한국아동문학독본』(전10권, 을유문화사, 1962), 『한국아동문학전집』(전12권, 민중서관, 1964), 『강소천아동문학전집』(전6권, 배영사, 1964), 『소파아동문학전집』(전6권, 삼도사, 1969) 등 개인전집과 함께 『세계동화전집』(전12권, 삼화출판사, 1965), 『소년소녀 세계전집』(전12권, 삼화출판사, 1965), 『소년소녀 세계위인전집』(전15권, 계몽사, 1966), 『소년소녀 한국전기전집』(전15권, 계몽사, 1966), 『소년소녀 세계위인전기전집』(전12권, 풍문사, 1968) 등이 간행되었다.

인 111명의 생애를 시대순으로 다루었는데, 「안중근」은 김광주의 집필로, 그 전기전집 마지막 15권 첫 번째 항목에 실려 있다. 그러나 그 「안중근」을 쓸 당시 고증할 만한 자료의 부재로 어린 시절 이야기가 누락되고, 그 이후의 삶조차 작가의 상상력에 의존해 있어 상당한 오류를 낳았다. 김광주는 이에 대해 다음과 같이 토로하고 있다.

> 안중근 의사는 15, 6세 때 그의 부친 안태훈을 따라 동학군 토벌에 나섰다고 한다.
> 안중근의 소년 시절에 관해서는 이렇다 할 만한 기록이 후세에 전해진 것이 없으니 실로 유감된 일이다. 그가 후일에 조선독립군 육군 중장이라는 계급을 가진 일이 있었고, 일본과의 두만강 작전에서 패한 경험이 있다는 것이 오늘날까지 우리에게 전해져 있는 사실일 뿐이다.[12]

김광주는 안중근의 15, 6세 때 이야기조차 "~다고 한다"라는 간접 인용구문으로 기술하였고, 어린 시절의 이야기는 "이렇다 할 만한 기록이 후세에 전해진 것이 없으니 실로 유감된 일이다"라는 말로 대체하였다. 당시 김광주가 알고 있었던 안중근에 관한 정보는 "구한국 고종 때 사람으로, 을사5조약으로 우리나라가 일본에게 외교권을 박탈당하게 되자, 일제의 침략에 분개하여 러시아 재무장관 코코제프와 회견하러 가는 일

---

12 김광주, 「안중근」, 『소년소녀한국전기전집 15』(계몽사, 1966), p.21.
당시 김광주가 안중근 이야기에서 그에 대한 자료 부재를 토로했지만, 1960년대 중반까지 이미 사학계에서는 안중근 연구가 전기류의 저서들을 주종으로 이루어지고 있었다. 그 연구의 토대가 된 것은 『근대역사』(1910), 박은식의 『안중근』(1914) 계봉우의 「만고의ᄉ안중근전」(『勸業新聞』1914. 6. 28~8. 29, 10회 연재), 이전의 『안중근혈투기』(1949), 황의돈의 『안의사(중근)전』(1957) 등 안중근 전기들이다. 해방 이전 안중근 연구는 대일투쟁의 한 방법론의 시각으로 이루어졌고, 해방 이후에는 식민사관의 극복 방법으로 내재적 발전론이 강조되었는데 안중근 연구도 이러한 문제의식에서 비롯되었다.

본의 통감 이토 히로부미를 하얼빈 역두에서 쏘아 죽이고(1909년 10월 26일), 여순 감옥에서 1910년 3월 26일에 사형을 당한 사람이다"[13]라는 정도였다. 그 「안중근」이야기는 조선독립군 참모중장으로 두만강 작전에 관한 몇 가지 전해들은 일화와 안중근의 하얼빈 거사를 토대를 씌어졌다. 따라서 김광주의 「안중근」이야기는 그에 대한 간략한 소개와 함께 1905년 이토 이로부미가 우리나라에 와서 을사보호조약을 강제로 체결하는 장면부터 시작된다. 이때 해주 신천 장터에서 도산 안창호의 연설을 듣고 크게 감명 받은 안중근은 곧바로 우리 동포를 깨우치기 위해 삼흥학교를 세우고, 정미년 7조약이 맺어질 때는 울분을 참지 못하여 의병길을 떠난다. 그 후 안중근은 의병참모중장으로 두만강을 건너 일본군과의 1차 접전을 벌여 승리를 거두었으나 다시 참여한 회령 전투에서 크게 패하여 부상을 입고 블라디보스토크의 신한촌으로 돌아와 치료를 받는다. 이때 대동공보사 주필 이강이 병문안 오며 들고 온 신문을 통해 이토 히로부미가 하얼빈에 온다는 뜻밖의 소식을 접하고는 조도선 동지와 유동하 동지가 장춘을, 우덕순 동지가 채가구를, 하얼빈은 안중근 자신이 맡는다는 3단계 계획을 세우고 거사의 길을 떠난다. 이 위인전기에는 거사에 성공한 직후 여순 감옥에 갇혀 사형이 집행되기까지, 1905년부터 1910년 약 5년간의 이야기를 담고 있다.

이 위인전기에서 주목할 만한 것은 극적 효과를 높이기 위해 마련한 두 가지의 가상적 이야기이다. 하나는 안중근이 하얼빈에 도착하여 러시아어 통역을 위해 채용한 박일에 관한 이야기이다. 박일은 일본 영사관의 스파이로 처음부터 안중근을 수상쩍은 눈초리로 보고 있었는데 하얼빈까지 따라온 최의숙 동지에 의해 그 정체가 드러난다. 최의숙은 안중

---

13 김광주, 「안중근」, 위의 책, p.13.

근의 비밀거처를 밀고한 박일과 일본 영사관인 아베를 죽이고 자신도 총에 맞아 함께 희생된다. 또 하나는 안중근이 하얼빈 역으로 들어서는 순간 이루어진 두 차례의 검문 장면이다. 대합실을 거쳐 플랫폼으로 걸음을 옮기려는 안중근은 키가 후리후리한 러시아 헌병에게 한 차례 검문을 당하지만 일본 신문기자라고 태연하게 들러대고 빠져나온다. 그러나 빽빽하게 울타리를 친 병정들을 헤치고 들어가려는 순간 그는 다시 러시아 순경에게 손목을 잡힌다.

안중근은 손목을 힘차게 뿌리치며 당당하게 덤볐다.

"왜 잡는 거요, 이 손목을?"

"못 들어갑니다."

"입구에서 통과시켰는데 여기서는 왜 막는 거요?"

"상부의 명령이니 어쩔 수 없소."

"나는 일본의 신문기자요. 취재하러 나온 사람을 입장시키지 말라는 명령은 어느 나라 명령이요?"

"당신이 신문 가자란 말이오?"

"그렇소! 정 못 믿겠거든 이것을 보시오."

안중근은 미리 마련해 가지고 있던 가짜 신문 기자증과 명함까지 꺼내어 러시아 경관의 코밑에다 바싹 들이댔다.

러시아 순경은 그제야 태도가 좀 달라지기는 했으나 이번에는 더 기막힌 소리를 했다.

"그럼 어디 몸이나 수색해 봅시다. 손을 드시오!"

아슬아슬한 순간이었다.

"어서 손 좀 올려보시라니까."

러시아 경관이 재촉했다. 바로 이 때,

"안 선생, 웬일이십니까?"

하고 다가오는 러시아인 신사 하나가 있었다. 이 얼마나 하늘이 마련해준 기적 같은 일이었을까! 그는 양식집에서 몇 번 본 일이 있어 친해졌던 러시아 인 친구였다.

"이 경관이 공연히 사람을 의심하고 통과시키지 않겠다는 겁니다."

그 러시아 친구는 경관 앞으로 성큼성큼 다가가더니 정중한 어조로 말하 는 것이었다.

"이 선생님은 내가 잘 아는 분입니다."

갑자기 사방에서 호루라기 소리가 요란하게 울려 왔다.

이토를 태운 귀빈 열차가 드디어 하얼빈 역 플랫폼으로 막 들어오는 순간 이었다. 시각은 9시 30분.

안중근은 이 틈을 타서 몸을 재빨리 날려 군중 사이를 헤치고 들어갔다.[14]

이 아슬아슬한 장면은 어린이들에게 극도의 긴장감을 조성하고 생생 한 현장감을 느끼게 하는 극적인 효과를 지닌다. 몸을 수색 당할 위기의 순간 아는 러시아인을 만나는 기적같은 일은 이토 히로부미 포살을 하늘 까지 도와준 의로운 거사임을 암시해준다. 이 시기의 어린이용 「안중근」 위인전기는 하얼빈 거사의 극적 장면이 1970년대까지 대표적인 일화로 반복 등장할 만큼 기초자료조차 확보하지 못한 답보상태에 놓여 있었다. 그 결과 이 시기에는 작가의 허구적 상상력에 의해 안중근 위인전기가 씌어졌고, 그 이후의 위인전기들은 이 선행 이야기를 기초로 재구성하거 나 그대로 베껴 쓴 것이 대부분이었다.[15]

---

14 김광주, 앞의 책, pp.345~346.
15 두 해 뒤에 나온 김종빈, 윤문자의 「안중근」(『소년소녀 세계위인전기전기, 12, 애국혁명가 편』, 풍문사, 1968. pp.233~258)은 김광주의 「안중근」을 그대로 베껴 쓴 경우의 하나이다. 어린 시절은 몇 줄로 요

어린이용 「안중근」위인전기는 1970년대 들어 비로소 어린 시절이 복원되었다. 그 대표적인 것이 1973년 출간된 김태정이 엮은 「안중근」과 한국사교육연구회에서 간행한 『민족의 원흉을 사살한 안중근 의사』이다.[16] 이들 위인전기는 부모의 태몽꿈에서 어린 시절의 이야기까지 복원했다는 점에서 어린이용 안중근 위인전기의 새로운 출발점이 된다. 먼저 김태정이 엮은 「안중근」에서 두드러진 부분은 부모의 태몽꿈과 어린 시절 무술 겨루기에 관한 일화이다.

안 진사는 아내와 함께 자다가 이상한 꿈을 꾸었습니다.

느닷없이 큰 범 한 마리가 나타나더니, 안 진사에게 눈물을 흘리면서 숨겨 달라고 간청했습니다. 그래서 안 진사는 그 범의 모습이 불쌍하게 여겨졌기에 광에다 숨겨 주었습니다.

그런데 쫓아오던 포수가 가버린 다음에 광에 나가 보니, 그 범이 없어졌습니다. 이상하게 생각한 안 진사는 곧 안방의 문을 열어 보았습니다. 그러자 그 안방 아랫목에 범이 의젓하게 앉아있기에, 안 진사는 깜짝 놀라 눈을 떴습니다.

약한 뒤, 16세 되던 해부터 이야기를 시작하고 있다는 점, 을사보호 조약이 체결된 그 무렵 안중근에게 사상적으로 큰 감화와 영향을 준 선각자가 안창호이며 그의 영향으로 신천에다 삼흥학교를 세웠다는 점, 의병 활동 때 그 휘하에 유동하와 우덕순이 있다는 점, 회령 전투에서 패해 부상을 당한 안중근을 나이 어린 유동하 혼자 부축하여 신한촌으로 왔다는 점, 안중근이 3단계 계획을 세워 이토를 저격하러 간다는 점, 조도선은 함흥 감옥에 우덕순과 함께 있다가 같이 탈옥해온 동지로 등장시키고, 하얼빈에 도착한 안중근이 김성백의 집을 비밀 거처로 삼고 러시아 통역을 위해 채용한 일본 영사관의 스파이 박일의 정체가 최의숙에 의해 드러나고 최의숙이 그들을 죽이고 함께 죽는다는 점, 안중근이 하얼빈 역 플랫폼으로 들어가려는 순간 두 번의 검문이 이루어지는 장면 묘사와 구성 단계까지 똑같다. 바꾼 것이 있다면 소제목 정도이다.

16 김태정 엮음, 「안중근」, 『소년소녀 우량아동 세계위인선집』(삼성출판사, 1973). pp.69~118. 한국사교육연구회 엮음, 『민족의 원흉을 사살한 안중근 의사』(세명문화사, 1973).
이때 김광주도 「안중근」을 다시 고쳐 쓰면서 자료 부재를 진술한 내용은 삭제하고, 전체 내용은 그대로 둔 대신 요약적 설명 부분은 이야기 형식으로 고쳐 썼다. 이들 전기보다 먼저 언론인이며 아동문학가였던 유경환에 의해 일반인을 위해 쓴 안중근의 전기 『위대한 한국인 4, 안중근』(태극출판사, 1972)을 출간하였는데, 이 위인전기는 그 이후 어린이용 안중근 위인전기에 참고 자료로 많은 영향을 주었다.

이상히 여긴 안 진사는 꿈 이야기를 아내에게 했습니다. 부인은 이 때 이미 아이를 잉태하고 있었습니다.

꿈 이야기를 들은 부인은 앞으로 태어날 아기가 범과 같이 용감한 사람이 될 것이라고 생각하며 크게 기뻐했습니다.

그런데 바로 이날 밤의 일입니다. 부인도 이상한 꿈을 꾸었습니다. 곤히 자고 있으려니까, 북두칠성 중에서 별 하나가 갑자기 자기 치마폭 속으로 떨어져 들어오기에 깜짝 놀라 눈을 떴던 것입니다.[17]

김태정이 엮은 「안중근」에서 처음 등장하는 태몽꿈은 "일찍이 강보에 남아의 웅장한 소리에 사람을 놀래고 가슴에 일곱 개 검정 점이 있으니 그 모양은 북두칠성과 같은지라."[18]라고 약술되어 오던 출생 정보를 꿈 이야기로 구현해내었다는 점에서 돋보인다. 그 꿈은 현실의 환유적 대체물로 안중근이 범상치 않음을 연상시키는 의도의 산물이며 인물을 보다 적극적으로 그려내고자 한 작가의 창의적 발로이다. 김태정은 이 꿈 이야기를 어린 웅칠이가 아버지 몰래 사냥꾼들을 따라 구월산에 가서 산돼지를 잡는다는 일화와 단오날 안 진사가 상금을 걸고 연 무술대회에서 웅칠이가 1등을 한다는 일화를 연결하여 어린 안중근의 출중함을 인지시켜 나간다. 곧 태몽꿈과 안중근의 비범함을 보여주는 어린 시절 일화는 그 이후 어린이용 안중근 위인전기에 대표적 이야기로 안착되어 반복적으로 확대 재생산되었다.[19]

---

17 김태정 엮음, 앞의 책, p.69.

18 玉史 編書 『만고의사 안중근전』, 윤병석, 『安重根傳記全集』, 앞의 책(1999). p.400.

19 이상현은 이 태몽꿈을 '이상한 소문'이라는 소제목을 붙여 본격적으로 이야기화하였고, 그 뒤 이 꿈 이야기는 안중근의 출생 과정에서 반복적으로 등장하는 중요한 제재가 되었다. 이상현, 『안중근』(삼중당, 1987), 김종상, 『안중근』(예림당, 2005) 등 참조.

응칠이는 잠시 숨을 돌리고 총을 겨누었습니다. 목표물은 솔방울이었습니다. 그는 바람에 약간 흔들리는 솔방울을 쫓아 방아쇠를 당겼습니다.

그 순간 바라보니, 솔방울은 어디로 갔는지 자취도 없었습니다. 명중시킨 것입니다.

구경꾼들은 또다시 떠나갈 듯 함성을 질렀습니다. 특히 응칠이가 대장으로 있는 청계동 소년들은 깡충깡충 뛰며 기뻐했습니다.

"이 황해도에서는 저 애를 당해낼 사람이 없을 것 같군!"

"암! 정말 신동이야!"

두 노인이 주고받은 말이었습니다.[20]

특히 이 어린 시절 이야기는 훗날 이토 히로부미를 정확하게 저격하는 안중근의 사격술과 흥미롭게 연상시키는 대표적인 일화로 남았다. 그러나 김태정의 「안중근」은 도산 안창호의 영향으로 삼흥학교를 세워 교육에 힘쓴다는 대목부터 끝까지 김광주의 「안중근」 이야기를 그대로 차용하고 있어 김광주의 위인전기에 어린 시절만 보완한 이야기임을 알 수 있다.

그런 반면, 한국사교육연구회에서 두 달의 차이를 두고 간행한 『민족의 원흉을 사살한 안중근 의사』는 어린이용 위인전기로는 처음으로 안중근의 일대기를 새롭게 완성시켰다는 점에서 커다란 의의를 지닌다. 이 위인전기는 북두칠성의 아이로 출생, 청계동으로 이사 가기 전의 일화, 청계동에서 보낸 소년 시절, 진남포로 이사 간 청년 시절, 망명 생활, 무장독립운동과 성공한 거사, 재판 과정에서 사형 집행까지 전 과정을 요약적 진술 없이 이야기로 꾸며져 있다. 이 이야기는 프롤로그로 제시된 하얼빈 역 거사 장면만 김광주의 「안중근」에서 그대로 옮겨 왔을 뿐, 끝

---

20 김태정 엮음, 앞의 책, p.74.

까지 그 「안중근」에 나타난 큰 오류들을 수정하며 또 다른 어린 시절의 일화를 창의적으로 제시하였다.

사흘만에 봄비는 개었다. 그러나 골목은 여전히 질퍽하였다. 그 질퍽질퍽한 골목 한 복판에서 대여섯 살쯤 된 또래의 꼬마들이 둘러앉아 흙장난을 하고 있었다.

그때, 갓 쓰고 두루마기를 입은 어른 한 분이 그 골목을 지나가고 있었다.

"어흐흠, 어흐흠!"

꼬마들 앞에 이르러 위엄 있는 헛기침을 두어 번 뱉었다. 길을 비키라는 신호였다.

그러나, 꼬마들은 놀음에 열중해 있었기 때문에, 그 어른의 기침소리를 듣지 못했다. 꼬마들은 그냥 흙장난을 계속하고 있었다.

어른은 괘씸한 생각이 들었다. 길을 슬쩍 비켜 가면서 발로 물구덩이를 세게 밟아버렸다.

흙탕물이 튀었다. 일부러 흙탕물을 꼬마들에게 튕긴 것이다.

"어푸 어푸!"

"에게게!"

"아이구!"

꼬마들은 기겁을 해서 일어섰다. 얼굴이며, 바지, 저고리가 흙탕물로 온통 얼룩지고 말았다.

꼬마들은 서로 얼굴을 쳐다보며 넋을 잃었다.

어른은 모르는 체, 그냥 지나가고 말았다. 그 뒷모습을 노려보던 한 꼬마가 두 주먹을 불끈 쥐는가 싶더니, 곧장 어른의 뒤를 급히 달려갔다.

"아저씨, 아저씨!"

"왜 그러느냐?"

걸음을 멈추고 돌아선 어른 앞에서 꼬마는 씩씩대며,

"이것 안 보여요?"

하고, 저고리와 바지에 얼룩진 흙탕물을 가리키며, 따지듯이 물었다.

"그게 무어지?"

어른은 시치미를 뚝 떼었다. 그러자 꼬마는 발로 흙탕물을 튕겨 어른의 두루마기에 쫙 끼얹었다.

눈 깜짝할 사이의 일이었다. 어른은 벌컥 화를 내며, 눈을 부라렸다.

"이놈!"

큰 소리로 호통쳤다, 그러나, 꼬마는 조금도 놀라는 기색 없이, 마주 눈을 부라리며,

"이놈!"

하고 똑같은 목소리의 시늉으로 호통을 치는 것이었다.

어른은 그만 어쩔 수 없다는 듯이,

"그놈 참 대단한 놈이로구나!"

하고는, 혀를 차며 그만 돌아갔다.[21]

이 일화는 청계동으로 이사 가기 전의 어린 시절 이야기로 부당한 일을 한 어른에게 당당하게 따지는 어린 응칠이의 당찬 모습을 그린 것이다. 안중근 위인전기에 처음 등장하는 이 이야기도 그 이후 안중근의 어린 시절을 대표하는 일화 중 하나로 남았다.[22] 이처럼 1970년대 들어 출간된 이 두 권의 어린이용 위인전기는 부모의 태몽꿈, 안중근의 예의바르

---

21 한국사교육연구회 엮음, 『안중근』, 앞의 책, pp.33~36.

22 아동교육연구소 엮음, 『안중근』(박우사, 1974, pp.27~30), 박종현, 『나라 잃은 원수 갚은 안중근』(교학사, 1986, pp.17~22), 김선태, 『안중근』(중앙출판사, 1999, pp.9~15), 이영준, 『안중근』(상서각, 2001, pp.29~31), 송재진, 『안중근』(효리원 2008, pp.16~21) 등에서 이 어린 시절 일화의 변형된 이야기 유형을 찾아 볼 수 있다.

면서도 당당한 모습과 출중한 사격술 이야기를 복원하여 처음으로 완성된 안중근 일대기를 선보인 것으로, 그 이후 어린이용 안중근 위인전기의 중요한 모방 모델이 되었다. 그러나 이때만 해도 옥중자서전이나 각종 기록물 등 다양한 자료들을 반영하지 못하여 작가의 상상력에 의존한 가공된 안중근의 이야기가 주종을 이루었다.

2) 사실적 자료에 근거한 안중근 위인전기

사실적 자료에 근거한 어린이용 안중근 위인전기가 나타나기 시작한 것은 1980년 중반 이후의 일이다. 안중근 위인전기의 새로운 전환점이 된 것은 『안응칠역사』의 번역본이다. 『안응칠역사』는 "1910년 경술 음력 2월 5일(양력 12월 13일)부터 양력 3월 15일까지 여순 옥중에서" 안중근이 직접 쓴 자서전이다.[23] 이 자서전의 번역본이 출간되면서 어린이용 안중근 위인전기도 이를 근거로 본격적인 수정·보완이 이루어지고, 새로 쓴 안중근 위인전기가 등장하였다. 그 대표적인 것은 『안응칠역사』의 내용을 선별하여 어린이들이 읽기 쉽게 재화한 이호철의 『안중근』과 다양한 자료를 망라한 교과서적인 최서면의 『새로 쓴 안중근 의사』이다.[24]

이호철은 『안응칠역사』에서 어린이들에게 들려주기 부적합하다고 판단되는 일화들은 일부 수정을 가하거나 생략하였다. 그가 『안응칠역사』의 내용을 그대로 재화한 것은 안중근의 어린 시절 학문에 힘쓰지 않고

---

23 안중근 옥종 자서전은 1974년 일본에 머무르고 있었던 최서면이 도쿄의 한 고서점에서 일본 고급 관리들이 몰래 일본말로 번역해서 읽었던 것 중 하나를 처음 발견했고, 이 판본은 1978년 2월 안중근 의사를 투옥 직후부터 종시 심문하였던 한국통감부 境喜明 警視가 소장하였던 필사본으로 그의 고향에서 처음 발견된 것이라 한다. 그 뒤 1979년 안중근의사숭모회가 『안중근의사자서전』으로 번역 출간하면서 세상에 알려지게 된 것이다. 윤병석 역편, 「안응칠역사」, 『安重根傳記全集』(국가보훈처, 1999), p.63~182.

24 이호철, 『안중근』(웅진, 1987), 최서면, 『새로 쓴 안중근 의사』(집문당, 1994).

사냥꾼을 따라다니며 사냥을 즐긴 일화와 봄 산에 올라갔다가 층암절벽 아래 핀 꽃을 꺾으려다 발을 헛디뎌 절벽 아래로 굴러 떨어졌으나 겨우 죽음을 면한 일화, 홍 신부가 교인들을 압제하는 폐단이 있어 안중근이 교인들을 대신하여 홍 신부에게 맞섰다가 그에게 무수히 두들겨 맞은 뒤, 홍 신부가 사과하여 다시 우정을 회복한 일화, 1907년 이등방문이 7조약을 강제로 맺은 뒤 황제를 폐위시키고 군대를 해산한 사건이 일어났을 때 안중근이 급히 행장을 차려 북간도를 거쳐 블라디보스토크로 건너가 청년회에 가입한 이후 겪은 일화, 이범윤에게 의병을 일으키자고 건의했으나 그가 결단을 내리지 못하자 엄인섭과 김기룡을 찾아가 의형제를 맺고 각 지방을 돌아다니며 한국 사정을 알리면서 동지와 의금을 모은 일화 등이다.

반면, 『안응칠역사』 내용의 진위와 독자가 어린이라는 점을 감안하여 부분적으로 수정을 가하거나 생략한 일화로는 크게 일곱 가지를 꼽을 수 있다. 첫째, 안중근의 가족이 청계동으로 몰래 이사한 일을 단순하게 처리한 대신 동학난, 을미사변, 의병활동, 대한제국 등의 역사적 사건에 대해서는 구체적으로 이야기화했고, 김창수(김구)와의 인연은 『백범일지』의 내용을 통해 보다 더 객관적으로 제시한 점이다. 둘째, 아버지가 청국 의사 서가에게 큰 욕을 당했다는 이야기를 이순창에게 듣고 잘잘못을 따지러 찾아갔다가 그에게 봉변을 당할 뻔했다는 일화는 구체적인 내용이나 인명 대신 "얼마 뒤 그런 일이 있었다는 것을 전해 들었다"거나 "안중근과 같이 갔던 친구 하나도"라는 표현으로 막연하게 들려준다. 또한 이경주가 해주부 지방대병영 위관 한원교에게 그의 아내와 재산을 빼앗긴 사건 이후 안중근과 함께 해결하려다 결국 이경주는 감옥에 갇혀 있다 사면으로 풀려나온 뒤 한원교의 사주를 받은 송가 박가라는 사람에게 피살되었다는 일화에서도 이경주를 이경용으로, 한원교의 사주를 받은 송가 박가라는 사람은 한원교의 꼬임을 받은 자객으로 바꾸어 놓았다. 셋째, 1905년 을사년 이토 히로부미가 5조약을 강제로 맺자 안중근이 상해로 가서 민영익을 찾아갔다가 문전박대를 당하고 서상근을 설득했으나 응답을 받지 못해 탄식하다 기도를 드리려 간 천주교당에서 뜻밖에 곽 신부를 만나 크게 깨닫고 다시 본국으로 돌아와 교육 사업을 시작했다는 일화에서는 서상근을 찾아간 내용을 생략하며 이야기를 축소화했다. 넷째, 1906년 3월 가족을 데리고 청계동을 떠나 진남포로 이사하고, 양옥 한 채를 지어 살림을 안정시킨 뒤 집 가산을 기울여 두 곳에 삼흥학교와 돈의학교를 세우고 안중근이 교무를 맡아 재주가 뛰어난 청년들을 교육했다는 일화에서는 안중근이 교장으로 취임하였다고 고쳐 적었다.[25] 다섯째, 1908년 두만강을 건너 독립운동을 벌인 일화 중 안중근이 일본 군인과 장사치들을 사로잡아 이토 히로부미의 잘못을 훈계하며, 그 적병을 만국공법에 의해 풀어주었다는 일화는 정찰병 4명을 죽인 실수로 일본 수비대에 기습을 받고 패한 것으로 약술하고, 그 뒤 온갖 고초를 겪으며 살아 돌아온 내용은 생략하였다. 여섯째, 1909년 블라디보스토크의 어느 산골짜기에서 6, 7명의 흉악한 놈들에게 잡혀 고초를 겪었다는 일화와 운동비 마련을 위해 황해도 의병장이던 이석산의 집에 가서 강제로 1백 원을 빼앗고 돌아왔다는 일화는 생략한 대신, 안중근이 블라디보스토크의 길거리에서 러시아 신문에 실린 이토 히로부미의 사진과 풍자만화를 보고 곧바로 대동공보사로 가게 되었다는 내용을 첨가하였다. 일곱째, 하얼빈 거사 직전 안중근이 김성백의 집에 묵은 일화에서는 <대동공보>의 하얼빈 통신원 이형재를 통해 김성백의 집에 묵게 된 것으로 나타내었다.

---

25 최서면도 "스스로 교장이 되어 청년들 교육에 힘쓰기 시작했다"라고 하였다. 최서면, 앞의 책, p.70.

이와 같이 이호철은 어린이들의 이해의 편의와 어린이 책의 지면을 고려하여 『안응칠역사』에 나오는 일화들 중 일부를 다르게 표현하거나 생략하였다. 특히 『안응칠역사』의 번역본이 출간되기 전 가장 극적으로 이야기되었던 하얼빈 역 거사 직전의 이야기는 "역 옆 다방에 앉아 있다가 벌떡 일어나 뚜벅뚜벅 발길을 옮겼습니다. 누구 하나 눈여겨보는 사람이 없었습니다." "안중근은 이토의 발걸음을 따라 러시아 군인들 뒤에서 가만가만 뒤를 따르고 있었습니다. 여전히 누구 한 사람 이쪽에 신경을 쓰는 사람이 없었습니다."[26]라고 간결하고도 담담하게 표현하였고, 거사 성공 직후 작가의 감격을 추가하였다. 이같이 이호철의 『안중근』은 처음으로 『안응칠역사』의 내용을 충실하게 취택하여 이야기화한 어린이용 위인전기였다.

그 뒤, 일본 도쿄 한 고서점에서 『안응칠역사』를 처음 발견해 낸 최서면이 1994년 여러 자료를 망라하여 그간의 오류들을 바로잡은 『새로 쓴 안중근 의사』를 출간하였다. 이 책은 『안응칠역사』를 어린이들이 읽기 쉽게 풀어 쓰고 안중근을 올바르게 이해시키기 위해 편집자적 논평까지 곁들인 위인전기이다. 이 안중근 위인전기도 『안응칠역사』에 나오는 일화를 모두 수용한 것은 아니다. 안중근이 힘이 세고 기골이 빼어나 남에게 뒤지지 않는 17~8세쯤 되었을 때의 일화 일부를 생략하였다. 곧 『안응칠역사』에는, 안중근이 친구와 의를 맺는 것, 술 마시고 노래하고 춤추는 것, 총으로 사냥하는 것, 날랜 말을 타고 달리는 것 4가지를 특성으로 즐기는 기질이 있었는데 한번은 의협심이 있는 사나이다운 동지들과

---

26 이호철, 앞의 책, pp.108~109.
이에 대해 최서면은 "안중근은 태연하게 걸어서 정렬해 서 있는 러시아 군대 뒤쪽으로 갔다. 정거장 경비를 맡은 군경들은 안중근의 용모가 일본 사람 비슷하여 환영 나온 일본인인 줄 알았는지 별로 신경을 쓰는 것 같지 않았다."라고 적고 있다. 최서면, 앞의 책, p.125.

기생방에서 놀다 기생에게 훈계를 하자 그 기생이 공손한 태도를 보이지 않아 욕을 하고 매질도 해 별호로 번개입이라고 불렸다는 일화와 어느 날 동지 6, 7인과 노루 사냥을 하는데 탄환이 총구에 걸려 쇠꼬챙이로 총구멍을 뚫으려고 마구 쑤시다 탄환이 폭발하는 바람에 쇠꼬챙이가 오른손을 뚫고 날아가 병원으로 가서 치료를 받았다는 일화가 실려 있다.[27] 최서면은 이 일화들을 생략하고 다음과 같이 약술해 놓았다.

> 그때 그는 중대한 결심을 했다.
>
> 술을 끊은 것이다. 젊을 때 술을 마시고 벗들과 노래하고 춤추는 것을 4대 성품이라고 장담하던 중근이 그 좋아하는 술을 끊은 것이다. 이유는 하나였다.
>
> 아버지 묘 앞에서 한국이 독립할 때까지 술을 끊고 열심히 뛰겠다는 맹세를 한 것이다. 이것은 아버지에게는 불효를 빌고 나라에는 힘이 모자라는 것을 부끄럽게 생각하여 일대 결심을 한 것이다. 효자 중근, 애국자 중근의 모습이 역력히 엿보이는 것 같다.[28]

최서면은 이처럼 안중근이 즐기던 그 4대 성품과 관련된 일화에서 "좋아하는 술"을 끊은 이유를, 아버지 묘 앞에서 한 독립의 맹세와 연계하여 제시해 놓았다. 그가 『새로 쓴 안중근 의사』는 "우리 청소년의 자랑인 안중근 의사는 어떤 환경에서 태어나서 어떻게 노력하여 국가와 민족에 큰 공을 세웠는가를 알리"[29]는 것에 중점을 둔 전기였기 때문이다.

결국 안중근 자서전을 비롯한 그와 관련된 여러 사료들의 발굴은 어린이용 위인전기의 출판 환경을 새롭게 바꾸는 전환점도 되었다. 그 이

---

27 윤병석 역편, 「안응칠역사」, 앞의 책, pp.136~137.

28 최서면, 앞의 책, p.69.

29 최서면, 위의 책, p.208.

후 어린이용 안중근 위인전기는 철저한 감수 제도를 두고 집필 검토하는 편집 방향으로 개선해 갔기 때문이다. 그 대표적인 예가 송년식의『안중근』이다.[30] 그동안 씌어진 어린이용 안중근 위인전기는 그의 출생년월일, 태어날 때 부모의 꿈 내용, 몸에 있는 7개의 점 위치, 중근이라는 이름을 쓴 시기, 청계동으로 이사한 시점과 그 이유, 구월산으로 사냥을 떠난 시점, 안태훈이 동학군으로부터 탈취한 양곡의 실제 소유자, 안태훈이 천주교 신자가 된 연유, 안중근의 결혼일, 학교 설립일과 배경, 무장독립투쟁에 관한 내용과 이토 히로부미의 하얼빈 방문 소식을 접하게 된 통로, 심지어 할아버지와 아버지의 이름에 이르기까지 사실적으로 기록해야 할 내용들을 서로 다르게 기술하고 있었다. 사실적 근거 자료에 기초한 어린이용 안중근 위인전기는 이러한 오류들을 바로 잡고 안중근에 대한 올바른 이해를 가져다준 계기가 되었다.

한편으로 그『안응칠역사』등 사실적 자료의 취택은 작가의 개별적 의도화나 창의성을 차단하여 개성 없는 비슷한 이야기를 양산하는 결과를 낳기도 했다. 실제로 그 많은 어린이용 안중근 위인전기는 시작 부분부터 마지막 장면까지 거의 같은 구성에다 역사적 사건과 인물의 행동이 별개로 그려져 있어 인물의 지닌 성격과 정신을 시대성에 반영하지 못한 아쉬움을 한결같이 남기고 있다.

이제는 어린이용 안중근 위인전기도 사실에 대한 작가의 주관적 해석이나 상상력, 가공 묘사 등은 어느 정도 제한하면서도 이야기 요소를 갖추고 한 개성적 인물을 통해 파악한 인간상을 작품 속에 구현해내야 한다. 그러기 위해서는 그 위인전기의 집필 과정에서 한국사학계의 연구 동

---

30 송년식,『안중근』(파랑새, 2003), 송재진,『안중근』(대교, 2005), 진복희,『하얼빈의 대한국인 안중근』(한국퍼킨스, 2006), 문정옥,『평화를 위해 싸운 독립운동가 안중근』(기탄동화, 2006), 이정범,『항일독립운동과 안중근』(서강출판사, 2006) 등은 감수를 거쳐 출간된 위인전기들이다.

향을 살필 필요가 있다. 이미 사학계에서는 안중근의 기초 자료를 통해 그의 사상적인 측면, 의거의 사상적 배경, 특히 안중근의 사상적 근간인 천주교[31]와 동양평화론으로 나누어 깊이 있게 연구되어 왔다. 곧 학계에서는 안중근의 가문[32], 안중근의 동양평화론[33]과 안중근의 대일본의식[34], 공판투쟁[35], 안중근이 거행한 의거에 대한 천주교의 인식[36]과 국제적 의의[37] 등 안중근 연구가 다방면으로 이루어진 상태이며, 의거의 국제적 의의를 위해 일본, 러시아에 소재한 자료까지 발굴하여 국제적 시각으로 그 연구 범위를 심화 확대하고 있는 현실이다. 이에 따라 어린이를 위한 안중근 위인전기도 이들 연구 성과를 살펴 그의 사상에 이르기까지 이야기 수준을 한층 높이 끌어올려야 할 뿐 아니라 다양하고도 새로운 형식의 내면적 전기를 선보여야 할 것이다.

3. 장편소년소설 속에 나타난 안중근

한국 아동문학에서는 아직도 안중근이라는 실존 인물을 새롭게 부각하여 아동문학 작품으로 구현해내지 못한 형편이다. 실존 인물의 생애

---

31 최석우, 「안중근의 의거와 교회의 반응」, 『교회사연구』9. 1994. 참조.

32 오영섭, 「안중근 가문의 독립운동」, 『한국민족운동사연구』30, 2002. 참조.

33 현광호, 「안중근의 동양평화론과 그 성격」, 『아세아연구』46, 고려대학교 아세아문제연구소, 2003. 참조.

34 장석흥, 「안중근의 대일본 의식과 하얼빈 의거」, 『교회사연구』16. 2001. 참조.

35 이기웅, 『안중근 전쟁, 끝나지 않았다』, 열화당, 2000, 한상권, 「안중근의 하얼빈 거사와 공판투쟁 (1)」, 『역사와 현실』54, 2004, 참조.

36 윤선자, 「안중근 의거에 대한 천주교의 인식」, 『한국근현대사연구』33, 한국근현대사연구회, 2005. 참조.

37 한상권, 「안중근 의거에 대한 미주 한인의 인식」, 『한국근현대사연구』33, 위의 책. 참조

나 업적을 다루는 일은 창작물이 아니라 교양물이라는 인식이 크게 작용한 결과이다. 다만 아동문학 작품 속에서 등장인물들이 안중근을 통해 벅찬 감격에 젖는다는 이야기를 하나 찾을 수 있을 뿐이다. 바로 김경록의 장편소년소설 『분홍 언니』[38]가 그것이다.

『분홍 언니』는 역사적 사실성과 동화적 허구성의 조화를 이룬 이야기로, 일본이 우리나라를 식민지화하는 과정 속에 오복이네와 분홍이네, 그 두 가족을 중심으로 전개된다. 오복이가 여덟 살, 분홍이가 열세 살이되던 1896년부터 1909년 안중근 의사가 이토 히로부미를 저격하는 감격적인 순간까지 그 격동하는 한국 근대사가 이 이야기의 시간적 배경이고, 서울, 의주, 만주 등지를 오가는 방대한 지역이 공간적 배경이다. 이이야기는 격동하는 한국 근대사에서도 일제가 우리나라에 진출해 식민지의 발판을 다져가는 과정의 문제성 있는 역사적 사건을 중심으로 엮어나간다. 그 중심에 이토 히로부미와 관련된 사건이 놓여 있다.

이웃 간에 오순도순 재미있게 살아오던 오복이네 동네에 일본 사람들이 하나 둘씩 들어와 살면서부터 다정한 이웃들이 부당하게 삶의 터전을 잃고 하나둘씩 쫓겨 가기 시작한다. 먼저 순돌이네 집에 낯선 일본인 가족이 들어와 살게 되고, 다순네도 일본인에게 농토를 거저 빼앗기다시피 하여 동네를 떠난다. 가게를 갖고 장사를 하며 넉넉하게 살아오던 분홍 언니네도 수단과 방법을 가리지 않고 가게를 빼앗으려는 일본인에 의해 몰락하여 분홍이 아버지는 재기의 길을 찾아 만주로 떠난다. 그 사이 분홍이 엄마가 병이 들어 세상을 떠나고 집마저 일본인에게 빼앗기게 되자 애오개 너머에 자그마한 땅을 갖고 농사를 지으며 살던 오복이네가 의지할 곳 없는 분홍이를 보살피게 된다. 그간의 고생으로 종잇장처럼

---

38 김경록, 『분홍 언니』(예림당, 2001).

야윈 분홍이의 가슴에는 일본인에 대한 미움이 뿌리 깊게 새겨진다. 하지만 일본인에 의해 일어나는 불행은 여기서 멈추지 않고 꼬리를 물고 오복이네 집까지 이어진다. 굴레방다리 너머에 사는 박 훈장 댁으로 글을 배우러 다니던 영복이가 굴레방다리 위에서 개화경을 쓴 일본인의 차에 치어 개천으로 떨어지면서 다리 불구가 되고, 아버지는 화병으로 몸져눕는다. 영복이의 병원비와 아버지의 약값으로 오복이네가 빚에 짓눌리게 되자 분홍이는 아버지 친구가 경영하는 황토현 음식점에 가서 오복이와 함께 일을 하며 집안을 돕는다. 바로 이 소년소설의 주제적 영역을 담당하는 중요한 부분이 이 음식점에서 일어나는 이토 히로부미의 안경 사건이다.

1898년 8월 말 늦더위가 한창 기승을 부리던 때, 이토와 그 일행이 음식점에 찾아온다. 분홍이는 다른 언니들과 가야금 연주를 하게 되었는데 분홍이의 시선은 저도 모르게 이토라는 사람에게로 향한다. 고개를 숙인 채 이따금 곁눈으로 이토의 하는 짓을 엿보던 분홍이는 그가 땀을 닦느라 잠시 벗어 놓은 안경을 깜빡 잊고 그대로 두고 간 것에 주목한다. 맨 나중에 방을 나가게 된 분홍이는 "이토의 눈을 없애서 그가 조선을 침략하는 일에 조금이라도 방해가 되었으면 좋겠다는 생각"[39]에서 아무도 몰래 안경을 버선 속에 감추고 나온다. 불안감과 두려움 속에 집으로 돌아온 분홍이는 그 안경의 처리를 영복이에게 맡긴다. 영복이는 자신을 불구로 만든 사람이 그런 안경을 쓴 일본인이라는 사실에 더욱 증오심이 북받쳐 올라 "네 놈들의 눈알이 똥통에서 뒹굴고 있는 걸 알고 펄펄 뛰는 모습을 한번 보았으면 좋겠다!"[40]라고 마음속으로 외치며 그 안경을 똥통에 넌져버린다. 이러한 어린 인물들의 행위는 일본인에 대한 자연스런

---

39 김경록, 앞의 책, p.145
40 김경록, 위의 책, p.154

분노의 표출이자 자신들이 할 수 있는 최대의 복수이며, 그들에게 당한 불행과 울분을 조금이나마 보상받는 일이었다.

이처럼『분홍 언니』는 역사적 사실에 동화적 허구를 적절히 가미하여 리얼리티를 획득하며 이야기의 역사성과 흥미성을 동시에 제공해 준다. 동학농민전쟁과 갑오개혁, 을미사변 등 한두 해 전에 일어난 역사적 사건과 연계해 꼬리를 물고 일어나는 대한제국 선포와 고종 황제 즉위식, 독립문 완공, 을사보호조약, 안중근 의사의 이토 저격 사건 등 일관된 역사적 격랑을 밑그림으로 하여 영복이의 차 사고와 이토의 안경 사건 등 허구의 세계를 덧칠해 동화적 의미를 구현해낸 것이다. 그만큼 이 이야기는 이미 일어난 특수한 사실의 기록에다 작가의 상상력에 의한 허구가 만나면서 묵중한 주제를 의미 있게 전달해 준다. 그 주제는 우리 근대사에서 가장 문제성 있는 역사적 사실, 즉 일제에 의해 나라를 빼앗겨 가는 과정과 그 원흉인 이토 히로부미와 관련된 작가의 상상력이 조화를 이루며 새롭게 부각된다. 그것은 그에 대한 기초 자료와 작가의 상상력이 조화롭게 만나면서 개성과 전형성을 지닌 새로운 인물이 창조되고, 또 이야기의 역사성을 획득할 수 있었던 것이다.

역사가 실제로 있었던 개별적이고 특수한 사실이라면, 문학은 있을 수 있는 보편적이고 전형적인 사실의 기록이다. 이 소년소설에서 우리나라를 식민지화하는 데 주역이었던 이토에 초점을 맞추어 그의 안경을 똥통에 처박아 넣음으로써 조금이나마 울분을 풀고자 한 그 어린 인물들의 행위야말로 민족적 감정을 그대로 드러낸 보편적 진실에 속한다. 바로 이 이야기는 역사적 사실 중에서 이토와 관련된 중요한 사실과 사건만을 취택하여 재구성함으로써 일관된 주제를 드러낼 수 있었고, 문학이 현실세계를 유추해낸 가공의 세계라는 것을 진실하게 보여줄 수 있었다. 곧『분홍 언니』는 역사적 사실에서 하나의 일관성 있는 사건만을 강조해 엮어 나갔기 때문에 당시 사회를 총체적으로 반영하지는 못했지만, '분홍 언니'라는 민족적 감정을 대변하는 전형적인 인물을 창조해낼 수 있었다. 그러면서도 분홍이와 오복이, 영복이 등 인물의 상호 관계를 잘 보여주면 서 일제에 대한 증오심을 이토의 안경이라는 하나의 사건으로 수렴하고, 또 그들을 대신해 복수해준 듯 진행된 안중근 의사의 이토 저격 사건으 로 마무리 지음으로써 이야기의 통일성을 유지하며 역사성을 획득할 수 있었다. 한국 동화문학사에서 일제에 의한 민족의 수난사를 성공적으로 그린 창작동화나 소년소설이 흔치 않다는 점에 비추어 볼 때 이『분홍 언 니』는 그 나름으로 하나의 큰 수확이며 성과라 할 수 있다. 무엇보다 이 이야기는 간접적으로나마 안중근에 대한 시대사적 위상을 재확인시켜 주었다는 점에서 값진 의미를 지닌다.

가을이 깊어 찬 서리가 내리던 어느 날, 일본은 이토를 특사로 파견하여 한 국의 외교권을 일본에 넘겨주는 을사보호조약을 강제로 체결했다.(1905. 11. 18)

온 나라가 울음바다인 가운데, 소식을 들은 오복이와 영복이도 땅을 치며 설음을 쏟았다.

나라의 운명이 서러워서, 또 나라의 운명과 함께 고단한 삶을 살다 간 분홍 언니가 가여워서 오복이는 누구보다 서럽게, 서럽게 울었다.

그리고 또 세월은 사 년이 흘러갔다. 오복이는 복사골 친정으로 돌아와 첫 아기를 낳았다. 남편과 의논하여, 한국의 독립과 완전한 자립을 원한다는 뜻 을 담아, 아기 이름을 '한립'이라 지었다.

대견하게 커가는 한립이의 땀을 씻어 주며 젖을 물리고 있던 오복이는, 헐 레벌떡 들어서는 오빠에게서 뜻밖의 소식을 들었다.

"오복아! 들었니? 이토가 죽었대! 그 원수놈 이토가 한국 사람이 쏜 총에 맞 아 드디어 죽었다는구나. 지금 온 나라가 떠들썩하단다."(1909. 10. 26)

분홍 언니가 빼내 온 그의 안경을 영복이가 똥통에 처박은 지, 11년 만의 일이었다.

이국땅 하얼빈 역에서, 순박한 우리 민족을 침탈한 흉악범 이토의 가슴에 총탄을 박은 사람은, 대한 청년 '안중근'이라 했다. 안중근![41]

이 이야기는 결말의 맨 끝 부분으로, 우리 민족을 침탈한 흉악범 이토 히로부미를 저격하여 오복이를 비롯해 우리 이천만 민족의 원한을 대신 갚아준 청년 안중근에 대한 감격을 담고 있는 장면이다. 바로 『분홍 언니』에 등장하는 분홍이, 오복이, 영복이는 일제에 참담하게 희생당한 우리 민족을 대표하는 인물들이다. 그들이 어린 시절 이토의 안경을 똥통에 처박아 넣으며 복수를 하기도 했지만, 그들에게 쌓인 한을 진정으로 풀어준 사람은 청년 안중근이었던 것이다. 그만큼 하얼빈 역에서 울린 총성은 꺼져가는 우리나라와 민족에게 살아있는 민족혼을 일깨워준 장엄한 역사적 의거임을 이 작품은 재확인시켜 주고 있는 것이다. 역사적 사실성과 동화적 허구성, 개성과 보편성의 조화로 새로운 인물을 창조해낸 이 『분홍 언니』는 분명 안중근이라는 인물을 간접적으로 제시하면서도 그를 극적이며 감동적으로 드러내주었다는 점에서 안중근 위인전기를 다시금 되돌아보게 한다. 다시 말해 이 작품에서 시사하는 것은 실존 인물에 대한 새로운 문학적 가능성이라는 점이다. 안중근을 통한 보다 다양한 상상력과 새로운 캐릭터의 창조, 이야기의 역사성을 획득한 장편 소년소설이나 창작동화의 출현이 기대되는 것은 그런 까닭이다.

---

[41] 김경록, 앞의 책, p.180~181.

4. 맺음말

안중근은 위인전기뿐 아니라 장편 창작동화나 소년소설의 제재로도 상당한 매력을 지닌 인물이다. 오로지 우리나라가 일제에 식민지화 되는 과정을 직접 목도하면서 불의한 일제 침략에 정면으로 대응하며 정의로운 모험으로 서른 두 해를 드라마 같이 살아온 그의 삶에 연유한다. 분명 안중근의 그런 불꽃같은 삶은 모험을 구가하는 이야기에 남다른 흥미를 느끼는 어린이들에게 깊은 감동을 주고 가슴속 깊이 각인시켜주기에 충분한 것이다.

전기도 일종의 서사이다. 어린이들이 서사를 대하는 태도는 처음부터 좋은 사람과 나쁜 사람을 편 갈라놓고 그 관계를 뚜렷이 인지하는 이분법적 자세에 기초해 있다. 주동인물과 반동인물과의 선악 관계가 분명하게 드러나지 않는 이야기일지라도 그들은 두 인물 중 어느 한 쪽으로 자신의 감정을 이입하면서 스스로 선악의 대립구도를 구축한다. 바로 안중근의 일대기는 그들이 흥미를 끌 만한 '대한제국, 안중근/일제, 이토 히로부미'라는 대립구도가 내정되어 있고, 주인공이 악과 싸워 끝내 이기는 성공담 구조를 유지하고 있다. 이 같은 안중근 일대기의 대립구도는 처음부터 주어져 있으며 이야기 전개 과정에 따라 그 모험담의 강도도 강화된다. 그 정점에 손가락을 끊는 결단의 단지 동맹과 민족의 원흉 이토 히로부미의 포살을 실행에 옮겨 끝내 성공하는 하얼빈 거사가 놓여 있다.

어린이들은 하얼빈 거사에 대한 사실을 이미 알고 안중근 전기의 책장을 여는 경우가 대부분이다. 이때 어린이들의 호기심은 안중근이 악을 이기기 위해 무엇을 어떻게 했는가 하는 짐에 모아진다. 곧 안중근이 어린 시절 어떻게 자랐는지, 그 성장 과정에 주목하게 된다는 뜻이다. 결국 선과 악의 대결에서 선이 악을 물리치는 그 성취 과정을 통해 인물의 위대성이 드러나지만, 안중근 서사의 미학은 선이 악으로 인해 어떤 어려운 처지에 놓였다가 그 상황을 어떻게 극복해 나가며 끝내 어떠한 행동을 하였는가 하는 삶의 연속 과정 속에 형성된다. 그 인물의 위대한 정신은 그런 과정 속에 잠복해 있다가 결의에 찬 옥중 투쟁과 사형 집행에도 끝까지 뜻을 굽히지 않는 행동 철학에서 드러낸다.

그 행동 철학은 어린이들에게 흥미와 숙연한 감동을 동시에 안겨주는 특별한 제재로, 아동문학 작품으로 그만한 매력적인 것도 드물다. 그러나 안중근 이야기는 인물을 새롭게 창조해내는 아동문학 작품에서 소외되어 왔고, 일정한 형식에 따른 개성 없는 위인전기로 한정되었다. 그 뿐만 아니라 그 많은 전기물도 인물의 내면적 갈등이나 다양한 형식을 찾아내지 못한 형편이었다. 대부분 어린이를 위한 위인전기는 어린 시절의 이야기부터 하얼빈 거사에 초점을 맞추고 있어 획일화를 낳았고, 단지동맹이나 옥중투쟁과 같은 극적 효과를 드러낼 만한 부분들은 소홀히 다루어졌다.

이제 안중근 이야기도 그의 행동 철학에 대한 새로운 통찰이 이루어져야 하며, 그 인물의 존재 의미를 문학적으로 새롭게 형상화되어야 한다. 그의 연보를 시대순으로 이야기하기에 급급할 것이 아니라 보편적인 상상력에 의해 인물의 사상, 철학, 시대정신의 구현을 통한 삶의 발견이라는 포괄적 의미를 다루어야 한다. 어린이들의 가슴속 깊이 각인되고 오래 기억되는 안중근은 하얼빈 거사의 주역이기 보다 그 거사를 일으킬 수밖에 없었던 시대사적 숙명과 그의 행동 철학이어야 한다는 것이다. 어린 시절에 읽은 위인전기만큼 어린이들의 성장 과정에 큰 영향을 미치는 것도 없기 때문이다.

한 인물이 어떤 고난과 대결하여 극복하며 비범한 내면을 보여주는 이야기는 어린이의 성향에 맞게 개작되고 재창조될 만한 가치를 지닌다. 또한 한 인물의 진실한 인간적인 내면도 자라나는 어린이에게 흥미뿐 아니라 대행 경험이란 값진 의미를 제공해 준다. 대행 경험이란 어떤 의미에서든 거시적 안목으로 삶을 내다볼 수 있게 하는 힘이자 자신을 이해해 나가는 과정의 하나이다. 어린이들이 아동문학을 통해 안중근과 만나는 일은 지나온 우리의 불행했던 과거를 기억하며 현재와 미래와 소통하는 일이 된다. 특히 끊임없이 무엇인가를 알고 싶어 하는 욕망과 지향, 미지의 세계에 대한 호기심, 자기 나름대로 생각하고 판단하는 상상력, 그리고 순진무구한 천진성과 낭만성 같은 특유의 심적 특성을 지닌 어린이들에게 안중근의 인간적인 내면과 정의로운 모험담은 흥미와 감동을 넘어 자기 삶의 지표로 삼을 수 있다는 면에서 그 효용적 가치가 무엇보다 크다 하겠다.

13

안중근 의사와 한국소설

이청의 『안중근』과 송원희의 『대한국인 안중근』을 중심으로

정현기

문학평론가, 세종대학교 초빙교수

1. 이야기로 접어드는 말

이글에서 나는 작가 이청의 역사소설『안중근』과 송원희의『대한국인 안중근』을 대본으로 하여 한국 소설에서 어떤 깊이로 안중근을 다루고 있는지를 살피고, 짧은 단편 작품으로 김연수의 독특한 작품「이등박문, 쏘지 못하다」는 작품을 살펴 볼 생각이다. 중견작가 조정래가 쓴「안중근」이 있지만 그것은 아동 소설이어서 여기서 다룰만한 무게는 없다고 판단한다. 작년에 나는 북한에서 나온 림종상이 각색한『안중근 이등박문을 쏘다』라는 묵직한 장편소설을 가지고 안중근 의사에 대한 문학적 관심 내용을 발표한 적이 있다. 올해 들어 남한에서 나온 안중근 관련 소설이나 시 작품들을 뒤져 보아도 눈에 띨만한, 안중근과 관련한 문학작품이 없다. 왜 그럴까? 이 글은 이런 물음에 대한 해답 찾기와 이어져 있다.

문학이론의 가장 굳은 디딤돌이 되는 이야기는 역사와 문학이 어떻게 다른가 하는 다름을 구별하는 것으로부터 시작된다. 역사란 어느 시대 어느 곳에서 정말로 거기 그렇게 벌어져 있었던 일과 그것을 벌인 사람, 그리고 구경꾼들이 가장 큰 관심거리이다. 그리고는 그 때 그렇게 거기서 벌어졌던 일(사건)의 크기나 울림, 진행과정, 결과들에 대한 관심으로 쏠린다. 그러니까 실제로 어딘가에서 그런 일들이 그렇게 일어났던 일이었느냐 아니냐, 그게 정말로 진짜냐 가짜냐, 하는 물음으로부터, 역사가의 글쓰기 문제는 일어난다. 그러나 소설은 이 역사와 아주 가까운 지점에서 이야기를 시작하지만, 역사가 지정해 보여줄 수 있었던 거리로부터 한참 멀리 떨어진 곳으로까지 이야기를 키워나간다. 실제로 있었던 것, 그것을 이야기로 적바림하는 것이 역사기술이라면 문학, 특히 소설적 글쓰기에 오면, 그랬으면 좋았겠다 하는 이야기로 폭을 넓히거나, 때로는 마땅히 그러했어야 할 이야기까지로 폭을 넓혀 나아간다.[1] 그러나 정말로 역사가 그렇게 거기 정말로 일어났던 일만을 기록하는가? 역사기록조차 그것을 기록하는 사람에 따라서, 필자가 등에 짊어진 권력이나 세력의 눈짓에 따라, 다르게 기록할 수 있지는 않는 것일까? 역사가 구겨지는 것은 바로 이런 사심이나 편견에 따라 진짜 있었던 일조차 엉뚱하게 기록되어 진실이 흐려지는 경우는 아주 많다.[2] 각주로 미국역사의 한 예를 들어 보였지만, 어느 때 벌어졌던 일(사건)을 얼마나 크게 다루느냐 작게 다루느냐 하는 것조차 사실은 역사기술을 맡은 이들이 지닌 눈 크기와 그릇에 따라 다르게 나타날 수가 있다. 오늘 우리가 이야기하려고 하는 안중근 의사의 경우만 하더라도 한국 근현대사 역사책들에서는 너무 작게 다루어지고 있을 뿐만 아니라 거의 다루지 않는 경우조차 있어 보인다. 이런 일은 곧 오늘날 우리 역사현실에 대한 어떤 징후를 담고 있다고 읽어야 한다.

안중근에 대한 사실기록은 의외로 많이 있다.[3] 그럼에도 불구하고 그

---

1 그런 역사인물 안중근은 작가들의 이런 상상력 마음 길을 가로막고 있다. 그는 너무 그럴 듯 하며 '그랬으면 좋았겠'네 하는 일상인들의 마음 자리로 곧장 나아갔다. 있었던 일에 더 보탤 말길을 막아놓은 것이다.

2 요즘 아주 많이 읽히는 쑹훙빈이 짓고, 차혜정이 옮겨놓은 『화폐전쟁』(서울: 랜덤하우스, 2009), 89쪽~90쪽에는 미국 대통령 링컨 암살범에 대한 이야기가 나온다. "링컨은 의회에서 권한을 부여받고 국민에게 국채를 팔아 자금을 조달했다. 이렇게 해서 정부와 국가는 외국 금융재벌의 올가미에서 빠져나왔다. 국제 금융재벌들이 자신들의 손아귀에서 미국이 빠져 나갔다는 사실을 알아차렸을 때 링컨의 죽음도 멀지 않았던 것이다.…… 미국의 남북전쟁은 본질적으로 국제 금융 세력이 미국 정부와 미국 국가 화폐 발행권 및 화폐정책의 이익을 놓고 벌인 치열한 싸움이었다. 남북전쟁을 전후한 100년 동안 쌍방은 민영 중앙은행 시스템이라는 금융의 고지를 점령하기 위한 투쟁을 반복했다. 이 과정에서 일곱 명의 미국 대통령이 피살되었으며, 다수의 의원이 사망했다. 1913년 설립된 미국 연방저축은행은 이 투쟁이 결국 국제은행의 결정적 승리로 끝났음을 상징한다." 이런 글 내용은 정식으로 미국 역사를 다루는 사람들에 의해 다른 말들로 이루어져 있는 게 사실이다. 자유 민주주의 어쩌구 하는 말로 뒤덮어 역사사실의 속살은 보여주지 않는다.

3 2000년 6월에 출판사 <열화당>사장 이기웅이 낸 『안중근 전쟁은 끝나지 않았다―블라디보스토크에서 뤼순 감옥까지의 안중근 투쟁기록』(서울: 열화당, 2000)이라는 책 한권은 참 독특한 울림으로 안중근 스승의 스승됨을 일깨운 안중근 자료집이다. 이 자료집이 나오기까지 겪은 저자의 머리말은 오

에 대한 존경심이나 위대한 정신과 실천력 같은 것들이 일반적으로 널리 알려져 있지 않다는 것은 실로 놀라울 따름이다. 왜 그럴까? 이 물음이 오늘 이 발표 글 밑에 깔린 나의 속뜻이고 자그나마 오늘 우리들 삶에 길 찾기를 위한 말 나누기의 뿌리이다. 그리고 안중근에 관한 문학적 글쓰기가 뜻밖에도 적을 뿐만 아니라, 훌륭한 작가들로 기림을 받았던 한국의 근현대 작가들이 이 인물을 다루지 않았다는 점 또한 놀라운 일이라는 사실도 밝히고자 한다. 분명 그 이유는 있을 터이다. 먼저 그 이유의 몇 가지만을 들어보기로 한다.

첫째 우리가 쉽게 생각하거나 거의 그렇게 믿고 싶어 하는 한국 정치사의 뒤틀어진 현실을 들 수 있다. 모두 알다시피 1945년 조국이 광복을 맞이하고 나서 한국의 현실은 제국주의 외국세력들에 의해 남북으로 갈라섰다. 뿐만 아니라 남한정부를 장악한 미국은 그들의 제국주의 입맛에 맞게, 미국 쪽에서 활동한 이승만에게 정권을 쥐어줌으로써, 가뜩이나 그가 안중근 의거를 내리깎았던[4] 인물이었으므로, 그와 그 정치 하수인들에 의해 안중근 의거를 알리려는 청소년 정규교육 정책이 알게 모르게 막혀 있을 수 있다. 게다가 미군정이나 이승만 정권 자체가 친일행적이 있었던 인물들을 정치세력에 기용함으로써 친일파에 대한 본격적인 연구나 정통민족 세력의 등장을 막았던 사실을 가벼이 볼 수가 없다. 민족에게 해를 끼치면서 왜정에 빌붙어 그들의 재산을 축적했던 친일파들은 이승만 정권에 덕을 톡톡히 보았던 반면, 정작 반일 독립운동에 몸담

늘의 우리들 가슴을 울리기에 모자람이 없다. 뿐만이 아니다. 윤병석 역편 『안중근 전기전집』(서울: 국가보훈처, 1999)이나 역사학자 조광을 비롯한 신운용 기타 역사학자들에 의한 꾸준한 안중근 사료 발간작업은 역사가의 눈길을 벗어나 숨어 있을 수 있는 거짓이란 없다는 진실을 드러낸다.

4 정현기, '안중근과 문학의 역사, 철학 글쓰기 본 찾기', 그대들이 거기 그렇게(서울: 채륜, 2009),179쪽 참조. 이 책에서 정현기 본인은 유영익 편 '이승만의 옥중 잡기 백미', 이승만 연구(서울: 연세대학교 출판부, 2000), 62쪽을 참조하였다.

았던 많은 민족운동가 가족들은 뒷전에 내던져진, 불행한 역사를 안고, 우리는 여태껏 살아오고 있다. 문학 바깥쪽에 해당하는, 역사현실의 시커먼 손길들 영향이, 이 이유에 들어맞는 핑계거리일 터이다.

둘째 이유로 들 수 있는 문제는 문학과 역사가 늘 부딪치는 사실문제이다. 역사적 사실과 문학적 사실은 늘 잘 맞아 떨어지지만은 않는다. 실제로 거기 그렇게 있었다는 사실을 뚜렷하게 정말 잘 들어내었는가 아닌가를 따질 때 역사가는 자유롭지가 않다. 실제로 있었던 사실 이외의 것을 역사기록은 용납하지 않는다. 그러나 문학은 상상력이라는 마음 상태를 출발점으로 하기 때문에 실제로는 거기 그런 것이 없었다하더라도 그럴듯한 사실이나 그랬으면 좋았었겠노라는 사실을 보태어 쓰기를 잘한다. 문학이론가이자 영문학자인 이상섭 교수가 즐겨 든 예는 이렇다. 1446년 어느 날 세종 임금은 이 나라에 여태껏 없었던 <훈민정음>을 만들어 백성들에게 그것을 알려 널리 이롭고도 편안한 글 살이를 하도록 하겠다는, 흐뭇하고도 자랑스러운 생각에 잠겼다. 마침 달은 휘영청 떠 있고 그 기분은 마음을 퍽 들뜨게 한다. 저녁 반주로 든 술도 거나하여 사랑하는 자식들. 특히 사랑하는 딸이 그 일을 열심히 도왔었다. 저절로 껄껄 웃음이 나왔다. 세종실록에 '세종임금이 훈민정음 반포를 앞두고 어느 날 저녁에 껄껄 웃었다.'고는 기록하지 않는다. 그러나 작가들은 얼마든지 그 웃음을 맛깔스럽게 표현할 수도 있다는 것이다. 작가는 그럴듯한 이야기면 쓸 수 있는 것이기 때문에 그게 있을 수 있는 것이다.

그런데 안중근 의사에 관한 글쓰기에서 역사기록들은 너무 뚜렷한 사실들을 드러내 보이고 있다. 작가가 이런 인물을 쓰려고 할 때 정말 어떤 것을 더 붙여 그럴듯하거나 그랬으면 좋았겠노라는 이야기를 덧보탤 수가 있을까? 작가들이 정말 두려워하는 것은 바로 이 지점이었을 수 있다. 안중근은 그가 서른 한 해를 살다가 죽으면서 너무 뚜렷한 자기 발자국을 남겼다. 그리고 그가 죽기 전에 써 놓았던 『옥중 자서전』, 「동양평화론」이나 감옥 간수에게 써주었던 모든 글들, 이등박문을 죽이러 가는 전날 밤에 우덕순과 기개에 찬 시를 지어 남긴 사실, 그리고 뜻을 함께 하는 열 두 동지들과 손가락을 잘라 피로 태극기에다가 <대한독립>이라고 써 남긴 사실들이, 모두 뭔가를 더 보태거나 뺄 수가 없는, 자기 발길이 남긴 자취였다. 그러니 작가가 할 수 있는 글쓰기가 어떤 것일 수가 있었을까? 작가들이란, 사람 모두 누구나 다 그렇듯이, 언제나 자기가 세상에서는 오직 유일하고 뚜렷하며 가장 잘 난 사람이라는, 자기 믿음이 특히 강한 사람들이다. 자신이 겪은 아픔과 슬픔, 외로움과 절망이 가장 큰 뿌리를 갖춘 삶의 질료라고 믿기 때문에 그 아픔의 짙음과 엷음의 잣대는 오직 작가 자신의 눈길 깊이에 의해 결정된다. 그래서 안중근 의사에 오면, 분명 모든 작가들이 안중근에 대해 눈길을 준 적이 있었을 터인데, 작가들이 퍽 난감해 했을 것은 불을 보듯 빤하다. 중진 작가 황석영을 좀 알기 때문에 만나 안중근 이야기를 한 적이 있었다.[5] 그런데 그 자리에서 그는 나와 여러 옆 친구들을 실망시켰다. 대한민국의 아무리 뛰어난 작가라 할지라도 안중근의 역사적 발걸음으로 보아 더는 쓸 말이 없다는 뜻으로만 읽는다면, 그건 너무 쉽게 도망가는 짓이다. <조선일보>에 중견작가 이문열이 안중근에 대한 작품 「불멸」을 연재하고 있다. 이 글은

---

5 지난 해 2008년 5월 중순 어느 날인가, 촛불집회가 한참 벌어지고 있던 광화문 뒤편 한 맥주 집에서 만난 중진작가 황석영이 보인 이상한 몸짓이 지금도 나에게는 의문으로 남아 있다. 당신과 같이 글솜씨가 뛰어난 작가가 안중근에 대한 작품을 써야하지 않겠느냐는 내 물음에 그는 펄쩍 뛰며 손사래를 쳐 자리를 비켜 간 적이 있다. 왜 그랬을까? 안중근에 대해서는 말도 말라! 왜 말도 말라는 것이었을까? 북한에서 뭔가 안중근에 대해 내가 모르는 것을 알고 있는 것인가? 그럴 일은 없을 터이다. 그런데 그런 그가 그 따위 짓을 내게 보였다. 이후 나는 그를 만난 적이 없고 신문에 나도는, 이명박 대통령을 따라가 동아시아 평화를 위한 어떤 정책에 길을 놓을까 하여 이명박 대통령과 몽골엘 다녀온 후, 많은 사람들에게 비난의 소리를 들었던 것만 기억한다. 왜 그랬을까? 그만한 글 힘이 있는 작가조차 안중근은 어떻게 쓸 수가 없다는 뜻이었을까? 아니면 우리가 일 수 없는 정치적인 어떤 꿍꿍이가 있는 것일까? 퍽 아쉽다.

아직도 계속 이어져 이제 안중근이 간도나 해삼위 땅으로 나라 구할 방책을 찾아 나서는 장면에 와 있다. 국내에서 유인석이나 다른 뜻있는 이들을 만나 방책을 따져 논의하는 장면에다 아내 아려가 이제 셋째 아이를 배어 배가 부른 장면 이야기까지 써놓고 있다. 여기서 그의 끝내지 않은 작품을 거론하기는 마땅치가 않다.[6]

2. 작품 얘기

소설작품의 구성요소를 따지는 일은 이 작품을 해석하기 위한 가장 뚜렷한 출발점일 수 있다. 그 구성 요소들을 들면 이렇다. 첫째 사람들, 둘째, 벌어진 일(사건), 셋째 배경 그리고 나서는, 작가의 속뜻이라고 해석될만한, 주제이다. 주제란 작가가 지닌 사상이나 세계읽기(이른바 세계관)에 따라 사람이나 벌인 일들에 대해 내리는 풀이 원리이다. 작가가 믿고 보는 세계와 사람됨에 대한 철학에 따라서 그가 보여준 일이나 사람됨을 해석하는 깊은 마음속 뜻이다. 한 사람이나 벌어진 일을 해석하고 풀이하는 것은 오로지 작가의 철학적 눈높이에 따라 그 울림을 다르게 한다.[7] 사람들이 움직이고 꿈틀거리며, 남 몰래 소곤거리는 그런 삶을 무엇으로 평가하고 판단하는 지는 오직 작가의 세계관에 달려 있다. 우리는 이 두

---

6 중견작가 이문열은 『삼국지연의』나 『불멸의 이순신』 따위의 책들을 내어 무척 많은 지가를 높여오고 있으니 안중근 관련 『불멸』도 많이 팔려 읽히기를 바랄 뿐이다.

7 계급이 다른 남녀 사이의 사랑을 이야기한 소설작품들은 아주 많다. 예를 들면 우리나라 고전소설 가운데 『춘향전』이 그 대표적인 작품이다. 그런가하면 1830년대 프랑스의 왕정복고 시절 스탕달이 낸 『빨강과 검정(적과 흑)』이라는 작품 또한 계급이 다른 남녀 사이의 사랑을 다루고 있으며, 20세기 미국 작가 드라리저의 『아메리카의 비극』도 재벌 딸과 노동자 출산 남자의 사랑을 다룬 작품들이다. 이 모두 그 해석은 다르다. 작가의 세계읽기가 다르기 때문이다. 그렇게 다른 해석을 낳게 하는 것을 주제(theme)라 한다.

작가의 소설작품 『안중근』에 나오는 여러 이야깃거리와 그 해석의 눈길을 따라 안중근이라는 사람이 어떤 사람됨의 그릇이었는지를 밝혀보기로 한다. 앞에 들어 보인 세 요소들을 따라 나서더라도 이 논의를 풀어나가는 데는 아주 많은 이야기 갈래들이 따라붙는다.

1) 안중근과 이등박문

소설의 구성 원리 가운데 인물은 언제나 맨 앞자리로 나서는 요소이다. 이 작품 이청의 장편소설 『안중근』 인물들을 통해 이 인물의 성격 원리를 예로 들어 풀어 보이면 이렇다. 작중 인물은 대체로 두 갈래로 그 성격을 나눈다. 거기 등장하는 인물이 앞장 꾼(주동인물)인가 방해꾼(반동인물)인가가 첫째 갈래이다. 오늘 우리가 여기서 다루고자 하는 이청의 『안중근』 소설에서 앞장 꾼 인물은 누구인가? 두말할 필요도 없이 그는 안중근이다. 그는 독자들의 눈길을 온통 받으며 적을 향해 자기 발걸음을 떼어놓는, 그리고 당시대에 그가 짊어진 한국 민중 모두가 앓는, 고뇌와 아픔 모두를 견뎌야 하는, 그런 주인공이다. 그 앞을 막아서는 적, 도덕적 결함을 잔뜩 짊어지고 악행을 일삼는 인물은, 앞장 꾼 앞을 막아 선 방해꾼이다. 이 작품에서 방해꾼 반동인물은 두말할 필요도 없이 이등박문이다. 우리들 머리 속에는 '민족의 원흉'이라고 새겨진 인물 그런 방해꾼은 앞장 꾼의 적일 뿐만 아니라 주동인물을 따라나서는 독자들에게도 마주선 아주 나쁜 도적이다. 그들은 대체로 도적이 될만한 도덕적 흠결이나 악의, 또는 악착같은 나쁜 짓거리들을 일삼는 무리의 대장이기 쉽다. 독자들 앞에 나타난 적인 이 방해꾼(반동인물)은 얼마나 나쁜 사람인가? 그리고 이 두 인물들에 대해서 작가는 어떻게 들어내 보여주는가?

악당이 저지르고 다니는 짓거리가 독자들로 하여금 독하면 독할수록,

주동인물인 앞장 꾼의 행적은 도덕적인 면제부를 갖게 된다. 앞장 꾼이 그를 때리거나 쏘아죽이더라도 조금도 그를 따라선 독자들은 절대로 미안해하거나 잘못되었다고 마음먹지 않는다. 그래서 소설 비평자는 작가가 그려 보인 앞장 꾼과 방해꾼의 사람됨을 통해 그 이야기의 너비와 깊이를 짚는다. 우리가 한국 현대 역사에서 알고 있는 이등박문은 한국인들에게 영원한 원수이며 몹쓸 부라퀴이자 도적이다. 그럼에도 불구하고 그를 놓고 한국의 작가들이 지독한 악당이라 쓸 수 없었던 정치적 파행 과정 때문에, 안중근을 주인공으로 하는, 소설 작품이 나올 수 없었던 것이라고 생각해 볼 수 있다.[8] 이청 작품 『안중근』에서 작가는 이야기 첫머리에서 이등박문을 이렇게 그려 보이고 있다.

나이 68세. 예리한 판단력과 끈덕진 인내심에다 용기가 필요한 외교 일선에 나서기에는 너무 늙은 나이다. 일본의 총리대신 가쓰라가 러시아통인 고토를 중간에 넣어 먼저 러시아에 회담을 요청하면서 처음에는 외무대신을 보내겠다고 했다가 뒤늦게 대표를 이토 히로부미라는 늙은이로 대체한 이유가 무엇일까. 그것이 당장 풀어야 할 과제였다.

하찮은 무사 출신으로 일본 최초의 헌법을 만들고 스스로 총리대신을 네 번이나 역임한 후 원로(元老)가 되어 국정을 좌지우지하는 자리에 오른 인물. 이런 인물들이 대개는 성급하게 권력을 탐하고 누리다가 나락으로 떨어지는 예가 많은데, 이 노회한 인물은 요령 좋게 강약을 조절하며 권력의 줄타기에

---

8 2009년 7월 22일자 〈한겨레〉신문의 23쪽 칼럼에는 〈한가람역사연구문화연구〉 이덕일 소장의 「현대사 연구 금기'는 독립운동사 말살 의도」라는 글로 길게 우리 현대 역사학계의 친일사관 이야기가 이렇게 적혀 있다. '친일 세력이 해방 후에도 사회 주도세력이 되면서 역사학계도 조선 후기 노론과 일제 식민사학을 계승한 학자들이 주도해 현재에 이르렀다. 그간 주류 사학계는 정체성론이니 타율성론이니 하는 총론으로 식민사관을 비판하는 것처럼 국민들을 호도했지만 동북아시아재단의 누리집과 한일역사공동연구위원회의 보고서에서 보듯이 식민사학은 현재도 정설일 뿐만 아니라 시간이 갈수록 그 정도가 심해지는 가치관의 전도현상을 보이고 있다.'

서 실족한 일이 없었다.[9]

재미있게도, 아니다, 소설답게도, 이청의 작품 『안중근』의 이야기 시작은 이등박문[10]이 기차를 타고 하얼빈으로 달려오고 있기 직전, 러시아 황제 차르 니콜라이 2세와 코코프체프가, 일본의 특사 이등박문을 어떻게 대해야 할까에 대한 이야기로부터 시작한다. 하얼빈에 마중 나갈 러시아 대표는 재정장관 코코프체프이다. 작가의 눈길은 이등박문의 속뜻을 품은 꼼수 부림과 러시아 대표 코코프체프 사이에 어떤 이야기가 이루어질 것인가 하는 이야기를 내세우고 있다. 이 작품 첫 머리에서는 러시아 황제 차르 니콜라이 2세의 심복이자 재정대신인 코코프체프의 눈길로 이등박문은 물론이고 그의 속셈과 그날 만나려는 이등의 속셈을 읽을 만한 여러 서류들을 드러내 보이고 포스머츠 회담에서 미국 대통령 루스벨트와 맺었던 몇몇 조항을 드러내 보이면서 1909년 7월에 일본의 메이지 정부 내각이 결정한 한국 합병 조치에 대한 기록들을 자세하게 드러내고 있다. '만세 1계 천황이 일본을 다스린다.'는 제 1조를 비롯하여 살아있는 신으로 천황을 치켜세워놓은 일본의 헌법을 만든 괴물 이등박문, 그는 현대인의 눈으로 읽을 때 도무지 이해할 수 없는 성격에 속하는 인물이다. 아니 어쩌면 일본이라는 나라 자체를 이해할 수 없는 나라인지도 모르겠다. 송원희는 그의 작품 『대한국인 안중근』 앞머리를 고종 황제를 겁박하는 이등박문의 음흉하고 발칙스런 장면으로부터 이 작품

---

9 이청, 안중근(서울: 경덕출판사, 2009), 15쪽.

10 일본 사람 이름 부르기 원칙을 나는 내 글쓰기에 정해놓은 것이 있다. 대학생 시절 옛 스승들로부터 나는 이등박문(伊藤博文)이니 복택유길(福澤諭吉)이니, 향상광랑(香山光郎─이광수) 하는 식으로 배웠다. 게다가 나는 일본말을 모른다. 일부러 알려고 해 본 적이 없는 것 또한 내 한계이자 일본에 대한 나의 나됨을 나타내는 징후임을 밝힌다. 그러나 작가가 쓴 것을 인용할 때에는 거기 쓰여진 대로 쓰기로 한다.

이야기를 시작한다. 도대체 어느 나라 대신이 다른 나라, 조선 왕궁에 들어가 당신을 보호해 줄 터이니, 자기 일본 천황의 황명을 받들라고 겁박할 수 있는가? 이 사실은 실제로 있었던 사건이었을 수도 없었을 수도 있는 내용이지만 사실에 가까운 이야기 말머리 장치일 터이다.

작가는 자기가 드러내놓은 인물들에 대해 꼼꼼하게 신경을 써 묘사한다. 그렇게 내세워 드러낸 인물 그리기란, 그 작품을 독자들에게 기억시키는 커다란 당김 줄이기 때문에, 작가가 그런 기술을 익히는 것은 기본이다. 뿐만 아니라 그 인물을 이야기하면서 작가는 그 화자를 통해 주변 인물이 지껄이는 말도 보태어 작가 속뜻을 전한다. 코코프체프와 이야기하던 차르 니콜라이 2세가 던지던, 일본에 대한 음탕한 어법을 드러낸 다음, 기습적으로 러시아의 입장을 풀어나가는 장면도 실은 작가의 속뜻이 딴 데 있기 때문이다. 이등박문이 러시아 대신을 만나자는 속셈이 뭐냐는 이야기 가운데 일본을 비웃던 니콜라이 2세는 이렇게 던진다.

'일본놈들 말이야, 여자 배 위에서도 쥐새끼들처럼 빨리 일을 끝낸다면서? 그래서 한국을 삼키는데도 서두르고, 만주로 뻗는 데도 조급한 게 아닌가?'
키득거리는 황제를 한심한 눈으로 보던 코코프체프가 더 참지 못하고 한마디 했다.
'폐하, 우리는 패전국입니다.'
'그렇지.' ─이 책 12쪽─

이 대담 속에는 작가의 속셈이 뚜렷하게 들어있다. 그것은 조만간 러시아가 겪어야 할 앞으로의 운명에 대한 예언, 말하자면 혁명으로 황권 자체를 빼앗길 그런 늙어빠지고 닳아빠진 왕권에 대한 혐오?, 미워함과 멸시가 이 말 속에는 담겨 있다. 게다가 그렇게 드넓은 땅과 군사력을 지녔던 러시아가 어째서, 어떻게 되었길래 러·일 전쟁에서 남김없이 깨어져 손을 들어 졌는가? 두말할 필요도 없이 러시아 황권 제국이 국내의 볼셰비키 혁명 세력들의 꿈틀댐에게 마음이 밀리고 있었던 황권 탓 아니었던가? 더 구체적으로 말하면 왕권 세력들이 일반 사람들을 너무 함부로 보고, 그들의 사는 기본 권리를 빼앗거나 억압하면서, 올라타 더는 그 천박한 몸놀림이 그대로 유지되기가 어려운 지경에 빠졌기 때문일 터이다. 남을 억누르는 모든 권력은 썩게 마련이고, 그것이 썩되 지나치게 썩으면, 권력자들은 언제든지 더럽고 비참하게 나뒹굴 수밖에 없다. 니콜라이 2세를 이야기하는 짬에도 작가는 이야기의 빛을 조절한다. 작가는 인물을 통해서 아니 그의 사람됨과 그의 행동, 말투를 통해서 작품 전체의 울림이나 향취 그리고 글 빛깔을 드러낸다.

두 번 째, 인물 이야기에서는 이런 눈길도 조절한다. 이야기에 등장하는 인물 특히 앞장선 인물과 방해꾼 인물됨은 처음부터 끝까지 같은 꼴로 이어지는가? 아니면 그 특성을 바꾸어 성격이 비틀어지곤 하는가? 이것을 지켜보면서 인물됨들을 따지는 눈길이 있다. 한 성격으로 굳게 이어지다가 끝장을 보는 인물을 '붙박이 또는 굳은 성격'이라 부른다. 이 성격은 한번 도덕적으로 옳은 사람이나 남을 돕는 사람, 또는 나쁜 짓으로 미움 받는 사람은, 끝까지 그런 사람됨으로 나아가는 인물들이다. 이청의 장편소설『안중근』이나 송원희의『대한국인 안중근』은 모두 한국 역사에서 뚜렷한 발자취를 남겨 올바른 일을 이룩한 영웅 안중근이기 때문에 '붙박이'나 '굳은' 성격의 사람됨으로 만들어 갈 수밖에 없는 작품들이다.[11] 그렇기 때문에 이런 인물에 대한 소설화는 부담스러울 수밖에 없

---

[11] 그런데 송원희 작품 속에서 안중근이 의병모집에 나섰다가 유부녀를 겁탈하러 다닌다는 모함으로 마을 사람들에게 두들겨 맞으면서 봉변을 당하는 장면이 있다. 지극한 소설적 상상력! 위 작품 223~226쪽 참조.

다. 그런데도 놀랍게도 송원희는 이 어려운 사람됨 만들기에서 안중근의 새로운 모양을 잠깐 등장시키고 있다. 안중근은 집을 떠난 이후로부터 외국을 떠돌며 의병활동은 물론이고 남의 나라에 몸을 의지해 살고 있는 조선 사람들에게 부지런히 민족의식을 일깨워 왜적과 싸울 것을 부추기고 다녔다. 모든 사람이 다 민족을 되찾는다는 뜻으로 모일 수는 없다. 하루 벌어 하루를 살아가는 백성들의 눈에 이런 안중근은 귀찮거나 버거운 사람일 수도 있었다. 안중근은 두 번째 의병 전투에서 크게 손실을 겪었다. 같이 의병으로 떨쳐나섰던 젊은 남정네들이 많이 죽었다. 졸지에 과부가 된 젊은 여인이 분해할 것은 불을 보듯 빤하다. 왜놈들도 밉지만 그들과 싸우자고 부추기며 다니는 안중근도 밉다. 안중근의 사람됨은 이런 결점도 지니고 있었을 수 있다. 의병전투에서 두 번 실패하고 나서 또 다시 의병을 모집하러 다니다가 그는 전사자 부인에게서 큰 봉변을 당하였다. 작품 이야기 진행 상 틀림없이 안중근을 곤경에 빠뜨리기 위해 일부러 만들어진, 방해꾼 부인에게 봉변을 당하는 장면이 송원희의 작품에는 들어 있다. 틀에 박힌 영웅 상에서 벗어나게 해 보려는 작가의 깊은 속뜻으로 읽히는 대목이다. '위대하다는 것은 어쩌면 평범한 사람들로부터 오해받는 것'일 수 있다. 안중근의 결정적 실수(?이른바 hamartia)로 보이는 장면이 송원희 소설에 와서 이제 두 가지로 늘어났다. 하나가 의병에서 포로로 잡은 왜군을 놓아주면서 무기까지 그대로 주어 보내는 장면[12]이다. 이 장면 때문에 그를 따르던 의병들이 무척 실망하여 그를 따르지 않으려는 실제 이야기가 그 첫째이다. 안중근, 그는 어쩌면 진짜 낭만적인 영웅이었던 것 같다. 포로로 잡았던 왜병들에게 무기까지 들려 보내주는 그는 낭만적 영웅됨에 손색이 없다. 둘째는 의병으로 나갔다가 죽

---

[12] 이 장면은 실제로 있었던 장면이어서 모든 이야기 속에 등장한다.

은 한 아내의 화풀이 계략 이야기이다. 안중근을 급히 부르므로 안중근 의병 유가족 집엘 간다. 그런데 엉뚱하게 이 남편 잃은 여인이 자기는 남정네가 없으니 나를 책임지라고 외쳐 옷자락을 풀어 헤친 다음, 소리를 친다. 그 소리를 듣고 마을 사람들을 불러들인 다음 안중근이 의병을 모집한답시고 여인들을 겁탈하러 다닌다고 떠벌이자 동네 남정네들은 그에게 뭇매질을 가하였다. 참 재미있는 이야기 마디이다. 이런 사람됨 만들기의 재치와 여유가 송원희의 작품이 불러들인 그 둘째 이야기이다.

한 시대를 넘어서는 영웅, 사람됨의 최고 자질을 지닌 사람, 그런 사람은 어느 시대가 오든 당대의 삶을 드려다 보게 하는 맑은 거울로 산다. 최근 젊은 작가 김연수의 단편소설「이등박문을, 쏘지 못하다」는 아주 독특하게 그 일을 뒤틀어 안중근 사건을 읽고 있다. 하얼빈에서 우덕순은 이등박문을 쏘지 못하였다. 이것은 우연이 아닐 것인가? 안중근은 고유명사가 아니라 보통명사라는 한 주인공 이야기에 작가는 이렇게 안중근 의거를 일깨운다.

안중근은 혹시 어찌될지 몰라 자신과 뜻을 함께 하겠다고 결심한 우덕순에게 다른 역에서 기다리고 있다가 서로 기회가 닿는 대로 이또오를 저격하자고 제의했고 우덕순은 이 의견에 동조했다. 그래서 하얼삔에서는 안중근이, 하얼삔 남쪽에 있는 채가구에서는 우덕순이 브라우닝을 들고 이또오가 도착하기만을 기다리고 있었다. 둘의 권총에는 탄두에 열십자가 그어진 덤덤탄이 장전돼 있었다. 마침내 안중근이 이또오를 저격하기 전까지 두 사람의 조건은 동일했다. 어느 쪽이든 상관이 없었겠지만, 그 시기와 장소를 결정하는 것은 바로 역사 그 자신이다. 안중근이란 편의상 붙인 이름일 뿐이다. 만약에 우덕순이 이또오를 죽였다면 그 이름은 아마도 우덕순이었을 것이다. 그러므로 안중근이란 특정한 인물을 일컫는 단어가 아니라 우리 민족 전체의 독립의지를 대변하는 용어다. 이는 안중근이 아니었더라도 이토오는 한국인에게 저격당할 운명이었다는 얘기였으며, 따라서 안중근의 거사를 개인적인 소영웅주의로 모는 것은 부당하기 이를 데 없는 자조적인 견해에 불과하다는 것.[13]

안중근을 앞장선 인물로 설정하려고 하면 모든 작가들은 실제로 살아 그렇게 행한 안중근의 말투나 움직임, 이등박문이나 미국 대통령 루스벨트[14] 따위 제국주의 악당들로부터 엄청난 행악질을 당하고 나서, 분해 부르르 떠는 몸짓 따위를 똑바로 묘사할 수 있을까 하는 문제에서 벗어날 수가 없다. 너무나 뚜렷한 악행을 저지르는 인물 이등박문과 그를 죽임으로써 악행의 잘못을 세계에 알리려는 뜻을 굳게 지녔던, 안중근은 붙박이 성격의 인물들이면서, 동시에 영웅소설 범주에도 들여 놓을 수밖에 없다. 그는 당대는 물론이고 지금 시대에도 누구와 비교할 수 없는 시대를 뛰어넘는 영웅임에 틀림없다. 그는 우리나라 사람들이 영원히 기려야 할 영웅[15]이기 때문에 그에 대한 이야기를 가지고 소설을 창작하려는 작가들은 안중근을 쭈그려 트리기 전에는 그의 영웅다운 이야기를 피해 갈 수 없다. 영웅은 이웃의 아픔을 쫓아내기 위해 목숨을 거는 사람이다.[16] 대부분의 영웅 소설들은 그 인물들이 붙박이 성격으로 되

---

13 김연수, 나는 유령작가입니다, 이등박문을, 쏘지 못하다(서울: 창작과 비평사, 2009), 196쪽.

14 가츠라—태프트 비밀 협약은 미국 대통령 시어도르 루스벨트의 정치적 책략에 따른 조처였다. 도대체 남의 나라 한국을 제 편한 대로 일본에게 넘겨준다는 조약 따위를 해도 그가 나쁜 부라퀴라고 부를 수가 없는 것인가? 미국은 그 때로부터 오늘날까지도 한국 사람들에게 해서는 안 될 일들을 저지르며 자기들 이익을 챙겨 가고 있다.

15 안중근을 영웅으로 읽을 것인가? 아니면 의인으로 읽을 것인가? 안중근은 의인인 동시에 영웅이다. 영웅은 자기 이웃이 겪는 아픔이나 슬픔, 어떤 어려움도 참지 못하고 그것을 고치려고 하는 사람임으로 의인이자 사람됨의 격을 최고로 갖춘 사람이다. 그런 사람일수록 거쳐야 할 고통이 따른다. 영웅이 넘어야 할 길은 첩첩산중, 험한 고난의 길이다. 안중근에게 일본인들의 행패는 그것 자체가 고통이다. 블라디보스토크로 향해 고국을 떠날 때 동지 김동억과 겪는 어려움은 이청 작품에서는 줄여지고 있지만 송원희 작품에서는 이 부분이 아주 볼만하다.

16 아르헨티나 출신 체 게바라가 미국이라는 커다란 제국주의 발톱에 맞서 싸우던 쿠바 혁명을 위해

어 있다는 것도 알려둘 필요가 있다. 위에 인용한 김연수 소설의 이야기는 러시아와 퍽 가까운 하얼빈에 언어 장애자이며 나이가 마흔 하나가 되도록 결혼도 못한 동생 성수를 데리고 조선족 여자를 아내로 맺어주려고 중국엘 갔다가, 고급 승용차 독일제 아우디를 타고 나타난 중개꾼들의 행적들을 보면서, 넌더리를 내고 뒤돌아서는 한 주인공의 이야기 내용이 중심이다. 하얼빈의 안중근 얘기는 하버드 대학교 고고학 교수 출신인 한 인물에게서 듣는, 끼워진 이야기이다. 사람살이 삶의 우연과 필연 이야기를 통해 이 작가는 도무지 살고 싶지 않는 이 현실 세계를 그렇게 드러낸 것이었다. 말더듬이(언어장애자) 성수, **죽고 싶다고 중얼대는 이 말더듬이는 실은 작가 김연수가 말하고자 하는 우리 시대의 모든 사람들의 실상이다. 삶의 일상이 모두 우연처럼 여겨지는 주인공을 드러냄으로써, 2009년 오늘의 이 삶 판이야말로 모두 우연처럼 뭔가가 이루어지는, 어떤 악의에 덮여 있는 게 아니냐, 하는 작가 속뜻이 이 작품 속에는 들어 있다.** 오늘의 우리 삶은 이 작가가 보여주듯, 모든 게 우연처럼 가장한 악당들의 장난질로 벌여놓은 노예의 길 위에 놓여있는 것이나 아닐까![17] 그렇게 사람들은 모두 말을 더듬는 말더듬이로 떨어졌고, 그것을 빤히 보고 있는 화자 나도 또한 죽고 싶은 마음의 질병을 견디지 못한다. 이 이야기로 2009년도 오늘의 어두운 삶 판을 보는 주인공의 진저리는 이렇게 안중근을, 뒤틀어진 눈길로 볼 수밖에 없다는, 말 뒤집는 투(아이러니)로 살아나 있다. 이 말 뒤집기는 우리시대에 정말로 필요한 영웅에 대한 열

싸우던 모습에서 영웅의 얼굴과 그 발자취는 뚜렷하다. 장 코르미에 지음, 김미선 옮김, 체 게바라 평전(서울: 실천문학사, 2000) 참조

17 쑹훙빙 지음, 차혜정이 옮긴 『화폐전쟁』(서울: 랜덤하우스, 2008)을 읽으면 국제금융재벌들에 의해 전 세계가 그들 돈의 위력 앞에 몸을 숙여 종으로 떨어지는 장면이 몸서리치게 나온다. 이 시대는 그런 부라퀴들에 의해 우리들 삶이 조절되는 살얼음판 같은 노예시장인지도 모르겠다. 젊은 작가 김연수가 본 것은 그런 뱀파이어들의 노예였다고 나는 읽는다.

망을 담고 있을 수도 있다. 게다가 안중근을 높게 평가는 사람은 엉뚱한 미국 대학교수 출신의 한 인물이다. 이 소설 주인공을 비롯하여 한국사람 누구도 안중근을 큰 인물로 기리는 사람은 없다. 한국에는 안중근을 잊을 수밖에 없는 망각의 모자에 덮씌워 있거나 아니면 그렇게 잊도록 세뇌된 눈 먼 한국 사람만 득시글거린다는 말 뒤틀기도 이 소설에는 들어 있다.

소설은 인물 그 자체가 모든 이야기를 넓히거나 좁히고 깊이 파고들게 한다. 게다가 우리는 자기 얼굴에 늘 책임을 지고 산다. 얼굴값에 대한 짐은 누구나 짊어진 덫이다. 사람됨(인물됨)이 개인 그 자체로 끝이냐 아니면 그 사람이 곧 나라 전체 또는 집단 전체를 상징하느냐는 모든 사람들이 자기에게 묻는 물음이기도 하다. 이 이청의 장편소설『안중근』은 그 주인공 앞장 꾼 안중근이나 방해꾼 이등박문이나 모두 개인 얘기에서 멈추는 인물들이 아니다. 그리고 그 작품 속에 등장하는 인물들은 꽤 많이 나온다. 가장 크게는 이완용이나 을사 5적에 드는 인물들이다. 그리고는 이등 옆에 붙어 다니는 부라퀴 하수인들! 러일 전쟁에서 이기고 제 나라로 가지 않고 조선 땅에 군대를 주둔시킨 하세가와 육군대장이라든가 이등박문의 꼭두각시로 심부름이나 하는 송병준을 비롯한 이완용, 을사년에 이름을 낸 한국사람 다섯 도둑놈들 따위 방해꾼 주변 말고, 앞장 꾼 주변에도, 인물들은 많다. 그러나 가장 구체적이고 실제적으로 안중근을 살려내는 인물들은 미묘하게도 이등박문이나 가쓰라 총리대신의 하수인으로 안중근을 죄인으로 만들어 가는 검찰관 미조부찌와 안중근이 징역을 살 때 그를 감시한, 간수 치바 토시치[18] 헌병 상병 같은 인물들

---

18 가끔씩 안중근을 생각할 때면 안중근이 뤼순 감옥에서 전옥 노릇을 하였던 치바 도시치라는 사람이 자기 집에 안중근 영정과 글씨를 걸어놓고 평생을 경배하였고, 그 자손에게까지 그것이 대물림되어 내려오다가, 어느 해 그에게 써주었던 안중근의 글씨를 안중근 기념사업회에 기증하였다는 이

이다. 안중근을 둘러싼 한국의 수많은 독립 운동가들의 얼굴들은 두말할 필요도 없는 옆 인물들이다. 심지어 당시에 의병활동으로 한국인들의 마음을 사로잡았던 최익현이나 유인석, 안창호, 이상설, 이준, 양기탁 등 무수한 인물들이 빼앗긴 나라를 되찾으려는 뜻으로 불타고 있었다. 송원희 작품 『대한국인 안중근』에서는 이 인물들이 안중근과 만나는 장면들도 여실하게 그려져 있다. 안중근이 한 개인적 자아 나로 끝나지 않는다는 가장 정확한 징표로 작가는 그렇게 그들을 만나게 하였다. 뿐만이 아니다. 가톨릭 곽 신부나 홍 신부들은 안중근에게 엄청난 힘과 영감을 주었고 꿈과 실천력을 길러준 인물들인데 놀랍게도 뮤텔 주교만은 <정교분리원칙(?)>이라는 핑계를 구실로 헐벗고 굶주리며 착취와 억압에 고통 받는 한국 사람들을 외면하는 모습을 보이고 있어서 종교 이름으로 갇힌 사람됨의 값을 생각하게 한다.[19]

모든 소설 작품은 이야기로 되어 있다. 그 이야기는 늘 처음이 있고 가운데가 있으며, 끝이 있다. 소설이란 이런 이야기를 꾸미는 말의 빛과 어둠으로 것으로 된 떨기이다.[20] 그 처음과 가운데와 끝을 어떻게 만들어 갖추고 꾸며내느냐 하는 것은 작가의 재능이나 그가 선택한 기법에 따라 달라질 수가 있다.

야기를 미묘한 느낌으로 맞곤 하였었다. 그런데 2002년에 치바 도시치를 지켜본 사이토 타이켄이 쓰고 이승은이 옮긴 『내 마음의 안중근』(서울: 집사재, 2002)이라는 책이 나왔다. 왜국 사람으로 안중근의 사람됨의 높이에 감동받았던 이야기가 줄줄이 쓰여 있다. 착잡한 느낌을 주는 책이다.

19 정현기, 갇힘과 가둠에 대하여. <우리말로학문하기> 2008년 8월 여름 발표모임에서 한 발표문 참조. 모든 사람들은 이름이나 믿음, 관념, 자기 앎의 내용에 갇혀 산다. 이 가운데 잘못된 믿음에 갇혀 지내는 사람들의 짓에는 남을 내리 누르거나 깔보는 따위, 보기 흉한 것들이 아주 많다.

20 이 원리는 그리스의 시학이론가 아리스토텔레스의 「시학」에서 시작되었다. 모든 작품은 시작과 중간과 종결이 있는 전체라는 것이 그의 핵심이론의 길목이다. 아리스토텔레스, 천병희, 시학(서울: 문예출판사, 1990),54쪽~59쪽. 이 시,중,종 원리는 「시학」 7장과 8장에 이어서 풀이가 되고 있다. 재미있게도 이 「시학」에서 아리스토텔레스는 '모방자(시인이라는 뜻)가 모방하는 것은 인간인데 그 인간은 필연적으로 착한 사람(善人)과 악한 사람(惡人)이라고 한다.' 인간의 성격이 거의 언제나 이 두 범주에 속하는 것은, 모든 인간이 덕과 부덕(不德)에 의하여 그 성격이 구별되기 때문이다. 29쪽.

2) 배경—두 나라 또는 이웃 나라

이야기 배경은 늘 시간과 공간을 차지한다. 모든 존재가 시간과 공간을 넘어서 살 수는 없기 때문에 이야기가 이 시간과 공간을 떠나서는 있을 수가 없다. 모든 삶의 일은 언제나 어떤 곳에서 벌어진다. 시간과 장소, 소설론에서 가장 중요한 배경으로 풀이되는 이 얼개의 한 기둥인 그 어느 곳과 어느 때, 지금 안중근의 짧았던 삶에서 우리는 무엇을 읽을 수 있나? 역사와 소설이 만나는 곳은 바로 이 두, 시간과 공간이면서, 서로 갈리는 지점이기도 하다. 곳과 때라는 이 두 배경의 알짜배기(質料) 자체가 끊임없이 바뀌고 달라지는 현상이기 때문에, 역사가들은 언제나 이 두 배경을 정확히 쓰려고 애쓴다.[21] 역사가는 그들이 써놓은 사실 기록이 거기 꼭 맞아떨어지는 진실을 담고 있다고 알리고 싶어 한다. 역사가들이 써놓은 것이 엉터리라는 것이 드러나면 그걸 누가 믿고 읽을 것인가? 그런데 정말 역사가는 가짜 사실을 만들어 쓰지는 않는가? 이 문제는 이 논의에서 벗어나는 주제이다. 하지만 스스로 성공한 삶이라고 착각하면서 남을 해코지한 나라 역사가들이 정말 그들 역사의 나쁜 짓들을 그대로 기록할까? 웬만한, 바른 마음을 기른 역사가가 아니고, 그런 기록을 기대하기는 어렵다는 게 내 생각이다. 아니 자기나라 영토 확장을 위한 영웅적인 행적이었다고 드높여 기리도록 하기가 쉽다. 균형을 잃는 뻔뻔스러움은 역사가든 소설가든 사람을 진실로부터 멀리하게 하는 고질병이다. 이 작품 『안중근』은 일본이 남의 나라를 짓밟았던 나쁜 짓거리 발걸음 자국들을 그린 것이기 때문에, 두 나라 사이의 도덕적인 잘잘못을 따지

---

21 근현대사에서 이른바 실증사학이라는 검증 잣대 얘기는 아주 많은 허점을 지니고 있음에도 불구하고 역사기술의 금과옥조로 떠받들어지는 형편이다. 남의 나라 역사를 증명할 실증자료들을 훔쳐다가 감쪽같이 감춘 다음 실증자료가 없으니 역사가 없다느니 뭐니 하는 따위 헛소리들은 제국주의 악당들이 이제껏 써먹어왔던 나쁜 버릇들에 속한다.

는 일은 피할 수가 없다. 이등박문이 옳았다면 안중근은 옳지 않거나 나쁜 살해자이다. 그러나 안중근이 옳다면 이등박문은 그 반대에 서서 도덕적 재판을 받아야 할 나쁜 악당이다. 일본과 한국 사이에는 커다란 바다가 흐른다. 도무지 합쳐지기 어려운 바다, 일본은 어떤 말로도 한국인을 괴롭힌 역사를 변호할 수가 없는 범죄의 나라이다. 임진왜란으로부터 한일합방이라는 침략의 자취를 지닌 나라 일본, 그들과 우리들 사이에는 건널 수 없는 강물이 흐른다.

『토지』의 작가 박경리가 그의 일본론에서 일본이야말로 '거짓에 순치되어 숨통이 막힌 나라'[22]라고 보면서 일본을 이웃으로 둔 우리야말로 불행한 이웃이라고 말한 것은 그야말로 핵심을 찌른 것이다. 『생명의 아픔』이라는 수상집의 한 장 「일본인은 한국인에게 충고할 자격이 없다」는 글에서 박경리는 이렇게 말했다.

> 일본을 이웃으로 둔 것은 우리 민족의 불운이었다. 일본이 이웃에 폐를 끼치는 한 우리는 민족주의일 수밖에 없다. 피해를 주지 않을 때 비로소 우리는 민족을 떠나 인간으로서 인류로서 손을 잡을 것이며 민족주의도 필요 없게 된다.[23]

안중근이 자기에게 죄악을 뒤집어씌우려고 벌인 일본인 재판과정에서 읽은 일본이야말로, 박경리 선생이 평생 드러내려고 하였던, 일본론의 뼈대를 짚어 보여주는 내용이었다. 안중근이 불같은 행동으로 한국론과 동시에 일본론의 뼈대를 세웠다면 박경리는 길고 긴 이야기 마디들을 가지고 일본론이며 동시에 한국론을 썼다. 그것이 그의 『토지』이다. 박경리

---

22 박경리, 생명의 아픔(서울: 이룸, 2004), 154~158쪽 참조.
23 박경리 위 책, 196쪽.

의 아주 긴 장편소설『토지』는 누구도 다시 쓰지 못할 뚜렷한 일본론이며 동시에 한국론이다. 이 작품 속에는 안중근과 닮은 독립투사들이 중국의 만주벌판은 물론이고 연해주 일대, 러시아령으로 이어지는 지역 여기저기 깔려 나라 되찾기를 위해 혈투를 벌이고 있다. 안중근과 같은 영웅이자 의사는 작가 박경리가 꿈꾼『토지』의 커다란 말길의 흐름이었다. 다시 이청의 작품 이야기로 돌아간다.

이청의 작품『안중근』의 배경은 크게 두 지역으로부터 눈길이 갈려 나타난다. 하나는 안중근이 살았던 평안도 해주로부터 진남포, 그리고 서울, 만주 연변지역, 그리고는 하얼빈이고 채가구이며 만주지역 조선 백성들이 망명해 살고 있는 러시아령 외국 땅이다. 이 소설에서 가장 중요한 제1주인공 앞장 꾼 안중근의 사람됨을 그리는 것은 작가가 해야 할 가장 중요한 말머리 몫이기 때문에 그가 낳고 자라고 배운 곳에 대한 묘사는 그만큼 중요하다. 그래서 안중근이 태어나 자랐으며 배운 곳인 그의 고향 이야기와 그를 낳고 기르며 가르쳤던 아버지 안태훈, 어머니 조마리아의 사람됨과 그들의 고향 이야기는 허투루 지나칠 수가 없다. 모두가 주인공 안중근의 배경을 이루는 곳이고 피붙이이자 이웃들, 거기다가 그의 사랑하는 아내 김아려와 두 자식과 뱃속에 든 자식이 또 있다. 그런 주인공 안중근은 한국이라는 꺼져가는 운명 앞에 그것을 막아서려고 마음을 정한 이십대에서 삼십대로 넘어서려는 청년이다. 태생이나 성품, 사람됨 모두와 함께 그가 마주치는 사람들조차, 작가는 적당하게 넘겨, 이야기할 수가 없다. 너무나 뚜렷한 행적을 보인 역사 인물이기 때문이다.

그러나 가장 정확하게 말해 이청이 쓴 소설 작품의 배경은 딱 셋이다. 하나가 일본이라면 또 하나는 한국, 그리고는 그 두 나라를 둘러싸고 이익을 찾아 눈을 부릅뜬 미국과 러시아 중국 등이 셋째 배경이다. 이 배경을 좀 더 줄여서 밝히면 일본이 서양 특히 미국의 등밀이로 시작한 제국주의 정책과 관련된 나라 사이의 먹고 먹히는 더러운 싸움판 이야기가 그 가장 큰 배경을 이룬다. 미국의 제국주의 정책은 이렇게 조선 반도에 와서 왜정이라는 사냥개에 의해 부라퀴 짓으로 저질러졌다.[24] 이 소설 구성의 두 번째 원리인 배경이 제국주의라는 나쁜 질병이라고 본 사람이 이 작품 주인공 안중근이었다면, 그가 읽은 가장 나쁜 바이러스는 이등박문이었던 것이다. 나쁜 바이러스는 어떤 방법을 쓰든 없애야 한다. 강한 자는 먹고 약한 먹힌다는 생물원리를 가장 악용한 이들이 제국주의자들이었다. 그들은 그런 나쁜 정책으로 남의 나라를 먹어치워도 된다고 스스로를 세뇌시킨, 일본을 포함하여, 19세기 서양의 제국주의 악당들이었다. 그들이 그렇게 믿고 따르던 생물학자 챨스 다윈의 적자생존 원리의 한 장면을 옮겨 보이면 이렇다.

나는 개체적 자아가 매우 중요하다는 사실을 알고 있었기 때문에 조금이라도 가치가 있는 개체는 모두 보존하고 열등한 개체는 도태시킨다는 데서, 무의식적인 인위적인 선택의 결과를 상세히 말했던 것이다. 또한 나는 가령 기형아같이 구조상의 어떤 우연한 편차가 자연상태에서 보존되는 것은 극히 드문 예라는 것, 또 처음에는 보존된다 하더라도 그 뒤에 정상적인 개체와 교잡(계통, 품종, 성질이 다른 암컷과 수컷의 교배)함으로써 일반적으로 사라진다는 것을 알았다.[25]

---

24 1905년에 맺었던 카쓰라—태프트 밀약은 결정적으로 한국의 운명을 어려움에 빠뜨린 출발점이었다. 미국은 그 때나 이때나 변함없이 일본을 사냥개로 내세워 한국을 조정하려 하는 들짐승 나라이다. 정경모, 한강도 흐르고 다마가와도 흐르고 58, 한겨레신문 2009년 7월 23일 목요일자 '길을 찾아서' 연재칼럼, 참조. 이 글에서 그는 '미국은 한국에 대한 지배권을 일본에 떠넘기겠다는 의사,'를 지녔다고 썼다. 이 말은 1969년 11월 워싱턴에서 닉슨이 일본 총리 사토에게 한 말이라고 소개하고 있다.

25 다윈, 송철용, 종의 기원(서울: 동서문화사, 2009), 106쪽.

남의 나라를 먹어치우기 위한 전략을 짜는 악당들이, 가장 먼저 내세워 실행하는 짓거리는, 자기들보다 그 민족이 열성인자라는 것을 스스로도 믿게 하는 것이었다. 그래서 왜놈들은 툭하면 조센징을 더러운 바보라든가 둘만 모이면 싸움질로 나날을 보내는 족속이라는 투의 생각을 저희들 스스로에게도 집어넣었다.[26] 뿐만 아니라 왜국에 유학한 조선 유학생들에게도 그런 생각 바이러스는 심어지게 되어 여기 부화뇌동한 앎꾼(지식인)들이 있었다. 바로 왜정시대 일본 유학파 몇 몇 젊은이들과, 친일파들이었다. 이인직을 비롯한 이광수 및 친일패들의 행적에는 우리 한국인들 스스로 못난 민족임을 내세우려는 악성 바이러스 보균자들의 말투가 여러 글투에 배어 있다.[27] 그들은 늘 선진국, 문명한 나라 일본, 미국 유럽 따위를 입에 달고 다니면서 우리는 너무 이리 지지리 못났느냐고 중얼거리는 정신병자들이었다. 이런 정신병 중세는 오늘날 한국 남한에서 크게 극성을 부리고 있는 게 사실이다.

눈을 바로 뜨고 있는 사람은 결코 남들, 남의 나라 사람들의 안다는 소리에 그렇게 꼴까닥 넘어가지 않는다. 앞에 옮겨 보인 신진 작가 김연수가 「이등박문, 쏘지 못하다」에서 밝힌 안중근이 일반명사가 아니라 보통명사라는 진술은 깊이 생각해 볼만한 명제이긴 하다. 그러나 안중근이 아니었더라도 누군가 한국 사람의 손에 의해 마땅히 죽어야 할 나쁜 짓을 저지른, 이등박문은 한국 사람들에게는 잊을 수 없는 죄인이고, 더러운 악당에 지나지 않는 천격일 뿐이기 때문에, 우연히 안중근의 손에 죽

---

26 이 청 안중근 위 책 182쪽에는 안중근을 심문하는 미조부찌 검찰관이 그런 생각을 다진다. 선험적인 열등감에 길든 왜놈들의 딱한 허세인 셈이다. 송원희 작품 『대한국인 안중근』 158쪽, 로마 교황이 이등박문에게 했다는 말로 '조선이라는 미개한 나라,'이니 그 곳에 있는 가톨릭 신자들을 보호해 달라고 했다고 썼다.

27 이광수, 김원모/이경훈 옮김, 동포에 고한다(서울: 철학과 현실, 1997)와 이경훈 편역 이광수 친일문학 전집2(서울: 평민사, 1995) 참조.

게 되었다는 투는, 소설적 말장난에 지나지 않는 진술이다. 이등박문은 비록, 우리가 이렇게 형편없는 악당으로 매도하고 깔보지만, 그는 일본이라는 엄청난 숫자의 사람들 야욕을 등에 진 사람이었기 때문에 한국사람 누구도 그를 총 쏘아 죽일 사람은 없다. 그런 불같은 성격, 굽히지 않는 정의감, 자기 민족에 대한 자부심, 그리고 그런 명사수의 실력과 영웅의 담력을 지닌 사람이 아니고는 그런 일을 행할 수가 없다. 게다가 안중근 그는 당대 세계를 꿰뚫어 읽어, 이 세계가 미쳐 돌아가는 판국임을 알았던 사람이고, 그것은 결코 바꾸기 어려운 탐욕이 날뛰는 더러운 세상임을 깨달아 알았던 사람이다. 뿐만 아니라 그는 삶과 죽음에 대한 뚜렷한 가톨릭 세계관도 지니고 있어서 모든 존재가 다 죽지만 의롭게 살다가 죽는 길이 무엇이지도 알았던 사람이다. 그는 초인에 속하는 인물이다. 이승만 따위의 인물과는 비교도 할 수 없는 의인이었다. 그만이 이룩할 수 있는 사람됨을 그는 서른두 살을 살면서 만들었다. 안중근 그는 정말 누구인가? 그리고 왜 우리에게 이제 떠오르는 의인으로 하필 안중근인가? 그리고 이등박문은 누구인가? 그는 왜 안중근의 총에 맞아 죽어야 했는가? 이 두 사람 삶의 발자취 속에 고였던 착함과 악함은 어떤 것인가? 우리는 이것을 곰곰 따져볼 차례이다. 작가 이청이 쓴 『안중근』과 송원희가 쓴 『대한국인 안중근』을 겹쳐 드려다 보면서 이 두 인물이 지닌 착함과 악함이 그렇게 만날 수밖에 없었던 발자취의 내용들을 살펴 보이기로 한다.

3. 안중근 의사가 이등을 쏜 이유

소설작품에서 뺄 수 없는 구성 요건이 사건 드러내기이다. 사건은 그

것이 일어나게 되는 앞뒤가 있다. 원인 없는 결과란 없기 때문이다. 모든 사람은 나날이 어떤 일(사건)을 벌인다. 그러나 소설에서의 이 일 벌임은 좀 남달라 보이는 것을 찾아내어 내 보인다. 10년 동안 트로이 전쟁에 나가 이기고 돌아오는 그리스 연합군 사령관 아가멤논이 자기 집에 돌아와 목욕탕에서 목욕을 하다가 아내 클뤼타임네스트라에게 도끼에 맞아 죽는다. 이건 참으로 큰 사건이다. 어째서 그런 일이 벌어졌는가? 그 원인은 무엇인가? 이등박문도 일본에서는 천황과 맞먹는 지위에 있던, 그래서 왜국 국민들에게 그렇게나 존경을 받았던(?), 이등박문이 하얼빈 역에서 젊은 안중근에게 총알 세 발을 맞아 즉사한다. 이게 도대체 웬일이란 말인가? 그 원인은 무엇인가? 아가멤논은 전쟁터에 나가 딴 여자들과 10년간 즐기고 살았으며, 전쟁터에 나가다가 배가 움직이지 않는다고 자기 딸을 데려다가 생짜로 바다의 신에게 제물로 바쳤다. 딸자식을 잃은 어미로서 남편 살해의 첫째 원인일 수 있다. 그렇게 무작스러운 일이 남편에게서 벌어진 것은 미움의 표적일 충분한 이유가 된다. 뛰어난 장수 아킬레스에게 시집보낸다고 딸을 데려간 남편의 짓거리에 아내는 화가 났다. 그렇게 미워했던 남편 아가멤논은 이기고 돌아오는 전차 안에 예쁜 트로이 왕녀 카산드라를 데리고 돌아온다. 눈에 불이 날 판이다. 게다가 그 여인 또한 10년 동안 그 인척인 이이기스토스와 통정을 해 왔다. 그게 들통이 나는 날엔 자기도 죽을 판이다. 세 번 째 이유가 된다. 그래서 먼저 남편과 카산드라를 쳐 죽였다. 그게 저 유명한 그리스 비극 작품 「아가멤논」의 이야기 줄기이다. 원인과 결과가 뚜렷한 이 비극 작품은 뒤에 다시 그 딸로부터 어머니 살해라는 결과로 이어지고 또 그 원인을 이유로 다른 결과가 이어지고 이어진다.

그렇다면 이등박문은 무슨 이유로 안중근에게 총살형으로 맞아죽을 수밖에 없었는가? 그 이유 찾기를 이 소설에서는 이야기 아래 깔고 있다.

소설 작품이기 때문이다. 게다가 이미 그 이유는 안중근의 입을 통해 다 이야기되어 있기 때문이다. 뿐만이 아니다. 한말 문인 황현의 기록이나 안중근을 심문한 왜정 검찰관 미조부찌가 심문하면서 물었던 모든 이야기 가운데 안중근이 이등박문을 죽여야 할 이유들은 너무나 많다. 이등박문은 정말 어리석고도 나빠 꾀죄죄한[28] 죄인이었다. 송원희는 실제로 있었던 이등 죄악의 열 다섯 가지 이야기를 요약하여 하나하나 들어보였다. 심문과정의 야릇하고도 뜻 깊은 장면을 드러내고자 하는 작가의 속 뜻 때문일 터이다. 그러나 이청 소설 『안중근』에서는 안중근이 이등박문을 죽여야 할 이유로 들이댄 열 다섯 가지 이유는 생략하였다. 그것조차 작가가 계산한 어떤 뜻에 의해 정리된 것일 터인데 그는 미조부찌 심문관의 대담과정을 이렇게만 적어 놓고 있다.

그러나 그 후 이토 히로부미가 한국의 통감으로 부임해 5개조의 협약을 체결했습니다. 그것은 앞서 한국독립을 공고히 한다는 의사와는 정반대의 행위로서 모든 한국인들은 참으래야 참을 수 없어 이에 불복했습니다. 더 나아가 1907년에는 또 7개조의 협약이 체결되었는데, 이것 역시 앞서 5개조와 같이 한국의 황제폐하가 친히 옥새를 찍지도 않았으며, 총리대신이 동의한 바가 없는데도 이토 통감이 강제로 압박해 체결한 것이기 때문에 한국인은 모두 이에 불복하고 나라의 주권을 되찾고자 일어서게 된 것입니다. 본래 한국은 4000년 이래 무(武)의 나라가 아니라 문필로 세운 나라입니다. ─이청, 『안중

---

28 한국말의 이 '꾀죄죄하다'는 말은 참 재미있는 표현이다. 국어사전에서는 '차림새가 지저분하고 궁상스럽거나', '마음이 옹졸하고 작살스런 사람'을 이르는 말이라고 되어 있다. 그러나 나는 이 말의 뜻을 이렇게 풀려고 한다. 스스로 못났다는 마음조림(열등감)과 탐욕으로 가득 찬 사람 쳐놓고 꾀죄죄하지 않은 사람은 없다. 독재자들이나 수전노로 떼돈을 모아 떵떵거리는 사람들 또한 꾀죄죄하지 않은 사람이 없다. 그들 마음 속에 도사린 헐벗은 마음이 얼마나 시리고 차면 그따위 행악으로 남을 짓밟는 짓을 아무런 자기 물음 없이 저지를 수 있을까? 친일파, 친미파, 독재자 이상한 재벌들 모두가 다 꾀죄죄한 열등감으로 칠갑을 한 탐욕덩어리라고 나는 읽는다.

이기웅이 편역한 역사기록 『안중근 전쟁 끝나지 않았다』에 의하면
안중근이 이등박문을 죽여야 할 이유 열 다섯 가지가 뚜렷하게 나와 있
다.[29] 그러나 작가 이청이나 송원희가 쓴 소설들에서는 이런 구체적인 역
사기록을 그대로 옮겨놓을 필요는 없었던 것이다. 그렇게 되면 소설은 역
사 사실 이야기 물결 속으로 빠져들어 소설이 갖는 특성을 조금도 살려
내 수가 없다. 그렇지만 이미 1905년에 행한 <을사 5조약>이나 1907년에
저지른 <정미 7조약>에는 이등박문이란 주인공이 한국사람 어떤 누구
에게든 총에 맞아 죽어 마땅한, 죄악 내용으로 포대기를 싼 채 웅크리고
있다. 남의 나라 외교권 모두를 빼앗고 그 나라의 모든 권한을 다 빼앗아
제 나라에 귀속시킨다는 그런 외교문서(?)가 도대체 어떻게 가능한 것인
가? 제국주의의 죄악이 모두 이렇게 공개적인 문서로 되어 있는 한 그 더
러운 모습은 역사에 꼭 살아남는다.[30] 이등박문이 안중근에게 맞아죽어

---

29 첫째, 조선왕비 민비 시해 한 죄. 둘째, 1905년 을사 5조 강제 늑약한 죄. 셋째, 197년 정미 7조약 강
제로 맺은 죄. 넷째 이등이 조선황제 폐위시킨 죄. 다섯 째, 한국군대를 강제 해산시킨 죄. 여섯째 의
병을 토벌한답시고 양민들을 많이 죽였던 죄. 일곱째, 한국의 정치 및 그 밖의 모든 권리를 빼앗은
죄. 여덟째 한국의 모든 좋은 교육용 교과서를 빼앗아 불태운 죄. 아홉째 한국국민들은 신문을 못
보게 한 죄. 열째, 이토는 충당시킬 돈이 전혀 없는데도 불구하고, 한국 국민 몰래 못된 한국 관리들
에게 돈을 주어 결국 제일은행권을 발행하게 한 죄. 열 한 째, 한국국민의 부담으로 돌아갈 국채 이
천삼백만 원을 모집하여 이를 국민들에게 알리지도 않고 관리들 사이에서 분배하거나 토지 약탈
을 위해 사용한 죄. 열 둘째 동양평화를 교란한 죄. 열 셋째, 한국국민은 원하지도 않는 한국 보호
명목으로 이등이 독선적인 정치를 하고 있는죄. 열 넷째, 지금으로부터 40 여 년 전 지금 황제의 아
버지를 살해한 죄. 열 다섯 째, 이등은 한국국민이 분개하고 있음에도 불구하고, 일본 황제와 세계
각국에 한국은 별일 없다고 속이고 있는 죄. 이기웅 편역 안중근 전쟁 끝나지 않았다 (서울: 열화당,
2000), 34쪽. 이 안중근 의사가 이등박문이 죽어야 할 이유로 댄 죄악 조항은 필자가 줄이거나 말을
짧게 가려 뽑았다. 황현의 『매천야록』에서 기록한 내용은 이보다 간략한 문장으로 요약되어 있고
열 다섯 째 조항이 빠져 있다. 황현, 임형택 외 옮김 『역주 매천야록』하권(서울: 문학과 지성사,2006),
629~630쪽 참조.

30 앞에 인용문으로 든 쑹훙빙의 『화폐전쟁』 이야기에는 국제은행재벌들이 히틀러에게 엄청난 돈을
대어주어 무기를 만들게 하고 그 전쟁이 쉽게 끝나지 않도록 질질 끌 계략을 꾸민 이야기가 충격적

야 할 그런 죄악을 일본 국민의 이름으로 저질렀고 미국 대통령 시어도르 루스벨트가 등 밀어준다는 등밀이를 믿고 이런 죄악은 저질러졌다. 제국주의 나라 반세기 넘게 미국이 한반도에 저지른 죄악 또한 결코 가볍지는 않다. 이것은 현재 한국 사람들 모두가 입을 다물고 있지만 속으로는 알고 있는 사실이기도 한 일이다. 그러기 때문에 공개적으로도 한국 사람 모두는 이 사실을 눈감고 모르는 척해서는 안 될 일이다.

이처럼 뚜렷한 두 인물은 역사 기록에 뚜렷하게 나오는 사람들이어서, 그 역사 기록의 말길로부터, 소설작가는 자유로울 수가 없다. 남의 집 머슴 출신의 자식으로 태어나 영국 유학도 마쳤고, 정치계에 들어온 다음에는 승승장구 왜국 백성들이 알아주는 이 이등박문, 꼼수에 능하고 능글맞으며, 일을 밀어붙이는 승부욕이 강한 이 인물이 저지른 잘못이란, 아니 죄악이란, 무엇인가? 문제는 그가 왜국을 대표하는 정치 패이고 조선 총독부를 만들어 조선 제 1대 총독을 맡았으며 총리대신을 네 번이나 이어 맡아 하였으니 그가 한 일들은 무두가 왜국(일본)이라는 나라를 위한 것이며 그 나라 왜국(일본) 사람들이 모두 믿어 밀어준 인물이다. 그런 그가 한국 사람들에게 저지른 악행의 실례는 너무 뚜렷하다. 그가 안중근에게 총에 맞아 죽어야 할 죄악들을 살펴 볼 차례이다. 그가 일으킨 악행 사건들 또한 역사책에 있는 대로 이청이나 송원희가 그들의 작품에 있는 그대로 기록하여 놓았다. 그들의 기록은 황현의 역사기록들인 『매천야록(梅泉野錄)』이나 정교, 조광 편 『대한계년사』의 내용들과도 대부분 같다. 안중근은 1879년 9월 2일에 태어나 1910년 3월 26일 뤼순 감옥에서 돌아갔다. 작가 이청은 『안중근』 앞 장에서 러시아 재정대신 코코프체프의 눈을 통해 다음과 같이 이등박문의 죄악을 적어놓고 있다.

으로 나온다. 위 책 207~239쪽 참조.

도요토미 히데요시 이래 일본의 숙원이던 조선 침략과 합병의 단초를 열게 된 것은 역사가 이토에게 짐 지운 필연적인 역할이었다. 그는 이미 약관의 젊은 나이에 조선에 잠입하여 조선 정정을 살피고 간 것을 비롯하여, 권력의 정상에 오른 후에는 직접 대한제국의 왕을 윽박질러 보호조약을 체결하고 한국을 보호국으로 만들더니 마침내 대한제국의 황제를 밀어내고 새로운 황제를 앉힌 다음 한국을 사실상 속국으로 만든 장본인이었다. 통감부를 설치하고 초대 통감이 되어 일본 역사상 최대의 소망이었던 한국 합병의 길을 터놓았던 공신이기도 했다. ─이청, 안중근(서울: 경덕출판사, 2009), 25쪽

이런 한 마디의 긴 이야기 속에는 여러 단락으로 떼어 풀어야 할 단계별 사건이 뭉쳐 있다. 그것을 조금 풀어 보이면 이렇다. 첫째 일본은 임진왜란 때부터 조선을 먹어 삼키겠다는 욕심이 있어왔다. 둘째, 야심이 시커먼 이등박문은 이미 조선 땅에 몰래 들어와서, 이 나라 되어가는 꼴을 정탐하고, 그것을 빼앗아 먹어치울 방법을 찾아내었다. 1905년에 이미 미국 대통령 루스벨트는 조선을 일본에게 넘겨주겠다는 '가츠라─태프트 비밀 협약'을 맺도록 하였는데, 태프트는 루스벨트 대통령 이후 미국 대통령이 되었고, 가츠라는 일본의 총리대신이 되어 있다. 두 악당들이 웃으며 몰래 주고받는 눈짓을 모르는 조선의 운명은 불을 보듯 빤한 꼴이었다. 1905년에 '을사보호조약' 다섯 개 조항과 1907년도에 강제로 맺은 '정미7조약'은 참 보기에 역하다. 이등박문이 강압적으로 남의 나라에 와서 저지른 악행은 이 두 조약으로 뚜렷한 꼴로 드러났다. 이등박문은 한국 청년 안중근에게 죽어 마땅한 죄인으로 참 꾀죄죄한 도적이었을 뿐이다.

4. 맺는 말―끝나지 않은 안중근 전쟁

모든 나라 사람들 삶이 대체로 그렇겠지만 한국의 역사, 아니 한국에서 살아 온 사람들의 삶은, 나라 안팎으로 가파르고 버텨내기 힘겨운 일들로 가득 차 있다. 오랜 동안 왕권 치하에서 거기 빌붙어 눈을 내리깔아 허리를 굽히거나 알랑거려야 하는 삶도 있었다. 또는 그런 왕권세력을 등에 진 천하게 못된 사람들이 부라리는 눈길과 칼부림, 발길질에 걷어차이면서도 참고 살아야 하기도 하였다. 그걸 참지 못하였던 조상들은 아마도 모두 죽임을 당하였거나 몸 둘 곳을 찾지 못하였을 터이다. 권력자들이 만든 가지가지 법령에 묶여 갇힌 채 사람들은 묵묵히 꾸벅거리며 주어진 삶을 살아내었다. 치욕을 견디면서 사는 삶, 뿐만이 아니다. 툭하면 이웃 나라로부터 침략을 받아 억압과 절망을 견디면서도 살아야 하였다. 나라 안에서 권력자들의 행패가 무르익어 사람들이 살기 힘겨울 때면 나라 밖 이웃 나라는 그 나라를 반드시 깔보기 시작하고 꼼꼼하게 먹어치울 궁리에 빠진다. 미국 대통령 시어도르 루스벨트나 태프트 따위 엉뚱하게 먼 나라 대통령들까지 당대 한국의 실정을 우습게 여겨 일본에게 집어삼켜도 된다고 등을 밀었을까? 임진년에 7~8년 동안이나 이 나라에 와서 분탕질을 쳤던 임진왜란 막바지에 중국에서 구해준답시고 온 명나라 장수들이 막판에는 일본군대를 두려워하여, 한강을 건너가 패주하는 왜병들을 몰살하지 않고, 이 핑계 저 핑계로 살려 보내는 꾀를 부리는 책략[31] 따위는, 모두 남의 나라 일에 그렇게 목숨 걸 이유가 없다고 생각하기 때문일 터이다. 천하기 짝이 없었던, 벼슬아치 고부 군수 행악질 때문에, 갑오년에 농민들이 들고 일어났던 <갑오농민전쟁>때 뻔히 왜국이

---

31 유성룡 지음, 남윤수 옮김, 징비록(서울: 하서출판사, 2003), 162~164쪽 참조.

저들끼리 맺은 텐진조약(3.장래 조선국에 변란이나 중대 사건이 일어나 청·일 양국 혹은 1국이 파병을 요할 때에는 마땅히 우선 상대방 국가에게 문서로 알릴 것이며, 그 사건이 진정되면 즉시 철회하여 다시 주둔하지 않는다.)을 빌미로 밀고 들어올 것을 뻔히 알면서도 청나라에 파병을 청한 나라꼴도 너무 처참한 내용으로 읽힌다. 어째서 그렇게 남의 나라문제를 놓고 저들 이웃 나라들이 제멋대로 하도록 내버려 두었는가? 이 문제는 이 나라 초등학교 시절부터 아이들에게 민족교육을 시켜 남에게 휘둘림 당하지 않을 슬기와 힘을 기르도록 가르쳤어야 하는 것이 아닌가?

삶은 참 질긴 칡넝쿨 같기도 하다. 그런데 일본으로부터 침략을 당한 경우,『삼국유사』나『삼국사기』에 기록되어 나타난 대로, 틈틈이 한반도에 처들어온 왜구 이야기는 빼고라도, 1592~8년까지 8년 동안 풍신수길과 그 일파가 일으켰던 <임진왜란>과 이등박문으로 비롯되는 <한일합방>이라는 치욕적인 침략 내용은 한국 사람들에게는 지금도 지워지지 않는 큰 상처이다. 이 두 번의 큰 상처를 놓고 아직도 그 해석의 여지가 있는 듯이, 친일로 이득을 보아온 꽤 많은 약삭빨라 어리석은 한국 사람들이, 뻔뻔스럽게, 자기 이웃의 아픔을 나 몰라라 하는 몸짓들을 보이고 있다. 참 아프다. 그 뿐만이 아니다. 일본을 정확하게 읽고 있는 지성인들의 눈에는 아직도 일본이 한국을 다시 짓밟고 들어와 분탕질을 치려는 야욕을 남몰래 불태우고 있다는 증언이 있다.[32] 남을 종으로 삼으려는 질병, 그리고 남에게 종살이를 하더라도 자기만 몸을 뽑아 주인에게 아유구용(阿諛苟容)하여 자기만 살면 된다는 그런 익숙한 종질 질병, 그것은

---

32 2009년도 9월 현재까지 연재하고 있는 재일 통일운동가 정경모 선생의 글「길을 찾아서-정경모 한강도 흐르고 다마가와도 흐르고」27쪽 칼럼(91)에 보면 '일본은 일·청, 일·러 두 전쟁에 이어 삼세번째 다시 한 번 일어나 조선반도를 석권한 다음 39선을 일본의 힘으로 압록강 밖으로 밀어내야 한다.'는 따위, 일본은 이토 히로부미의 길을 따라 다시 한 번 조선에 뿌리를 박아야 한다는 따위의 요시다 시게루 전 총리 발언이 살아 움직이고 있다고 썼다.

앞으로 이 나라가 꼭 치료하고 넘어가야 할 질병의 하나이다. 남의 종살이에 익숙한 사람을 만들어 놓는 패는 늘 나쁜 부라퀴이기 쉽다. 누군가를 자기 밑에 두고 마음대로 부리면서 일체의 사람 사는 바른 길(도덕)에서 비껴난 몇 몇 사람들 부라퀴 짓에, 너무 많은 사람들은, 힘겨워하고 억압받으며 괴로워한다. 이 문제는 안중근이 이등박문을 쏘아 쓰러뜨렸던 그 시대뿐만이 아니라 지금도 이어서 그런 일이 우리가 사는 이 자리에서 다시 반복되어 벌어지고 있다. 그렇기 때문에 안중근의 이름은 우리에게 귀중한 울림이다. 그야말로 그는 우리가 앞으로 살아나가는 발길의 밝은 거울이자 등불이기 때문이다. 한국에 이런 위대한 영웅이 있었다는 것은 우리에겐 큰 복이다. 그런데도 이런 영웅을 한국 사람들은 너무 모르고 지낸다. 뭔가 우리가 찾아내어 생각을 바꾸게 해야 할 뚜렷한 이유가 있다.

그는, 자기를 희생하면서 부라퀴 이등박문을 쏘아 죽이는 행위의 정당성을, 당대의 우스꽝스런 독선의 일본 법정 재판과정에서 주장하였으되, 결코 구구한 변명을 늘어놓거나 살아남기 위해 마음 쓰지 않았다. 그는 당당하게 자기 일의 올바른 이유를 뚜렷하게 내세워 보여주었다. 그것은 결코 아무나 이룩할 수 있는 그런 몸가짐이 아니다. 이웃과 동족의 아픔을 정말 아파할 줄 알았던 큰 정신과 마음 씀을 지녔던 사람, 안중근 그는 우리에게 어떻게 사는 것이 정말 잘 사는 길인지를 밝혀주었다. 작가는 이런 인물을 있는 그대로 다루기가 퍽 버거운 것이 사실이다. 뭔가 작가 자신이나 독자들에게 상상력을 동원할 그런 빈틈이 작았기 때문에 그럴듯한 사람됨을 만들어 나가는 작가에게는 커다란 짐이 될 수밖에 없었다. 그런데도 불구하고 북한에서 나온 림종상 각색의 『안중근 이등박문을 쏘다』와 나란히 세울 남한의 작가 송원희와 이청이 『대한국인 안중근』과 『안중근』을 써 우리 앞에 그 위대한 영웅정신의 실상을 밝혀주었다. 이청의 소설 제목도 실은 '대한국인'이라는 수식어가 붙어 있다. 그런데 그는 수식어 〈대한국인〉을 한자말로 적었기 때문에 한글로 『안중근』이라 제목을 붙인 것에서 조금 비껴나간 것으로 읽혔다. 하지만 위 두 작가 송원희와 이청은 모두 『대한국인 안중근』이라는 제목의 이야기 문학 소설 작품으로 완성한 것이었음을 밝힌다. 그들은 모두 안중근이 어째서 이등박문을 처단할 수밖에 없었는지를, 100년이 지난 오늘날의 날카로운 눈빛으로 읽어, 앞으로 우리 한국 사람들이 지켜 나아가야 할 정신을 맑은 밝혀 놓았다.

송원희의 장편소설 『대한국인 안중근』에서 특기할 일은 한 영웅이 되기까지에는 어떤 가로거침과 어려움, 고된 나날들이 이어지고 있는지를 소설쓰기 특유의 자상한 눈 돌림으로 밝혀놓아, 영웅 됨으로 나아가는 피어린 고난을 옮겨, 읽기에 아주 편안한 느낌을 갖도록 하였다. 앞으로 이 두 작가 이외의 작가가 나와 다시 안중근 삶과 죽음을 웅장한 용틀임으로 형상화할 것을 우리는 쉼 없이 빌고 기다려야 한다. 두 작가의 깊은 마음 씀에 나는 고마운 마음을 다시 보탠다.

14

민국시기 중국문예작품과 안중근의 형상

연극을 중심으로 한 고찰

장회방

중국사회과학원 근대사연구소

1. 들어가는 말

1909년 10월 26일 오전 9시 30분, 조선애국의사 안중근은 하얼빈 역
두에서 일본 추밀원 의장이며 일본이 조선에 주둔하던 초대 통감 이토
히로부미(伊藤博文)를 격살했다. 이는 본세기 초엽 동아시아 역사에서 일
대 사건으로서 당시 세계 각국의 광범위한 주목을 끌었다.

한국과 역대로 정치, 경제, 문화 등 각 방면에서 모두 비교적 교류가 밀
접했으며, 또한 당시 함께 제국주의 식민지 압박을 받고 있던 중국의 사
회여론도 이에 대한 관심이 집중되면서 각종 진보적인 신문들은 안중근
의 의거에 대하여 객관적인 보도와 높은 평가를 했다. 이외에 중국의 문
예계에서는 또한 일찍 다양한 형식을 통해 안중근을 찬양하고 기렸다.

중국인들의 안중근에 대한 인식을 이해하려면 당시 각종 정치적인 사
론보도를 제외하고도 각종 문예작품의 측면을 통한 고찰 또한 빼놓을 수
없는 작업이다. 그러나 이 영역에 대한 소개 혹은 분석은 지금까지 성과
가 많지 않으며 당시 문예계에 대한 연구는 매우 빈약하다. 문예계에서
묘사한 안중근의 형상은 무시할 수 없으며, 또한 당시 문예계의 사업 자
체가 그에 대해 남긴 많은 자료도 진지하게 검토하고 종합할 필요가 있다.

각종 문예종류 중에서 연극은 가장 종합성을 지닌 예술표현 수단의
하나로서 음악, 춤, 그림, 조각, 문학 등 형식에 비해 더욱 통속적이고 직
관적이며 형상적인 특징을 지니고 있을 뿐만 아니라 또한 중국사회에 있
어서 연극의 사회적 교화기능을 역사적으로 비교적 중시해왔다. 때문에
본문은 주로 연극방면에 대한 고찰을 통해 기초적인 연구에 초점을 두었
다. 여러 분들의 지도 편달을 바라마지 않는다.

2. 민국시기 안중근에 관한 연극 활동의 개요

신해혁명, 5·4운동으로부터 항일전쟁시기에 이르기까지 중국 각지에서는 광범하게 안중근에 관한 연극을 했으며, 예술 형식으로서 일본침략을 반대하기 위해 용감하게 몸을 바친 조선민족의 영웅을 칭송했다.

중국에 있어서 연극(drama)은 희곡, 화극, 가극 등의 총칭이다. 당시 중국 문예계에서 안중근에 대한 예술형상의 재현은 주로 시대적 특징을 갖고 있던 화극이란 표현방식을 취했다. 중국의 초기 화극은 1907년에 일본의 신파극(新派劇)의 직접적인 영향으로 생겨났는데, 당시에 신극놀이(新劇戲)라고 불렀다. 신극은 신해혁명 후에 점차 쇠퇴되었다. 5·4운동 이후 유럽 희극(戲劇)이 중국에 전파되면서 중국의 현대화극이 잇따라 나타났는데, 당시에 애미극(愛美劇), 진신극(眞新劇) 혹은 백화극(白話劇)이라고 불리었고 1928년에 홍심(洪深)의 제의로 화극(話劇)으로 명명했다.[1]

전통적인 희곡에 비해 화극은 대화와 동작을 주요한 표현수단으로 삼았기 때문에 더욱더 직접적으로 진실하게 현실생활을 반영했고 또한 복잡한 모순충돌을 체현할 수 있었으므로 관중들의 환영을 받았다. 민국시기에 안중근을 소재로 하는 화극은 각지에서 매우 활발하게 전개되었다. 예컨대 1910년 말에 임천지(任天知)가 상해에서 발기하여 성립한 신극단체-'진화단(進化團)'의 그 발자취는 남경·상해·무한·장사 등 10개 도시에 퍼져나갔다. 그들은 시대적 수요에 순응하여 연극으로서 봉건통치를 공격하고 혁명을 고취하면서 『혈도롱이(血蓑衣)』, 『안중근이 이토를 죽이다(安重根刺伊藤)』 등 제목의 극을 연출했다. 손중산(孫中山)은 일찍이 진화단에 대해 찬양하면서 "이 역시 학교이다(是亦學校也)"라는 제사를 남겼

---

1 辭海編輯委員會 編, 『辭海』, 上海辭書出版社, 1980年8月第1版, 1536, 1448, 389, 492쪽.

다.[2] 이것은 현재 국내에서 안중근에 관한 연극 활동의 최초 기록이다.

1915년 5월, 귀주의 신식학교인 달덕학교(達德學校)의 주요 창립자인 황제생(黃齊生)은 원세개정부에 일본이 주장한 "21개 조"를 반대하기 위해 달덕학교의 사생들을 이끌고 거리에 나아가 시위를 벌였고, 또한 사생들은 귀양(貴陽)에서 일본이 조선을 침략하는 역사극을 하면서 나라를 위해 순국한 조선민족의 영웅인 안중근을 노래하고 나라를 팔아먹은 민족의 망나니 이완용을 질책했다.[3]

1918년 봄, 하남성의 위휘(衛輝) 1중학교 학생들은 염정가(鹽淀街)에서 문명극(話劇) 『마관조약(馬關條約)』, 『안중근(安重根)』 등을 공연하면서 반일선전을 진행했다.[4] 비교적 초기의 연극 활동이며, 5·4운동 전후에 중국의 각 곳에서 분분히 안중근의거를 반영하는 연극들이 하나의 고조를 이루었다.

1919년 7월 사이에 팽배(彭湃)는 구국의 열정을 품고 일본으로부터 고향인 광동성 해풍(海豊)에 돌아와서 일부 옛 동창들과 진보청년(海豊中學과 陸安師範의 일부 학생을 포함)들을 모집하여 조주회관(潮州會館)에서 "해풍백화극사(海豊白話劇社)"를 설립했다. 참가자들은 팽배의 지도하에 첫 다막 화극인 『조선망국한(朝鮮亡國恨)』을 연출했다. 그 내용은 조선애국지사 안중근이 망국의 비통과 비분을 품고 일본 수상 이토 히로부미(伊藤博文)를 격살하는 이야기를 담았다. 당시 여성은 무대에 감히 연출할 수 없었기 때문에 팽배는 남자가 여자 분장을 하고 일본 옷(和服)을 입고 일본공사 부인의 역을 맡았는데, 그의 연기는 관중들의 호평을 받았다.

2 劉秉虎 《東北亞和平與安重根》, 沈阳 : 万卷出版公司, 2006年, 80쪽.

3 戴問天, 「以音乐, 戏剧教育大众: 陶行知先生教育实践的一个重要侧面」,
http://guilinrenguyu.blog.sohu.com/130279462.html, 원문은 『歌劇』雜誌, 2009年 第8期.

4 「衛辉一中大事記」, http://www.hnwhyz.com.cn/oldyz/ReadNews.asp?NewsID=1375.

현성의 동용설(東龍舌)에 임시 무대를 만들고 연출했는데 비록 무대에는 막으로 오직 한 폭의 흰 천을 걸어놓고 아무런 무대장치도 없었으며 복장 도구도 매우 간단했지만 연원들은 극히 진지했고 관중들도 극히 많았고 그 분위기는 극히 열렬하여 관중들의 반일정서를 격발시켰다. 이번 연출은 해풍화극운동의 첫 막을 열었으며 또한 월동(粤東)화극의 효시가 되었다.[5]

해풍과 인접한 조주(潮州)에서는 1920년 5월 1일 조안현(潮安縣) 각 공단(工團)은 개원사(開元寺, 당조 때 건립된 대형 사찰)에 모여 처음으로 "5·1절"을 경축했는데, 참여자는 2~3천 명에 달했고 저녁에 대웅보전(大雄寶殿) 앞에서 조선항일화극『안중근이 이등박문을 격살하다(安重根刺殺伊藤博文)』를 공연했다. 이는 또한 조주(潮州)에서의 첫 화극공연이었다(당지에서는 白話劇이라고 칭함).[6] 다른 기록에 따르면 같은 달에 조주(潮州)의 금산중학(金山中學), 한산사범(韓山師範) 등 학교는 이 사찰에서 "5·4"운동 1주년기념대회를 거행했는데 조주청년도서사(潮州靑年圖書社)의 오웅화(吳雄華)·사한일(謝漢一)·홍복지(洪馥芝) 등은 조선애국지사 반일투쟁을 반영하는 다막극『안중근이 이토를 죽이다(安重根刺殺伊藤)』를 공연했다. 공연 무대는 아주 간단했고 무대조명은 기등(汽燈)을 사용했지만 관중들은 들끓었고 정서는 격앙되어 연출은 매주 좋은 효과를 거두었다.[7]

동맹회의 옛 당원이며 혁명당인 고무위(顧無爲) 등이 만든 "도사(導社)"는 1920년~1925년 사이에 일찍이 무한 등 곳곳에서 『정천한해(情天恨海)』,『안중근이 이토를 죽이다(安重根刺伊藤)』등 신극을 연출하면서 혁

---

5 陳韓星主編《近現代潮汕戱劇》, 中國戱劇出版社, 2005年6月第1版, 506~507쪽.

6 潮州風情인터넷『闖過開元』,http://www.csfqw.com/html/49/200504221454049957.html.

7 陳韓星主編, 앞의 책, 507쪽.

명을 선전했다.[8]

　문학가 당도(唐弢)의 기억에 의하면 1925년 그가 그의 고향 절강성 진해(浙江省 鎭海)의 배옥소학(培玉小學)에서 공부했는데 상해에서 발생한 '5·30'참안 소식이 고향에 전해졌을 때 학교에서는 휴학으로 호응했다. 학생들은 스스로 편집과 연출을 맡고 애국희극을 공연했으며 가장 환영을 받은 것은 『안중근(安重根)』이었다. 여학생들이 참석하지 않는 어려운 국면에서 그는 "끝내 연극 속의 조선여자의 주역을 맡는 것을 수락했다"는데, 그것은 주로 풍춘항(馮春航)·육자미(陸子美) 등 신극을 공연하는 저명한 남사(南社) 희극가들의 영향을 받았던 것이다.[9] 또한 다른 한 편의 글 속에서 그는 이에 대해 더 상세하게 "'5·30'참안이 발생한 이후 소식이 전해오자 학교들에서는 재빨리 휴학했다. 우리들도 응하기로 결정하고 하나의 후원회를 결성하였으며 강연대가 있었고 또한 극단도 있었다. 극본은 학생들이 스스로 편찬하고 연출했는데, 내 기억에는 가장 환영을 받은 것이 『安重根(안중근)』으로서 조선지사 안중근의 애국적 이야기를 공연하였다. 먼저 촌마을에서 공연했고 잇따라 하나의 큰 조봉선(烏篷船)을 세를 주고 구입하여 멀리 다른 촌과 진(鎭)으로 갔다. 여름 방학의 절반을 학생들은 세를 주고 구입한 배에 앉아서 곳곳으로 유랑했다. 마침 여름 생활이 단조로워서 각지에서 학교를 빌렸는데, 우리는 마치 강호를 뛰어다니는 초대반(草臺班)처럼 적지 않는 부두를 다녔으며 그 결과 상해로 작지 않는 액수의 애국헌금을 송부해 보냈다"[10]라고 묘사했다.

　이 시기에 각지에서 안중근을 소재로 공연한 혁명화극 중에서 주은래

8　武漢地方誌編纂委員會主編,『武漢市誌 ·文化誌』,「武漢(話)劇團, 社一覽表」, 武漢大學出版社, 1998年2月第1版, 155쪽.

9　唐弢,「我與雜文」(1983年1月20日), 唐弢·劉納 編,『文學名人自述』, 廣州: 華城出版社, 1998, 391쪽.

10　唐弢,「一堂難忘的歷史課」(1980年9月1日), 唐弢·劉納 編,『唐弢散文集』, 2004年第2版, 92~93쪽.

(周恩來)와 등영초(鄧穎超)가 천진에서 공부할 때 공연에 참여했던 『안중근(安重根)』은 후세인들이 가장 자랑스러워하는 연극이었다. 이 연극에서 등영초는 안중근 역을 맡았는데, 그 상세한 내용은 다음 장에서 서술하겠다.

20세기 30년대에 중국 화극문학관념이 점차 정립되고 작품이 날로 성숙됨에 따라 화극무대도 더욱 활발해졌다. 항일전쟁이 발발한 후 저명한 극작가이며 문단의 영수인 전한(田漢)이 이끌던 남사극단(南社劇團)도 무한·장사 등에서 『안중근이 이토를 죽이다(安重根刺伊藤)』을 공연했다.[11]

화극 외에도 일부 지역의 희곡에서도 안중근의 애국사적을 소재로 하는 신형의 문명극(文明戲)이 공연되었다. 예컨대 20세기 20년대 천진에서 평극(評劇) 예인인 성조재(成兆才)는 일찍 사실에 근거함과 동시에 전통창작의 신극 『안중근이 이등박문을 죽이다(安重根刺伊藤博文)』을 참조하여 처음으로 평극무대 위에서 외국 소재를 공연하는 선례를 열었다. 당시 연극을 관람했던 노인의 기억에 따르면 이 연극은 매우 전기적색채를 띄고 있었으며 비록 외국인을 썼지만 공연은 아주 자연스럽게 진행되었으며 조금도 딱딱하고 어색한 감이 없었다. 이는 조성재의 평극창작의 민족적 기백과 민족적 풍격을 체현했을 뿐만 아니라 또한 평극사에 큰 획을 남겼다.[12]

5·4운동 전후에 광주의 월극계(粵劇界)에서 목탁극사(木鐸劇社)는 일찍이 많은 외국극을 개편하여 공연했다. 그 개량적인 신극은 두 종류로 구분되는데, 하나는 정치적인 것으로서 예컨대 『온생재가 부기를 폭발하다(溫生才炸孚琦)』, 『추근(秋瑾)』, 『안중근이 이등을 죽이다(安重根刺伊藤

---

11 金宇鍾 主編, 『安重根和哈爾濱』, 黑龍江朝鮮民族出版社, 2005, 156쪽.

12 甄光俊, 「从蓮花落到評劇」, 『天津日報』, 2009年8月30日 第五版.

候)』이고, 다른 하나는 현실적인 것으로서 예컨대『계양연(戒洋煙)』,『학비보(虐婢報)』이다. 그들은 흔히 역사적 소재를 인용하여 시국을 풍자하고 비유했기 때문에 시대적 혁명색채로 가득하였다.[13]

이상의 각 자료의 기록들은 주로 공연의 각도에 치중했다. 극본의 경우, 중경의 광익총보(廣益叢報館)에서 편집·발행한『광익총보(廣益叢報)』는 1911년 제257, 261, 265 등호에서 일찍『망국한전기(亡國恨傳記)』를 연재했는데, 작자 서명은 강도공소근(江都貢少芹)이었고, 그 글 중에는 또한『삼한애사(三韓哀詞)』가 부록되었다.[14]

1957년 재판된『만청희곡소설목(晚淸戲曲小說目)』의 "보유(補遺)"부분에는 일찍이 이 극이 수록되었으며, 또한 이것은 보유한 부분에서 유일한 희곡작품이었다. 이 책의 소개에 따르면『망국한전기』는 모두 8개 장막, 즉「협약(協約)」,「모자(謀刺)」,「결당(結黨)」,「생제(生祭)」,「여만(旅滿)」,「섬구(殲仇)」,「국공(鞫供)」,「인친(迎櫬)」으로 구성되었다. 그 서막에는 "참담한 경쟁세계에 괴기(瑰奇)한 영웅이 나타난다. 풍조는 골자기에 흘러들어 세력을 확충하면서 뜻을 세워 동종(同種)을 베어버린다. 호랑이 머리 같은 이름은 천하를 놀라게 하고 소귀 같은 맹권이 동아시아를 잡으니 상검(桑劍)을 떠받치니 기개는 붉다"라고 했다. 또한 마지막 시에 이르기를 "아픈 마음의 통사(痛史)로 삼한(三韓)을 말하니 오직 입술이 망하면 어금니가 시릴까봐 두렵네. 대륙의 잠자는 사자는 지금 깨어났는지? 삼가 이를 거울로 삼아 조용히 간여하여 명시되길 기대하노라"[15]라고 썼다. 아영(阿英)의『만청문학총초(晚淸文學叢鈔)·전기잡기권(傳記雜劇卷)』

---

13 李門·範敏·陳仕元, 謝彬等,「试论粤剧的传统及其继承发展问题」(1997年 4月 24日), "廣州花都區人民政府罔", http://www.huadu.gov.cn:8080/was40/detail?record=4828&channelid=4374.

14 『廣益叢報』第257号, 1911年2月28日; 第261号, 1911年4月8日; 第265号, 1911年5月18日.

15 『晚淸戲曲小說目』, 古典文學出版社, 1957年9月新1版, 173쪽.

도 역시 이 극본을 수록했다. 그러나 열거된 전체 극은 모두 12개 장막으로서 각기「협약(協約)」,「모자(謀刺)」,「결당(結黨)」,「생제(生祭)」,「여만(旅滿)」,「섬구(殲仇)」,「국공(鞫供)」,「해도(海蹈)」,「인친(迎櫬)」,「환걸(繯杰)」,「당제(黨祭)」,「병한(并韓)」이었다.[16]

좌붕군(左鵬軍)의 고증에 따르면 이 극본은 민국시기에 일찍 영인단행본으로 간행했으며 책 이름은『역사비극망국한전기(歷史悲劇亡國恨傳記)』이고 공소근(貢少芹)의 아들인 공정(貢鼎)이 그 부친이 생전에 보관했던 원고를 편집·교정하여 완성했는데 원서의 앞면, 뒷면 및 판권 폐지는 모두 없으나 그 내용에 근거하면 1943년 10월 이후에 출판한 것으로 추정된다. 하지만 책머리에 부록된『선엄공소근사략(先嚴貢少芹事略)』의 서술에 의하면『망국한전기(亡國恨傳記)』는 또 다른 한구(漢口)의『중서일보(中西日報)』본이 있다.[17]

3. 천진에서 주은래와 등영초의 연극 활동

주은래(周恩來)와 등영초(鄧穎超)의 천진에서의 연극 활동은 지명도가 비교적 높지만 대부분 자료는 다만 개략적으로 소개되었고 더 구체적인 분석이 부족하기 때문에 아래 보충하고자 한다.

천진은 독특한 지리적 위치를 갖고 있는데, 남북을 관통하는 요충지에 있고 인구가 밀집되고 상업이 번창하며 조계지가 많아서 근대에 상해 버금으로 가는 큰 상업부두로서 각종 문화 활동과 교류가 모두 매우

---

16 阿英 編,『晚淸文學叢鈔 傳記雜劇卷』(上), 中華書局, 1962年 第1版, 574~614쪽.

17 左鵬軍,「亡國恨传奇'作者考」,『晚淸民國傳奇雜劇考索』, 北京: 人民文學出版社, 2005年9月 第1版, 183쪽.

번성했다. 또한 이곳은 중국 신극운동의 북방요람이었다. 일찍이 1908년에 신해혁명단인이고 희극가인 왕종성(王鍾聲)은 일찍 천진에서 『열혈(熱血)』, 『명불평(鳴不平)』 등 혁명적 애국신극을 조직·공연하면서 시대적 폐단을 꼬집고 민풍을 계시했다. 그 후에 천진의 남개학교(南開學校)는 장백령(張伯苓)의 지도 밑에서 1914년에 남개신극단(南開新劇團)을 성립하였으며 『신촌정(新村正)』 등 진보적 화극과 리브슨(Hennik Johan lbsen), 고골리(Nikolai Vasilievich Gogol)의 세계 명극을 공연함으로써 진보문예의 선구가되었을 뿐만 아리라 또한 선후하여 조우(曹禺) 등 저명한 극작가를 배출했다.[18]

주은래가 남개학교에서 공부하는 기간에 그 학교의 신극단의 골간들은 이미 『일원전(一元錢)』, 『구대낭(仇大娘)』, 『화아전(華娥傳)』 등 신극을 공연했었다. 조우(曹禺)의 기억에 따르면 "천진의 화극운동은 '5·4'운동 이전부터 이미 시작되었고 주은래 동지는 당년에 남개(南開)에서 편찬·공연하는 신극에 적극적이었다. 1915년 남개학교 11주년 때 그는 『일원전(一元錢)』의 공연에 참가했는데 아주 큰 성공을 거두었다."[19] 1919년 4월, 주은래는 일본으로부터 귀국하여 얼마 전에 설립된 남개학교 대학부에 들어가 공부를 준비했다. '5·4'운동 시기에 그는 천진학생운동 조직자의 한 사람으로서 『천진학생연합회보(天津學生聯合會報)』 준비와 주관을 맡았다.

등영초는 5·4애국운동의 발발 초기 때 직예(直隸) 제1여자사범학교 본과에서 공부했는데, 이 학교의 11년급 학생이었고 적극적으로 강연 및 연극을 만들어낸 사람들 중의 한 사람이었으며 천진여계애국동지회(天津

18 万镜明, 「20世紀天津戲剧概观」, 『天津戲劇的創作与發展』, 天津楊柳青畵社, 2002年9月 第1版,

19 曹禺, 「回忆在天津开始的戏剧生活」, 夏家善 等编, 『南開話劇運動史料: 1909~1922』, 南開大學出版社, 1984年 9月 第1版, 64쪽.

女界愛國同志會) 강연대 대장에 추대되었다. 이번 공연활동에 관한 배경은 1919년 8월 13일『천진익세보(天津益世報)』에 기재된 「여계애국동지회조직유예회계사(女界愛國同志會組織遊藝會啓事)」에서는 "…회의 과정에 회무(會務)를 유지하기 위해 중등학생단은 특히 유예회를 조직하여 본월 양력 15, 16일(음력 20, 21일) 이틀 저녁 7시 반에 임시 광동회관에서 개회하기로 결정했으므로 자금을 빌려 구제를 받고자 한다. 애국을 생각하는 제군(諸君)은 내용의 여하를 따지지 말고 열심히 찬조하여 혜택을 베풀어 오시기를 더없이 감사하게 기도하는 바이다"[20]라고 했다.

또한 근래에 편찬된『천진문화예술지(天津文化藝術誌)』는 "1919년 8월 20일, 21일, 천진여계애국동지회는 평민여학교를 만드는 경비를 마련하기 위해 광동회관에서 두 차례 의연(義演)으로 유예회를 진행했는데 직예 제1여자사범학교 학생 등문숙(鄧文淑, 즉 등영초를 말함)이 신극(話劇)『화목란(花木蘭)』과『안중근(安重根)』의 주역을 맡았다"[21]라고 기록하고 있다.

이 두 자료에서 공연시간의 기록에서 차이가 있는데, 현재 통상적으로 인정하는 20, 21일은 구경 양력 혹은 음력의 기년방식에 근거한 것인지 아직까지도 판단하기 어렵다. 공연 활동에 관한 기록도 현재 각종 지방지(地方誌) 혹은 회고록의 내용이 가장 상세하지만 당시 신문잡지는 이 사건에 대한 기록이 반대로 적어서 대조하기 어려우므로 이후 지속적인 보충이 요망된다.

공연활동의 소재지 광동회관(廣東會館, 오늘의 천진희극박물관)은 천진시 고루동쪽(天津市鼓樓東) 원장호염업운사서구지(原長芦鹽業運使署舊址)에 위

---

20 中共天津市委黨史資料征集委員會·天津市妇女联合會,『鄧穎超與天津早期妇女運動』, 北京: 中國妇女出版社, 1987, 23쪽.

21 天津市地方誌編修委員會,『天津通誌 文化藝術誌』, 「大事記略」, 天津社會科學院出版社, 2005年9月 第1版.

치하고 있으며 1907년 2월 광동 상인이 건조한 것으로 관내에 연극루(戲樓)를 세웠다. 천진의 근대사에서 이곳은 일찍부터 주요 혁명 활동장소였다. 예컨대 손중산은 네 차례나 천진에 왔었는데, 그중 두 차례는 광동회관에서 연설하여 혁명을 선전했고, 동맹회의 중요한 인물인 황흥(黃興)·진기미(陳其美) 및 송교인(宋敎仁) 등 사람들도 모두 이곳에서 강연했었다.[22]

애국주의 정신을 발양하는 이 두부의 신극 중에서 등영초가 모두 남자 분장을 하고 주역을 맡았다. 연습 과정에서 그는 당시 신극 공연과 반대 역(反串)에 능숙하기로 소문난 주은래의 도움을 받았다. 주은래는 천진여계애국동지회의 요청에 응하여 감독을 도와서 이 두 차례의 극을 연습시켰다. 그는 여학생들이 신극을 배우고 공연하는 것을 통해 애국주의를 발양하는 적극성과 연기 수준을 충분히 평가한 뒤에 또한 진심으로 그들에게 "대사(臺詞)를 읽는 것은 강연처럼 해서는 안 됨으로 예술화와 함께 생활화가 필요하다. 목란화와 안중근은 일상생활 속에서 말하는 것도 보통사람과 같았으므로 때때로 강연식으로 해서는 안 된다. 극정서와 극 속의 인물의 신분을 장악하고 일반적인 상황에서 말하는 음조는 좀 자연스럽고 평온해야 하며 중요한 대목에 이르러서는 충만된 격정이 필요하고 말하는 것이 강개하고 격앙되어야 한다."라고 지적했다.

주은래는 또한 실제 시범을 보여준 다음 자기가 반대 역으로 여자 각색을 하던 체험을 이야기하면서 등영초를 각색에 들어서도록 이끌었고 반대 역의 공연기교에 주의하면서 안중근 연기하려면 마치 전우 마준(馬駿), 심지독(諶志篤) 등 당대 중국의 안중근식(安重根式)의 인물들의 기질을 표현해야 하며, 화목란을 연기하려면 그의 생활 속에서의 진정한 여성(女

---

22 函永, 「沽上缘-鄧穎超與天津廣東會館」, 『老年時報』, 2007년 10월 10일 제7면.

性) 그리고 종군 후의 가짜 남성의 이중특성을 파악해야 하며 두 다른 국적과 다른 시대의 애국지사 형상을 잘 그려내야 한다고 이야기 했다.[23]

주은래의 지도를 통해 이 두 연극은 광동회관에서 공연되어 성공을 거두었으며 또한 사람들에게 비교적 깊은 인상을 남겼다. 황전기(黃殿祺) 선생의 고증에 따르면 학생들은 공연과 더불어 국화소품소(國貨銷品所), 남양연초공사(南洋煙草公司), 관생원(冠生院), 광생행(廣生行) 등 민족공상업을 동원하여 의매(義買)하면서 모두 3일간 공연했고 모금한 금액은 4천여 원에 달했다. 후에 이 돈으로 여자사범학교 부근에서 한 작은 네모난 울타리가 있는 집을 세로 얻어 보습학교를 성립했는데 모두 40명의 생활이 곤란한 소녀들이 입학했다.[24]

등영초의 5·4운동 때 친구인 왕정유(王貞儒)는 이때의 역사를 회상하면서 "이 두 화극은 모두 등영초가 주역을 맡았으며 비록 당시 표 값은 좀 비쌌지만 표는 매우 빨리 다 팔렸다. 이는 또한 당시 천진시민의 애국 정서가 얼마나 높았는가를 설명해준다"[25]라고 말했다. 왕저유의 동생 왕장유(王長儒)는 회상하기를 "신극「이토 히로부미를 죽이다(刺殺伊藤博文)」중에서 등영초는 조선민족 영웅 안중근을 연기했다. 이 연극에 반영된 것은 2909년 10월 26일 안중근이 하얼빈역전에서 일본군국주의 두목 이토(伊藤博文)를 격살한 이야기이다. 등영초의 연기는 매우 비슷했는데, 특히 안중근이 이토를 격살한 후 체포될 때 공연은 극히 용감했다"면서 "등 씨와 나의 큰 누님 왕정유(王貞儒)는 같은 천진여사범의 동창생이고 또한 다년간의 친구였기 때문에 두 사람의 교우는 퍽 밀접했다. 그

---

23 徐忠,「中国早期话剧的开拓者周恩来」, "中國滙安門戶网站":
　　http://www2.huaian.gov.cn/center/center/jsp/zzl/content.jsp?articleId=294593.

24 黃殿祺,「周恩来和鄧穎超的演劇活動」,『中國戲劇』, 1989年第5期, 40쪽.

25 王貞儒,「對女界愛國同志會的几点回忆」,「鄧穎超与天津早期妇女運動」, 앞의 책, 549쪽.

는 항상 우리 집에 왔었고 때론 우리 집에도 거처했기 때문에 우리도 매우 익숙하며, 그때 광동회관에서 등 씨의 연극을 보던 광경은 지금도 비교적 똑똑히 기억할 수 있다"[26]라고 말했다.

등영초 본인은 세월이 많이 지난 후에도 그 역사에 대한 기억이 생생했다. 1984년 그는 북경중국청년예술극원 창건 35주년 만회에서 그때를 회상하면서 "나도 과거에 배우를 했었는데 나는 과반(科班)출신이 아니었고 또한 극단에 있은 것도 아니었다. 다만 5·4운동 때 단지 강연만 해서는 안되겠기에 연극도 했다. 그때 우리들은 「화목란」을 공연했고 또한 조선애국영웅의 이야기인 「이등박문을 죽이다」(安重根)를 공연했다. 당시 우리들은 아무것도 다 몰랐는데, 현재의 시각으로 볼 때 그것은 화극이라고 말할 수 없고 그것은 문명극(文明戱)이었다. 공연을 시작할 때 나는 곧 이런 충고를 받았는데, 그것은 너의 대사는 꼭 극장의 제일 마지막 자리의 사람한테까지 보내주어야 하며 관중들로 하여금 똑똑히 들을 수 있어야 한다. 지금 나는 여러분에게 공개하지만, 우리가 그때 공연은 어떤 사람이 와서 우리들의 연출을 맡는다든가 어떤 사람이 와서 우리들의 무대감독을 맡는다든가 하는 사람은 없이 우리 학생들뿐이었다. 우리 여학생들의 공연은 남학생들이 와서 감독했다. 남학생 중에 주은래가 있었는데 그는 또한 몇 사람을 요청했고 극장안 다락 위의 제일 뒷자리에 앉았다. 화극의 장점과 특징은 꼭 발휘해야 했고 그 목적은 더 좋은 선전 교육을 위한데 있었다."[27]라고 말했다.

주은래의 당시 적극적인 연극 활동의 참여와 지도는 우리나라 초기 화극운동의 발전에 대해 공헌하는 외에 일본이 우리나라와 이웃나라를 침략하는 이 역사적 사실에 대해서도 비교적 깊은 인식을 갖고 있었다. 그

---

26 黃殿祺, 앞의 책, 40쪽.

27 위와 같음.

는 일찍 "중일갑오전쟁 후 중조인민이 일본제국주의의 침략을 반대하는 투쟁은 20세기 초에 안중근이 하얼빈에서 이토 히로부미(伊藤博文)를 격살함으로부터 시작되었다"[28]라고 평가했다.

4. 연극 외 안중근의 문예형상 묘사

민국시기의 중국문예계는 안중근에 대한 소개가 오랫동안 광범위하게 지속되었는데, 희극 외에 기타 다양한 유형의 문학작품도 각 측면에서 안중근의 형상이 사람들의 마음속에 깊이 심어졌다. 이러한 작품은 주요 문학방면에서 표현되었고 그것은 시가·산문·수필·전기·소설 등에 포함되었다. 그중 1914년 대동편집국(大同編輯局)에서 간행한 『안중근(安重根)』이란 책은 조선애국자 박은식(朴殷植)이 저술한 안중근전을 위주로, 張太炎이 쓴 안중근비문과 라남산(羅南山) 등 6인이 작성한 서언 및 양계초(梁啓超)·황간(黃侃) 등 10여 명의 시문이 수록되었으며 같은 시기에 "장사정원(長沙鄭沅)"이 쓴 『안중근전(安重根傳)』이란 책은 『안중근약사(安重根略史)』를 수록한 외 또한 채원배(蔡元培)·양계초(梁啓超)·왕수단(王樹枏) 등 다수 인사들의 시사(詩詞)도 있다.

상술한 두 종류의 전기에 수록된 시문의 내용은 중첩되는 것도 있지만 그중 대부분은 모두 이미 안중근을 연구하는 학자들이 익숙하게 알고 있다. 아래 주요하게 현재 학계에 소개와 인용이 비교적 적은 일부 작품에 대해 개술하고자 한다.

먼저 시문을 본다면 1915년 장사(長沙)사람 서아형(徐雅衡)은 『건아행

---

28 「周恩來關與中朝歷史關係的談話」, 金宇鍾 主編, 『安重根和哈爾濱』, 黑龍江朝鮮民族出版社, 2005, 16쪽.

(健兒行)』(紀安重根事)이란 시가(詩歌)를 지었다.[29] 천주당문학서원에서 발행하고 무창(武昌)에서 출판한『숭덕공보(崇德公報)』의 시간호(試刊號)에는 일찍『문이등피자유감(聞伊藤被刺有感)』이란 글을 수록했는데 저자의 이름은 '보라(葆羅)'이다.[30] 제1호에 수록된『안중근(安重根)』이란 글 저자의 이름은 "억(憶)"이다.[31] 극작가 왕소농(汪笑儂)은 일찍이 1917년에『조선자객에 보냄(贈朝鮮刺客)』이란 시를 썼다.[32] 근대혁명가이고 서법대가인 우우임(于右任)선생은 1909년 전후 만들어진『민우일보(民吁日報)』는 많은 평론과 보도를 발표하여 안중근의거에 대해 높게 평가했다. 1926년 소련으로 가는 도중에 그는『동조선만가(東朝鮮灣歌)』란 시를 지었는데, 그중에 "유민은 안중근을 말하지 않고 이토의 동상은 더욱 그대로이다"라는 말이 있다.[33] 또 다른 혁명가 오치휘(吳稚暉)도 일찍이『조선남자안중근(朝鮮男子安重根)』이란 글을 썼다.[34]

청나라 광서(光緒) 때 진사 곽즉운(郭則澐)이 편찬한『십조시승(十朝詩乘)』에는『안중근이 이토를 죽이다(安重根刺伊藤)』란 글을 수록했는데 "장량(張良)의 박랑(博浪) 이후에 또 다시 그 사람으로 보니 조선은 망하지 않으리라"라고 했고, 또한 양계초가 쓴『추풍단등곡(秋風斷藤曲)』은 "시와 필체는 뛰어나고 씩씩하여 그 사람을 전하기에 적격하다"라고 했다.[35] 근대민주혁명의 선구자 진간(陳干)은『한국의열 안중근, 이재명을 조상하다(吊韓國義烈安重根, 李載明)』란 글에서 "한국의 두 열사는 나라 원

29 徐雅衡, 「韵语: 健兒行: 紀朝鮮志士安重根事」, 『大夏叢刊』1915年 第1期.

30 『崇德公報』1915年 試刊号, "文苑".

31 『崇德公報』第1號, 1915年 6月 3日, "文苑".

32 汪笑儂, 「好诗: 贈朝鮮刺客」, 『寸心雜誌』第五期, 1917年 5月 10日, "藝術".

33 劉永平 編, 『于右任诗集』, 北京: 团结出版社, 1996年12月 第1版, 166~167쪽.

34 吳稚暉 著, 梁冰絃 編, 『吳稚暉學術论著第3編』, 出版合作社, 1927年12月, 161쪽.

35 (清)龍顾山人纂, 卞孝萱, 姚松点校, 『十朝詩乘』, 福建人民出版社, 2000年, 927쪽.

수를 갚고 몸을 바쳤네. 기자(箕子)의 보리는 높이 노래하고 유유한 삼한의 강물이여!"라고 썼다.[36] 호온산(胡蘊山)은 『지도초당필기(池都草堂筆記)』란 글 중에서 안중근의 사건을 기술했다.[37] 애국시인 왕오계(王敖溪)는 일찍이 『안중근을 조상함(吊安重根)』이란 글을 지었다.[38]

여기서 특히 남사(南社)성원들의 시가창작을 살펴볼 필요가 있다. 남사(南社, 1909~1923)는 신해혁명 전후의 저명한 문학단체로서 그 작품은 사가를 위주로 한다. 갑오중일전쟁과 러일전쟁 후에 일본은 조선에 대해 점점 핍박하면서 끝내 조선을 그들의 식민지로 전락시켰다. 조선 망국의 이러한 침통한 역사는 일찍 남사 사람들의 큰 관심을 불러일으켰다. 광동 매현(梅縣)사람 고직(古直)은 일찍 『조선을 슬퍼함(哀朝鮮)』이란 시를 발표했는데[39], 그 중에는 식민지로 전락한 조선인민에 대한 동정으로 넘쳤으며 또한 "이웃을 거울"로 일본이 중국 강토를 호시탐탐 노리는 것에 대한 경각심을 담고 있었다.

안중근의 비장한 의거는 적지 않는 남사 성원들의 심금을 울림으로서 남사인들의 시가창작에 새로운 소재가 되었다. 예컨대 남사 창시인의 한 사람인 고욱(高旭)은 안중근이 이토를 격살했다는 소식을 들은 후, 다음과 같은 시를 써서 자기의 마음을 토로했다. "한국의 망함에서 장사의 모범을 기억하고 무리가 상하면 그와 비슷하게 움직이는 여우도 슬퍼하네. 그처럼 진실로 향기롭게 항상 거주하여 살다가 하물며 다시 아득히 멀리 구슬프게 떠나가네. 자라를 던지면 고래가 어느 날에 다 삼키겠는지? 용이 읊고 호랑이 뛰는 그 재간이 기이하네. 형섭(衡聂)을 본받음은 다른 바

---

36 陳雋 · 佟立容, 『陳干集』, 香港: 天马圖書有限公司, 2001年10月, 42쪽.

37 『五九』1927年 第15期.

38 『社會月报』1935年1卷 9期, 13쪽.

39 『南社丛刻』第5集, 扬州: 江苏廣陵古籍刻印社, 1996年影印本, 779쪽.

람이 없거니, 한 번의 검으로 십만 군대를 막을 수 있네."⁴⁰

안휘 정덕(旌德)사람 왕양(汪洋)은『경제안중근선생전(敬題安重根先生傳)』이란 글 중에서 "한 발의 총탄은 남은 원통이 없거니 천추에 이름을 날리리라. 몸을 기울여 고국을 굽어보면서 미소를 머금고 평생을 보내네. 영웅의 기개는 항상 있는 듯하고 강물이 흐르는 밤에 소리가 있네. 소나무 끝자락에서 추억을 더듬어 조문에 기대어 마음을 달랠 수 없네."⁴¹라고 썼다.

강소 무진(武進)사람 장회기(張懷奇)는『형가의 두 시로 안중근을 위해 쓴다(荊軻兩首爲安重根作)』에서 "사람의 은혜를 받고서 사람의 원수를 갚으니 하늘 공중에 일격으로 부끄럽지 않네. 쇠 같은 기개는 대에 묻고 정신은 뛰어나게 죽었고 칼 빛은 기둥에 드리어 조룡이 시름겨워하네. 영혼이 있어 만약 세 번 진시황을 품는다면 다시 분노하여 먼저 6국 제후를 죽이리라. 끝내는 장량이 참을 수 있어 한나라에 보답은 대통을 빌어 깊이 모략이 있었네. 노래가 멎으니 굽이치는 역수도 차갑고 삭풍이 불어치니 낡은 옷과 모자가 찢어지네. 중천의 해와 달은 무지개의 기운을 번지고 막다른 길에서 임금은 말의 간장을 가르네. 칼을 품고 용을 죽이기는 역수처럼 가볍고 금을 시장에 내놓아도 뛰어난 사람 얻기 어렵네. 누가 재주로 부딪침에 신령이 없음을 알았으랴, 외롭게 깊은 은혜를 짊어진 태자의 단심이여!"⁴²라고 썼다.

강소 오강(吳江)사람 진거병(陳去病)은 일찍『부득한망자방분, 위안중근작야(賦得韓亡子房憤, 爲安重根作也)』란 시를 지었는데, "갑자기 옛 삼한

---

40 「感韩人安重根事 次道非"见怀"詩韵」, 高旭著, 郭长海·金菊贞 編,『高旭集』, 北京: 社會科學文献出版社, 2003, 412쪽.

41 金宇鍾, 崔書勉 主编,『安重根论文传记资料』, 沈阳: 辽宁民族出版社, 1994年12月 第1版, 252쪽.

42 『南社叢刻』, 앞의 책, 2518쪽.

땅이 오늘에 이르러 하루아침에 그치니 갑작스럽게 큰 협객이 와서 마치 깊은 원수를 갚은 것 같네"[43]라고 지적했다.

이러한 시구들의 구절마다 모두 한국 의사에 대한 찬송의 감정을 담고 있었다. 시 외에도 전기(傳記)유형의 작품으로서 오늘 볼 수 있는 것은 다음과 같은 것들이 있다. 정한경(程漢卿)의 『속열녀전·인지전:논형가여안중군(續烈女傳·仁智傳: 荊軻與安重根)』(1917)[44], 자필(資弼)의 『안중근외전(安重根外傳)』[45], 근대 중근에 비교적 큰 영향을 끼친 잡지인 『동방잡지(東方雜誌)』는 일찍 1910년에 『한국자객열전(韓國刺客列傳)』과 『안중근제인일사(安重根諸人逸事)』를 게재했고[46], 상해 복단공학(復旦公學)에서 편집·발행하던 『복단(復旦)』반월간의 제1기 "별사(別史)"제목란에 『안중근전(安重根傳)』을 수록했으며[47], 1911년에 창간한 『극복학보(克復學報)』도 일찍이 『안중근전(安重根傳)』을 연재했고 저자의 서명은 "후관남공(侯官南公)"이었다.[48] 장익홍(張益弘)도 일찍 1945년에 『안중근선생전(安重根先生傳)』을 발표했다.[49]

소설(小說)유형의 작품은 오늘에 볼 수 있는 것은 다음과 같다. 『숭덕공보(崇德公報)』는 1915년의 제1, 3, 4호에 일찍 경세(警世)소설 『한아서신기(韓兒舍身記)』를 연재했다.[50] 육사악(陸士諤)이 저술한 『청사연의(清史演義)』제7집의 주요 내용은 청조 말기 중국의 정국을 서술했는데, 그 시대

---

43 殷安如, 刘颖白 编, 『陳去病詩文集(上)』, 社會科學文献出版社, 2009, 87쪽.

44 『江苏省立第一女子師範學校校友会雜誌』1917年 第2期.

45 『小說新報』1919年 第1期. 본문은 또한 다음의 책에도 수록되었다. 于润琦 主编, 杨之锋等点校 『清末民初小說書系:爱国卷』, 北京: 中国文联出版公司, 1997年第1版, 329~334쪽.

46 『東方雜誌』第7年 第10期, 1911年 11月 26日; 第7年 第11期, 1910年 12月 26日.

47 『复旦』1915年 12月 创刊号.

48 『克復學報』第2期, 1911年 8月; 第3期, 1911年 9月.

49 『中韩文化』1945年 第1期.

50 『崇德公报』第1號, 1915年 6月 3日; 第3号, 1915年 6月 13日; 第4号, 1915年 6月 20日, "小說".

적 배경으로서 제1회가 "안중근은 이토공(伊藤公)을 암살하고 이완용은 합방조약을 조인하다(安重根暗殺伊藤公 李完用手定合邦約)"이었다.[51]

현대인으로서 임리(任鯉)가 주편한『중국역대진희소설(中國歷代珍稀小說)』중에는『영웅루(英雄淚)』[52]란 책이 수록되었고 저자 필명은 "계림냉혈생(鷄林冷血生)"이지만 그 본명은 미상이다. 이 책은 대략 1910년 말에서 1911년 초에 작성되었는데 그 서언 중에는 "경술(庚戌) 가을에 일한이 합병되어 점차 한국 멸망의 원인 및 결과를 취하여 이 책을 이루었고, 백성의 자강을 고무하는 것을 종지로 삼고 모두 3개월에 드디어 완성했다"라고 밝히고 있다. 이 책은 안중근이 이토(伊藤博文)를 격살하는 것을 주요 내용으로 조선이 일본침략과 합병 이후의 참담한 심정 및 한국지사들이 일어나 구국하는 행적을 썼다. 그 시간은 대원군(大院君)집권 전후로부터 일한합병에 이르기까지이다. 책 속의 중대한 사건과 주요한 인물들은 대부분 사실(史實)에 의거하였지만 부분적인 정절묘사, 예컨대 안중근의 부친이 일본인의 손에 죽고 안중근이 일찍 미국에 유학했다는 등은 실제사실에 비해 과장과 허구가 있다.

위에 상술한 시문·전기·소설 등 문학작품 외에『동방잡지(東方雜誌)』는 일찍 1909년 12월에 이토(伊藤博文)의 사진과 안중근의 사진을 게재했다.[53] 또한『민보(民報)』는 일찍 1910년에『한인자살이등박문지합이빈지경(韓人刺殺伊藤博文之哈爾濱之景)』을 게재했다.[54] 그리고『대하총간(大夏叢刊)』은 일찍 1915년 초에 안중근이 사형에 처할 때의 사진을 게재했다.[55]

---

51 陆士谔,『清史演義』七集, 上海民衆書局, 1921年.

52 林鯉 主编,『中国历代珍稀小說』(2), 九洲圖書出版社, 1998年, 786~892쪽.

53 『東方雜誌』第6年 第11期.

54 『民报』第26号, 1910年 2月 1日.

55 「朝鮮安重根臨刑时之摄影(照片)」,『大夏叢刊』1915年 第1期.

5. 나오는 말

이상에서 서술한 것은 주로 현재 볼 수 있는 비교적 제한된 사실(史實)로서 비록 민국시기 중국문예계에 관련된 활동의 전체 모습을 반영하기는 어렵지만 안중근의거가 중국사회에서 불러일으킨 거대한 반향은 엿볼 수 있다.

연극의 경우 안중근을 소재로 하는 연극은 신해혁명 전후에 시작하여 각 곳에서 우후죽순마냥 활발하게 발전하여 광범한 대중성을 지니고 있었다. 연극의 조직과 참여는 학교사생들이 포함되었을 뿐만 아니라, 또한 혁명자와 문화계인사 및 전문적인 희곡예인들도 포함되었다. 전파된 범위는 상해·천진·광동 등 연해의 풍기가 앞선 지방에도 이르렀을 뿐만 아니라, 또한 하남·귀주·무한 등 내륙지구도 포함되었다. 이로부터 북쪽에서 남쪽으로, 서쪽에서 동쪽으로, 도시에서 향촌에 이르기까지 모두 이런 연극 활동의 그림자가 있었다고 말할 수 있다. 사용한 체재로 볼 때 비록 신형(新型)의 화극이 위주였지만 또한 개량을 통한 희곡도 포함되었기 때문에 전통적인 극종(劇種)에 새로운 활력소가 주입되었다. 현재 볼 수 있는 자료에 근거하여 각지의 연극 활동 간에 그 어떤 일정한 연계가 존재했는지에 대해 확정할 방법이 없지만, 각지의 공연 활동은 대부분 일시적이었고 또한 성숙되고 온정적인 예술특징이 결핍되었다. 즉, 그 어떠한 고정적인 극본이 남아있는 것이 매우 적어서 지금까지도 상세한 자료를 조사하기 어렵다. 그러나 당시 특정된 시공간 속에서 모두 그 응당한 작용을 발휘했던 것은 부인할 수 없다.

연극 이외의 문예작품으로 볼 때 그 저자는 사람들이 비교적 익숙하게 알고 있는 손중산·양계초·장태염 등 일부 정치인과 문화인들이 포함되었을 뿐만 아니라, 또한 전국적으로 보아 지명도가 상대적으로 좀 낮고

심지어 잘 알려지지 않아서 사료에서도 볼 수 없는 일반 문인들도 있다. 작품들 중에는 시가(詩歌)와 운문(韻文)과 같은 언어와 대장(對仗) 등의 간략하고 세련된 체재에 치중하여 사용하였을 뿐만 아니라, 또한 전기소설은 백화문과 같이 통속적이고 쉽게 알 수 있는 것을 특징으로 하는 문자도 사용했다. 때문에 이러한 작품들의 영향은 문인들의 활동공간에만 국한 된 것이 아니라, 동시에 하층민들에게도 확산되면서 그 응분의 사회계몽작용을 발휘했다.

안중근과 관련된 연극과 기타 문예작품에 대하여 이후에도 지속적인 보충이 요구되는데, 당시 중국인들이 안중근에 대해 어떻게 인식하고 평가했는가 하는 문제를 더욱 정확하게 파악할 수 있으며 또한 본 글의 서두에서 제기한 문제에 대해서도 더 좋은 대답이 있을 수 있다. 지금까지의 연구에 근거하여 능히 긍정할 수 있는 한 가지 점은 중국의 민국시기에 생산된 안중근에 관한 각종 문예작품의 공통점은 모두 일정한 혁명과 구망(救亡)의 배경 밑에서 생성되면서 시국의 변화와 밀접하게 연관되었다. 반대로 이러한 작품들은 당시 혁명 활동을 지지하고 배합함으로써 계몽과 구망의 목적에 도달했다. 무대의 앞뒤, 글자 행간을 통해 저자가 전달한 것은 조선의 망국에 대한 동정과 안중근의 장거(壯舉)에 대한 칭송이었을 뿐만 아니라, 또한 자기 국가의 운명과 전도에 대한 경종과 우려를 보여주었다.

총체적으로 민국시기 중국문예계에서 묘사한 안중근의 형상은 정계 담론 중의 안중근의 정치사상처럼 동일한 주목과 연구가 필요하며, 또한 당시 문예계가 안중근을 위해 진행했던 사업자체, 그리고 그 대량의 자료를 포함하여 진지한 검토와 종합이 요망된다.

안중근의사
의거 100주년
남·북 공동행사자료집

이 자료집은 2009년 안중근의사 의거 100주년을 기념하여 2009년 11월 3일 북한 개성에서 안중근의사기념사업회와 북한의 조선종교인협의회가 개최한 「안중근의사 의거 100주년 기념 공동행사」 때 발표된 글을 모은 것이다. 이를 부록으로 여기에 싣는 이유는 안중근의사가 과거를 넘어 현재도 남북을 잇는 상징이며 남북통일의 사상적 징표임을 후세에 전하기 위해서이다.

01

남한 발표문

안중근의사 하얼빈의거 100주년
남북공동 행사 개회사

안의사님께 드리는 고백과 기도

안의사님!

사랑하는 북녘의 형제자매들과 함께 손을 맞잡고 큰절을 올립니다.

오늘 저희는 남북의 형제자매들이 이곳 개성에 모여 하얼빈의거 100주년의 의미를 되새기며 민족의 일치와 화해를 위해 기도드리고 있습니다.

저는 10월 26일, 100년 전 바로 그날, 국내의 동지들과 함께 안의사님의 발걸음과 결단을 하얼빈역사(歷史)의 현장에서 새롭게 체험하며, 깊은 감동과 계시를 받았습니다.

손가락을 끊고 맹서하셨던 연추하리 현장,

침략국 일본제국주의의 만행을 무섭게 꾸짖으셨던 여순법정,

조국의 독립과 평화를 염원하시며 몸바치신 순국의 현장 여순감옥,

안의사님의 발자취를 따라 안의사님의 생애를 묵상하면서

십자가 고난의 길, 그 교훈을 깨닫고

새삼 예수님께서 이룩하시고 제시하신 부활과 희망의 참뜻을 확인했습니다.

그러하오나 안의사님, 의거 100주년을 맞이하는 저희가 여전히 남북으로 갈라져 있으니 너무 죄스럽고 부끄럽습니다. 또한 저희는 일제만행

36년의 죄과를 제대로 묻지도 않고 일제 잔재와 식민사관을 제대로 청산하지도 못한 채 민족의 정체성과 바른 민족사관을 정립하지도 못하고 시간을 허비하고 있습니다. 용서를 청합니다.

안의사님, 저희의 오늘 모임이 비록 조촐하지만 큰 정성으로 성서의 "성실하게 살아남은 자"의 몫을 다하고 역사를 바로 세워 7천만 온 겨레가 하나 되는 남북의 일치와 화해를 꼭 이루도록 다짐합니다. 저희 모두 각자 안의사님의 분신이 되어 안의사님의 삶과 교훈을 재현하고 실천하겠습니다.

안의사님, 11월 3일, 오늘은 광주학생의거 80주년을 맞는 날입니다. 광주학생의거는 청년학생운동의 대표적 항일투쟁으로 4·19민주혁명의 뿌리이기도 합니다.

안의사의 하얼빈의거, 3·1독립운동, 광주학생의거, 4·19민주혁명, 6·3한일협정반대, 광주항쟁, 6월민주항쟁 등 인권과 평등, 자유 민주주의를 위한 우리의 헌신과 투쟁은 바로 민족의 일치와 화해를 위한 초석이기도 합니다. 사실 우리는 6·15남북공동선언과 10·4선언의 꽃을 피웠습니다. 이제 우리는 그 열매를 맺기 위해 더욱 노력하기로 다짐합니다. 아직은 미완이지만 저희는 안 의사님의 정신에 따라 통일을 위해 더욱 힘쓰겠습니다.

안의사님, 저희는 부끄럽게도 아직 의사님의 유해를 찾지 못했습니다. 아니, 잔악한 일본인들이 안 의사님의 묘소를 아예 없앤 것 같습니다. 더욱 부끄러운 것은 안의사님의 유해를 찾기 위해 우리 정부가 일본 정부에 대해 공식적으로 아무것도 요구하지 않고 있다는 사실입니다. 일본 정부는 안의사님의 유해와 묘소에 대한 일체의 기록을 공개하고 그동안 은폐한 죄에 대해 깊이 사죄해야 합니다.

어쨌든 우리는 이 모임과 우리 마음이 안의사님을 모신 무덤임을 고백하며 인의사님의 열정을 간직하고 살기로 다짐합니다. 안의사님, 7천만 겨레 저희 마음속에 자리 잡으시어 민족의 일치와 화해를 위해 저희 모두 열정의 사도가 되게 전구해 주십시오.

안의사님의 고향을 지척에 두고 이곳 개성에서 우리가 함께 모인 것은 안의사님의 뜻을 더욱 구체적으로 실천하기 위해서 입니다.

이에 저는 오늘 이곳에서 안의사님을 마음에 모시고 다음과 같은 꿈과 희망을 피력하고자 합니다.

1. 안중근의사의 정신을 실천하여 남북의 동포가 한뜻을 모으고 확인해 갈 수 있도록 이곳 개성에 안중근세계평화대학을 설립하기 바랍니다.

그리하여 이곳이 남북의 젊은이들과 세계의 젊은이들이 함께 모여 평화와 공존을 배우고 실천하는 친교의 장이 되기 바랍니다.

2. 안중근의사의 생가를 복원하고 기념관을 만들어 안의사님의 행적을 되새기고 그 뜻을 재현하기 바랍니다.

3. 안중근의사의 유해발굴과 관련하여 남북의 온 겨레가 한뜻으로 일본 정부에, 관련된 기록 일체를 공개하도록 함께 촉구하기를 바랍니다.

4. 이와 같은 지향과 실천 의지를 갖고 남북이 뜻을 모아 2010년 안중근의사 순국 100주년 행사를 개최하기 바랍니다.

안중근의사의 희생과 정신을 늘 기억하며 남북의 일치와 화해를 위하여 노력하며 정성껏 기도드립니다.

안의사님, 7천만 우리 겨레를 위하여 빌어주소서. 아멘.

2009년 11월 3일
안중근의사기념사업회 이사장
함세웅

안중근과 천주교 신앙

조광

고려대학교 한국사학과 교수

올해는 안중근의거 100주년을 기념하는 해이다. 그 안중근을 좀더 잘 이해하기 위해서는 올해 기념하고 있는 그의 의거뿐만 아니라 전 생애를 아울러 조감해 보아야 한다. 특히 안중근의 생애와 사상에서 차지하고 있는 천주교 신앙과 같은 문제는 주목되어야 한다. 안중근은 천주교 신자로서 그 세례명이 도마(Thomas)였다. 안중근은 오늘의 천주교신도들에게도 사표가 되는 인물이다. 그의 삶과 하얼빈 의거가 가지고 있는 현재적 의미는 그의 활동에 관한 간단한 검토에서 시작되어야 한다.

안중근은 1879년에 황해도 해주에서 안태훈의 맏아들로 태어났다. 소년시절 그는 유교경전과 자치통감, 조선사, 만국역사 등을 읽고 공부했다는 기록이 있다. 또한 그는 자신의 집안에 기식하던 포수군을 따라 다니면서 사격술을 익히고 사냥을 즐겼다고 되어 있다. 이 시절 그는 '벗을 얻어 의를 맺는 일' '총으로 사냥하기' '날랜 말을 타고 달리기' 등을 즐겼다고 한다. 그가 16살 때 동학농민혁명이 일어났다. 동학운동은 외세의 침략에 대한 저항운동이었을 뿐만 아니라, 기존의 지배세력에 대한 반대운동이기도 했다.

그러나 혁명의 진행과정에서 동학군 내부의 분열과 상쟁(相爭)이 심화되었고, 대민(對民) 피해가 속출하기도 했다. 안중근의 집안은 이러한 동학당과 대립된 입장에서 있었고, 그도 동학운동에 반대하는 입장에 서게 되었다.

동학농민혁명이 끝난 이후, 그의 집안은 동학군의 '진압'을 위해 사용한 군량미 문제로 정부당국과 다툼이 있었다. 이 과정에서 안중근의 부친인 안태훈은 1897년 1월 세례를 받았고 이때 18세 청년 안중근도 천주교에 입교했다. 영세 입교 후 안태훈과 안중근 부자는 천주교 선교운동에 앞장섰다. 그리하여 그들의 노력으로 안악 매화동 본당에 이어 1898년 신천 청계동에 황해도에서 두 번째 본당이 설립될 수 있었다.

안중근은 그곳 신자들의 총대(總代)로 활동하며 선교활동에 투신했다. 신천 청계동 성당의 초대 본당신부로 부임한 빌렘(洪錫九) 신부가 부임한 후 그는 홍신부의 복사로 활동했고, 그를 수행하여 해주 옹진 등 황해도 여러 지방을 다니면서 전교활동에 종사했다. 이 사실을 감안할 때, 그가 본격적으로 전개하기 시작했던 사회활동은 천주교 전교운동이었다. 그는 당시의 상황을 자신의 자서전에 다음과 같이 기록하고 있다.

경문을 강습도 받고, 도리를 토론도 하기를 여러 달을 지나 차츰 신덕이 굳어지고 독실히 믿어 의심치 않고 천주 예수 그리스도를 숭배하며, 날이 가고 달이 가서 몇 해를 지났다. 그때 교회 사무를 확장하고자 나는 홍교사(洪敎師)와 함께 여러 고을을 다니며 사람들을 권면하고 전도하면서 군중들에게 연설하였다. '형제들이여, 내가 할 말이 있으니 꼭 내말을 들어주시오. 만일 어떤 사람이 혼자서만 맛있는 음식을 먹고 그것을 가족들에게 나누어 주지 않았다거나, 또 재주를 간직하고서 남을 가르쳐 주지 않는다면, 그것을 과연 동포의 정리라 할 수 있겠소. 지금 내게 별미가 있고, 기이한 재주가 있는데, 그음식은 한번 먹기만 하면 장생불사하는 음식이요, 또 이 재주를 한번 통하기만 하면 능히 하늘로 날아 올라갈 수 있는 것이기 때문에 그것을 가르쳐드리려는 것이니까, 동포 여러분 귀를 기울이고 들으시오"[1]

그리고 안중근은 인간의 존엄성, 삼위일체, 상선벌악, 강생구속 등 천주교의 핵심교리에 대해 설명하고 있다. "이 기록은 안중근이 죽음을 앞두고 가장 순수한 생각에서 자기 고백으로 남겨놓은 것이다. 이 점에 비추어 본다면, 비교적 길게 기록되어 있는 그의 전교 강연 내용은 자신의 신앙고백을 그대로 표현한 것이라고 볼 수 있다."[2] 당시 안중근은 자신의 강연 내용을 아래와 같은 당부와 염원으로 마치고 있다.

원컨대 우리 대한의 모든 동포 형제 자매들은 크게 깨닫고 용기를 내어 지난날의 허물을 깊이 참회함으로써 천주의 의자가 되어, 현세를 도덕세대로 만들어 다 같이 태평을 누리다가, 죽은 뒤에 천당에 올라가 상을 받아 무궁한 영복을 함께 누리기를 천만번 바라오

안중근은 자신이 바라는 바가 현세에서 도덕사회를 실현시키고, 내세에서 만인의 구원에 있음을 분명히 말했다. 이를 위해서 그는 애국계몽운동과 의병 독립운동을 전개했고, 천주교 신앙을 전하기 위해 노력했다.

안중근은 1906년(28세) 때에 당시 활발하게 전개되던 애국계몽운동의 일환으로 교육운동에 직접 투신하게 되었다. 그는 진남포성당에서 창설한 돈의학교의 제2대 교장으로 활동했다. 그리고 성당에서 설치한 야학교인 삼흥학교의 재정을 도맡아 운영한 바 있다. 또한 대구의 천주교신자 서상돈 등의 주창에 의해 국채보상운동이 전개되자, 안중근은 국채보상

---

1 安重根, 安應七歷史.
2 노길명, 1994, 「안중근의 가톨릭 신앙」 『교회사연구』 9, 13쪽.

운동 관서지부에서 활동하며 평안도지방에서 비폭력적 국권수호운동에 앞장서게 되었다.

그러나 안중근은 애국계몽운동에 한계를 느꼈고, 직접 무장투쟁을 통해서 국권을 지켜보고자 했다. 그는 간도와 연해주를 배경으로 망명 생활을 했고, 의병부대를 조직하여 일본군과의 전투에 직접 참여했다. 그는 의병전쟁을 수행하던 중에도 묵주와 공과책 그리고 매일첨례표를 휴대하고 다니면서 매일아침 기도를 드릴 정도로 기도생활에 충실했다.[3] 그러면서 그는 함경북도 경흥 부근과 신아산 부근에서 전개되었던 제2 차 전투에서 약10명의 일본 군인과 상인들을 체포하는 전과를 올렸다. 그런데 안중근은 무장이 해제된 포로를 직결처분하는 일은 살인이나 마찬가지로 파악했다. 이에 그는 동료들의 만류에도 불구하고 인도주의와 국제공법에 따라 이들을 석방해 주었다. 아마도 그의 머릿속에서는 "사람을 죽이지 말고"라는 천주십계의 제5계명을 전장에서까지 실천하려 했던 듯하다.

그러나 그는 일본군의 대규모 기습을 받아 쫓겨 다니며 산속을 헤매면서 12일동안 단 두끼의 밥을 얻어 먹었을 정도로 극도의 위기 상황을 맞게 되었다. 이때 그는 자신과 행동을 같이 하던 두 동료들에게 "전일의 허물을 회개하고 천주님을 믿어 영생의 구원을 받을 것"을 권면했다. 그는 그 와중에서도 동료들에게 가톨릭 주요 교리들을 설명하면서 그들의 동의를 얻어 대세를 배풀었다.

안중근은 절체절명의 상황에서도 자신의 신앙을 전파하기 위해 이렇게 노력했다. 그리고 그는 중요한 일을 하기에 앞서 기도하던 사람이었다. 이 점은 의거를 결행하기 직전에도 마찬가지였다. 당시 안중근의 행동에

---

3 安美生, 1946, 「안미생여사와 일문일답」 『경향잡지』, 1946년 4월호.

관한 증언에 의하면 "안중근은 (1909년 10월) 25일 오후 한 시경 다시 차로 할얼빈으로 돌아왔다. 그날 밤 안중근과 유동하는 김성배의 집 객실에서 문을 잠그고 창문 카텐을 친 다음 칼줄로 권총 탄알 끝을 뾰쪽하게 갈고 +를 새겨 7발을 장탄해 놓았다. 안중근은 장탄한 후 조용히 되뇌이었다. '하느님께서 부디 거사의 성공을 축복해 주시기 바랍니다' 하고 +를 그어 례배하였다"[4]

> 서양 복장에 캪을 쓴 안중근은 문을 나설 때 +자를 그으며 '하느님께서 부디 성공을 주십시오'라고 입속으로 되뇌이었다. 안중근은 천주교를 신앙하였다.

여기에서 볼 수 있듯이 안중근은 자신의 의거와 자신의 신앙 사이에 아무런 모순도 느끼지 않았다. 그는 교회에서도 정당방위나 정당한 전투행위를 인정하고 있었음을 알 수 있었으므로, 교회적 기준에 비추어보더라도 자신의 행동도 또한 정당한 것으로 생각했기 때문이다. 그러기에 그는 의거직후 십자성호를 긋고 나서 대한만세를 부를 수 있었다.[5]

안중근은 의거 직후 러시아 헌병들에게 체포되어 하르빈 역전에 있던 러시아 헌병부대로 압송되었다. 그는 여기에서 자신의 의거가 성공하여 이토오 히루부미가 죽었다는 말을 들었다. "이때 안중근은 이등박문이 절명했다는 말을 듣고 성상이 있는 벽을 향하여 +를 그으면서 '조국에 대한 의무를 다했습니다. 저를 도와주신 하느님께 예배를 드립니다.'라고

---

4 류동선 구술, 김파 정리, 「민족행방사화: 안중근과 그의 동료들: 오빠 유동선에 대한 회상」『송화강』 1985.3.

5 국사편찬위원회 편, 1977, 『한국독립운동사 자료』 7, 문: 체포되었을 때 이등이 죽었다는 것을 듣고 그대는 이등을 죽였으므로 신에게 감사한다고 하고 가슴에 십자가를 그었는가? /답: 그렇다. 그 후 나는 대한만세를 불렀다.

말하였다"[6]

이처럼 안중근은 18세에 영세를 받은 이후, 의거를 단행하던 32세가 되던 그 때까지도 신앙의 가르침에 따라 생각하고 행동하고자 했다. 그의 그리스도교적 행동에는 그의 의거까지도 포함되어 있었다. 안중근은 분명 자신의 신앙과 양심에 의해, 그리고 자신의 투철한 역사의식에 의해서 의거를 단행했다.

그러나 오늘날 우리 교회의 정신과 가르침에 따라 안중근의 의거는 마땅히 재평가 되어야 한다. 안중근의 의거는 오늘날 교회에서 제시해주는 가르침에 근거하여 안중근을 재평가될 수 있다. 안중근은 신앙의 전파를 위해 노력했던 전형적인 평신도였다. 또한 그는 평화적 비폭력적 방법으로 민족의 자주독립과 발전을 위해 노력했 그리스도인의 전형이다. 또한 안중근은 진정한 이웃인 자신의 동포들을 위해 자신의 목숨을 바친 신실한 그리스도인이다. 그리고 그는 나라의 앞날을 걱정했던 건강한 애국자였다. 안중근은 동양의 평화를 위해 노력했고, 이 평화의 실천가 능성을 꿈꾸던 평화주의자였다.

이러한 그의 입장을 검토해 보면 그는 자신의 행동이 단순한 살인이나 정치적 암살행위가 아니라 자신의 신앙과 연결된 행위, 동양평화와 겨레를 위한 이타적인 성스런 과업의 완수로 보았다. 그는 법정에서 자신을 '개인으로 남을 죽인 범인'이거나 보통 피고인이나 일반적 자객이 아니라, 자신은 독립전쟁을 수행하는 과정에서 작전지역에 들어온 적장을 공격한대한국 의군 참모중장"으로 적군에 의해 포로가 되어 있는 처지로 인식하고 있었다.

오늘 우리는 안중근 의거 100주년을 기념하고 있다. 우리가 그를 기념

---

6 유동선 구술 김파 정리, 1985, 위의 글, 196쪽.

하는 일은 그의 정신을 이어받으려 하는 데에 목적이 있다. 우리는 안중근이 실천했던 겨레와 나라를 위한 행동에서 우리는 그의 자기희생적 이타심을 새롭게 본받을 수 있을 것이다. 또한 그가 인간에 대한 신뢰를 갖고 있었고, 다른 사람을 진정으로 사랑했던 사례를 통해서 그의 인류애를 확인하게 된다. 그는 죽음을 앞두고 동양평화를 절규했고, 이를 이론적으로 정리하여 제시하고자 했다 .이러한 그의 행적을 통해서 우리는 그의 평화사상을 높게 평가하게 된다. 무엇보다도 그는 언제나 어디서나 자신의 신앙을 표현했고 실천하고자 했던 신실한 신자였고 평화의 사도였다. 그러므로 오늘의 우리는 그에게서 자기희생적 이타심과 인류애 그리고 평화의 정신을 확인하면서 그의 정신을 따라 배우려는 노력을 기울여야 하리라 생각한다. 그리고 진정한 신앙의 가르침에 순종하고 실천할 수 있는 용기를 스스로 다짐해 나가야 할 것이다. 토마스 안중근은 우리 신자들의 영원한 사표이다.

조국의 통일을 준비하기 위한
'안중근대학'을 만들자

신운용

안중근의사기념사업회 안중근연구소 책임연구원

안중근의사는 1878년 9월 2일에 태어나 1910년 3월 26일 순국한 안중근의사의 일생은 한국근대사를 반영하고 있다고 해도 과언이 아니다. 즉, 1894년 동학농민전쟁, 1894~1895년 청일전쟁, 1904년 제1차 한일협약, 1905년 을사늑약, 1906년 통감부설치, 1907년 정미칠조약 등의 역사적인 사건이 연속된 시대에 생애를 보냈다. 안중근의사는 이러한 격동의 시대를 살면서 시대의 변천에 따라 독립국가의 건설이라는 대명제 하에 시대적 조건에 따라 스스로 삶의 방법을 달리하였다.

러일전쟁이 일제의 승리로 끝난 결과 우리나라에 대한 일본의 식민지 정책이 강화되자 안중근의사는 조국을 구하기 위해 교육에 모든 것을 바쳤다. 그러한 안중근의사의 교육사상의 결과물은 삼흥학교와 돈의학교의 건립과 운영으로 나타났다. 또한 1907년 국채보상운동이 일어나자 안중근의사는 국채보상운동에 그 가족과 학생들까지 참여시키는 등 적극적으로 응했다.

1907년 7월 정미7조약을 통하여 일본은 한국의 사법권, 경찰권을 박탈하고 한국군대를 해산하는 등 노골적으로 한국을 일본의 식민지로 만들려는 의도를 드려냈다. 이에 안중근의사는 교육, 계몽운동만으로는 한국을 구할 수 없음을 자각하였다. 이러한 안중근의사의 시대인식은 곧 의병전쟁에 안중근의사를 투신하게 하였으며, 그 결과가 이토 히로부미 처단으로 나타난 것이다.

그리고 안중근의사는 이토 처단을 통하여 독립국가 건설이라는 문제에만 진력한 것이 아니라, 더 나아가 세계의 평화를 위해 세계가 나아가할 미래상을 제시하였다. 그것은 바로 동양평화론으로 이론화되었던 것이다.

이러한 안중근의사에 대한 우리의 관심과 열정은 공연, 노래의 창작과 보급, 사진(초상)의 출판과 반포, 손가락의 '신성화', 유족에 대한 극진한 대우 등으로 나타났다. 특히 신흥학우단의 기관지 《신흥학우보》이다. 즉, 《신흥학우보》제2권 제호(1916년)와 제2권 제2호(1917년)에 한글로 박은식의 『안중근의사전』을 역재하여 신흥학우단 단원의 사상적 동력으로 삼기도 하였다. 이후 《독립신문》에 1914년에 출판된 박은식의 『안중근의사전』을 4회에 걸쳐 연재하기도 하였다. 1927년 정의부과 관련이 있는 《전우》에 조소앙의 번역으로 안중근의사의 공판기록이 번역 게재되어 독립투쟁의 이론을 제공하기도 하였다. 김택영·이건승 등이 안중근의사전기를 저작하기도 하였다. 또한 계봉우의 적작으로 보이는 『오수불망』에 안중근의사의 의병활동이 소개되기도 하였다.

안중근의거에 대해 중국인들은 "세계의 철학을 격변시킨 사건"으로 평가한 점은 크나큰 의미를 지닌다. 중국의 유명한 문호 노신도 안중근의거를 듣고서 "3억 중국인은 부끄럽게 여기고 죽어야 한다"며 안중근의거를 높이 평가하였다. 이처럼 안중근의사는 우리 민족사의 사상과 행동의 원천이었으며 반제투쟁의 국제적 상징이었다.

역사연구는 현재의 모순을 극복하고 미래를 대비하기 위한 이론을 창출할 때 가치가 있는 것이다. 우리 남과 북이 이 자리에서 안중근의사를 추모하고 그분의 사상을 기리는 것은 통일된 조국의 미래를 준비하기 위한 것이라는데 모두 동의할 것이다.

그렇다면 안중근의사의 사상으로 현실의 모순을 극복하고 새로운 미래를 준비하기 위해 우리가 할 일은 무엇가하는 문제에 대해 남과 북은 깊이 연구할 필요가 있다.

안중근의사는 일제의 침략에 직면하여 나라를 구할 방법으로 대학설립을 주장하였다. 그러나 당시의 사회구조는 안중근의사의 선진적인 사상을 수용할 만한 역량이 없었다. 그러한 결과 결국 일제의 식민지로 전락하는 비운을 겪었던 것이다.

오늘날 세계는 급속한 변화의 와중에 있다. 우리 남북이 세계의 변화에 능동적으로 대처하면서 민족통일이라는 대업을 이루기 위해서는 남북이 힘을 모아 미래를 준비해야 한다.

안중근의사는 일제의 침략을 막고 세계의 평화를 구축하기 위해 동양평화를 제시하였다. 동양평화론은 제국주의 침략에서 아시아를 구하기 위한 방안이었다. 그것은 아시아 공동은행, 공동군대의 창설을 핵심으로 아시아 청년들에 대한 공동가치의 교육을 주된 내용으로 하고 있다. 이러한 착상은 오늘날의 아시아문제를 해결하는데 기본이론으로 작동되는 현재 미래의 이론인 것이다.

아시아의 미래는 남북의 평화정착 없이는 보장될 수 없다는 사실은 누구나 인정하는 바이다. 이는 아시아의 미래는 남북의 노력에 달려다는 말이다. 따라서 우리 남북은 세계의 미래를 위해 이 험난한 시국에서 무엇을 할 것인지 구체적으로 계획을 세우고 추진해야 한다.

이러한 의미에서 필자는 남과 북에 '안중근의사대학'의 건립을 제안하는 바이다.

제국주의에 치달았던 유럽은 역내통합을 위해 유럽대학을 설립하여 통합유럽의 이론을 만들고 있다. 앞으로의 유럽은 이 유럽대학에서 만든 이론에 따라 통합되어 세계의 중심으로 부상하려는 야망을 품고 있다.

통일조국의 체제는 어느 한 체제를 다른 체제를 일방적으로 흡수하는 것이 아니라 양자의 장점을 흡수하는 단점을 보안하는 방향에서 이루어져야 한다는 것은 남과 북 누구나 동의하는 바이다. 통일된 조국의 미래의 설계도를 만들 준비하기 위해서는 우리도 세계를 이끌 새로운 이론을 만들고 남과북이 동시에 그 이론에 따라 움직일 때만이 통일과업을 성취할 수 있을 것이다. 그러한 이론을 만들기 위해 남과 북이 동시에 존경하는 안중근의사의 평화사상으로 무장된 인재를 배출할 수 있는 대학을 설립해야 한다.

안중근의사는 삼흥학교의 학생들에게 "하늘이 다행히 감복한다면 장차 좋은 일이 있을 것이므로 반드시 우리의 뜻을 성취하는 날도 있을 것이다"고 하였다고 한다. 지금은 여러 가지 사정으로 남북관계가 어려움에 처해 있지만 안중근의사의 이러한 말씀을 되새기면서 통일조국을 준비해야 할 것이다.

02

북한 발표문

기조연설문

여러분!

나는 우리나라의 첫 통일국가 - 고려의 자취가 역력히 어려 있는 여기 개성에서 안중근열사의 애국적 장거 100년을 맞으며 북남공동모임이 의의있게 진행되는 데 대하여 기쁘게 생각합니다.

아울러 나는 이번 공동모임에 참가한 안중근의사기념사업회 이사장 함세웅신부님을 비롯한 남측의 여러 인사들을 따뜻한 동포애로 환영합니다.

안중근열사의 이등박문처단은 침략자 일제에 대한 정의의 징벌이었으며 우리 민족은 결코 외세의 식민지노예로 살기를 원치 않는다는 것을 만천하에 보여준 애국적 장거였습니다.

안중근열사가 민족적 독립과 자주권확립을 절규하며 정의의 총성, 애국의 총성을 울린 때로부터 세월은 멀리도 흘러 어느덧 한 세기의 연륜을 새겼습니다.

그러나 일본은 아직도 저들의 야만적인 과거죄행에 대하여 사죄와 배상을 하지 않고 있으며 우리 민족은 외세와 그에 추종하는 반통일분자들의 책동으로 하여 장장 60여년 세월 분열의 쓰라린 아픔을 가시지 못하고 있습니다.

우리는 안중근열사가 이등박문을 처단한 날인 올해 10월 26일부터 그가 일제에 의해 학살된 날인 내년 3월 26일까지를 《안중근열사기념 반일공동투쟁기간》으로 정하고 일제가 우리 민족에게 저지른 모든 반인륜적 범죄행위에 철추를 내리고 사죄와 배상을 받아내기 위한 대중적 운동을 과감히 벌려나가야 하며 일본의 역사왜곡책동과 군국주의기도를 온 민족의 힘으로 단호히 짓부셔 버려야 합니다.

안중근열사의 애국의 넋은 오늘 우리 겨레를 외세의 지배와 간섭을 끝장내고 자주평화통일로 부르고 있습니다.

우리는 자주, 평화통일, 민족대단결의 정신인 《우리 민족끼리》 기치 따라 외세의 지배와 간섭을 배격하고 반민족반통일세력의 사대와 외세의존을 용납하지 말며 전민족적범위에서 자주통일운동을 힘차게 벌려나가야 할 것입니다.

나는 이번 공동모임이 역사적인 6.15 공동선언과 그 실천강령인 10.4 선언을 이행하기 위한 거족적인 통일애국운동의 앞장에 서서 외세에 의한 민족분열의 쓰라린 고통을 하루빨리 가시려는 우리들의 지향과 의지를 보여주고 그 실천적 역할을 높이는 계기가 되리라는 것을 믿어 의심치 않습니다.

모두다 안중근열사의 애국적 장거를 되새기며 사상과 제도, 이념과 신앙, 재산의 유무를 초월하고 애국애족의 마음과 통일의지를 하나로 합쳐 자주통일, 민족번영의 기치인 6.15 공동선언과 10.4 선언을 고수리행하기 위한 투쟁에 적극 떨쳐나섭시다.

감사합니다.

토론문 1

여러분!

나는 안중근열사의 애국적 장거 100년이 되는 올해 북과 남의 대표들이 함께 모여 진행하는 공동모임에 역사학자로서 토론에 참가하게 된 것을 기쁘게 생각합니다.

여러분도 알다시피 지금으로부터 100년 전인 1909년 10월 26일 안중근열사가 할빈에서 조선침략의 원흉 이등박문을 처단하여 세상을 격동시킨 사변이 있었습니다.

이등박문으로 말하면 안중근열사에 의하여 처단당할 때까지 11차에 걸쳐 우리나라에 기여들어 조선을 일본의 식민지로 만들기 위한 침략 정책의 현지집행자로 온갖 악랄한 책동을 다한 우리 민족의 극악한 원수였습니다.

안중근열사가 이등박문을 처단한 것은 단순히 이등박문 개인에 대한 복수가 아니라 당시 일제의 조선침략에 대한 우리 인민의 항거의 표시였고 쌓이고 쌓인 원한과 분노의 폭발이었습니다.

안중근열사의 애국적 장거는 우리 인민의 반일투쟁의 한 형태인 의병투쟁의 결과물로서 이것은 국권을 되찾겠다는 우리 민족의 굳센 신념과

의지의 발현이었습니다.

그는 일제검사의 질문에 《나는 전부터 독립군의 참모중장의 자격으로 이또를 죽이려고 하였고 동지들과 서로 의논하여 각각 그 업에 종사하며 독립과 평화를 위하여 동맹하기로 하였다.》고 하면서 자기의 투쟁을 일개인의 모험이나 명예를 위한 것이 아니라 잃어버린 나라를 되찾기 위한 우리 민족의 굳센 신념과 의지의 분출임을 명백히 하였습니다.

이러한 민족적자각과 반일감정에 기초한 투쟁이었기에 안중근열사는 이등박문처단 후 현장에서 《조선만세!》를 3창하면서 일제의 식민지노예로 살지 않으려는 우리 민족의 굳센 의지를 세상에 널리 시위하였던 것입니다.

안중근열사의 이등박문처단은 다음으로 일제의 대조선침략을 만천하에 폭로하고 우리 민족의 반일투쟁의 정당성을 주장한 애국적 투쟁이었습니다.

안중근열사는 체포된 후 일제검찰이 이등박문처단 이유를 묻자 《을미사변》을 일으키고 《을사5조약》, 《정미7조약》을 날조하여 우리나라의 자주권을 난폭하게 유린한 사실, 철도, 광산, 산림, 금융 등 나라의 경제명맥을 예속시킨 사실, 사회의 여러분야에서 식민지적예속화를 강행하고 저들의 침략정책을 가리우며 세계여론을 기만한 사실들을 적나라하게 폭로하면서 그것이 곧 일제의 침략정책을 현지에서 집행한 이등박문처단의 근본원인이라는 것을 밝혔습니다.

사실 이것은 단지 이등박문의 죄상만이 아니라 우리나라의 자주권과 독립을 유린한 일제의 범죄행위에 대한 역사적 고발장이었고 우리 민족의 반일감정의 이유이기도 하였으며 투쟁의 정당성이기도 하였습니다.

그는 옥중투쟁 전기간 일제의 침략적 본성과 죄악상을 폭로규탄하였고 우리 민족의 반일투쟁의 정당성을 주장하였습니다.

안중근열사의 애국적 장거는 침략자들에게 공포를 주었고 우리 민족에게는 반일애국심을 고조시켰으며 세계진보적 인민들을 경탄시켰습니다.

이등박문이 처단 당하자 일제는 이것을 《명치유신》 이래 처음 보는 무서운 불상사라고 비명을 질렀습니다.

당시 의병장이었던 류린석은 《세계각국에 고하노라》라는 글을 써서 안중근열사의 장거를 찬양하였고 경기도 부평군의 한 사립학교에서는 열사의 애국정신을 찬양하는 모임까지 가지였습니다.

당시 외국의 인사들까지 《안군이 이등을 사살한 것은 진실로 조국을 위하여 복수한 것일 뿐 아니라 세계평화의 공동의 적을 베여버리려고 한 것이며 다만 한국의 공신만이 아니라 동아의 공신, 세계의 공신이기도 한 것을 알게 되었다.》고 평가하였습니다.

어느 한 자료에 안중근열사의 애국적 장거에 대한 내외 인민들의 흥분된 감정에 대하여 《하루가 못 미쳐 동서양에 전보가 날아가 세계 여러 나라들에서는 조선에 아직도 인물이 있다고 경탄하였다.》고 한 것처럼 열사의 장거는 국내외의 진보적 인민들을 격동시켰고 우리 민족의 반일투쟁의 정당성을 널리 시위하였습니다.

안중근열사의 이등박문처단은 다음으로 동양의 평화를 바라고 타민족에 대한 제국주의침략을 반대하여 나선 우리 민족의 정의의 투쟁이었습니다.

열사의 이등박문처단은 동양평화라는 대전제와 깊은 연관을 가지고 있습니다.

그가 동양평화에 관심을 가지게 된 것을 일제에 의한 《을사5조약》의 날조로 우리나라의 국권이 일제의 수중에 강탈당한 것이 계기로 되었다고 볼 수 있습니다.

그는 1907년 울라지보스또크에서 의병을 일으키기 위한 모임을 가지고 동료들 앞에서 연설하면서 《우리 민족이 만일 이등박문을 죽이지 않는다면 조선은 반드시 없어지고야 말 것이며 동양도 역시 망할 것이다》고 하면서 동양평화의 위협을 일제의 대외정책과 결부시켰습니다.

특히 그는 이등박문의 처단을 단순히 한 개인에 대한 징벌문제로가 아니라 일제에 의하여 산생되는 국제사회의 커다란 위기를 가시기 위한 문제로 보고 자기의 모든 것을 희생시켜서라도 동양평화의 길을 모색하려는 입장을 가지고 있었습니다.

국내외의 각계각층 인민들과 외국의 인사들 속에서 그의 애국적 장거에 대하여 아낌없는 지지를 보내었으며 그의 무죄를 선언하고 구출하기 위한 운동들이 벌어진 것은 조선에 대한 일제의 식민지통치를 반대하는 우리 인민의 의지를 대변한 정의의 투쟁이었기 때문이었습니다.

당시 취조에 동원되었던 일제검찰관까지도 안중근열사의 열화같은 자기 투쟁의 정당한 논거앞에서 《이제 진술하는 말을 들으니 참으로 동양의 의사라 하겠다. 당신은 의사이니 반드시 사형받을 법은 없다》고 자기의 생각까지 털어놓은 것은 사실상 안중근열사의 투쟁의 정당성에 대한 솔직한 고백이라고 해야 할 것입니다.

이상에서 본바와 같이 안중근열사의 이등박문처단은 일제식민지통치를 반대하고 나라의 자주권과 독립을 이룩하기 위한 우리 민족의 정의의 투쟁의 발현으로서 대내외적으로 조선민족의 불굴의 기상을 역력히 보여준 애국적 투쟁이었습니다.

그러나 우리는 열사에 의한 이등박문처단이 애국적 장거이기는 하지만 민족의 영수를 모시지 못하고 각성한 인민대중의 조직적 투쟁이 없이는 민족독립의 역사적 과제를 해결할 수 없다는 교훈을 찾게 됩니다.

열사가 이등박문을 처단했지만 일제는 그 후 우리나라를 식민지로 만들어놓고 840만여 명에 달하는 우리 청장년들을 징병과 징용의 명목으로 끌어다가 노예노동과 침략전쟁의 대포밥으로 내몰았고 100여만 명의 무고한 인민들을 학살하였으며 20여만 명의 여성들을 성노리개로 삼는 천인공노할 만행을 감행하였습니다.

그리고 수없이 많은 물자와 재부를 약탈해갔습니다.

사실 일제가 우리나라를 식민지로 강점하지 않았더라면 우리나라는 2차세계대전 전후처리대상으로 상정되지 않았고 민족의 분열문제는 애당초 제기되지도 않았을 것입니다.

그럼에도 불구하고 일본은 오늘까지도 우리 민족에게 들씌운 고통과 재난과 피해에 대한 사죄와 배상을 회피하고 있을 뿐 아니라 극우반동들은 역사왜곡책동과 군국주의적 재침기도를 버리지 않고 있습니다.

나는 이번 모임을 통하여 외세의 지배와 간섭을 반대하여 투쟁한 안중근열사의 숭고한 결단을 다시 한번 되새기며 북과 남 온 겨레가 함께 힘을 모아 일제의 과거죄행에 대한 사죄와 배상을 끝까지 받아내며 외세에 의한 민족분열의 고통을 하루빨리 가시기 위해 6.15 공동선언과 10.4 선언의 기치를 높이 들고 나라의 자주통일을 앞당기기 위한 투쟁에 적극 떨쳐나설 것을 호소합니다.

감사합니다.

토론문 2

여러분!

나는 북남관계가 새로운 국면에 들어서고 있는 시기에 안중근열사의 애국적 장거 100년을 기념하는 북남공동모임을 여기 개성에서 진행하게 된 것은 자못 의의가 크다고 생각합니다.

또한 이번 공동모임에 참가하여 안중근열사의 애국정신이 오늘도 이 땅에서 외세의 지배와 간섭을 끝장내고 조국통일의 역사적 위업을 기어이 성취하려는 우리 겨레의 가슴속에 뜨겁게 살아 맥박치고 있음을 다시금 느낄 수 있었습니다.

돌이켜보면 반만년의 우리 민족사는 외세의 간섭과 침입을 물리치면서 조국을 지키고 민족성을 고수해온 민족수호의 역사, 자주권수호의 역사라고 볼 수 있습니다.

일제교형리들의 갖은 박해와 야수적인 고문에도 자기의 지조를 굽히지 않고 침략자들의 죄행을 고발하며 끝까지 싸운 안중근열사가 형장으로 나가기에 앞서 《제일강산》이라는 글발을 남길 때 우리들에게 하고 싶었던 말은 무엇이었겠습니까.

그것은 바로 외세의 침략과 식민지통치를 반대하고 3천리 강토 위에 자주적이며 평화적인 부강조국을 건설해야 한다는 그 염원이었을 것입니다.

그러나 그때로부터 100년이라는 세월이 흘렀지만 우리 민족은 아직까지도 외세에 의해 강요된 민족분열의 쓰라린 고통을 가시지 못하고 있습니다.

북과 남 온 겨레는 외세의 지배와 간섭을 반대하는 거족적인 투쟁을 벌려 민족적 단합과 조국통일을 방해하는 근원을 철저히 없애야 합니다.

외세야말로 우리 민족의 통일을 각방으로 방해하면서 거기서 어부지리를 얻고 있습니다.

외세에 의하여 분열된 조국의 통일문제를 외세에 의존하여서는 절대로 해결할 수 없습니다.

오직 조국통일의 주체인 우리 민족끼리 힘을 합쳐 풀어나가야 합니다.

손을 잡아도 동족의 손을 잡고 힘을 믿어도 민족의 힘을 더 크게 믿으며 민족의 우수성에 기초하여 우리 민족끼리 힘을 합쳐나갈 때 민족의 존엄을 지킬 수 있고 자주통일과 평화번영도 이룩할 수 있습니다.

오늘 우리 민족은 한 세기 전 일제에게 국권을 통째로 강탈당하고《시일야방성대곡》을 터뜨리던 어제날의 약소민족이 아니라 그 어떤 외세의 침략으로부터도 민족의 존엄과 운명을 지킬 수 있는 강위력한 힘을 가진 민족입니다.

온 겨레는 민족의 일원된 긍지와 자부심을 가지고 연대연합하여 조국통일문제에 대한 외세의 간섭과 방해책동을 철저히 짓부시고 통일운동을 과감히 벌려나가야 할 것입니다.

북과 남의 연대를 강화하여 단합된 힘으로 힘차게 싸워나가는데 반외세투쟁에서 승리하고 조국통일을 앞당길 수 있는 결정적담보가 있습니다.

안중근열사의 애국적 장거를 통하여 우리가 찾게 되는 교훈도 민족의 자주권확립을 위한 투쟁에서 외세에 추종하지 말고 전민족의 단합되고 조직화된 투쟁을 벌릴 때 결정적 승리를 이룩할 수 있다는 것이었습니다.

오늘 우리에게는 북과 남이 연대하여 반외세투쟁을 힘있게 벌릴 수 있는 조건과 가능성이 충분히 지어져 있습니다.

우리 민족에게는 반만년의 유구한 역사와 찬란한 문화를 가진 단일민족으로서 그 어떤 풍파에도 변할 줄 모르는 민족적공통성이 있고 역사적으로 이어져온 애국애족의 정신, 단결의 정신이 있으며 북남 수뇌분들이 마련해놓은 역사적인 6.15 공동선언과 10.4 선언이 있습니다.

6.15 공동선언과 10.4 선언은 《우리 민족끼리》의 이념 밑에 온 민족이 힘을 합쳐 나라의 통일문제를 자주적으로 해결하기 위한 원칙과 실천방도가 뚜렷이 밝혀진 조국통일위업 실현의 대강입니다.

지난 시기 첨예한 대결로 막혔던 북남관계가 6.15 통일시대에 이르러 화해와 단합의 길로 들어서고 자주통일의 함성이 3천리 강토를 진감하게 된 것은 《우리 민족끼리》의 이념에 기초하여 민족의 자주권을 수호하고 조국통일을 앞당기기 위한 반외세투쟁에서 북과 남이 연대해 나갈 수 있는 실천적 가능성을 보여준 뚜렷한 증거로 된다고 생각합니다.

우리 민족이 자주와 통일을 지향하여 굳게 손잡고 투쟁해나가면 그 어떤 외세가 제 아무리 대결과 전쟁을 추구하여도 어쩔 수 없습니다.

동족보다 외세를 중시하고 민족공동의 위업보다 외세와의 《공조》를 우선시하여서는 북남관계발전과 동족사이의 진정한 신뢰와 화합을 이룩할 수 없습니다.

민족의 존엄과 이익을 지키고 평화와 통일을 실현하자고 해도 우리 민족끼리 목소리를 합치고 발걸음을 같이해야 합니다.

북과 남의 온 겨레는 사상과 이념, 정견과 신앙의 차이를 초월하여 6.15 공동선언과 10.4 선언의 기치 밑에 단합된 힘으로 자주통일과 평화번영의 새시대를 열어나가야 할 것입니다.

지금 우리 민족의 조국통일투쟁의 전망은 매우 밝으며 온 겨레가 강성번영하는 통일된 조국에서 행복하게 살 날은 멀지 않았습니다.

내외가 지지환영하고 온 겨레의 통일염원이 담겨진 6.15 공동선언과 10.4 선언이 있고 위대한 민족대단결사상이 있는 한 그 어떤 외세도 우리 민족의 자주통일기운을 막지 못할 것입니다.

우리는 통일의 새 시대의 요구에 맞게 남과 해외 동포들과 《우리 민족끼리》의 기치높이 굳게 연대하여 외세의 지배와 간섭을 완전히 종식시키고 이 땅위에 자주로 존엄높고 융성번영하는 통일조국을 건설하기 위해 적극 떨쳐나설 것입니다.

감사합니다.

03

남·북한 공동 선언문과 호소문

안중근의사(렬사)의거 100주년
남북공동 선언문

오늘 10월 26일은 안중근의사(렬사)께서 우리 민족에게 식민지 노예의 운명을 강요한 침략의 원흉 이등박문을 처단한 지 100년이 되는 날이다.

안중근의사(렬사)의 이등박문 처단은 침략자 일제에 대한 정의의 징벌이며 우리 민족은 결코 외세의 식민지 노예로 살기 원하지 않는다는 것을 만천하에 보여준 애국적 장거였다.

안중근의사(렬사)의 넋은 오늘 우리 겨레를 자주적이며 평화적인 통일의 길로 부르고 있다.

안중근의사(렬사)의 의거(장거) 100년을 맞는 우리들은 의사(렬사)가 지녔던 숭고한 결단을 되새기며 외세에 의한 민족분단의 고통을 청산하고 평화 번영의 자주통일 조국을 만들어야 한다는 민족적 결의를 다짐하자는 호소문을 7천만 겨레에게 보낸다.

우리는 일제가 우리 민족에게 저지른 반인륜적 범죄 행위에 대해 사죄와 배상을 받아내어야 한다고 남북의 7천만 동포에게 호소한다.

신성한 조국 강토를 유린하고 우리 민족에게 헤아릴 수 없는 불행과 고통을 강요한 일제의 만행은 100년이 지난 오늘에도 온 겨레의 가슴에 분노를 불러일으키게 한다.

일제의 과거 만행에 대한 철저한 청산은 반만년에 빛나는 유구한 역사와 찬란한 문화를 지닌 우리 민족의 명예를 지키기 위한 중대한 민족의 과제이다.

남북의 모든 겨레가 함께 힘을 모아 역사 앞에 숭고한 사명감을 자각하고 일제의 만행에 대한 사죄와 배상을 받아 내기 위해 최선의 노력을 다 할 것을 다짐하자.

일본의 역사 왜곡과 군국주의로 회기하려는 기도를 우리는 민족의 단결된 힘으로 단호히 맞서야 한다.

우리는 안중근의거 100년이 되는 오늘부터 순국하신 2010년 3월 26일 까지를 《안중근의사하얼빈의거 기념 반일공동 투쟁기간》으로 정하고 남북의 겨레가 함께 모든 방법을 동원하여 일본의 사죄와 배상을 촉구하는 투쟁에 앞장 설 것을 호소한다.

안중근의사가 스스로 자신의 목숨을 바친 결단은 민족의 독립과 자주적이며 평화로운 통일 조국을 만들자는 헌신이었다.

그러나 우리 민족은 일제의 패망 이후 60년이 지난 지금까지 외세에 의해 강요된 분단의 비극을 청산하지 못하고 있다.

외세의 압력을 극복하고 우리 민족의 최대 염원인 통일의 위업을 달성하기 위해서는 6.15 공동선언과 10.4 선언을 바탕으로 자주적이며 평화로운 남북의 민족 대단결을 위해 노력하여야 한다.

사상과 이념 정견과 신앙의 차이를 초월하여 한 민족으로서 뜻과 힘을 모아 자주통일과 평화번영을 이룩해 가야 한다.

동족 사이의 불신과 대결의 낡은 장벽을 스스로 허물고 서로의 신뢰와 화해를 원칙으로 민족의 일치와 화합을 이룩하자.

개인의 운명을 민족의 운명과 함께한다고 다짐하며 통일된 융성한 나라를 위하여 남북의 모든 겨레가 한마음 한 뜻으로 최선을 다한다는 각오를 다지자.

　오늘 안중근의사의 의거를 기억하며 민족의 통일과 번영을 위하여 남
북의 7천만 겨레가 함께 노력할 것을 호소한다.

2009년 10월 26일

안중근의사기념사업회　조선종교인협의회

함께: 온 민족에게 보내는 호소문

가: 올해 10월 26일은 안중근열사가 우리 민족에게 식민지노예의 운명을 강요한 침략의 원흉 이등박문을 처단한지 100년이 되는 날이다.

안중근열사의 이등박문처단은 침략자 일제에 대한 정의의 징벌이며 우리 민족은 결코 외세의 식민지 노예로 살기를 원치 않는다는 것을 만천하에 보여준 애국적 장거였다.

나: 안중근의사의 넋은 오늘 우리 겨레를 자주적이며 평화적인 통일의 길로 부르고 있다.

안중근의사의 의거 100년을 맞는 우리들은 의사가 지녔던 숭고한 결단을 되새기며 외세에 의한 민족분단의 고통을 청산하고 평화번영하는 자주통일조국을 만들어야 한다는 결의를 담아

함께: 이 호소문을 7천만 겨레에게 보낸다.

가: 우리는 일제가 우리 민족에게 저지른 반인륜적 범죄행위에 대해 사죄와 배상을 받아내야 한다고 온 겨레에 호소한다.

신성한 조국강토를 유린하고 우리 민족에게 헤아릴 수 없는 불행과 고통을 강요한 일제의 만행은 100년이 지난 오늘에도 온 겨레의 가슴에 분노를 불러일으키게 한다.

나: 일제의 과거만행에 대한 철저한 청산은 반만년에 빛나는 유구한 역사와 찬란한 문화를 지닌 우리 민족의 자주적 존엄과 명예를 지키기 위한 중대한 민족의 과제이다.

온 겨레가 함께 힘을 모아 역사 앞에 지닌 숭고한 사명감을 자각하고 일제의 만행에 대한 사죄 배상을 받아내기 위해 최선의 노력을 다할 것을 다짐하자.

가: 일본의 역사왜곡과 군국주의 기도를 민족의 단결된 힘으로 단호히 맞서야 한다.

우리는 안중근열사의 애국적 장거 100년이 되는 올해 10월 26일부터 열사의 순국 100년이 되는 2010년 3월 26일까지를 《안중근열사기념 반일공동투쟁기간》으로 정하고 온 겨레가 일본의 사죄와 배상을 촉구하는 투쟁에 나설 것을

함께: 호소한다.

나: 안중근의사가 스스로 자신의 한 몸을 바친 것은 민족의 독립과 자주적이며 평화로운 통일조국을 위해서였다.

그러나 우리 민족은 일제의 패망이후 60년이 지난 지금까지 외세에 의해 강요된 분단의 비극을 청산하지 못하고 있다.

가: 외세의 압력을 극복하고 우리 민족의 최대 염원인 통일위업을 실현하기 위해서는 6.15 공동선언과 10.4 선언에 기초하여 민족의 자주와 평화, 민족대단결을 위해 노력하여야 한다.

사상과 이념, 정견과 신앙의 차이를 초월하여 온 겨레의 뜻과 힘을 모아 자주통일과 평화번영을 이룩해나가자.

나: 동족사이에 불신과 대결의 낡은 장벽을 허물고 서로의 신뢰와 화해를 도모하는 원칙에서 민족의 일치와 화합을 이룩하자.

개인의 운명을 민족의 운명과 함께 한다고 다짐하며 나라의 통일과

민족의 융성번영을 위하여 온 겨레가 한마음 한뜻으로 최선을 다한
다는 각오를 다지자.

가: 자주통일, 평화번영에로 나아가는 우리 겨레의 앞길을 가로 막을 힘
은 이 세상에 없다.

나: 우리는 안중근의사의 의거를 기억하며 6.15 공동선언과 10.4 선언의
기치를 높이 들고 민족의 통일과 번영을 위하여 온 겨레가 함께 노력
할 것을

함께: 적극 호소한다.

함께: 2009년 10월 26일

나: 조선종교인협의회

가: 안중근의사기념사업회

필자 소개

노명환 한국외국어대학교 인문대학 사학과/대학원 정보기록관리학과 교수

서 용 북경대학교

현광호 前 고려대학교 연구교수

이규태 아세아역사문화연구소 소장

김형목 독립기념관 한국독립운동사연구소 선임연구위원

최봉룡 중국 대련대학

김종걸 한양대학교 국제학대학원

조홍식 숭실대학교 정치외교학과

최태욱 한림국제대학원대학교 교수

문우식 서울대학교 국제대학원

손 열 연세대학교 국제학대학원 교수

김용희 경희대 객원교수, 아동문학평론가

정현기 문학평론가, 세종대학교 초빙교수

장회방 중국사회과학원 근대사연구소

안중근의거 100주년기념 연구논문집 4

안중근과 동양평화론

1판 1쇄 인쇄 2010년 08월 15일
1판 1쇄 발행 2010년 09월 02일

엮은이 안중근의사기념사업회
펴낸이 서채윤
펴낸곳 채륜
표지·본문디자인 Design窓 (66605700@hanmail.net)

등록 2007년 6월 25일(제25100-2007-000025호)
주소 서울 광진구 군자동 229
대표전화 02-6080-8778 | **팩스** 02-6080-0707
E-mail chaeryunbook@naver.com
Homepage www.chaeryun.com

책값은 뒤표지에 있습니다.
ISBN 978-89-93799-23-1 93910